Carl-Heinz Mallet

Untertan Kind

Nachforschungen
über Erziehung

VERLAG MAX HUEBER

CIP-Kurztitelaufnahme der Deutschen Bibliothek

Mallet, Carl-Heinz:
Untertan Kind : Nachforschungen über Erziehung /
Carl-Heinz Mallet. – Ismaning bei München : Hueber,
1987.
ISBN 3-19-005516-5

Copyright © 1987 by Max Hueber Verlag, Ismaning bei München
Umschlaggestaltung Hanno Rink & Team 86, München
Gesetzt aus der Garamont Amsterdam bei Dörlemann-Satz, Lemförde
Druck und buchbinderische Verarbeitung Pustet, Regensburg
Printed in Germany

Inhalt

Ein persönliches Vorwort 9

Die Wiedergeburt der Erziehung 15
Kinder im Mittelalter / Philosophische Erziehungsmodelle /
Der Zusammenbruch der mittelalterlichen Welt und
dessen Folgen für die Kinder

Die Geburt der bürgerlichen Erziehung 35
Martin Luther als Propagandist einer neuen
Erziehungshaltung / Handfeste Erziehungsmoral /
Alle Macht den Eltern / Erziehung und Obrigkeit /
Stock als Zepter der Lehrer

Die Praxis neuzeitlicher, bürgerlicher Erziehung 61
Aus Kindern werden Zöglinge / Die Lehrer ergreifen
die Macht / Moral- und Unterdrückungspädagogik /
Die Franckeschen Anstalten – ein perfektes Erziehungssystem / Preußenkönig Friedrich Wilhelm I. gibt ein
pädagogisches Beispiel

Jean-Jacques Rousseau – Wende in der Kindererziehung? 89
Émile oder über Erziehung hält nicht, was es verspricht /
Rousseau als Erfinder der Manipulation in der Erziehung /
Die Kinder müssen zurück ins »naturgewollte Joch«

Johann Heinrich Pestalozzi: Lasset die armen Kindlein zu mir kommen 127
Lohnarbeit, Unterricht, Zuchtrute und Küsse in den
Waisenhäusern Neuhof und Stans / Der erfolgreiche Autor /
Knabeninternat Yverdon: Pestalozzi als Modepädagoge

Das Goldene Zeitalter der Pädagogik 159
Glaube an die Universalkraft der Erziehung / Allgemeine Schulpflicht in Preußen: Konzept im Geiste Franckes / Immanuel Kant: Durch Unterwerfung zur Freiheit / Johann Gottlieb Fichte: Freiheit ist des Zwanges Zweck / Johann Wolfgang von Goethe: Die pädagogische Provinz / Die Rolle der Reformpädagogen / Friedrich Fröbel: Der Mensch muß Sklave sein können, um wahrhaft frei zu sein / Johannes Bernhard Basedow: Oberherrschaft der Eltern und Lehrer als Erziehungsprinzip / Christian Gotthilf Salzmann: Schaurige pädagogische Lehrstücke / Johann Georg Sulzer: Tugend- und Rührpädagogik, dazu die Rute / Joachim Heinrich Campe: Allen gehorchen, allen dienen, alle ehren

Sittlichkeitserziehung 199
Barbarische Methoden / Die Beiträge der Ärzte zu diesem Thema / Kastrationsdrohungen / Heiliger Krieg wider den Keim des Bösen (1809) / Die Hände gehören aufs Pult (1896) / Blitzblank und sauber halten (1941) / Seinen Körper nicht besudeln (1955) / Jesuitenpater Sigmund Kripp und Christa Meves (1978/1979)

Das Kind im bürgerlichen Zeitalter 223
Herzblättchens Freud und Leid, Kinderelend in Manufakturen und Fabriken: Kinderkult und Kindermißbrauch / Kinder als kleine Sklaven ihrer Eltern, Lehrer als allmächtige Kathederpotentaten

Doktor Schrebers schwarze Pädagogik 253
Der Geradhalter und andere Erziehungsapparate / Die Disziplinierung des Säuglings / Dankbarkeit für Schläge / Der »Fall Schreber«

Erinnerte Kindheit – mehr oder weniger verklärt 267
Luise Rinser: Der Vater, das Auge Gottes / Wilhelm von Kügelgen und Carl Ludwig Schleich: Sucht zu verehren / Marie von Ebner-Eschenbach: In der Furcht vor Papa /

Johann Gottfried Seume: Wer lügt, der stiehlt auch /
Moritz Gottlieb Saphir: Die Mutter, an der Frauenrolle
zerbrochen / Anton Reiser: Er konnte noch merken /
Heinrich Zschokke, Charles Dickens, James Joyce:
Schulerinnerungen

Die heimliche Opposition   289
Rotkäppchen und der Gruselhans, Struwwelpeter,
Max und Moritz: die heimlichen Helden der Kinder /
Kindliche Straßenpoetik

Epilog   315

Literatur- und Quellenverzeichnis   327

Personenregister   333

Ein persönliches Vorwort

Frühzeitig aus britischer Kriegsgefangenschaft entlassen, nahm ich an einem pädagogischen Schnellkurs teil, der nach einem Jahr zur Ablegung des ersten Lehrerexamens führte. Entsprechend knapp wurde bei dieser Ausbildung die Geschichte der Pädagogik behandelt. Es blieb mir daher erspart, eingehend über die pädagogischen Thesen und Taten der Größen der Erziehungswissenschaft belehrt und dahingehend beeinflußt zu werden, ihnen nachzueifern. Das hatte sein Gutes, sowohl für meine eigene pädagogische Tätigkeit als auch für die Entstehung dieses Buches. Ich habe aber noch das ehrerbietige Timbre im Ohr, mit dem meine Dozenten über so berühmte Männer wie Pestalozzi, Francke, Basedow und Salzmann sprachen. Die pflichtgemäße Lektüre einiger Schriften dieser bedeutenden Pädagogen weckte in mir keinerlei Ehrerbietung, wohl aber ein außerordentliches Unbehagen. Ich sagte mir jedoch, daß die aus zeitlichen Gründen nur sehr oberflächliche Beschäftigung mit diesen Schriften vermutlich dazu geführt hatte, daß ich mehr oder weniger durch Zufall auf Stellen offensichtlicher pädagogischer Grausamkeit gestoßen war. Im übrigen dachte ich nicht weiter darüber nach; schließlich hatte ich andere Sorgen. Ich prägte mir die für die Prüfung wichtigen Daten und Fakten ein und war kurz darauf Lehrer. Die Lust, jemals wieder einen Blick in die Bücher der großen Pädagogen zu werfen, hatte ich allerdings verloren.

So trat ich mein Amt in der mir zugewiesenen Schule an. Der Schulleiter brachte mich in eine neu zusammengestellte siebte Klasse, die ich fortan zu führen hatte. Als wir den Raum betraten, standen die Schüler auf. »Setzen!« sagte der Rektor, stellte mich als neuen Klassenlehrer vor und ermahnte die Schüler, strikt meinen Anweisungen zu folgen und fleißig zu arbeiten. Dann wies er auf einen Jungen in der letzten Bank. »Das ist Kleinschmidt«, erklärte er, »Horst Kleinschmidt. Haben Sie besonders acht auf ihn; er ist ein übler Rüpel.« Danach ging er. Wieder standen die Schüler auf. Die Klassentür schloß sich, und ich war meinem Schicksal überlassen. »Setzt euch hin«, sagte ich. Schlecht und recht brachte ich meinen ersten Schultag als Lehrer hinter mich. Auf dem Nachhauseweg rief mir Horst Kleinschmidt ein Schimpfwort nach. Wer wollte es ihm verdenken!

Einige Tage danach hatte ich Fluraufsicht. Kontrollierend mußte ich in die einzelnen Klassen sehen. In der Klasse 2c fand ich folgende Situation vor: Die über vierzig Mädchen und Jungen saßen schweigend auf ihren Plätzen, und alle hatten sie ihre Hände flach aufs Pult gelegt. Ich schaute mich nach der Lehrerin um, aber sie war nicht anwesend. Unangenehm berührt von der geradezu beklemmenden Stille, machte ich einen Witz. Die Kinder lachten. Na, Gott sei Dank. Aber damit hatte es nicht sein Bewenden. Wie von einem plötzlichen Druck befreit, sprangen sie auf, schrien, johlten, kletterten über Tische und Bänke. Ich hatte keine Chance, dem Toben Einhalt zu gebieten. Mir blieb nur die Flucht. Vor der Klassentür stieß ich fast mit der Lehrerin zusammen. Sie war die Seniorin des Kollegiums, klein, zierlich, weiße Haare, weiße Spitzenbluse, schwarzes Kostüm. Kaum hatten die Kinder sie gesehen, erstarb der Lärm, alle flitzten zu ihren Plätzen, saßen da, die Hände flach auf dem Tisch. Die Kollegin warf mir einen mißbilligenden Blick zu, überschritt die Schwelle, die Kinder standen auf, standen wie die Zinnsoldaten.

In der großen Pause warf mir die Klassenlehrerin der 2c vor, ich hätte durch mein leichtfertiges Verhalten ihre Pädagogik untergraben. Aber, so meinte sie, ich würde schon noch lernen, worauf es in der Erziehung ankomme und wie wichtig eine gute Disziplin sei. Jung und spontan, wie ich damals war, erwiderte ich, daß ich eine solche Pädagogik mitnichten lernen wolle und daß mir diese Art von Disziplin zuwider sei. Daraufhin breitete sich eisiges Schweigen aus, als hätte ich etwas Ungeheuerliches gesagt.

Das hatte ich in der Tat; hätte ich die alten Pädagogen gründlicher studiert, wäre mir klar gewesen, warum.

Die Hilfsschulen suchten dringend Lehrer. Bei nächster Gelegenheit ließ ich mich an eine solche Schule versetzen. Die Tätigkeit als Hilfsschullehrer war damals mit keinerlei Prestige verbunden. Die geringe Zulage, die man bekam, wurde von den Kollegen an den Regelschulen gern als Schmutzzulage bezeichnet.

Auch der Hilfsschulrektor brachte mich zu meiner Klasse – aber nur bis vor die Tür. Da legte er mir die Hand auf die Schulter und meinte, wenn ich jetzt hineinginge, sollte ich getrost alle Pädagogik vergessen. »Seien Sie Mensch«, sagte er, »allein darauf kommt es an.« Ich ging hinein und wurde von über zwanzig wahrhaft schmutzigen und dazu wilden Drittkläßlern mit großem Hallo begrüßt. Mir war es recht. Dennoch wäre ich fast an dieser Aufgabe gescheitert. Schließlich zähmte ich die wilde Bande mit Märchenerzählen.

Die sich daraus ergebende Beschäftigung mit Märchen stieß mich erneut auf das Problem der Erziehung. Es gab die sogenannten Disziplinierungsmärchen, schonungslose Lehrstücke, in denen ungehorsame und eigensinnige Kinder grausam bestraft werden, nicht selten mit dem Tod. Ich empfand ein ähnliches Unbehagen wie bei der Lektüre der alten Pädagogen, war jedoch noch lange nicht soweit, das Problem zu erkennen. Zunächst mußte ich mich selbst erkennen. Ich beschäftigte mich mit der Tiefenpsychologie und machte schließlich eine Lehranalyse. Hier erfuhr ich unter anderem, wie Erziehung auf mich gewirkt hatte. Die Einsicht war für mich persönlich von Nutzen, brachte mich aber dem generellen Problem kaum näher. Das geschah auch nicht durch ein zweijähriges Studium der Sonderpädagogik.

Als Mitarbeiter in der öffentlichen Erziehungsberatung erfuhr ich dann immerhin, wie Erziehung von vielen Eltern praktiziert wurde. Darüber hinaus brachten mich einige besondere Fälle dem Kernpunkt näher. Es handelte sich dabei um Kinder, die unzweifelhaft Opfer der Pädagogen geworden waren. Dies waren ebenso intelligente wie originelle Jungen und Mädchen, und sie hatten gemeinsam, daß sie es in der Schule an untertänigem Respekt fehlen ließen. Sie waren nicht dadurch aufgefallen, daß sie frech oder rüpelhaft gewesen wären – das hätte man ihnen noch verziehen –, sondern durch jene mokante Haltung, die Lehrer provoziert, ohne daß sie dem Schüler jedoch eine Schuld nachweisen könnten. Zweimal erlebte ich, daß solche Kinder vom Gymnasium relegiert werden sollten, obwohl sie unzweifelhaft hoch begabt waren. Unsere Versuche, im Interesse dieser Schüler bei den Lehrern zu intervenieren, scheiterten. Kein Wunder, denn schon in grauer pädagogischer Vorzeit hat man solchen Kindern keinerlei mildernde Umstände zuerkannt. Das ist in diesem Buch nachzulesen.

Bei meinen ersten beiden Buchveröffentlichungen über Märchen konnte ich die schonungslosen pädagogischen Lehrstücke unberücksichtigt lassen, nicht aber bei meinem dritten Buch, *Kopf ab. Gewalt im Märchen.* Wenn selbst der liebe Gott ein Kind sterben läßt, weil es ungehorsam und eigensinnig ist, oder wenn ein ebensolches Kind in einen Holzklotz verwandelt und im Kamin verbrannt wird, dann sind das unübersehbare Gewaltakte – pädagogische Gewaltakte. Die Frage, welche Bewandtnis es damit hatte, machte Nachforschungen über Erziehung notwendig. Nun las ich die alten Pädagogen, und ich beschäftigte mich mit der Geschichte der Erziehung. Die Idee zu diesem Buch tauchte dabei auf.

Sie nahm Form an während eines Urlaubs. Ich hatte Alice Millers Bücher im Reisegepäck. Sie öffneten mir die Augen über den entscheidenden Punkt, den ich bisher immer nur vage gespürt, aber nie recht erkannt hatte, nämlich wie schwarz Pädagogik tatsächlich gewesen ist und was sie uns angetan hat, und zwar auf eine Weise, die uns so gut wie keine Chance ließ, es zu merken.

Die Wiedergeburt der Erziehung

Kinder im Mittelalter / Philosophische Erziehungsmodelle /
Der Zusammenbruch der mittelalterlichen Welt und
dessen Folgen für die Kinder

Man möchte meinen, Erziehung habe uns Menschen von jeher auf die eine oder andere Weise beschäftigt. Dem ist aber nicht so. Es gab eine Zeit, in der sich kaum jemand dafür interessierte, wie Kinder aufzuziehen seien; das galt für die Obrigkeit ebenso wie für die Kirche und den Mann auf der Straße. Eine solche Einstellung war bis vor etwa fünfhundert Jahren, bis zum Beginn der Neuzeit, durchaus üblich. So erstaunlich dies aus heutiger Sicht auch erscheinen mag: Im Mittelalter war Erziehung kein Thema, und der Begriff Kindheit war so gut wie unbekannt. Nicht einmal Kinder waren ein Thema. Man sprach nicht über sie, beschäftigte sich nicht mit ihren Sorgen, Nöten, Bedürfnissen, und schon gar nicht gab es so etwas wie Erziehungstheorien, Erziehungsideale oder überhaupt irgend etwas, was man Pädagogik nennen könnte. Es ist daher kaum verwunderlich, daß man auf den meisten Bildern der damaligen Zeit Darstellungen von Kindern vergeblich sucht. Findet man einmal ein Kinderbild, so sieht das Kind wie ein verkleinerter Erwachsener aus und ist auch so gekleidet. Das entspricht den Tatsachen: Spezielle Kinderkleidung hat es im Mittelalter nicht gegeben. Kinder nahm man als Kinder ganz einfach nicht zur Kenntnis.

Gewiß, so gut es ging und so weit man es damals verstand, ernährte und pflegte man sie. Kaum aber waren sie aus dem Gröbsten heraus, konnten sie gehen und sprechen, so hörten sie auf, Kinder zu sein. Fortan zählten sie zu den Erwachsenen. Mit ihnen zusammen lebten, arbeiteten und schliefen sie nun; sie spielten die Spiele der Erwachsenen, hörten deren Geschichten und feierten mit ihnen gemeinsam die vielen ausgelassenen mittelalterlichen Feste.

Auf diese Weise wuchsen Kinder ganz selbstverständlich in die damalige Welt hinein. Das war in der Tat nicht so schwierig, denn diese Welt mit ihren klaren Regeln, ihren festen Überzeugungen und ihrer Homogenität war auch für Kinder überschaubar. Menschen, Dinge, Obrigkeit und Kirche hatten ihren festen, von Gott gewollten Platz im Leben, und innerhalb des jeweiligen Standes herrschten in den Familien dieselben Sitten und Gebräuche, galten die gleichen Normen, und alle hatten denselben Glauben. Dieses Leben lernten die Kinder durch Nachahmen, Absehen und durch gelegentliche Unterweisungen kennen. So erlangten sie die notwendigen technischen und sozialen Fertigkeiten und entwickelten ein angemessenes gesellschaftliches Verhalten. Entsprachen sie nicht den Erwartungen, so wurden sie nachdrücklich und gegebenenfalls handgreiflich korrigiert, und zwar genau so wie jeder andere auch. Übertraten Kinder Gesetze, so wurden sie ebenfalls nicht anders als die Erwachsenen bestraft. Einen Sonderstatus für Kinder gab es nicht. Das hieß aber auch: Sie wurden von nichts ausgeschlossen. Buchstäblich hautnah erlebten sie Zeugung, Geburt und Tod mit, nichts geschah hinter Kulissen, und wer auch nur laufen konnte, nahm ohne weiteres teil am Leben: an Kirchgängen, Beerdigungen, an grausamen Hahnenkämpfen, an Trinkgelagen und an öffentlichen Hinrichtungen.

Kinder waren auch kaum weniger frei als Erwachsene. Daß uns der Grad dieser Freiheit heute wenig verständlich erscheint, liegt an unserer Einstellung zu Kindern, die den Menschen des Mittelalters unbegreiflich gewesen wäre. Die außerordentlich hohe Kindersterblichkeit dürfte ein Grund für das ganz andere Verhältnis des mittelalterlichen Menschen zu Kindern gewesen sein. Damals erreichte nur jedes zweite Kind das zweite Lebensjahr. Unter diesen Umständen hätte eine affektive Bindung an Kinder, wie wir sie heute kennen, eine unerträgliche Folge von Leid und Trauer bedeutet. So galten beispielsweise Babys und Kleinkinder noch nicht eigentlich als Menschen, und man litt nicht sonderlich, wenn sie starben. Wer es sich leisten konnte, gab Neugeborene fort zu Ammen in irgendein Dorf. Noch Michel de Montaigne, französischer Philosoph, Landedelmann und Schloßherr, berichtet im 16. Jahrhundert: »Ich habe zwei oder drei Kinder bei Ammen verloren – nicht ohne Bedauern, aber ohne Kummer.«

Bei gleicher Einstellung zu Kindern hatten die einfachen Leute andere Probleme. Etlichen wuchs der »Kindersegen« über den Kopf, und so kam es, daß manch ein Säugling mehr oder weniger absichtlich im elterlichen Bett erdrückt wurde; es war dies gewissermaßen ein Akt nachträglicher »Familienplanung«. Wohl galt das als Sünde. Doch wer wollte sie nachweisen? Und selbst wenn der Nachweis gelang, war die Strafe gering, denn eine solche Tat zählte nicht als Verbrechen. Die öffentliche Meinung nahm sie kaum übel.

Auch Bürgerkinder, die man nicht Ammen übergab, wuchsen keineswegs in enger Anlehnung an Mutter und Vater auf, sondern in dem damals üblichen großen Haus, wo es ständig von Menschen wimmelte. Zusammen mit Bediensteten, Knechten, Mägden, Lehrlingen, Nachbarn, Freunden und Verwandten waren Kinder ein Teil dieser Gemeinschaft. Kinderzimmer waren ebenso unbekannt wie Privaträume, wie Privatleben überhaupt. Viele Kinder wurden mit etwa sieben Jahren in ein anderes Haus gegeben, um dort als Bedienstete zu dienen und gute Sitten zu lernen. In diesem Alter war auch für die Kinder ritterlicher Herkunft die Kindheit zu Ende. Gekleidet, behandelt und bestraft wie Erwachsene, leisteten sie in der Regel an fremden Höfen Pagendienste und wurden gleichzeitig in die ritterlichen Fertigkeiten und Tugenden eingewiesen. Montaigne erblickte darin ein gutes pädagogisches Prinzip; er hielt es für ausgesprochen unvernünftig, »ein Kind im Schoße seiner Eltern aufzuziehen«, denn die waren seiner Meinung nach viel zu weichherzig und nachgiebig, um einen tüchtigen Mann aus ihm zu machen.

Vor diesem Hintergrund muß man die bemerkenswerte Freiheit der damaligen Kinder sehen. Wollten sie fort, so hielt kaum jemand sie auf, und nicht wenige zogen davon: auf Wallfahrten, auf Kreuzzüge, vor allem aber als fahrende Schüler. Die mittelalterlichen Straßen waren voll von ihnen. Man gab den Kindern Almosen, aber kein Mensch fühlte sich verpflichtet, auch nur die geringste Aufsicht über sie zu führen. Lediglich in den Lateinschulen herrschten die Lehrer; sie trugen ihre Rute wie ein Zepter und bleuten ihren Zöglingen ohne jede Methodik, Didaktik oder Systematik und daher wenig effektiv lateinische Grammatik ein. Erziehung war zu jener Zeit wirklich kein Thema.

Dieser Zustand währte einige hundert Jahre und funktionierte zur Zufriedenheit der damaligen Gesellschaft. Aber kein soziales System hat auf Dauer Bestand. An der Schwelle zur Neuzeit zeigte die mittelalterliche Welt erste Auflösungserscheinungen. Bisher selbstverständliche Normen, Werte und Formen verloren ihre ordnende Kraft. Moral und Sitten verfielen, der alles umfassende Glaube begann brüchig zu werden, und schließlich brach das überkommene gesellschaftliche Gefüge zusammen. Darin werden nicht wenige einen Fortschritt sehen, weil das Mittelalter in vielen Lebensbereichen chaotische Verhältnisse aufwies. Es war eine unruhige, weithin gesetzlose Welt, erfüllt von blutigen Fehden und Kämpfen, von Mord und Totschlag, dem Faustrecht unterworfen, voll von rohem Aberglauben, von Verfolgungen und Gewalt, dazu primitiv und schmutzig. Leben und Eigentum der Menschen waren ständig bedroht, die Mehrheit war arm und lebte am Rand des Existenzminimums.

Dennoch war das Mittelalter auch eine festgefügte Welt, so fest gefügt, wie man es sich heute kaum noch vorstellen kann. Wie es Gott gefiel und wie Gott es wollte, hatte jeder darin seinen angestammten Platz. Den nahm man hin, wie man Krankheit, Tod, Krieg und Gewalt hinnahm. Die Menschen des Mittelalters fühlten sich in tiefer Frömmigkeit als Teil einer allumfassenden göttlichen Ordnung. Alles lag in Gottes Hand, war auf Gott ausgerichtet. Er war absolut, war unanfechtbar. Zweifel gab es nicht. Diese gläubige Geisteshaltung erfüllte so gut wie alle Menschen. Eine einheitliche Christenheit besaß ein einheitliches Welt- und Gottesbild, fühlte sich darin eingebunden und unter Gottes Schirm persönlich sicher. Wie mächtig dieses Lebensgefühl und dieser Glaube waren, das mögen die gotischen Dome und Kathedralen mit ihren hochaufragenden Türmen zeigen, die himmelwärts, auf Gott wiesen. Er war das Maß der Dinge, auf ihn war alles Tun und Lassen bezogen.

Die Kirche als institutionelle Trägerin des Glaubens war »in allen Äußerungen des Daseins die oberste Instanz«. Sie und ihre Würdenträger und Repräsentanten, allen voran der Papst, waren fast so über jeden Zweifel erhaben wie Gott selbst und standen jenseits jeder Kritik. Wie das meiste im Leben, so wurde auch die kirchliche Hierarchie als gottgewollt empfunden, hingenommen und als selbstverständlich akzeptiert.

Bemerkenswert ist nun, daß in dieser festgelegten und festgefügten Welt die persönliche Freiheit relativ groß war. Das ist schon aus der Freiheit zu ersehen, die man den Kindern zubilligte. Schier unglaublich war die sexuelle Freiheit; ungeniert gaben sich Männlein und Weiblein in den fast überall vorhandenen Badehäusern nach Schwitzbad und gutem Essen der Liebe hin. In den Spinnstuben ging es ebenfalls sehr freizügig zu, und die vielbesungene Ritterminne war weit weniger platonisch, als spätere Autoren uns weismachen wollten. Selbst die Frauen waren im frühen Mittelalter freier, als viele glauben. Oftmals waren sie echte Partner der Männer, auch Geschlechtspartner, und an den mittelalterlichen Tafeln gab es keine Männerwitze: Die Frauen erzählten, lachten und tranken mit. Und wenn die Männer verreist oder tot waren, führten sie deren Geschäfte. In dieser Welt mußte ein Mensch auch nicht erst zum Menschen erzogen werden. Er war es durch die Taufe. Alles weitere lag in Gottes Hand. So einfach war das damals.

Das Ende mittelalterlicher Sicherheit bahnte sich dadurch an, daß die tragende gesellschaftliche Institution jener Zeit, die Kirche, Verfallserscheinungen zu zeigen begann. Päpste führten ein zutiefst unsittliches, ja verbrecherisches Leben wie beispielsweise der Borgiasproß Alexander VI. Klöster verwandelten sich in Lasterhöhlen, Nonnenklöster dienten als Freudenhäuser, ein infamer Reliquienhandel blühte, und das Geschäft mit dem Ablaß nutzte die Gläubigen schamlos aus. Statt um das Seelenheil ihrer Gemeindemitglieder sorgten sich die Pfarrer mehr und mehr um das eigene Wohlergehen und Wohlleben, und um kirchliche und christliche Tugenden scherten sie sich immer weniger. Diesem inneren Verfall der Kirche entsprach ein äußerer; mit einemmal gab es zwei Päpste, einen in Avignon und einen in Rom, und zwischendurch waren es sogar drei.

Der moralische wie der organisatorische Verfall der Kirche beeinflußte Glauben und Frömmigkeit der Menschen zunächst kaum. Sie nahmen diese Erscheinungen genauso gottergeben und als gottgewollt hin wie alles andere auch. Die Entartung ihrer Diener schadete der Kirche als Institution über mehr als hundertfünfzig Jahre wenig – so mächtig und so stabil war die mittelalterliche Geisteshaltung. Aber der Zusammenbruch konnte nicht ausbleiben. Als er schließlich stattfand, zerbrach das bisherige Lebensgefüge. So begann die Neuzeit. Auf die Gotik folgte die Renaissance. Man kam ab vom Bau der himmelanstrebenden schlanken Kirchtürme. Die bisher als einzig möglich geltende Bezogenheit auf Gott, die Kirche und das Jenseits wurde abgelöst durch eine Wiederbelebung der griechisch-römischen, heidnischen Antike und durch eine lebensvolle Betonung der Diesseitigkeit; die strengen grauen Spitzbogen wichen üppigen Rundungen, Schnörkeln, Gold und Pracht.

Das ist der historische und kulturelle Hintergrund für die neuzeitliche Erziehung. Er bietet eine Erklärung für die nun einsetzende Disziplinierung der Kinder zu kleinen Untertanen: Mit der niemals hinterfragten Autorität von Gott und Kirche war es vorbei. Infolge der Kirchenspaltung gab es faktisch zwei Götter, und der Papst konnte ungestraft von den Protestanten Satan genannt werden. Damit brach die mittelalterliche Welt vollends zusammen.

Fortan spielten andere Autoritäten die tragende geschichtliche und kulturgeschichtliche Rolle: die weltlichen Herrscher. Sie beanspruchten eine vergleichbar unumschränkte, absolute Macht, wie sie bisher die Kirche innegehabt hatte. Die Neuzeit brach an mit dem Zeitalter des Absolutismus. »Der Staat bin ich«, verkündete dann im 17. Jahrhundert der »Sonnenkönig«, Frankreichs Ludwig XIV., eine Aussage, die im Mittelalter undenkbar gewesen wäre.

Keine weltliche Macht auf Erden konnte aber jemals das unangreifbare Ansehen und die selbstverständliche Autorität haben wie Gott, Kirche und Papst im Mittelalter. Die neuen Herrscher waren aber auf gehorsame Untertanen angewiesen. Was lag näher, als sich diese beizeiten heranzuziehen! Also mußten schon die Kinder dazu veranlaßt werden, den neuen, weltlichen Autoritäten eine ähnliche Achtung und einen ähnlichen Gehorsam entgegenzubringen wie einst den kirchlichen. Folglich wurde ihnen dieser Respekt rücksichtslos eingeprügelt, als erstes der Respekt vor den Eltern, die Luther zu absoluten, ja göttlichen Autoritäten erklärte. Für die Kinder waren daher die Väter künftig die neuen Götter auf Erden. Sie waren Herr ihres Willens und Herr über ihre Person, wie es später Rousseau ausdrückte. Der gesellschaftliche Bezug ist klar: Wer früh seinen Eltern, seinen Erziehern und Lehrern gehorcht, der wird später ohne große Schwierigkeiten der Obrigkeit gehorchen.

Was sich zu dieser Zeit im Großen abspielte, das boten die fahrenden Schüler im Kleinen: Die alten Ordnungen lösten sich auf. Vielleicht haben Kinder ein besonderes Gespür für ein Nachlassen normierender gesellschaftlicher Kräfte und möglicherweise eine Neigung, Autoritätsverluste sofort auszunutzen. Jedenfalls entwickelten sich die durchs Land ziehenden Scholaren zu vagabundierenden Horden, denen Gustav Freytag in seinen *Bildern aus der deutschen Vergangenheit* rohe Liederlichkeit bescheinigt und deren Verhalten er verwildert und entsittlicht nennt. Zeitgenössische Tagebücher von Thomas Platter und Johannes Butzbach, die beide mit zehn Jahren ihr Elternhaus verließen, geben Einblick in dieses Leben. Die Schüler wurden zu einer Landplage. Schon die Jüngsten führten Waffen; selbst Fünfjährige trugen einen Degen, berichtet Philippe Ariès in seiner *Geschichte der Kindheit,* und das keineswegs nur zur Zierde oder allein aus Prestigegründen. Es gab so manch »blutige Raufhändel« (Freytag) mit den Bürgern. Dazu stahlen die Schüler wie die Raben, sangen freche und unzüchtige Lieder, und Würfelspiel, Liebeshändel und »viehisches Saufen« bestimmten mehr und mehr ihr Leben. Damit nahm die bisherige Organisationsform der Schüler, die auf Kameradschaft aufgebaut war, ungeordnete und schließlich anarchische Formen an (Ariès). Die traditionsgemäß aus den eigenen Reihen gewählten Vorsteher oder Prokuratoren kümmerten sich immer weniger um die allgemeinen Interessen ihrer Korporationen oder Landsmannschaften und immer mehr um die Organisation von Ausschweifungen. So manche Sitte der Scholaren artete zur Unsitte aus, ihre Poesie erstarb, und tradiertes Brauchtum begann zu verrohen.

Diese Erscheinungen lösten zunehmend Mißbehagen und Mißbilligung aus. Hier und dort wurden die Prokuratoren verboten, und an vielen Schulen wurde das Degentragen untersagt. Aber solche Maßnahmen brachten kaum Erfolg. Es gelang nicht, dem Treiben der Vaganten Einhalt zu gebieten.

Auch das Verhalten der Kinder im Hause dürfte sich geändert haben. So heißt es in einem damaligen Spruch: »Die Kinder machen Lieb und Leid,/ zerstören oft der Eltern Freud.« Sicher ist, daß es einen einschneidenden Wandel in der Einstellung gegenüber Kindern und der Jugend gegeben hat. Man begann einzusehen, daß Siebenjährige noch keine Erwachsenen waren und Kinder endlich erzogen werden müßten.

Tatsächlich war die Erziehung wiederentdeckt worden, aber den mittelalterlichen Menschen mag nicht bewußt gewesen sein, daß man ihr bereits in der Antike größte Aufmerksamkeit geschenkt hatte und von bedeutenden Köpfen bemerkenswerte pädagogische Modelle entwickelt worden waren. Gerade diese alten Philosophen begann man in der damaligen Umbruchzeit neu zu entdecken. Die Renaissance – das heißt Wiedergeburt, nämlich Wiedergeburt der bisher als heidnisch verpönten Geisteswelt der Antike – war eine der geistigen Strömungen, welche die dunkle mittelalterliche Mystik ablöste. Für sie war der Mensch nicht mehr durch einen unabänderlichen göttlichen Willen in seiner Rolle festgelegt und in die Gesellschaft eingebunden. Die Renaissance entdeckte den Menschen als Individuum. Sie entdeckte auch das Kind als eigenständiges Wesen. Kinder erscheinen auf den Bildern dieser Zeit, und neben Bildnissen von Erwachsenen entstehen nun auch die ersten Kinderporträts. Dürer zeichnet Kinder als Genien, und als Putten klettern sie bald an den Altären der Kirchen herum.

Ferner prägten Humanismus und Aufklärung die neue Zeit. Die Humanisten machten einen Anspruch auf Menschlichkeit geltend, auf menschenwürdiges Leben und Denken – auch einen Anspruch auf menschenwürdige Schulen und eine menschenwürdige Erziehung. Das stupide, geisttötende Pauken und Auswendiglernen lehnten sie genauso ab wie das dauernde Prügeln der Kinder. Die Aufklärung trat für Vernunft, Wissenschaft und Menschenrechte ein und forderte folglich ebenfalls eine vernünftige Ausbildung und Erziehung der Jugend. Mit diesen neuen Ideen, Vorstellungen und Konzepten setzte ein tiefgreifender Sinneswandel ein. Die »Neuzeit« begann.

Für etliche der neuen Denker sind Kinder sowie deren Erziehung und Ausbildung ein wichtiges Thema. Beispielsweise für Erasmus von Rotterdam (1464 oder 1469–1536), der als Vater der humanistischen Bildung gilt. In seinem *Vortrag über die Notwendigkeit, die Knaben gleich von der Geburt an in einer für Freigeborene würdigen Weise sittlich und wissenschaftlich ausbilden zu lassen* verkündet er fundamental Neues. Nicht nur will er Kinder erzogen wissen; er hat auch klare Vorstellungen, welches Ziel diese Erziehung haben soll, nämlich einen ganzen, einen harmonischen Menschen heranzubilden, der in der Lage ist, vernünftig zu leben. Er soll sich durch edle und feine Bildung auszeichnen, durch Frömmigkeit und ein höfliches Benehmen. Für Erasmus gibt es keinen Zweifel am Unwert körperlicher Züchtigung, und er verdammt Prügelpädagogen. »Solche Menschen sollen Fleischer und Henker sein, nicht Jugendbildner«, schreibt er; mit Prügeln könne ein Ochse zum Ackern und ein Esel zum Lasttragen gebracht werden, nicht aber ein Mensch zur Tugend, und nichts sei für Kinder schädlicher, als sie an Prügel zu gewöhnen.

Mit solchen Ansichten stand er durchaus im Gegensatz zur Meinung der Zeit, und man hielt ihm Bibelzitate entgegen, zum Beispiel Kapitel 30 Vers 12 bei Jesus Sirach: »Beuge ihm den Hals, solange er noch jung ist, bleue ihm den Rücken, solange er noch klein ist.« Oder den Spruch Salomos (Sprüche 13, 14): »Wer seiner Rute schonet, der hasset seinen Sohn; wer ihn aber lieb hat, der züchtigt ihn bald« – so zitiert von Erasmus, der nichts von solcher Zucht hält. Die sei vielleicht einstmals für die Juden angemessen gewesen, meint er und fordert: »Unsere Rute sei eine freimütige Ermahnung, mitunter ein Tadel, durch Gelassenheit gemildert, ohne Bitterkeit; und das soll unsere Geißel sein, die wir bei unseren Söhnen fleißig anwenden: daß sie zu Hause die rechte Lebensklugheit finden.« Und auf die Weisheit der alten Griechen zurückgreifend, nennt er Ehrgefühl und Lob als wirksame Mittel, die Tatkraft der Knaben anzuspornen. »Lob aber ist die Amme aller Künste. Treiben wir mit diesen Sporen also die kindlichen Geister an!« Statt des Knüppels empfiehlt er »Wohlwollen und freundliches Zureden«, außerdem Arbeit; dazu zitiert er Vergil: »Arbeit und Anstrengung überwindet alles.«

Aber nicht nur Schläge prangert er an; schon das Drohen ist ihm zuwider, vor allem aber eine unterdrückende Erziehung. Sich auf Paulus berufend, verdammt er, daß Kinder wie Sklaven behandelt werden, und möchte, daß auch Ermahnungen und Verweise frei sein sollen von Bitterkeit und Härte (Epheser 6, 4; 6, 9).

Das war kein schlechtes Erziehungskonzept, besonders wenn man bedenkt, in welcher Zeit es entstand. Und Erasmus fand damit Anklang in der europäischen Geisteswelt, deren unbestrittener Mittelpunkt er vor fünfhundert Jahren war. In diesen Kreisen herrschte durchaus Übereinstimmung darüber, wie durch eine humane Erziehung harmonische und geistig freie Menschen heranzubilden seien.

Ein weiterer Vertreter einer solchen Geisteshaltung war der schon zitierte Michel de Montaigne (1533–1592). In seinen Essays verdichten sich Auffassungen der Renaissance, des Humanismus und der Aufklärung zu einem ganz und gar unprätentiösen, modernen Weltbild. Ausführlich widmet sich Montaigne auch dem Problem der Kindererziehung. Dabei entwickelt er einen ebenso humanen wie freiheitlichen pädagogischen Realismus. Er fordert den freien Menschen und nicht den Untertanen. Er möchte, daß Kinder in einer Weise erzogen werden, die sie befähigt, »ihre eigenen Meister« zu werden, so daß sie später weder den »Regungen fremden Willens unterworfen« sind noch »unter dem Joche der Sitten, Ansichten und Gesetze stehen«. Er hält es für barbarisch, die Schüler mit Wissen vollzupfropfen, das ohne Sinn und Gehalt bleibt. Sie sollen nicht »mit Bildung geschlagen werden, als hätten sie einen Folianten auf den Kopf bekommen«, und man soll ihnen nicht lediglich unter dem Zwang der Lehrerautorität etwas in die Köpfe pflanzen. Derartige Erziehungspraktiken bringen den ansonsten so gelassenen Montaigne in Rage. »Wahrlich, wir machen ihn [den Verstand] kriecherisch und feige, wenn wir ihm nicht die Freiheit lassen, etwas aus eigenem Antrieb zu tun«, beklagt er, und er fordert: »Hinweg mit Zwang und Gewaltsamkeit«, auch mit Schulen, die »wahre Kerker einer gefangenen Jugend« sind, in denen rutenschwingende Lehrer Furcht und Schrecken einflößen und jede Lust am Lernen zerstören. Nichts ist seiner Meinung nach »so dazu angetan, eine wohlgeartete Natur verkommen und verdummen« und den Geist verkümmern zu lassen. Wohl mit »sanfter Strenge«, aber ansonsten mit »aller Güte und Freiheit« will er Menschen herangebildet wissen und so, daß sie eigene Meinungen und ein eigenes Urteil entwickeln können und dadurch zu einem kritischen Verstand kommen. Man möchte ihm wahrhaftig applaudieren.

Aber nicht nur um den Verstand und um die Bildung des

Geistes ging es Montaigne. Den griechischen Vorbildern folgend, wollte er auch die Muskeln der Zöglinge stärken, sie zu handfesten und kräftigen Jünglingen machen, die den Wechselfällen ihrer Welt gewachsen sein sollten. Vor allem aber ging es ihm um eine Erziehung zur Tugend, und unter Tugend verstand er durchaus keine griesgrämige und sauertöpfische Moral, sondern die Fähigkeit, das Leben mit fröhlicher Gelassenheit zu meistern. Sie sei die Amme aller Lebenskunst, befand Montaigne, und er schloß seinen Essay *Über die Kindererziehung* mit einem Zitat von Cicero: Sein Zögling soll ins Leben treten »als einer, der die Bildung nicht zum Prunken mit Kenntnissen, sondern als Gesetz seines Lebens anwendet, der sich selbst gehorcht und seinen Grundsätzen folgt«.

Beide Erziehungskonzepte vereinen in der Tat humanistisches und aufklärerisches Gedankengut, und sie fußen auf Modellen antiker Philosophen. Hier, so scheint es, dämmert die Neuzeit auf dem Gebiet der Erziehung. Zwei bedeutende Denker haben sich von den Vorstellungen des Mittelalters gelöst und bieten zukunftweisende, fortschrittliche Erziehungsgrundsätze an.

Die Tragik ist nun aber, daß nicht Männer wie Erasmus und Montaigne dafür ausschlaggebend wurden, was auf dem Gebiet der Erziehung tatsächlich geschah. Hier blieb ihr Einfluß gering, ebenso der Einfluß jener Strömungen, die eine neue, freie und auf Vernunft basierende Geisteshaltung begründeten. Das aber bedeutet: Die Renaissance erweckte die antiken Erziehungsmodelle nicht wieder zum Leben, der Humanismus bewirkte nicht, daß man human zu Kindern wurde, die Aufklärung billigte Kindern keine Freiheiten zu und verwirklichte keine Menschenrechte für Schüler. Wohl erkannten die Menschen, was ihnen bisher entgangen war: die Kinder als eigenständige Wesen. Doch weit entfernt davon, sie mit Verständnis und Liebe zu harmonischen und eigenständigen Menschen zu erziehen, entdeckte man sie als böse und gottlose Wesen, als »junge eingefleischte Teufel«, kaum besser als wilde Tiere. Man fand sie amoralisch, »roh«, für sittliche Werte unempfindlich und ohne jede Vernunft. Sebastian Brant (1457–1521) beschrieb sie in seiner Moralsatire *Das Narrenschiff* folgendermaßen: »Die gehn in schlechter Buben Rott,/ sie lästern frech und schmähen Gott«, und er lieferte gleich das Rezept gegen soviel kindliche Schlechtigkeit: »Der Rute Zucht vertreibt ohn Schmerz/ die Narrheit aus des Kindes Herz.« Hans Sachs (1494–1576) stand ihm in nichts nach: »Wer seinem Kind die Ruthen spart,/ der haßt sein Sohn nach Feindes Art.« Noch hundert Jahre später hatten für René Descartes (1596–1650) Kinder nicht einmal eine Seele; dazu hielt er sie für unzivilisiert, geschmacklos, plebejisch und für unfähig, ihre Triebe und Emotionen zu zügeln. Kinder bedürfen der Räson, konstatierte er.

So etwa war damals die Stimmung gegenüber Kindern, und in der Tat fiel man nun buchstäblich über sie her. Dabei wurde nicht viel gedacht und überlegt, es gab dafür kein Konzept, geschweige ein pädagogisches Modell, und man richtete sich auch nicht nach irgendwelchen Vorbildern, schon gar nicht nach klassischen. Diese neue »Pädagogik« wurde lediglich praktiziert, und zwar mit der Rute. Das Erziehungsziel war auch ohne alle Theorien oder Ideale klar. Es hieß Disziplinierung. Das war eine ebenso ungewohnte wie neue Devise. Dennoch setzte sie sich schnell durch. Mit leichten zeitlichen Verschiebungen wurde danach in vielen europäischen Ländern gehandelt. Die Ausführenden waren zunächst die Lehrer in den Schulen. Sie wurden unterstützt von klerikalen Kreisen und von Verfechtern der Ordnung, so von der Obrigkeit und von der Polizei, die immer größere Schwierigkeiten hatte, mit den »Schülerhorden« fertig zu werden.

Ohne Frage war die neue Gewaltpädagogik eine Reaktion auf die eskalierende Zuchtlosigkeit der Jugend in einer unruhigen Zeit, in der die europäische Welt ihr Gesicht veränderte. Aber sie war mehr als das, denn die Wurzeln dafür lagen tiefer und reichten weit zurück. Tendenzen zur Disziplinierung hatten sich bereits sehr früh angekündigt, beispielsweise im 13. Jahrhundert. Aus dieser Zeit ist ein Text zur Reform der Pariser Universität bekannt, der die

Abschaffung der Schülerfreiheiten forderte. Dafür gab es damals keinen plausiblen Grund, und eine solche Forderung hatte auch keine Chance, durchgesetzt zu werden. Sie wurde auch nicht durchgesetzt. Aber von da an wuchsen Mißbehagen und Mißbilligung gegenüber der Schülerfreiheit. Immer wieder gab es Versuche, das korporative System der Scholaren, das keiner disziplinarischen Autorität unterstand und in keine Hierarchie eingebunden war, zu entmachten, beispielsweise durch die schon erwähnten Absetzungen der studentischen Führer. Und zunehmend heftigere Angriffe richteten sich gegen die Gemeinschaftsbräuche der Schüler und der Studenten. Auch das war neu, denn generell hatten solche Praktiken den mittelalterlichen Menschen als etwas Normales, Natürliches und Selbstverständliches gegolten. Schließlich waren ihre eigenen Sitten, Gebräuche, Vergnügungen und Lustbarkeiten auch von recht handfester Natur gewesen, und an Sex, Saufereien und Grausamkeiten hatten sie mit großer Selbstverständlichkeit und höchst sinnenfroh Anteil genommen. Aber die Zeit des mittelalterlichen Menschen ging nun zu Ende, und das dürfte der tiefere Grund für die neue Entwicklung gewesen sein. Nur im Mittelalter konnte man in den oft blutigen und manchmal auch tödlich ausgehenden Raufhändeln zwischen Studenten und Bürgern »Possen« sehen, konnte man die drastischen und zum Teil grausamen Gebräuche und Riten in den Schülervereinigungen »normal« finden, ihre »Initiationsriten« beispielsweise. Was dabei an Brutalitäten und Schikanen geschah, stellte die wahrhaft nicht zimperlichen Praktiken der Äquatortaufe weit in den Schatten. Außerdem war die sogenannte Deposition nicht selten von hemmungslosen Ausschweifungen begleitet. Ein neuzeitliches Bewußtsein mußte über solche Praktiken weit eher empört und entsetzt sein – und war es auch. Einem neuzeitlichen Bewußtsein behagte auch die Schüler- und Studentenfreiheit nicht. Dagegen hatte bereits Berthold von Regensburg (1210–1272) gepredigt. Er hatte das sündige Schüler- und Studentenleben angeprangert und dazu aufgefordert, die Vaganten vom Meßdienst auszuschließen; außerdem war er für eine frühe Moralerziehung der Kinder mittels der Rute und für eine strenge Hierarchie eingetreten.

Die Vorboten der Neuzeit auf dem Gebiet der Erziehung waren Berthold und seinesgleichen, nicht aber die Philosophen mit ihren freiheitlichen Ideen. Die Neuzeit in Mitteleuropa dämmerte nicht mit Freiheit, Individualismus und Lebensfreude herauf, sondern mit einem unverkennbaren Streben nach Ordnung, Obrigkeit, striktem Gehorsam, Disziplin und der Forderung nach Moral und Tugend (allerdings nicht der Tugend Montaignes). Diese frühen Zeichen waren nicht Vorläufer der neuen philosophischen Ideen, sehr wohl aber Vorläufer neuer politischer Strukturen. Die religiös-politische Ordnung des Mittelalters wurde schließlich nicht durch freiheitlich-demokratische Ordnungen abgelöst, auch nicht durch Modelle der Antike, sondern durch Feudalismus und Absolutismus. Prinzipien des Befehlens und autoritäre Hierarchien bestimmten die neuzeitliche politische Welt. Und es waren diese Prinzipien, die das Verhältnis zu Kindern bestimmten. Das wirkte sich zunächst derart aus, daß »rasende Schulmeister« (Montaigne) oder pädagogische »Henkersknechte« (Erasmus) mehr denn je ihre Knüppel schwangen. Kaum jemand erhob dagegen Einspruch.

Nun wollten sich aber diese wilden Kinder nicht ohne weiteres zähmen lassen. Jahrhundertelang waren sie Freiheiten und Privilegien gewohnt gewesen. Sie widersetzten sich daher den neuerlichen Einschränkungen, und es kam zu zahlreichen Konflikten. Dabei ließen sich zumindest die Scholaren keinesfalls leicht einschüchtern. Das Leben auf den Landstraßen hatte sie abgehärtet, und an Prügel waren sie ebenfalls gewöhnt, sowohl von den Lehrern als auch von ihren älteren Mitschülern, den Bacchanten. Mit noch mehr Prügeln konnte man sie also kaum disziplinieren. Mehr als Prügel aber hatten die meisten Lehrer nicht zu bieten, denn über ein pädagogisches Rüstzeug verfügten sie nicht – das gab es nicht. Tatsächlich verstand niemand etwas von Kindererziehung. Woher auch? So kam es, daß sich manch eine Schulstube in ein Schlachtfeld verwandelte und etliche Lehrer ihrerseits von den Schülern Prügel bezogen. Es gab Schülerunruhen, und auch regelrechte Aufstände kamen vor, bewaffnete Aufstände, so in Erfurt, wo sich die Bürger 1510 mit Landsknechten und Kanonen gegen die Studenten wehrten, in Wien, das 1513 seinen »lateinischen Krieg« hatte, und im Jesuitenkolleg von La Flèche in Westfrankreich (Ariès).

Mit der einstigen Integration der Kinder in die Erwachsenenwelt war es endgültig vorbei. Zwischen jung und alt tat sich ein Abgrund auf, und der Widerstand der Schüler löste immer brutalere Strafen aus. Diese nahmen schließlich solche Formen an, daß sich die Obrigkeit, ansonsten der Disziplinierung durchaus geneigt, veranlaßt sah, den Lehrern zu verbieten, »die Knaben bis aufs Blut zu stäupen, sie mit Füßen zu treten, bei den Ohren und Haaren aufzuheben, mit Schlüsseln, mit Stock oder Buch ihnen ins Gesicht zu schlagen« (Reicke).

Man war sich darüber einig geworden, die Kinder zu erziehen, und das war nun das Ergebnis: Außer Gewalt hatte man nichts zu bieten. Nicht nur in vielen Schulen herrschten chaotische Verhältnisse; man sprach auch von einem Verfall der häuslichen Zucht. Was Wunder, denn für Mütter und Väter war Kindererziehung ein ebenso neues Geschäft, und erziehungswillig waren die lieben Kleinen damals weder in der Schule noch im Hause; vielmehr verteidigten sie ihre bisherigen Freiheiten buchstäblich bis aufs Messer.

Die Situation war verfahren, und es herrschte allgemeine Ratlosigkeit. Man muß zugeben, daß in dieser Lage die Philosophen mit ihren Vorstellungen und Ideen tatsächlich keine Hilfe gewesen wären, selbst wenn man auf sie gehört hätte. Aber eine Besinnung war notwendig, ein Nachdenken über die Probleme und ein Bemühen, sie zu lösen. Zu solchen Fähigkeiten hatte aber das mittelalterliche Leben die Menschen kaum erzogen, und es gab weder eine neue Moral, die die Kinder hätte beeinflussen können, noch neue Hierarchien, die in der Lage gewesen wären, sie zu bändigen. Die Situation drängte ganz einfach dazu, daß etwas geschah, daß jemand neue Ideen entwickelte, neue Ziele setzte, den Menschen in ihrer Ratlosigkeit eine Orientierung gab.

Solche »Vordenker« traten tatsächlich auf. Der erste und vermutlich der wirksamste war Martin Luther. Er kam nicht aus einem philosophischen Elfenbeinturm und nicht aus der Studierstube eines Wissenschaftlers. Er redete und schrieb nicht lateinisch, und er war kein Theoretiker, sondern ein Praktiker, der den Leuten »aufs Maul« schaute. Er erkannte ihre Bedürfnisse, und er hatte genau das zu bieten, was die Menschen in ihrer Unsicherheit brauchten: eine handfeste Moral. Die wußte er unmißverständlich auszudrücken und in überzeugende Worte zu kleiden. Luther war ein wortgewaltiger Mann, ein Meister im Umgang mit der Sprache. Er verstand es außerdem, die Menschen dazu zu bringen, seine Lehren anzunehmen und sie zu praktizieren. Er verfügte über eine ausgezeichnete Methodik und über die Psychologie eines geschickten Propagandisten – gewiß nicht bewußt. Er war kein Taktiker, und er plante seine Methoden nicht; aber gerade das dürfte ihn so überzeugend gemacht haben. Was er sagte und lehrte, war von einer natürlichen Ursprünglichkeit. Es kam ihm »direkt aus dem Herzen«, wie er es ausdrückte. Tatsächlich war er ein äußerst wirkungsvoller Demagoge, der sich in seinen Reden und Schriften nicht scheute, »das Wort«, »die Schrift«, deren Unantastbarkeit er stets verfochten hatte, für seine moralischen und pädagogischen Zwecke rigoros zu verfälschen und zu mißbrauchen.

Zunächst aber rechnete er mit der modernen Geistesströmung der Renaissance ab. Ihm war zuallerletzt an einer Wiedergeburt klassischer griechischer Geisteshaltung gelegen. Die alten Griechen waren und blieben für ihn Heiden. »Heiden sind's, heidnisch, ja teuflisch reden sie«, wetterte er. Er hielt für »des Teufels Dreck«, was sie geschrieben hatten, und er warnte die jungen Leute vor den heidnischen Büchern, »daß sie nicht Gift schöpfen« daraus. Dabei stützte er sich auf die Äußerungen des Paulus, und der läßt im

Römerbrief 1, 26f. wahrhaftig kein gutes Haar an den Heiden.

Griechische Erziehungsmodelle hatte Luther nicht zu bieten, ebensowenig aufklärerische Gedanken. Die »natürliche Vernunft« hielt er für eine Hure, allerdings für eine »kluge Hure«, was sie in Luthers Augen aber um nichts besser machte. Zu lesen sind diese Meinungen in seiner *Predigt vom ehelichen Leben* von 1522. Die Bemerkung von »des Teufels Dreck« findet sich in seiner Schrift *An die Ratsherren aller Städte in deutschen Landen, daß sie christliche Schulen aufrichten und halten sollen* von 1524. Diesen berühmten und durchaus politischen Brief zu schreiben, sah Luther sich veranlaßt, weil die »dürftige, arme Jugend« ihn dauerte. Er erachtete es daher für eine ernste und große Sache, an der »Christo und aller Welt viel an liegt, daß wir dem jungen Volk helfen und raten«. Er forderte Schulen, neue Schulen, nicht jene »Eselsställe und Teufelsschulen«, welche die Kinder zu »Esel, Klötz und Böck« hätten werden lassen, ganz zu schweigen von dem »schändlichen und lästerlichen Leben«, das sie darinnen geführt hätten und das sie so »jämmerlich verderbt« habe. Wenn es keine andere Weise »zu lehren und zu leben« geben sollte als in den bisherigen hohen Schulen und in den Schulen der Klöster und Stifte, dann wollte er lieber, »daß kein Knabe nimmer nichts lernte und stumm wäre«. Das sind starke Worte, und sie haben ihre Wirkung nicht verfehlt: Luther machte möglich, daß Schulen nicht nur für geistliche, sondern auch für weltliche Ämter ausbildeten und daß »niedere Schulen« mit einem volkserzieherischen Konzept eingerichtet wurden – allerdings erst ein Jahrhundert später. Seine grundsätzliche Auffassung von guten Schulen unterscheidet sich kaum von den Ansichten des Erasmus und denen Montaignes, sehr wohl aber seine Auffassung von der Erziehungsmethode. Luther lehnt die Prügelstrafe nicht nur ab, sondern tritt vielmehr energisch für sie ein.

Die Geburt der bürgerlichen Erziehung

Martin Luther als Propagandist einer neuen
Erziehungshaltung / Handfeste Erziehungsmoral /
Alle Macht den Eltern / Erziehung und Obrigkeit /
Stock als Zepter der Lehrer

Luther konnte weder gute Schulen noch gute Lehrer aus dem Boden stampfen, doch er konnte versuchen, Mütter und Väter zu erziehenden Eltern zu machen, die ihre Kinder disziplinierten. Genau das tat er. Dort, wo sich Erziehung zunächst einmal abspielen mußte, setzte er an: im Hause. Er nahm die Eltern in die Pflicht, und er schonte sie nicht, jedenfalls zunächst nicht. Er machte ihnen klar, was zu tun sei: Eltern müßten ihre Kinder erziehen. Das sei ihre allerhöchste Pflicht und dazu Gottes Gebot. Versäumten sie diese Pflicht, dann seien sie Sünder, ja die schlimmsten Sünder, und kühn behauptete er, Gott bewerte kaum eine Sünde höher als die, »die wir an den Kindern tun, daß wir sie nicht ziehen«. Wer sich hier vergehe, der verdiene greulichste Strafe. Zur Illustrierung zitiert er ein lateinisches Sprichwort. Es ist heute längst vergessen. Denn wer hätte je wieder gewagt, eine solche Wertung vorzunehmen! Es lautet: »Non minus est neglegere scholarem quam corrumpere virginem – Nicht geringer ist es, einen Schüler zu vernachlässigen, denn eine Jungfrau zu verführen.« Luther findet eine solche Moral völlig in Ordnung und baut darauf ungeniert seine Erziehungsmaximen auf. »Aber lieber Herrgott, wie gar viel geringer ist's, Jungfrauen oder Weiber schänden«, ruft er aus. Das seien doch nur (!) leibliche Sünden. Wieviel schlimmer aber sei es, die edlen Seelen der Kinder durch mangelnde Zucht zu schänden! »O wehe der Welt immer und ewiglich!« klagt er, »da werden täglich Kinder geboren und wachsen bei uns daher, und ist leider niemand, der sich des armen Volkes annehme und regiere, da läßt man's gehen, wie es gehet.«

Danach führt Luther unmißverständlich aus, wie es dann »gehet«: »Gift und Geschmeiß« seien unerzogene Kinder sowohl für die anderen Kinder als auch für die ganze Stadt, die sie verdürben, daß sie ende wie Sodom und Gomorra, Gibea und etliche andere Städte – was nichts anderes heißt, als daß die ungeratenen Kleinen die Stadt zu einem Sündenpfuhl machten und daran schuld seien, daß sie durch Gottes Zorn in Schutt und Asche gelegt werde. In der Bibel steht davon nichts.

Mit solcher Polemik propagierte Luther die neue bürgerlich-christliche Erziehung. Sie wirkte, ging den Leuten unter die Haut; aber damit allein ließen sie sich nicht wirksam aufrütteln, hatten sie doch jahrhundertelang ihre Kinder in der Tat »daherwachsen« lassen, »wie das Holz im Wald wächst«, und waren es zufrieden gewesen. Weil sie es nicht besser verstanden, meint Luther, und weil sie nichts anderes gelernt hatten, »außer den Bauch zu versorgen«.

Um wirklich etwas zu bewirken, um ein über so lange Zeit eingefahrenes Verhalten tatsächlich zu verändern, war also mehr nötig als Polemik. Es mußten Strukturen überholt, ja mehr noch, ganz neue Strukturen geschaffen werden. Genau das tat Luther, und zwar von Grund auf. Um eine bürgerliche Erziehung zu ermöglichen, begründete er zunächst die bürgerliche Ehe. Er nannte sie christliche Ehe und das, was sich darin abspielen sollte, christliche Erziehung.

In seinem neuen »Eheorden« verteilte Luther nun die Rollen. Die des Mannes war ohnehin klar, denn schließlich hatte »Gott Adam zum Herren über alle Kreaturen gesetzt«. Von den Frauen erwartete Luther, daß sie sich aus den Männergeschäften heraushielten, denn dafür taugten sie nicht. Er bescheinigte ihnen aber, daß sie im häuslichen Bereich geschickter als die Männer seien. Also teilte er ihnen das Hausregiment zu. Die Haushaltung sei der »Weiber Amt, dazu sie verordnet sind (*Tischreden*: »Vom Ehestand«). Also installierte er in den christlichen Haushalten den Ehemann als autoritären Patriarchen, die Ehefrau als züchtige Hausfrau und die Kinder als gehorsame Untertanen. Damit war ein neues Familienkonzept geboren. Es sollte die nächsten Jahrhunderte bestimmen. Luther hatte es nicht nur begründet, er lebte auch selbst danach: So führte er seine eigene Ehe, und so erzog er seine Kinder.

Seine Frau nannte Luther »Morgenstern von Wittenberg«. Das klingt schön. Aber er nannte sie darum so, weil für sie morgens um vier das Tagewerk begann, und das beschreibt er so: »Sie fuhrwerkt, bestellt das Feld, weidet und kauft Vieh, braut usw. Dazwischen ist sie auch darangegangen, die Bibel zu lesen, und ich habe ihr fünfzig Gulden versprochen, wenn sie vor Ostern zu Ende käme.« Das von ihm nicht weiter ausgeführte Undsoweiter bedeutete: Haushaltsführung und Kinderaufzucht und dazu die Führung einer Pension von bis zu dreißig Studenten im lutherischen Hause.

Eine solche Opferbereitschaft gehörte ebenfalls zu der neuen, von Luther initiierten Frauenrolle. Seine Käthe fügte sich klaglos in diese Rolle und fungierte gewissermaßen als Vorbild der Nation. Derweil sie zu Hause wirtschaftete, reiste der Herr Gemahl in der Welt umher und reformierte. Lehrend, predigend, schreibend und das, was er lehrte, predigte und schrieb, in eigener Ehe vorlebend, so schuf Luther den neuen christlichen »Eheorden«. Weit schneller, als die Ratsherren in der Lage waren, Schulen einzurichten, gelang es ihm, eine festgefügte Eheinstitution zu propagieren und auch einzuführen. Sie wurde nun zum Hort der neuen Kindererziehung, und genau diese Funktion war es, auf die es Martin Luther angekommen war, auf die all sein Bemühen um die christliche Ehe letztlich hinauslief. Sie sollte Frucht bringen, »denn das ist das Ende und vornehmliche Amt der Ehe«. Nein, nicht das Ende, korrigiert er sich, vielmehr erst der Anfang, denn Kinder bekämen schließlich auch die Heiden. Er machte deutlich, daß es Pflicht der Eltern sei, ihre Kinder in christlicher Zucht zu erziehen. Ferner machte er klar, daß die Erziehung nicht etwa beendet sei, wenn die Kinder aus den Windeln heraus seien, sondern dann recht eigentlich beginne, und er erklärte den Leuten, wie und mit welchem Ziel sie die Kinder erziehen sollten. Damit mutete er den Müttern und Vätern ganz neue und ungewohnte Aufgaben zu, für die er sie erst motivieren mußte.

Die beste Motivation ist in aller Regel das eigene Interesse. Nachdem er die Eltern zunächst massiv und mit Gottes Hilfe bedroht hatte, richtete Luther nun sein Bemühen weitgehend auf das Eigeninteresse der Eltern aus. Er stellte ihnen vor Augen, welch eine großartige Aufgabe es sei, gottesfürchtige Kinder heranzuziehen. Es sei das »alleredelste, teuerste Werk« auf Erden, und Gott sehe nichts lieber, behauptete er. Durch ihr Erziehungswerk, so versprach er, würden die Eltern in ihrer Ehe selig, werde ihr Haus zu einer rechten Kirche, zu einem auserwählten Kloster, ja zu einem Paradies, und schließlich würden sie durch ihre eigenen Kinder »Seligkeit erlangen« (*Sermon von den guten Werken,* 1520). Er erklärte überdies, daß Wallfahrten, Kirchen bauen, Messen stiften oder sonstige Werke dieser Art nichts seien »gegen dieses einzige Werk, daß die Ehelichen ihre Kinder erziehen«. Das sei »ihre ausgerichtete Straße gen Himmel«.

Luther schreckte wahrhaftig vor keiner Übertreibung zurück. Aber, so fragt er: »Wo sind solche Eltern?« Eltern, die bereit sind, dieses gute Werk zu tun? »Hier will niemand her«, stellt er fest, und das zeigt die damalige Situation, zeigt, wie schwer es war, Eltern zu veranlassen, ihre Kinder zu erziehen – selbst mit dem Lockmittel solcher Versprechungen. Also fährt Luther noch stärkeres Geschütz auf. Er verleiht den erziehenden Eltern höchsten Rang, eine wahrhaft unvergleichliche Position, indem er sie zu Pfarrern, Bischöfen, Aposteln über ihre Kinder macht; er gibt ihnen geistliche wie weltliche Gewalt über sie und sagt, daß »kein größer, edler Gewalt auf Erden ist, denn [die] der Eltern über ihre Kinder«. Noch einen Schritt weiter geht Luther im *Großen Katechismus* von 1529. Ohne jeglichen Bibelbeleg behauptet er: »Gott hat diesen Stand der Eltern obenan gesetzt, ja zu seiner Stellvertretung auf Erden bestimmt.« Was aber nutzten diese Macht und alle Ehre, die er den Eltern einräumte, was halfen der hohe Rang und das große Ansehen, die er ihnen zusprach, wenn die Kinder eine solche herausgehobene Stellung der Eltern weder anerkannten noch respektierten? Und das taten sie nicht, dazu waren sie nicht freiwillig bereit.

So war damals die historische Situation. Diese Situation und die unglaubliche Schwierigkeit, den Menschen ein völlig neues Konzept von der Ehe und von der Kindererziehung zu vermitteln, entmutigten Luther nicht. Seine feste Überzeugung, dazu sein eiserner Wille, sein missionarischer Eifer, seine bezwingende Wortgewalt, seine Rücksichtslosigkeit gegenüber Andersdenkenden sowie seine unvergleichliche Taktik schafften das unmöglich Erscheinende: Er begründete die bürgerliche Ehe und die neuzeitliche bürgerliche Erziehung. Das heißt: Von Eltern, die Luther zu absoluten, ja gottähnlichen Autoritäten aufgebaut hatte, wurden fortan die Kinder erfolgreich diszipliniert.

Dieses Erziehungsverhalten blieb indes nicht auf die protestantischen Gebiete beschränkt, und es wurde bald auch jenseits deutscher Grenzen praktiziert. Das muß nicht daran gelegen haben, daß Luthers Einfluß so weit reichte. Die Entwicklung lag offensichtlich in der Luft. Europaweit übernahmen die Eltern die Macht über ihre Kinder, und deren Disziplinierung und Unterdrückung begann. Sie wurden zu Untertanen gemacht, und das geschah mit genau den Mitteln, die Erasmus als obsolet verworfen hatte. Ihn schimpfte Luther denn auch einen gottlosen Menschen und einen papistischen Klotz. Voll auf die mosaischen Lehren und die einschlägigen Sprüche Salomos zurückgreifend, gab er der Zuchtrute den biblischen Segen. Sie war es, die statt griechischer Geisteshaltung nun eine bemerkenswerte Renaissance erfuhr.

Das war die eine Seite. Auf der anderen verfemte Luther die eben aufblühende Liebe der Eltern zu ihren Kindern. Eindrücklich warnte er vor dieser »fleischlichen Liebe« und urteilte, christliche Eltern sollten ihre Kinder »nicht nach fleischlicher Weise lieb haben«. Er hielt dies für falsch, für gefährlich, für eine wahre Plage, die den Eltern zur Unehre gereiche, die sie verblende und mit der sie sich die Hölle verdienten. Warum? Weil, »wo nur Fleisch und Blut regieret«, die Eltern nur zu leicht ihren Kindern den Willen ließen; dadurch aber betrögen sie ihre Kinder, und sie befolgten nicht das Gebot, welches ihnen Ehre einbringe, nämlich, der Kinder Eigenwillen zu brechen, damit sie »demütig und sanftmütig werden« (1520).

Mancher wird es kaum glauben und, verständlicherweise, nur ungern wahrhaben wollen – doch genau dies war der Zug der neuen Zeit. So zeichnet sich am Ende des Mittelalters die Form der künftigen Kindererziehung ab. Luther formulierte sie am prägnantesten, und er wurde nicht müde, sie immer wieder zu propagieren. Selbst Paulus preist noch die Liebe zu den Kindern. Luther nicht. Seiner Ansicht nach sollen fromme Eltern ihre Kinder vielmehr »zu Gottes Dienst« mit Worten und Wirken weisen und regieren. Wie das zu geschehen hat, das predigt Luther immer wieder aufs neue: »[...] da wird dem Kind ohn' Unterlaß sein eigener Wille gebrochen, und muß tun, lassen, leiden«, was die Eltern von ihm begehren. Widerspruchslos muß das Kind auch erleiden, wenn die Eltern »strafen und züchtigen, wie sich's gebührt, zuweilen auch mit Unrecht«, was aber, Luthers Meinung nach, dem Seelenheil der Kinder durchaus nicht schade. Ein Kind, das darauf mit Unwillen reagiert, zeige lediglich seine »böse Natur«, befindet er (1520).

Und an der ließ Luther keinen Zweifel. Kinder waren für ihn von Geburt an böse, schlecht und verderbt. Ohne Erziehung seien sie »eitel wilde Tiere und Säu in der Welt, die zu nichts nutze sind, denn zu fressen und saufen«. Von da leitete Luther die Notwendigkeit ab, jedes Eigensein der Kinder zu unterdrücken und sie zu willenlosen Untertanen von Eltern und Obrigkeit zu machen. Das war es, was er unter Erziehung verstand, und er sah nur einen Weg, sie wirksam durchzusetzen: mit dem Knüppel. In seinem *Sermon von dem ehelichen Stande* von 1519 zieht er als Rechtfertigung Zitate des weisen Salomo heran, die er wirkungsvoll aneinanderreiht: »Darum spricht der weise Mann (Sprüche 13, 24): ›Wer der Ruten schonet, der hasset sein eigen Kind; wer aber sein Kind lieb hat, der stäupt es vielmal.‹ Item, 22, 15: ›Torheit steckt dem Knaben im Herzen; aber die Rute der Zucht wird sie fern von ihm treiben.‹ Item, 23, 14: ‹Schlägst du dein Kind mit Ruten, so wirst du seine Seele von der Hölle lösen.‹« Nach dieser biblischen Weisheit zu handeln, legt Luther den Eltern immer wieder ans Herz. Nicht ihr eigen Fleisch und Blut sollen sie in ihrem Kind sehen, ja wenn notwendig, »soll ein Vater vergessen, daß er ein Kind hat«, nämlich dann, wenn er es in der Furcht Gottes aufziehen will. Eltern sollen ihr Kind halten »als einen köstlichen, ewigen Schatz«, der ihnen von Gott anbefohlen ist, aber nicht etwa, damit sie ihn hätscheln. Kinder sind nicht zu »weltlicher Lust, Liebe, Freude, Güte und Ehre« da. Das hieße sie dem Abgott Moloch opfern, sie verbrennen, wie es bei Jeremias 7, 31 geschrieben steht, und dann würde Gottes Liebe und Ehre in ihnen ausgelöscht. Christliche Erziehung aber heißt, Kindern nicht ihren Willen zu lassen, sie vor der Sünde des Ungehorsams zu bewahren, dazu vor dem Teufel, der Welt und vor dem Fleischlichen und sie in der Furcht Gottes zu unterweisen.

Das ist Luthers pädagogische Botschaft, und wer danach handelt, dem verspricht Luther so gut wie alles: Er wird aller Sünden ledig, erlangt ewige Seligkeit, wird selig sterben, und sein Geschlecht wird blühen und gedeihen. Wehe aber, wer dawiderhandelt! Gegen den schwingt Luther gewaltig die Peitsche der Strafe. Wer seinem »Drecksack« (!) von Kind Gold an den Hals hängt, es schmückt und ausstaffiert, daß es von der Welt beachtet wird, wer seinen Kindern gestattet, »nach ihrem Willen« zu leben – solchen Eltern geht es schlecht. Ihnen wird am Tag des Jüngsten Gerichts die Rechnung vorgelegt, und dann wird ihr schreckliches »Heulen und Klagen« anheben. Mit ihren Versäumnissen in der Kindererziehung haben sie die Hölle verdient.

Luthers Methode ist ebenso simpel wie wirksam: Mit unermeßlichem Lohn und mit grausamster Strafe, mit Zuckerbrot und Peitsche also, treibt Luther den Menschen das traditionelle und gewohnte Verhalten Kindern gegenüber aus und übt ein ganz anderes, neues ein. Er begründet und propagiert es auf immer neue Weise. So kennt er keinen größeren Schaden des Christentums »denn der Kinder versäumen«. Will man der Christenheit wieder auf die Beine helfen, so muß man damit bei den Kindern anfangen, »wie es vorzeiten geschah«, lehrt Luther, und solche Argumente überzeugen. Denn wer wollte schon gern dem Christentum schaden! Luther kommt an bei den Leuten. Im Gegensatz zu Erasmus und Montaigne, die mit ihren Erziehungsidealen am Zeitgeist vorbeiphilosophierten, traf Luther den Zeitgeist genau. Was er predigte, trug Früchte. Unter anderen nahmen es bekannte und beliebte Volksdichter wie Sebastian Brant und Hans Sachs auf und vertraten es auf ihre Weise. Hier noch einmal Hans Sachs mit einem Meisterlied aus dem Jahr 1552, *Von der Kinderzucht*. Sachs war ein bedeutender Multiplikator von Luthers Thesen, wie seine Fabel Nr. 811 zeigt. Sie hat folgenden Inhalt: Eltern lieben ihr Kind, lieben es ganz besonders. Darum lassen sie sich viel von ihm gefallen und strafen es wenig. Das hat zur Folge, daß der Junge eigensinnig, mutwillig und »ungezogen in Worten und Taten« wird. Weil die Eltern seiner »Bosheit Zunder« nicht dämpfen, kommt es schließlich dazu, daß das Kind gegen die eigene Mutter die Hand erhebt und sie schlägt. Die Eltern sind dagegen machtlos. Doch Gott greift ein — ~~zweifellos Luthers Gott.~~ Er fackelt nicht lange und läßt das Kind sterben. Man begräbt es, aber noch als Toter reckt der Knabe die Hand aus dem Grabe. Ein Rat aus Doktoren und einer ganzen Schar von Geistlichen und Priestern tritt zusammen und beschließt: Die Mutter soll zum Grab ihres Kindes gehen und mit Ruten so lange auf die herausgestreckte Hand schlagen, bis sie blutet. Das tut sie. Hans Sachs wörtlich: »Haut mit Ruten die toten Hände,/ achtzehn Stunden lang am Ende.« Nach dieser Behandlung zieht der Tote den Arm ein.

Hans Sachs läßt dieser Fabel eine Moral folgen, nach der die Eltern Wohltäter ihrer Kinder sein sollen. Das aber bedeutet: Rechtzeitig sollen sie sie mit Strafen beugen und ihren Eigenwillen brechen. »Züchtige bei Zeiten den Knaben,/ so wirst du sein erhaben« – eine außerordentlich treffende Veranschaulichung von Luthers neuen Erziehungsthesen! Und gerade diese Geschichte gefiel den Leuten. Hans Sachs hat unzählige solcher Fabeln geschrieben, und die meisten davon sind längst vergessen. Diese aber überlebte, wurde eifrig weitererzählt und blieb über Hunderte von Jahren im Volk lebendig. Den Brüdern Grimm wurde sie nur wenig verändert als Märchen erzählt. Unter Nr. 117 nahmen sie die Geschichte unter dem Titel »Das eigensinnige Kind« 1815 in ihre *Kinder- und Hausmärchen* auf. Ein rigides Erziehungskonzept hatte nahezu dreihundert Jahre überlebt; das belegt eindrücklich die Durchschlagskraft unterdrückender Erziehung.

Die Geschichte des Hans Sachs verlor durch den jahrhundertelangen Erzählprozeß nichts von ihrer Schärfe. Sie wurde auf vier Sätze verkürzt und gewann durch diese Verdichtung noch an Prägnanz. Hier ist der Text, wie er sich in jeder vollständigen Ausgabe von Grimms Märchen findet: »Es war einmal ein Kind eigensinnig und tat nicht, was seine Mutter haben wollte. Darum hatte der liebe Gott kein Wohlgefallen an ihm und ließ es krank werden, und kein Arzt konnte ihm helfen, und in kurzem lag es auf dem Totenbettchen. Als es nun ins Grab versenkt und Erde über es hingedeckt war, so kam auf einmal sein Ärmchen wieder hervor und reichte in die Höhe, und wenn sie es hineinlegten und frische Erde darüber taten, so half das nicht, das Ärmchen kam immer wieder heraus. Da mußte die Mutter selbst zum Grabe gehn und mit der Rute aufs Ärmchen schlagen, und wie sie das getan hatte, zog es sich hinein, und das Kind hatte nun erst Ruhe unter der Erde.«

Wilhelm Grimm bezeichnete diese Geschichte als eine »einfach kindliche Lehre«. Ihm galt 1815 ein solcher Umgang mit einem Kind schon nicht mehr als etwas Besonderes. Vom Märchenbuch fand »Das eigensinnige Kind« den Weg in etliche Schullesebücher, Kalender und pädagogische Erbauungsschriften und konnte so bis nahezu in die Gegenwart seine Wirkung tun.

Mit bloßer Gewalt allein oder gar nur mit Prügeln ließ sich eine wirksame Kindererziehung indes kaum begründen, geschweige auf Dauer durchsetzen. Vielmehr bedurfte es darüber hinaus eines konkreten Zieles. Es genügte auch nicht, lediglich zu sagen, Kinder müßten in der Furcht Gottes erzogen werden. Was sollte sich der einfache Mann darunter vorstellen? Wie konnte er eine solche Forderung im Erziehungsalltag umsetzen? Das Ziel der Erziehung hatte derart zu sein, daß die Leute etwas damit anfangen konnten; außerdem mußte es im Interesse der Gesellschaft wie der Obrigkeit liegen, wenn es eine Chance haben sollte, sich in angemessener Zeit durchzusetzen. Ein solches Erziehungsziel hatte Luther in der Tat zu bieten. Es hieß Gehorsam. Zu gehorchen hätten die Kinder, dazu müsse man sie erziehen, predigte er. Gehorsam hieß das Gesetz, unter das Luther die Kindererziehung stellte; damit prägte er das Erziehungsverhalten wirksam bis in die heutige Zeit hinein.

Die Herausstellung gerade des Gehorsams, und zwar eines ganz speziellen protestantisch-preußisch-lutherischen Gehorsams, kommt bei Luther nicht von ungefähr. Er hält den Gehorsam für die höchste aller Tugenden, und diese Einstellung durchzieht sein ganzes Leben. So berichtet er in einem Selbstzeugnis vom 5. März 1545, »Martin Luther an den frommen Leser«, wie hoch er den Gehorsam bereits damals geachtet hatte, als er noch »ein Mönch und ein ganz unsinniger Papist« gewesen war. Erstaunlich freimütig bekennt er, daß er imstande gewesen sei, »jeden womöglich zu ermorden, zu solcher Tat Beihilfe zu leisten oder wenigstens sie gutzuheißen, der dem Papst auch nur mit einem Wort den Gehorsam verweigert hätte«.

So stark also ist seine Hochschätzung des Gehorsams und sein Engagement dafür, daß er nicht einmal vor einem Mord zurückgeschreckt wäre, um dem Gehorsam, und zwar diesem absoluten, bedingungslosen, untertänigen Gehorsam, Geltung zu verschaffen! So war Luther von Anfang an, und er hat daraus niemals einen Hehl gemacht. 1520 hieß es in seinem *Sermon von den guten Werken*, es gebe keine besseren Werke, als der Obrigkeit Dienst und Gehorsam zu leisten. »Gehorche der Obrigkeit«, fordert er auch in der Schrift *Eine treue Vermahnung aller Christen, sich zu hüten vor Aufruhr und Empörung* von 1522. Und in seinem Aufsatz darüber, wieweit man weltlicher Obrigkeit Gehorsam schuldig sei, stellt Luther sich 1523 bedingungslos hinter das Pauluswort im Römerbrief 13, 1f.: »Jede Seele sei der Amtsgewalt und Obrigkeit untertan, denn es gibt keine Gewalt, die nicht von Gott wäre.« Mit vielen weiteren Bibelzitaten stützt er diese These, die er in immer neuen Wendungen und Zusammenhängen wiederholt.

Nach alledem muß es verwundern, daß die aufständischen Bauern in Martin Luther ihren Fürsprecher und Verbündeten gesehen hatten. Er war es nicht, und die Bauern wurden bitter enttäuscht. Luther schrieb 1525 die an Haß und Grausamkeit kaum zu überbietende Hetzschrift *Wider die räuberischen und mörderischen Rotten der Bauern.* Der Grund seiner leidenschaftlichen Wut und Empörung war, daß die Bauern es gewagt hatten, sich gegen die Obrigkeit zu wenden und sich zu erheben, obwohl sie geschworen hatten, »untertänig und gehorsam zu sein, wie solches Gott gebietet«. Er beschimpft sie ganz und gar unchristlich in einer Art und Weise, die jedes Maß überschreitet. Damit nicht genug, fordert er jedweden auf, die Bauern »heimlich oder öffentlich« zu erschlagen, wie man tolle Hunde erschlägt, und er versichert, dieses sei wohlgetan, denn »über einen öffentlichen Aufrührerischen ist der Mensch beides, Oberrichter und Scharfrichter«. Also fordert Luther: »[...] steche, schlage, würge hier, wer da kann.« Der Moralist Luther, der sich nicht genugtun konnte, die Sünden und die Unmoral anderer anzuprangern, tut hier nichts Geringeres, als offen und öffentlich und dazu im Namen Gottes zur Lynchjustiz aufzufordern. Wer aber dabei umkommen sollte, dem verheißt Luther: »Wohl dir, seligeren Tod kannst du nimmermehr sterben, denn du stirbst im Gehorsam göttlichen Wortes und Befehls« und als »ein rechter Märtyrer vor Gott«. Gehorsam fordert Luther auch von den Fürsten, aber nicht etwa gegenüber sittlichen oder humanen Forderungen oder gar gegenüber Jesu Lehren in der Bergpredigt. Die Fürsten sind vielmehr, wie Paulus im Römerbrief 13, 4 lehrt und bestimmt, nach Gottes Befehl eingesetzt als »Rächerin zur Strafe über den, der Böses tut«, und sie würden sich »hoch vor Gott« versündigen, wenn sie nicht straften, wie sie »als Gottes Dienerin« verpflichtet seien. Also sollen sie »mit gutem Gewissen« gegen die Bauern dreinschlagen, die vor Gott und der Welt »vielfältig den Tod verdient haben«. Und auch für die Fürsten hat Luther eine Verheißung bereit: »Solche wunderliche Zeiten sind jetzt, daß ein Fürst den Himmel mit Blutvergießen verdienen kann, besser als andere mit Beten.«

Hiernach wird man Luthers Thesen zur Kindererziehung besser und richtiger einschätzen können: Sie sind genauso blutig ernst gemeint – im wahren Sinn des Wortes – wie Luthers Verdammung der Bauern; es ist die gleiche Grundhaltung, die den Ungehorsam bei den Bauern wie bei den Kindern mit allen Mitteln verfolgt, bekämpft und bestraft wissen will. In einem Brief an seinen Freund Johann Rühel, dem *Sendbrief von dem harten Büchlein wider die Bauern*, zeigt sich diese Beziehung sehr deutlich. Luther schreibt da: »Die Bauern wollten [...] nicht hören«; also mußte man ihnen mit der Faust antworten und ihnen die Köpfe einschlagen.« Weiter heißt es dann: »Zu solchen Schülern gehört eine solche Rute.« Da hat man's: Bauern gleich Schüler. Luther dürfte an der Entstehung des Sprichworts »Wer nicht hören will, muß fühlen« wesentlichen Anteil gehabt haben. Was aber ungehorsame Kinder notfalls zu fühlen bekommen sollen, das geht ähnlich weit wie das, was Luther für die aufständischen Bauern an Strafe fordert, und es ist kaum weniger grausam: So wie die Bauern, so sollen auch ungehorsame Kinder umgebracht werden – buchstäblich, versteht sich. Luther gibt sich den Anschein, als sei dies weiter nichts Besonderes, denn es stehe schließlich in der Bibel, und das nicht an einer beliebigen Stelle, sondern als Gebot, nämlich als Teil des vierten Gebots; daher sei es Gottes erklärter Wille, mit ungehorsamen Kindern derart zu verfahren. Luther äußert sich dazu in der Tischrede »Von der Obrigkeit und Fürsten«. Was ist, fragt er, wenn »der Kinder Ungehorsam zunimmt, daß sie sich nicht mehr wollen ziehen lassen und gehorsam sind«? Wenn also des »Vaters Autorität und Gewalt« verlöscht? Dann tritt die Obrigkeit an seine Stelle und übernimmt solcher Kinder Vormundschaft. Wenn aber »die Obrigkeit auch nicht strafen kann oder will, so kommt der Teufel und straft«. Dann »wird das Sprichwort wahr: Was Vater und Mutter nicht ziehen kann, das ziehe der Henker oder Teufel, die sind unseres Herrn Gottes Scharfrichter.«

Da nun aber weder auf den Teufel noch auf Sprichwörter Verlaß ist, zieht Luther eine für ihn ganz natürlich erscheinende Schlußfolgerung: Wenn der Vater nicht die Macht hat, den Sohn zu töten, dann muß dies die Obrigkeit tun, denn sie ist »der Eltern Diener, und der Eltern Wille ist Gottes Wille. Der heißt und gebeut, daß man ungehorsame Kinder töten soll«, so, wie es in einem ausdrücklichen Befehl Gottes im 2. Buch Mose heißt: »[...] den ungehorsamen Sohn zu töten, da gleich der Vater nicht will« (21, 15, 17). Zwei Seiten später nimmt Luther noch einmal Bezug auf diese Bibelstelle. Diesmal zitiert er den Vers 17 und legt ihn anschließend recht frei aus, dafür aber mit großer sprachlicher Verve: »Wer seinem Vater oder seiner Mutter flucht, der soll getötet werden, [...] flugs Kopf ab, Kopf weg, auf daß das Land nicht voll Gottloser werde«. Und auf eine weitere Bibelstelle beruft sich Luther: »Du sollst dich nicht erbarmen, also wirst du gerecht sein.« Hier bezieht er sich offensichtlich auf 5. Mose 13, 7 ff., und da heißt es, daß man sich weder seines Sohnes noch seiner Tochter erbarmen solle, auch nicht seines Weibes, seines Bruders oder seiner Mutter; vielmehr solle man sie mit eigener Hand töten, wenn sie dem rechten Gott nicht mehr gehorchten und anderen Göttern dienten.

Solches sagt Luther nicht nur in mehr oder minder unverbindlichen Tischreden. In der bereits erwähnten, höchst politischen Schrift *An die Ratsherren* äußert er sich in genau derselben Weise. Dabei beruft er sich auf 5. Mose 21, 18 ff., und dort ist tatsächlich zu lesen: Einen Sohn, der ungehorsam und eigenwillig ist, der Vater und Mutter nicht gehorcht, auch dann nicht, wenn sie ihn züchtigen, den soll man greifen und zu den Ältesten der Stadt führen, und dann »sollen ihn steinigen alle Leute der Stadt, daß er sterbe, und sollst also das Böse von dir tun, daß es ganz

Israel höre und sich fürchte« (Vers 21). Luther resümiert dies noch einmal auf seine Weise: »Willst du nun nicht Vater und Mutter gehorchen und dich erziehen lassen, so gehorche dem Henker. Gehorchst du dem nicht, so gehorche dem Streckebein, das ist der Tod.« Und auf seine Weise interpretiert er auch Gott: »Denn das will Gott kurzum haben: entweder wenn du ihm gehorchst, Liebe und Dienst tuest, daß er dir's überschwenglich vergelte mit allem Guten oder, wo du ihn erzürnst, daß er über dich schicke beide, Tod und Henker« *(Großer Katechismus)*.

Die Bibel ist ein sehr altes Buch, und es steht so manches darin, das nicht mehr zeitgemäß ist und uns heute befremdet. Das liegt in der Natur der Sache. Luther aber hat solche Bibelstellen wieder herausgesucht, emphatisch aktualisiert und als Maßstab für seine neuzeitliche Erziehung herangezogen. Er war es, der unter Berufung auf Bibelzitate Ungehorsam zu einer todeswürdigen Sünde hochstilisierte, größer »denn Totschlag, Unkeuschheit, Stehlen, Betrügen« (1520), und erbarmungslose Bestrafung sowohl als Sühne für den Täter wie auch zur Abschreckung aller anderen forderte. Luther wies in diesem Zusammenhang darauf hin, daß auch ungerechte Strafe niemandes Seele, folglich auch nicht die des Kindes, verderbe, »ja, es bessert die Seelen«, meint er; lediglich Unrechttun verderbe sie.

Manche haben ihm seine Härte vorgeworfen – etliche auch aus den eigenen Reihen. Aber das focht Luther nicht an, konnte ihn nicht irremachen. »Barmherzig hin, barmherzig her«, schrieb er an Freund Rühel, »wir reden jetzt von Gottes Wort, der will den König geehrt und den Aufrührerischen verderbt haben, und ist doch wohl so barmherzig, als wir sind.« Die meisten Kritiker verstummten.

Die Aufrührerischen wurden dann auch verderbt. Die Fürsten richteten unter den Bauern ein wahres Blutbad an, und zwar die katholischen so gut wie die lutherischen. Luthers Thesen gegen die Untertanen und für die Obrigkeit erwiesen sich als überkonfessionell, nicht anders als die Thesen zur Erziehung. Luthers Angebot an die Eltern wurde von Vätern und Müttern beider Konfessionen dankbar akzeptiert. Wer läßt sich schließlich nicht gern zu Halbgöttern machen und zu unumschränkten Herrschern über seine Kinder? Noch in der zweiten Hälfte des 20. Jahrhunderts hat niemand Luthers Familienideologie – die Familie als Keimzelle von Staat und Ordnung – »so vehement verteidigt wie die römische Kirche« (Beuys). Luthers neue Definition der Eltern-Kind-Beziehung entsprach dem Trend der Zeit. Auch in den nächsten vierhundert Jahren gab es kaum Kritik daran.

Vielerorts wurde aus dem Eltern-Kind-Verhältnis ein Macht- und Herrschaftsverhältnis: Der größere, stärkere und in allem überlegene Erwachsene beugte sich fortan zu dem erziehungsbedürftig gewordenen Kind hinunter und disziplinierte es. Das war die generelle Entwicklung zumindest in Deutschland und Frankreich.

Die Barmherzigkeit hatte auch in Luthers eigener Familie ihre klare Grenze. Nach einem Streit mit seinem ältesten Sohn erklärte er seiner Frau, dem Freund Melanchthon und anderen Freunden, die vermitteln wollten: »Ich will lieber einen toten Sohn haben als einen ungezogenen.« Das klingt grausam, und das ist grausam. Dennoch läßt sich nicht leugnen, daß Luther seine Kinder auch geliebt hat. So schrieb er 1530 einen gern zitierten zärtlichen Brief an seinen vierjährigen »herzlieben Sohn« Johannes, endend mit den Worten: »Hiermit sei dem lieben Gott befohlen und grüße Muhme Lenen und gib ihr einen Kuß von meinetwegen.« Und als 1528 seine zehn Monate alte Tochter Elisabeth starb, schrieb er einem Freund: »Merkwürdig, was für ein trauerndes, fast weibisches Herz es mir hinterlassen hat; so sehr bin ich vom Jammer erfüllt. Ich hätte nie vorher geglaubt, daß ein Vaterherz so weich gegenüber seinen Kindern sein könnte.«

Beide Einstellungen sind neuzeitliche Einstellungen, sowohl die unglaubliche Härte wie die affektive Zuneigung. Und diese nahezu unvereinbare Gegensätzlichkeit im Verhältnis der Eltern zu ihren Kindern zieht sich wie ein roter Faden durch die Zeiten. Wir werden sehen.

Das bedeutendste und wirksamste Medium zur Verbreitung von Luthers Erziehungsideologie war der *Große Katechismus*. Luther selbst nennt ihn »eine Kinderlehre«, was das Buch dem Wortsinn nach keineswegs ist. Diese Akzentsetzung zeigt aber sein Anliegen: Neben den Eltern will er es jetzt den Kindern zeigen. Er will, daß sie direkt angesprochen und entsprechend belehrt und beeinflußt werden. Das tut er anhand des vierten Gebots: Du sollst deinen Vater und deine Mutter ehren. Er legt das Gebot sehr weit aus; darum gerät dieser Artikel auch zum umfänglichsten des Katechismus. Er predigt darin, was die römische Kirche bis dahin nicht getan hat: Gehorsam und immer wieder Gehorsam der Kinder gegenüber den Eltern. Darüber hinaus sollen die Eltern geehrt werden in »Zucht, Demut und Scheu einer Majestät gegenüber«. Die Kinder sollen sie als Stellvertreter Gottes vor Augen haben und ihnen freudig gehorchen, dienen und helfen, auch wenn die Eltern gering, arm, gebrechlich, wunderlich oder ungerecht sind. Diese haben nach Gottes Willen die Oberhand; die Kinder haben sich unterzuordnen und zu schweigen – in jedem Fall. Vor Gott, so Luther, seien zwar alle Menschen gleich, aber nicht untereinander. Da gebe es eine »ordnungsgemäße Verschiedenheit«, und Gott wolle, daß sie respektiert werde, behauptet Luther wieder einmal ohne jeden biblischen oder sonstigen Beleg.

Die nächste Instanz ist die Dienstherrschaft, sind die Vorgesetzten, die Lehrer und alle, »die zu gebieten und zu regieren haben«. Sie nennt Luther die Herren, und die stünden den Eltern gleich; jedweder, vom Kind bis zum Greis, schulde ihnen den gleichen Respekt und freudigen Gehorsam.

Die dritte Instanz ist die weltliche Obrigkeit. Dieser »Vaterstand«, der Luther als der bedeutendste Stand gilt, »erstreckt sich am allerweitesten«, was er damit begründet, daß Obrigkeiten sovielmal Vater sind, wie sie Untertanen haben. Daraus folgert er, entsprechend sei man verpflichtet, die Obrigkeit »zu ehren und hochzuhalten als den teuersten Schatz und das köstlichste Kleinod auf Erden«, und nur wer dies »willig und dienstfertig« und »mit Liebe« tue, sei Gott wohlgefällig. Abermals mit Gottes Hilfe und mit einer unvergleichlichen moralischen Stringenz predigt Luther hier jenen Untertanengeist, der manchen bis jetzt in den Knochen steckt.

Den *Großen Katechismus* hatte Luther für die Pfarrer geschrieben, aber nicht damit er in deren Bücherregalen verstaubte. Er wollte, daß man seinen Inhalt »den jungen Leuten recht einbleue«. Diese Aufgabe hatte er den Pfarrern zugedacht, aber die Pfarrer rührten sich nicht, und das erboste Luther. »Nur ein einziges Mal darüberhin« gelesen hätten sie, regte er sich auf, und dann den Katechismus achtlos in einen Winkel geworfen, weil sie vom schändlichen Laster des Dünkels und von der bösen Seuche des Überdrusses ergriffen seien. So ist es in der Vorrede zu lesen, die er der zweiten, 1530 erschienenen Auflage des *Großen Katechismus* aus gegebenem Anlaß vorausschickte. Sie richtete sich an die Pfarrer und Prediger, und es dürfte sich in der Literatur kaum ein Vorwort ähnlicher Art finden. In einer Philippika ohnegleichen schreckt Luther seine säumigen und pflichtvergessenen Amtsbrüder aus ihrer Ruhe auf. Sie, die durch den Fortfall etlicher Pflichten aus der katholischen Zeit, etwa der Stundengebete, jetzt so viel mehr Zeit hätten, nutzten sie nicht etwa, um den Katechismus zu studieren und seinen Inhalt den Leuten einzuprägen. Vielmehr seien sie nichts als »Fresser und Bauchdiener«, die sich einer faulen, schädlichen, schändlichen, fleischlichen Freiheit hingäben, als hätten sie »nichts weiter zu tun, als den Ertrag ihrer Güter zu verbrauchen«, wie sie es unter dem Papsttum gewohnt gewesen seien.

Deshalb bittet er »diese faulen Wänste oder vermessenen Heiligen, sie möchten sich's um Gottes Willen sagen lassen und es glauben, daß sie gewiß und wahrhaftig nicht so gelehrt und hohe Doktoren sind, als sie sich's einbilden«. Und er fordert und bittet, den Katechismus täglich zu lesen, sich mit ihm durch Hersagen und Nachdenken vertraut zu machen und ihn dann dem »gemeinen Volk« zu predigen und einzuprägen, das eine solche Lehre wahrhaftig nötig habe.

In der »Vorrede an jedermann« erklärt Luther die Kenntnis des Katechismus zur unbedingten Voraussetzung für alle, die »ein Christ heißen und sein« wollen. Diese Kenntnis solle fortan in der Beichte überprüft werden, und wer die Artikel des Katechismus nicht »gut und fließend« gelernt habe, solle zu keinem Sakrament zugelassen werden. Zudem verpflichtet Luther jeden Hausvater, »wenigstens einmal in der Woche seine Kinder und sein Gesinde reihum [...] abzufragen und abzuhören«, und er soll keine Magd und keinen Knecht bei sich behalten, wenn sie den Katechismus nicht kennen oder nicht lernen wollen. Besondere Anweisungen gibt Luther für die Kinder. Zunächst sollen sie lernen, die wesentlichen Stücke Wort für Wort herzusagen. Man soll sie daran gewöhnen, »daß sie täglich, wenn sie morgens aufstehen, wenn sie zu Tisch gehen und wenn sie sich abends schlafen legen, sie aufsagen müssen, und man soll ihnen nicht zu essen und zu trinken geben, bis sie sie hergesagt haben«. So sah Luthers pädagogisches Rezept aus. Es war das erste am Beginn der Neuzeit, und es war ebenso erfolgreich wie effektiv. Mancher wird sich noch heute solcher Methoden erinnern.

Luthers Pfarrerschelte tat ebenfalls ihre Wirkung: Die Pastoren nahmen den *Großen Katechismus* zur Kenntnis; fortan verkündeten sie von den Kanzeln ihrer Kirchen und lehrten in ihrem Unterricht, daß Gehorsam Gottes vornehmliches Gebot sei und Gott all jene segne und mit Glück, Wohlfahrt, Gesundheit, Frieden und einem langen Leben belohne, die dieses Gebot befolgten. Die Ungehorsamen aber würden Gottes Zorn und Ungnade erfahren, »Schande, Jammer, Herzeleid zum Lohn bekommen« und eines schändlichen Todes sterben.

Luther definierte auch ein Erziehungsziel: »Feine, wohlgesittete Bürger und züchtige häusliche Frauen« sollten herangebildet werden, »die dann weiterhin auch ihre Kinder und ihr Gesinde zur Rechtschaffenheit erziehen könnten«. Damit setzte er jenen Mechanismus in Gang, der bewirkte, daß Erziehung zu Gehorsam und Unterordnung von einer Generation zur anderen weitergegeben wurde, und zwar mit Druck und Drohungen, Versprechungen und Strafen und nicht zuletzt mit Hilfe des durch das Alte Testament gesegneten Knüppels. Luthers *Großer Katechismus* war etwas völlig Neues, und er bot genau das, was bisher gefehlt hatte: eine neue Moral und eine neue Hierarchie, die von den Eltern über die Dienstherrschaft, sprich Arbeitgeber, und die Lehrer bis zur verherrlichten Obrigkeit reichte. Luthers Beispiel machte Schule. Es gab weitere Katechismen: 1529 den Calvinischen, 1555 den für das katholische Volk bestimmten des Petrus Canisius, 1566 den im Auftrag des Tridentinischen Konzils verfaßten Katechismus für die katholischen Geistlichen. Im nichtkirchlichen Bereich moralisierten Volksdichter wie Hans Sachs und Sebastian Brant, und in vielen Sprachen wurden zur Belehrung und Erbauung sogenannte Anstandsfibeln, »Civilités«, »Babees Books« gedruckt, anhand deren die Kinder häufig das Lesen lernten. Auch Erasmus von Rotterdam verfaßte ein solches *Zuchtbüchlein* (1531). Es lehrt die Kinder züchtige Sitten, zierlichen Wandel, höfliche Gebärden und Ordnungsliebe; die Alten lehrt es, »ihr Kind nach solchem Ebenbild in Zucht zu erziehen«. Die Schrift erlebte zahlreiche Auflagen und wurde in andere Sprachen übersetzt. Katholischen wie protestantischen Kindern wurden solche Bücher an die Hand gegeben, und im 17. Jahrhundert gab es kaum ein Kind in Europa, »das nicht sein ›Du Sollst und Du Sollst Nicht‹ genau gekannt hätte« (Plessen/von Zahn). Die neue Einstellung war allgemein, abweichende Meinungen innerhalb der Konfessionen gab es kaum. Diese gemeinsame Grundstimmung drückte der Prediger, Bischof und Pädagoge Johann Amos Comenius (1592–1670) in seinem Familienlexikon *Orbis sensualium pictus* von 1653 recht gut aus: »Bei wachsendem Alter wird es [das Kind] zur Gottesfurcht und Arbeit angewöhnt und wird gezüchtigt, wenn es nicht folgen will. Der Vater ernährt die Kinder mit Arbeiten. Die Kinder sind Ehre und Dienst den Eltern schuldig.«

Luther war mit seinen Maximen beileibe keine Ausnahme, sondern vielmehr bezeichnend für diese Entwicklung. Er war nicht einmal der rigoroseste Vertreter disziplinierender Kindererziehung. Sein Reformatorkollege Johannes Calvin (1509-1564) übertraf ihn an Sittenstrenge bei weitem. So sorgte Calvin für die Hinrichtung eines Mädchens, das den Tag des Herrn mit Reifenspiel geschändet hatte (Plessen/von Zahn). Einig waren sich die Erzieher, Prediger und Moralisten aller Richtungen auch in der Verteufelung jeglicher fleischlicher Lust, und man scheute nicht die schlimmsten Drohungen, um derlei Regungen zu unterdrücken. Die Erbsünde, im Mittelalter nahezu vergessen, wurde wieder in den Vordergrund gerückt, und wer Nachsicht gegenüber Kindern übte, galt als Werkzeug des Teufels. Die Eltern wurden ermahnt, nicht zu zärtlich und zu vertraulich mit ihren Sprößlingen umzugehen, sie nicht zu verwöhnen und auf Distanz bedacht zu sein. Nicht Liebe, sondern Respekt sollte das Eltern-Kind-Verhältnis auszeichnen.

In dieselbe Kerbe schlugen die Volksdichter. So widmete Sebastian Brant diesem Thema einen Holzschnitt, auf dem ein Vater - ein närrischer Vater und darum mit Narrenkappe - Sohn und Tochter einen Beutel mit Geld reicht und von den Kindern zum Dank mit Keulenschlägen traktiert wird. Ebenso reimte Johann Fischart in seinem *Ehezuchtbüchlein* (1578) gegen Verwöhnung und Verzärtelung und für Sittenstrenge.

Im weiteren Verlauf bekommt das Bild des Kindes etwas seltsam Zwiespältiges. Einerseits liebt man seine Kinder, findet sie süß und niedlich, hätschelt sie und hat seine Freude an ihnen. Man spricht von kindlicher Unschuld, Schwäche und Hilfsbedürftigkeit. In der Kunst werden Kinder als liebliche Englein und herzige Putten dargestellt. Andererseits hält man sie weiterhin für böse, unvernünftig, ja für tierisch und nur von Instinkten beherrscht (Kant), und man unterstellt ihnen eine Unzulänglichkeit, »die sie mit den untersten sozialen Schichten auf eine Stufe stellt« (Ariès). Entsprechend behandelt man sie; nach dem Motto, lediglich eine - strenge - Erziehung vermöge Kinder überhaupt erst zu Menschen zu machen, werden sie geprügelt und unterdrückt. 1621 schreiben Robert Cleaver und John Dod in ihrer puritanischen Erziehungsanweisung: »Das Kind in der Wiege ist sowohl eigensinnig wie voller krankhafter Zustände. Wiewohl sein Körper klein ist, hat es doch ein sündhaftes Herz und neigt zum Bösen.« Die pädagogische Konsequenz dieser Autoren ist: Kinder sind nicht von Geburt an gut, sie werden es erst durch Erziehung. Auch diese Ansicht war allgemein; sie rechtfertigte den totalen Zugriff der Erziehung und ermöglichte ihn zugleich (Rutschky).

Dieser totale Zugriff wurde von einer Vielzahl von Männern der Ordnung, Männern von Autorität und von Moralisten (Ariès) vertreten. Sie forderten ein disziplinarisches System an den Schulen und für die Schüler hierarchische Zwänge und strikte Disziplin. Außerdem verlangten sie strenge moralische Unterweisung, Erziehung zu Tugend, Anstand und Sittsamkeit sowie Kontrolle der Kinder auch außerhalb der Schule.

Das war eine neue und für damalige Verhältnisse ganz und gar fremde Geisteshaltung. Genau sie aber bot ein Erziehungsziel, das bis zu Luther gefehlt hatte, dazu ein klares Konzept und außerdem den notwendigen Rahmen – nämlich eine auf Autorität beruhende Hierarchie –, in dem dieses Konzept sich auch durchsetzen ließ. Damit bahnte sich ein tiefgreifender Wandel an. Vor allem die Lehrer bekamen eine völlig neue Funktion. Sie hörten auf, allein Wissensvermittler zu sein, und waren nicht mehr nur für Lateinschüler zuständig, die Priester werden wollten. Fortan durften, nein, sollten alle Kinder zur Schule gehen. Zwar dauerte es Jahrhunderte, bis dieses Ziel erreicht wurde, aber schon damals stand fest, daß alle Kinder in der Schule auch erzogen werden sollten, und zwar von Lehrern, die Autoritätspersonen zu sein hatten, absolute Autoritätspersonen. Kraft dieser Autorität hatten sie ihre Schüler zu Gottesfurcht, Elternfurcht, Lehrerfurcht und zur Achtung der Obrigkeit zu erziehen. Außerdem waren sie für das Seelenheil der ihr anvertrauten Jugend verantwortlich. Diese Jugend galt bei den Vertretern dieser neuen Richtung als

»ungeraten«, »unbändig«, »zuchtlos«, »gottlos«, »verwildert«, »sittenlos« und »verdorben« – ausnahmslos Zitate aus dem 16. Jahrhundert (Reicke) –, und die Lehrer sollten ihnen nun das Böse und die Sünde austreiben.

Das alles klingt schon in der Theorie recht bedrohlich. Doch die Praxis sah noch viel schlimmer aus. Zunächst waren die Lehrer nicht allein dadurch schon Autoritäten, daß ein autoritär, hierarchisch und absolutistisch orientierter Zeitgeist dies so wollte. Also versuchten sie, sich diese Autorität zu erprügeln. Das war ein wesentlicher Grund für die Eskalation der Gewaltpädagogik am Beginn der Neuzeit. Wesentlich bedeutsamer als diese zunehmende Quantität aber ist die neue Qualität, die das Prügeln in großen Teilen Europas annahm. Den mittelalterlichen Lehrern hatte die Rute mehr oder weniger dazu gedient, unaufmerksame Schüler aufzuschrecken. Ariès schreibt sogar, daß es bis Ende des 14. Jahrhunderts kaum Hinweise auf körperliche Züchtigung gegeben habe, und wenn, dann sei sie nicht demütigend gewesen. Jedenfalls wäre es den mittelalterlichen Lehrern nicht eingefallen, sich um die Moral ihrer Schüler, um deren Sitten oder deren Sexualität zu kümmern oder darum, was sie außerhalb der Schule trieben. Als Autoritäten wollten sie ebenfalls nicht angesehen werden, denn weitgehend waren sie »Primi inter pares«, die Ersten unter Ranggleichen.

Dies änderte sich nun gründlich, und zwar in erster Linie dadurch, daß aus gelegentlichen Schlägen die körperliche Züchtigung wurde. Es ging nun um Zucht. Das war der Unterschied, und damit bekam das Prügeln seinen neuen Charakter: Es wurde demütigend, es erniedrigte die Schüler, und genau das sollte es. Der neue Strafkodex wurde immer härter, und er wurde bald ohne jeden Unterschied auf alle angewandt. Kein reicher Schüler konnte sich mehr freikaufen, und Prügel gab es nun für alle Altersstufen. In Frankreich und England lag die obere Altersgrenze oft bei zwanzig Jahren. Kinder wie Jugendliche wurden geprügelt, wie damals auch das gemeine Volk geprügelt wurde. So wurden sie, wie schon gesagt, den untersten sozialen Schichten gleichgesetzt, was besonders für die Angehörigen der oberen Schichten und des Adels eine unerhörte Degradierung bedeutete, hatten sie doch jahrhundertelang erhobenen Hauptes in den Schulen gesessen, wobei allerdings ihre bürgerlichen Brüder kaum weniger selbstbewußt gewesen waren. Damit war es nun vorbei, und niemand protestierte dagegen, weder einflußreiche Bürger noch die Herren Väter vom Adel. Prügel gab es nunmehr nicht nur für mangelnden Lerneifer, sondern für alle Verfehlungen, besonders aber für ein bisher ganz und gar unbekanntes Delikt: für Widersetzlichkeit. Nicht selten wurden die Züchtigungen öffentlich und unter entwürdigenden Umständen durchgeführt. Manche Delinquenten mußten nackt vor der gesamten Schülerschaft antreten, »und dann ließ man sie bis aufs Blut schlagen«, bisweilen mit der Peitsche; so geschehen, nach Ariès, im Kolleg von Montaigu in Frankreich. Von ähnlicher »Hundestrenge« berichtete laut Richard Wrede schon Erasmus von Rotterdam. Aber auch an sächsischen Fürstenschulen wurden Übeltäter »vor dem Cötus«, das heißt vor versammelter Schule, nacheinander von sämtlichen Lehrern gezüchtigt (Reicke). Diese Fürstenschulen, zum Beispiel das 1543 entstandene Schulpforta, waren ein früher Erfolg des Lutherbriefes *An die Ratsherren*. Hier wie überhaupt an den neuzeitlichen Schulen wurde genau das getan, was Luther an den katholischen Schulen arg übertreibend gegeißelt hatte. Aber für ihn war es eben ein gewaltiger Unterschied, ob Kinder »gemartert« und »gestäupt« wurden, damit sie sich die lateinische Grammatik aneigneten, oder ob man sie schlug und erniedrigte, um ihnen Gehorsam und Moral einzubleuen. Jedenfalls wurde für letzteres weit mehr und weit brutaler geprügelt, als es je der Fall gewesen war, und diese moralisch legitimierte Unterdrückungsprügelei währte Jahrhunderte; mancherorts ist sie bis heute nicht überwunden. Ein englischer Text um 1560 beschreibt die Schule als »place of execution«, und viele Schüler jener Zeit dachten an ihren Schulbesuch als an eine Art Gefängnisaufenthalt zurück. Ein Eton-Schüler erinnerte sich, daß er in Eton mit dreiundfünfzig Hieben empfangen wurde. Die verschiedenen christlichen Konfessionen standen sich dabei in nichts nach; die »Poena scholastica« wurde hier wie dort praktiziert, und jetzt fast ausschließlich als Prügelstrafe. Darüber hinaus gab es verblüffende Übereinstimmungen zwischen ansonsten völlig gegensätzlichen geistigen Welten und zwischen gänzlich verschiedenartigen Männern, nämlich zwischen dem Protestantismus und dem Jesuitismus sowie zwischen Martin Luther, dem einfachen Mann aus dem Volk, und dem Edelmann Ignatius von Loyola, Gründer und erstem General des Jesuitenordens. Beide Seiten beschworen und praktizierten den absoluten Gehorsam. Das Hauptgelübde, das Jesuiten ablegen mußten, war das des Gehorsams. Und diesen Gehorsam verlangten sie wie selbstverständlich auch in ihren Schulen. Allerdings war den Jesuiten die körperliche Züchtigung verboten. Dennoch ging es in ihren Anstalten nicht anders zu als in den von Luther angeregten sächsischen Fürstenschulen: Öffentlich wurde die Prügelstrafe vollzogen, und zwar von sogenannten Korrektoren, Zuchtmeistern, die zunächst auswärtige Angestellte waren; später wurde dieses Amt von älteren Schülern ausgeübt.

Ältere Schüler als Gehilfen der zu Autoritäten gewordenen Lehrer – eine bisher undenkbare Situation! Sie war folgenschwer, denn sie bedeutete das unwiderrufliche Ende einer Tradition, die Jahrhunderte bestanden hatte. Erst diese Kollaboration ermöglichte die Durchsetzung von Gehorsam und Disziplin durch die Lehrer. Aufgrund der neuen Praxis konnte nun verwirklicht werden, was viele Jahre vorher von verschiedenen Seiten gefordert worden war: die Zerschlagung der Schülersolidarität. Mit dieser Solidarität war es jetzt ebenso vorbei wie mit der Kameradschaft und, erst recht, mit der Selbstbestimmung. Aus den freien und unabhängigen Scholaren wurden unfreie und abhängige Schüler, wurden Kinder – »infirmi« –, die man wie Untertanen, und zwar solche aus den untersten Schichten, behandelte, die man beaufsichtigte und denen man Moral predigte. Das eine war so neu und ungewohnt wie das andere. Der totale Sittenwandel war vollzogen.

Die Praxis neuzeitlicher, bürgerlicher Erziehung

Aus Kindern werden Zöglinge / Die Lehrer ergreifen die Macht / Moral- und Unterdrückungspädagogik / Die Franckeschen Anstalten – ein perfektes Erziehungssystem / Preußenkönig Friedrich Wilhelm I. gibt ein pädagogisches Beispiel

Geboren in den Köpfen einiger Vordenker, wurde diese Erziehung von vielen gewünscht. Ihre Durchsetzung erwies sich jedoch als problematisch; daß sie gelang, lag wesentlich an der Mithilfe der älteren Schüler und an der geschickten Ausnutzung vorhandener Strukturen. Bei aller früheren Freiheit hatten sich die Schüler und Studenten doch stets unter die Leitung von Prokuratoren, Vorstehern, Führern (»ducs«), »Chefs de nation« (Oberen der Landsmannschaften) gestellt. Sie taten dies allerdings freiwillig, und sie suchten sich ihre Führer und Vertreter selbst aus. Ähnliches galt für das Verhältnis der »Füchse« oder »Beanen« (Gelbschnäbel, vom französischen »bec jaune«) zu den Bacchanten, den älteren Schülern. Diese Beziehungen hatten kaum etwas mit Autorität zu tun und nichts mit Disziplin, aber sie ließen sich dahin umfunktionieren.

Genau das geschah. Es blieb zwar bei der Funktion der Prokuratoren und der Bacchanten; diese wurden jedoch nunmehr von den Lehrern bestimmt, waren fortan deren Delegierte und bezogen ihre Autorität von oben. Jetzt gab es eine Hierarchie, und die wußte sowohl ihre Hilfskräfte wie die Macht, die sie durch sie bekam, zu nutzen. Von der Obrigkeit und den Schulträgern gestützt, von den Lehrern und ihren Helfern ausgeführt, entwickelte sich so ein System der Überwachung und der Bespitzelung der Schüler, das laut Ariès zu »einem der wesentlichsten Prinzipien der schulischen Erziehung überhaupt« wurde.

Beispielhaft für diese Entwicklung waren die Jesuiten. Sie praktizierten die Kontrolle der Schüler und das Denunziationswesen am perfektesten. Auf Erfahrungen der Ordensbruderschaften gestützt, installierten sie an ihren Schulen ein rigoroses autoritäres System im Geist des Gehorsams. Eine strenge Disziplinarordnung, die »Ratio studiorum«, regelte den Schulbetrieb. Ein solches Reglement war so neu wie das Wort Disziplin. Laut Ariès wurde es am Kolleg von La Flèche wie folgt, moderat im Ton, aber hart in der Sache, den Schülern zur Kenntnis gebracht: »Lassen Sie es sich nicht verdrießen, Messieurs, wenn eine große Zahl von Präfekten und anderen Leuten, die Sie beobachten, Sie niemals aus den Augen lassen. [...] Diese ewige Bewachung ist zwar beschwerlich, aber notwendig.« Sie bestand unter anderem darin, daß einer der Präfekten sich so lange in den Aborten der Zöglinge aufhielt, bis auch der letzte wieder draußen war. So waren aus den einstmals gewählten Schüler- und Studentenführern Präfekten und Exzitatoren (Frankreich), Monitoren (England), Kustoden (Deutschland), Observatoren (Schweiz) geworden, das heißt Wächter und Aufseher im Dienst der Obrigkeit. Verständlicherweise haßten die Schüler ihre Überwacher; bei den deutschen Schülern hießen sie Asinus (Esel) oder Lupus (Wolf). Aber auch den zu Vollzugsgehilfen der Lehrer gemachten Schülern war ihre Aufgabe verhaßt, jedenfalls zunächst. Cordier, ein Lehrer aus dem Genf Calvins, berichtet 1586 von einer aufmunternden Ansprache, die ein Lehrer fünf von ihm ausgesuchten Observatoren hielt: »Wie gemein und niederträchtig die Dummköpfe und die Prahlsüchtigen Sie auch finden mögen, seht Eure Aufgabe dennoch als etwas Ehrenwertes und Heiliges an!« (Ariès)

Das war das eine. Das andere war die Anzeigepflicht, die jeder Schüler hatte. Jeglichen Verstoß eines Mitschülers mußte er umgehend melden. Tat er dies erwiesenermaßen nicht, so wurde er bestraft, als habe er die Verfehlung selbst begangen. Ein gewisser Gerson berichtet aus der École de Notre-Dame, daß es dort die Pflicht jedes Schülers war, »den Kameraden zu denunzieren, den er dabei überrascht, wie er französisch spricht [die Normalsprache war das Lateinische], lügt, flucht, Schmähungen hören läßt, morgens im Bett herumfaulenzt, die Gebetsstunden versäumt oder in der Kirche schwatzt« (Ariès). Diese Praxis war katholischen, insbesondere jesuitischen, Ursprungs. Die Jesuitenschulen waren kostenlos. Kinder aller Schichten besuchten sie, auch Kinder aus den unteren sozialen Schichten, und die disziplinarische Strenge dieser Schulen wurde geschätzt. Sie wirkte beispielgebend, und das pädagogische Konzept der Jesuiten breitete sich in großen Teilen Europas aus. Das ging bis hin zu Details. So hieß es in der 1548 verfaßten Schulverordnung einer deutschen Lateinschule: »Kein Schüler darf in der Schule deutsch reden, sonst soll er von Stund an mit dem Hintern zahlen.« (Wrede)

Die jesuitische Pädagogik wurde im Lauf der Zeit in französischen Kollegs ebenso praktiziert wie in kalvinistischen oder lutherischen Schulen. Das ist geradeso erstaunlich wie die Tatsache, daß entsprechende Thesen Luthers ohne weiteres von Katholiken übernommen wurden. Abermals spielten die weltanschaulichen Gegensätze keine Rolle. Einerseits bekämpfte man sich in Glaubensfragen bis aufs Messer. War für die Reformierten der Papst der Antichrist und jeder Papist des Satans, namentlich jeder Jesuit, so waren für die Katholiken, und hier ganz besonders für die Jesuiten, Luther und alle seine Anhänger Diener der Hölle. Die Gegensätzlichkeit ging so weit, daß man schließlich einen dreißigjährigen, grausamen Glaubenskrieg führte. Andererseits war und blieb man über alle Konfessionsschranken hinweg absolut einig in Erziehungsfragen, vor allem darin, die Kinder zu disziplinieren. Wirksame Repressionspraktiken wurden von beiden Seiten gern übernommen, und die Geschichte zeigt, wie sie sich über alle Glaubens- und politischen Grenzen hinweg verbreiteten.

Überkonfessionell und international war auch das tragende Element dieser Pädagogik: die körperliche Züchtigung. Ariès schreibt: »In Frankreich wurde die Rute seit Beginn des 16. Jahrhunderts mit solcher Ausgiebigkeit angewendet, daß das in den Statuten vorgesehene Maß noch übertroffen wurde.« Eine besonders makabre Variante der Prügelpädagogik gab es an deutschen Anstalten: das sogenannte Virgatum, das Rutenfest. Was einem heute fast unglaublich erscheint, schildert Reicke folgendermaßen: »An einem schönen Maientage zogen Lehrer und Schüler, häufig mit Musik und von der ganzen Stadt begleitet, in das nahe Holz, das im Frühlingsschmuck prangte. Hier tummelte sich die Jugend lustig unter allerlei Schimpf, d.i. Kurzweil, den ganzen Tag über. Inzwischen wurden die Weidenbüsche und Haselsträucher nach passenden Gerten eifrig [!] durchsucht und geplündert. Mit Maiengrün geschmückt und mit ihren künftigen Quälgeistern reich beladen, kehrten die Schüler am Abend unter Absingen von Liedern nach Hause.« Daß es sich hier nicht etwa nur um kleine Jungen und Mädchen handelte, zeigt der Fortgang des Textes: »Hier und da erfreute sich die Jugend auch an einem Tänzlein mit den heranwachsenden Töchtern der Stadt. Das scheint zu Ausschreitungen geführt zu haben, jedenfalls wurde das Rutenfest (Virgatum) wiederholt verboten. In Regensburg hat es sich bis ins 19. Jahrhundert erhalten.« Die Art und Weise der Ausschreitungen nennt Reicke auch: »Viele Rohheiten, nächtliche Raufereien und ähnlichen Unfug.« Im oberschwäbischen Ravensburg wird noch heute, allerdings als folkloristische Veranstaltung, jeden Sommer das Rutenfest begangen.

Wenn eine Erziehung es fertigbringt, daß sich die Zöglinge »eifrig« und unter Absingen fröhlicher Lieder den Jahresvorrat an Ruten schneiden, mit denen ihre Lehrer sie die nächsten zwölf Monate prügeln werden, dann scheint es nicht verwunderlich, daß sich am Abend eines solchen »Festtags« jene angestauten Aggressionen austoben, die eigentlich den Lehrern galten, welche diesen »Spaß« organisiert hatten. Inzwischen aber war die Lehrerautorität derart gefestigt, daß ein Sichwehren unmöglich war und auch nicht in Erwägung gezogen werden konnte.

Luther, die Jesuiten und ihresgleichen hatten es geschafft. Mit ihnen hatte sich ein Zeitgeist durchgesetzt, der auf Unterdrückung und Disziplinierung der Jugend aus war. In dieser Richtung wirkten auch die Volksdichter und etliche der damals aufkommenden Flugschriften, die als erste Massendruckwerke frühe Vorläufer der Boulevard- und Regenbogenpresse waren. Eine Flugschrift mit dem Titel *Der Hagenauer Sohn* berichtet in der Form einer pädagogischen Moritat von einem Knaben, der von seinen Eltern nicht gestraft worden ist und daraufhin so böse wird, daß, ähnlich wie in der obenerwähnten Geschichte von Hans Sachs, der Tod ihn packt und hinwegrafft. Der derart bestrafte Junge erscheint seinen Eltern als Geist, als »schwarze Seele«. Er hält eine feurige Rute in der Hand und klagt (zitiert nach Boesch):

>»Ihr Eltern, ihr seid schuld daran,
vermaledeit in Ewigkeit [...]
Wenn ihr die Rute nicht gespart
in meinen jungen Jahren zart,
wär ich ein Kind der Seligkeit,
ihr habt's verfehlet in der Zeit.«

Von den Kanzelpredigern beider Konfessionen bis hin zu solchen Pamphleten spielten die wesentlichen gesellschaftlichen Kräfte perfekt zusammen. So wurde den Eltern klargemacht, daß es ihre Pflicht und Schuldigkeit sei, ihre Kinder zu prügeln, wenn sie nicht parierten. Und die Kinder lernten die Rutenzucht als etwas Selbstverständliches hinzunehmen. Die Rutenfeste beweisen, wie gut die Lektion saß.

Der Erziehungsstil änderte sich folglich nicht nur in den Schulen, sondern auch in den Familien. Familien im heutigen Sinn begannen im Rahmen dieser neuen Entwicklung überhaupt erst zu entstehen. Im Mittelalter hatten sie kaum eine Rolle gespielt und waren schon gar nicht ein Hort der Erziehung gewesen. Das heißt: Luthers Konzept vom »Eheorden« und von der christlichen Familie wurde in der Tat das Modell der Neuzeit. Es breitete sich langsam, aber unaufhaltsam aus, und das genauso über alle Schranken und Grenzen hinweg wie Luthers aus dem Alten Testament übernommene Haltung zum Kind. Dabei wurden die Kinder in den Oberschichten ebenso hart, meistens sogar härter behandelt als bei den Armen, eine Tendenz, die sich schon bei der Einstellung des Adels zur Schulzucht zeigte. So schrieb der »Allerchristlichste König« Heinrich IV. von Frankreich (1589–1610) an die Gouvernante seines Sohnes, des späteren Ludwig XIII.: »Sie haben nicht bestätigt, daß sie meinen Sohn gepeitscht haben. Ich wünsche und befehle Ihnen, ihn jedes Mal zu peitschen, wenn er ungehorsam ist oder sich schlecht benimmt.« Dieser Vater war mitnichten ein grausamer Mensch; er galt vielmehr als freundlich und leutselig (Johansen).

Die neue Art der Erziehung wurde nicht etwa von einzelnen gewalttätigen Vätern und einigen sadistischen Lehrern praktiziert. Sie war allgemein, wurde immer selbstverständlicher, und schließlich wurde sie zur Tradition, dadurch nämlich, daß Väter und Mütter ihre Kinder so behandelten, wie sie selbst behandelt worden waren. So ließ Ludwig XIV., der Enkel Heinrichs IV., seine Kinder wie seine – unmündigen – Pagen prügeln. Und was die Könige taten, hatte stets eine beispielgebende Wirkung auf das Volk. Das aber war noch nicht alles. Hinzu kam, daß am Beginn der Neuzeit eine unglaubliche Moralisierungskampagne einsetzte. Daran beteiligten sich nicht nur protestantische und katholische Reformer, sondern auch Volksdichter und Verseschmiede. Seit Erfindung der Kunst des Buchdrucks schrieben sie nicht mehr lateinisch, wie bisher üblich, sondern in der Landessprache, das heißt nicht mehr nur für die Oberschicht. Sie waren die ersten volkstümlichen Autoren, und sie waren sich alle einig in ihrem Streben, die Menschen zu bessern, zu belehren und zu bekehren, besonders die Kinder. Unter ihrem Einfluß wandelten sich vor allem die Schulen von ausschließlich der Lehre und dem Unterricht gewidmeten Stätten zu moralischen Anstalten mit zumeist starkem religiösem Gepräge. Das hatte bedeutsame Folgen für die Schüler. Ganz im Gegensatz zu den Gepflogenheiten des Mittelalters wurden sie nun sittlichen Normen unterworfen, entsprechend überwacht, kontrolliert und von der Außenwelt abgeschirmt. Diese Entwicklung vollzog sich kontinuierlich, und der erzieherische Elan, der dahintersteckte, hielt über Jahrhunderte an. Davon zeugen viele bis heute bekannte und anerkannte Pädagogen. Sie gaben dem Verhältnis zwischen Lehrern und Schülern einen völlig neuen Charakter. Erstere wurden zu Erziehern, letztere zu Zöglingen. Allein diese bisher unbekannten Begriffe zeigen den tiefgreifenden Wandel. Er läßt sich gewiß nicht allein als Reaktion auf die Verwilderung der Kinder im Mittelalter erklären. Die Erinnerung daran dürfte bereits nach einigen Jahrzehnten verblaßt gewesen sein. Der Wandel aber hielt Jahrhunderte an. Er war nur denkbar als Folge der veränderten gesellschaftlichen Situation.

Einer der ersten Pädagogen, die eine neuzeitliche, »moderne« Erziehung mit Erfolg praktizierten, war August Hermann Francke (1663–1727). Nicht zufällig war er gleichzeitig pietistischer Pfarrer und Verfechter einer rigiden Moral. Erzieher und Lehrer dieser weltanschaulichen Richtung gab es im weiteren Verlauf der Geschichte noch etliche.

Der in Lübeck geborene Francke war Professor in Halle an der Saale und gründete dort eine Anstalt zur Erziehung und Betreuung der Jugend, dazu ein Waisen- und ein Armenhaus, eine Bürger-, eine Latein- und eine Mädchenschule. Aus diesen Franckeschen Anstalten wurden später die Franckeschen Stiftungen, die einen wesentlichen Einfluß auf das Erziehungswesen in Deutschland hatten; sie existieren, verstaatlicht, noch heute. Vor allem wurde Francke durch seine pädagogischen Schriften bekannt. Sie erlebten immer neue Auflagen. Die bisher letzte, von 1957, erschien nicht etwa als historisches Dokument, sondern laut Nachwort als »ein Beispiel und ein Aufruf für ein edles pädagogisches Wirken«; dem Herausgeber, Hermann Lorenzen, gilt Francke »als ein seltenes Beispiel und Vorbild des in der Liebe tätigen Glaubens«. Pädagogen von Franckes Art haben also zumindest bis 1957 nichts an Aktualität eingebüßt, und jedem Pädagogikstudenten waren – sind? – die Erziehungsideen und die Erziehungspraxis in Franckes Anstalten vertraut.

Francke war ein bedeutender Vertreter des Pietismus. Diese religiöse Bewegung im Protestantismus war auf die Förderung eines frommen Lebens und eine der Frömmigkeit dienende Erneuerung der Kirche ausgerichtet. Francke ging es im besonderen um eine der Frömmigkeit dienende Erneuerung der Erziehung. Er trat für die Reinerhaltung von Luthers Lehre ein, entwickelte Luthers Erziehungsthesen weiter und machte sie zu einem ebenso perfekten wie praktikablen System. Sein Ziel war es, die Kinder zur Gottseligkeit zu erziehen; Gottes Wort und die Ehre Gottes sollten für ihr Leben alleinige Richtschnur sein. Seine Erziehungsziele waren Gehorsam, für ihn »die eigentliche Tugend«, Wahrheitsliebe, Demut, Willfährigkeit, Bescheidenheit und Fleiß. Als Laster galten ihm Lüge, Eigenwille und Müßiggang, aber auch Ehrgeiz und das Streben nach weltlichen Ehren und Erfolgen. Eine Ausbildung in Richtung auf Berufswahl und Berufsziele hielt er für schädlichen und abgeschmackten Nebenzweck, für Bauchsorge, für eine Unterstützung des verderblichen Strebens nach guten und wollüstigen Tagen.

Didaktik und Methodik in seiner Anstalt drehen sich um die Bibel und um Luthers Katechismus. Sobald die Kinder dazu in der Lage sind, sollen »sie die ganze Heilige Schrift vom Anfang bis zum Ende selbst lesen«, den Inhalt mit Hilfe der Lehrer zu verstehen lernen und durch tägliches Üben, Wiederholen und durch Examinieren sich zu eigen machen. Der Katechismus ist ihnen möglichst schon »mit der Muttermilch einzuflößen«; als Schüler müssen sie ihn auswendig kennen und täglich hersagen.

Die Lehrer sollen mit den ihnen anvertrauten Kindern »recht im Geist der Liebe umgehen« und mit »väterlicher Treue, Geduld und Langmütigkeit auf sie einwirken«. Die bisherige Praxis des barbarischen Drauflosprügelns lehnt Francke genauso ab, wie dies Montaigne und Erasmus getan hatten. Das ist jedoch die einzige Gemeinsamkeit, die ihn mit diesen beiden Männern verbindet.

Francke stand mit seinen Ansichten als Neuerer da. Er war zweifellos das, was man heute einen Reformpädagogen nennen würde, und in der Tat hat er das Erziehungswesen so nachhaltig reformiert, daß die Folgen bis heute spürbar sind. Aber weder seine Pädagogik noch deren weitreichende Wirkungen sind derart, wie es diese kurze Zusammenfassung seiner Grundsätze erwarten läßt oder wie man sie allgemein bewertet. Das liegt zunächst daran, daß Francke unter entscheidenden Begriffen etwas völlig anderes versteht, als es den Anschein hat. So ist sein väterlicher Erzieher väterlich im Sinne Luthers, daß heißt, er ist ein Patriarch und eine absolute Autorität. Und der Geist der Liebe meint keineswegs Liebe zu Kindern. Vielmehr lehnt Francke eine solche Haltung als Verzärtelung immer wieder entschieden ab; Liebe bedeutet bei ihm Zucht und Strafe. Unter Sanftmut, Langmütigkeit und »christlicher Lindigkeit« versteht er gleichfalls etwas völlig anderes, als dies gemeinhin empfunden wird, ebenso unter der vielzitierten Gemütspflege. Seine detaillierten Anweisungen für die Kindererziehung, auf die wir noch zu sprechen kommen, werden dies zeigen.

Fernerhin ist Francke mitnichten gegen das Prügeln überhaupt. Vielmehr führt für ihn der Weg des Friedens und der Liebe nur dann zum Ziel der Gottseligkeit, »so lange sie [die Kinder] in ihrer Auferziehung nichts anderes als die strenge Zucht des Gesetzes erfahren«. Diese Zucht mit Erfolg auszuüben ist für Francke ohne Prügel nicht denkbar. Er begründet das nicht weiter, sondern beruft sich auf die Erfahrung als besten Lehrmeister und stellt fest, man könne die Rute nicht aus »der Kinderzucht verbannen«. Darüber hinaus konstatiert er, Luther folgend, die »Bestrafung der Bosheit an den Kindern« in den Schulen sei sehr notwendig und »von Gott in seinem Wort auch ernstlich befohlen«. Was ließe sich gegen ein direktes Gottesgebot einwenden! Aber Francke geht noch weiter, indem er in guter lutherischer Tradition Eltern und Lehrer, die nicht prügeln, angreift: »Einige Leute sind der Meinung, man soll die Kinder bloß durch liebreiche Ermahnungen zurechte bringen, und wollen nicht gestatten, daß man sie mit Ruten oder sonst etwas scharf züchtigen solle, wenn die Worte nicht hinlänglich erscheinen.« Allerdings unterscheidet sich seine Art der Züchtigung fundamental von der bisherigen Praxis, die er in der Tat ablehnt – doch nicht weil er sie unmenschlich findet, sondern weil er das Drauflosprügeln für zuwenig effektiv hält. Francke lehrt, Prügel gezielt und mit Verstand einzusetzen, und entwickelt dafür einen pädagogischen Kodex. Der wird uns noch beschäftigen.

Prügel sind indes nur ein Teil des Franckeschen Erziehungssystems. Der »eigentliche Nerv der Erziehung« ist für Francke die Inspektion, das heißt die Beaufsichtigung, die Kontrolle der Kinder, und die ist bei ihm total. Seine diesbezüglichen Anweisungen sind nahezu deckungsgleich mit dem Reglement der Jesuiten in ihren Schulen. Ohne Not will er die Kinder nicht einmal »für kurze Zeit« aus den Augen und sich selbst überlassen. Stets haben die Präzeptoren in den Stuben, auf dem Hof, im Speise- und im Bettsaal, beim Kleiderwechsel und in den Waschräumen anwesend zu sein. Aber nicht nur das. Sie müssen auch genau Obacht geben und kontrollieren, was die Schüler machen, zum Beispiel was sie schreiben, etwa »heimliche Briefe«, und was sie lesen, vielleicht garstige Bücher – und Francke gelten außer der Bibel und dem Katechismus so gut wie alle Bücher für Kinder als garstig oder gar als Gift, besonders die politischen.

Nicht einmal Märchen gönnt er ihnen. Selbst volkstümlich dargebotene geistliche Themen verbietet er, könnten sie doch dazu führen, daß den Kindern »das teure Wort Gottes zum Spiel und Scherz wird« und danach weder »Lehre noch Ermahnungen noch Trost bei ihnen anschlagen«. Musik will er ebenfalls nicht zulassen, auch nicht für Mußestunden, denn sie gebe Gelegenheit zu üppiger Weltlust und zu liederlichem Wesen. Ferner fordert er, alle Post der Zöglinge ohne Ausnahme zu öffnen, zu lesen und insbesondere darauf zu achten, »daß sie [die Kinder] nicht zum Nachteil der Anstalten etwas hineinschreiben und sich dadurch mit Lügen und Undankbarkeit versündigen«.

Auch für damalige Verhältnisse war eine solche Pädagogik hart. Das zeigen nicht zuletzt die vielen Beschwerden von Eltern über ebendiese Härte der Erziehung in den Franckeschen Anstalten. Darum war es wichtig, Klagebriefe der Kinder zu verhindern. Francke tat ein weiteres: In einem besonderen, vermutlich 1702 entstandenen Brief an die Eltern mit dem Titel *Wohlgemeinte Erinnerungen an die wertesten Eltern, die ihre Kinder im dem Paedagogio erziehen lassen* verteidigt er sich gegen den Vorwurf, »die Kinder würden allzu scharf gehalten«. Er weist ihn als Unterstellung »von übelgesinnten Leuten« zurück und behauptet, »aller knechtischen Art der Erziehung« abhold zu sein und vielmehr »eine evangelische und christliche Lindigkeit zu gebrauchen«. So nennt er seine Erziehungsmethode. Die Klagen der Kinder erklärt er folgendermaßen: »Wenn aber den Kindern selbst die hiesige Führung streng und hart, besonders im Anfang, vorkommt, so liegt das daran, daß sie nicht daran gewöhnt sind, unter steter Aufsicht zu leben und nicht nach ihrem Gefallen hier und da herumzulaufen und die Lüste der Jugend auszunützen.« Ihnen diese Lüste zu verwehren, darin sieht Francke ein Hauptwerk guter Erziehung, das es nicht verdiene, ungeziemende Strenge genannt zu werden. Eltern, denen diese Erziehung nicht paßt und die mehr Freiheit für ihre Kinder verlangen, empfiehlt er, sie besser bei sich zu behalten, denn er sei nicht willens, solche Freiheiten zu gewähren. Von den Kindern aber erwartet er, daß sie für diese Art von Erziehung dankbar sind.

Franckes Kontrollsystem mag äußerlich den Verhältnissen an Jesuitenschulen sehr ähnlich gewesen sein; der Stil war jedoch ein ganz anderer – eben ein pietistischer –, und ein moderater Ton wie etwa am Kolleg von La Flèche wäre im protestantischen Sachsen undenkbar bewesen. In der Höflichkeit der äußeren Form, wie sie die Franzosen pflegten, dürfte sich ein letzter Respekt vor Kindern erhalten haben, der auch noch heute bei unseren westlichen Nachbarn zu spüren ist.

An dieser Stelle erscheint es notwendig, etwas über Franckes Einstellung zu Kindern zu sagen. Sie ist merkwürdig zwiespältig. Einerseits sieht Francke sie an als »zarte Pflänzlein«, die durch fleißiges Begießen mit Gottes Hilfe eine gute Auferziehung erfahren sollten. Er spricht von einer zarten Kindheit, von der Schwachheit der Kinder, von ihren zarten Herzen, zarten Gemütern, er nennt sie Lämmer. Allerdings muß man nach diesen positiven Bezeichnungen suchen. Ausgeprägter sind die negativen Einschätzungen, in denen sich seine Grundeinstellung deutlich zeigt. Das Gute in den Zöglingen ist seiner Ansicht nach schwach, sehr schwach entwickelt und ständig in Gefahr, vom Bösen erstickt zu werden. Francke hält Kinder für ungemein gefährdet, in erster Linie dadurch, daß sie von Natur aus verderbt seien, nämlich erfüllt von »innerlicher Bosheit« und »innerlichen Begierden«, kurzum: vom »bösen Samen des menschlichen Herzens«. Er ist in ständiger Sorge, daß dieses Böse durchbrechen, die Oberhand gewinnen könne und die Kinder dann verwilderten, verrucht, verschlagen, tückisch, lügenhaft und hinterhältig würden. Durch seine christliche Zucht will er schon den Anfängen einer solchen Entwicklung wehren. Als schwerwiegend bewertet er kindliche Vergehen und Unarten, die er nicht von ungefähr Bosheit, Sünden, Laster und Verbrechen nennt, und entsprechend hart fallen seine Strafen aus. Dabei läßt er Kinder als Individuen nicht gelten; vielmehr sieht er alles Individuelle an ihnen als Eigenwillen an, der gebrochen, oder als Mutwillen, der bekämpft werden müsse. Er nennt Kinder erziehungsbedürftig; tatsächlich reduziert er sie auf Erziehungsobjekte, und von Liebe zu ihnen findet sich kaum eine Spur.

Wesentlicher Teil seiner praktischen Pädagogik ist die »Disziplin«, worunter er in erster Linie die wirkungsvolle Bestrafung der Kinder versteht. Die hat er zu einem System entwickelt. Es umfaßt dreiundsechzig einzelne Punkte, trägt den Titel *Instruction für die Praeceptores, was sie bei der Disciplin wohl zu beobachten haben* und stammt aus dem Jahr 1713. Dieser Katalog von Disziplinierungsmaßnahmen ist ein ausgeklügeltes, psychologisch raffiniert fundiertes Züchtigungsprogramm, das sich für die Franckeschen Anstalten als geeignetes Mittel erwies, die Kinder zu faktisch wehrlosen Objekten, wenn nicht Opfern ihrer Erzieher zu machen. Darüber hinaus wurde es für die Pädagogik insgesamt wegweisend und bestimmte in den folgenden zweihundertfünfzig Jahren weitgehend das Strafverhalten gegenüber Kindern – nicht nur in der Schulpädagogik.

Franckes *Instruktion* beginnt damit, daß ein Erzieher stets »Herr über sich und seine Affekte« sein müsse, und zwar deshalb, weil Prügeln im Zorn »ein Eifer mit Unverstand« sei und mit scharfer Zucht allein sich das Gute nicht erzwingen lasse. Also soll ein Lehrer zunächst einmal beten und Gott um die notwendige Weisheit und Gelassenheit bei diesem wichtigen Unterfangen bitten, um den rechten Vatersinn, wie es Francke nennt. Als Beispiel für diesen Sinn zitiert er einen »frommen Vater«, der stets erst sein Gebet verrichtete, bevor er seine Kinder züchtigte. »Erst beten und dann schlagen« heißt somit Franckes Devise, und Francke empfiehlt, die Schläge mit »herzlichem Mitleid« auszuteilen. Dazu verlangt er, die Strafe wohlüberlegt, gezielt und nach taktischen Gesichtspunkten zu verabreichen. Den geistlosen Zuchtmeister, der unbeherrscht schreit, schimpft und prügelt, lehnt er ab. Er fordert einen Lehrer, der christliche Zucht hält, »das Böse väterlich und ernstlich« bestraft, und zwar wohldosiert und in Maßen. Das aber nicht etwa, um die Zöglinge zu schonen oder gar aus tatsächlichem Mitleid. Der einzige Grund dieser Beschränkung ist es vielmehr, mit der Züchtigung den angestrebten Zweck zu erreichen, daß nämlich die Kinder bedingungslos das tun, was man von ihnen wünscht. Und dafür ist ein Mindestmaß an Vertrauen der Kinder zu ihrem Lehrer notwendig. Allzu hartes Strafen aber gefährdet dieses Vertrauen, kann die Kinder verbittern oder verstockt machen; unter Umständen entwickeln sie gar Widerwillen und Abscheu gegenüber ihrem Erzieher, und das mindert die Wirksamkeit der Strafen. Um dabei unerwünschte Reaktionen zu vermeiden, und nur darum, ist deshalb »christlich, weislich, klüglich und vorsichtig« zu Werke zu gehen. Eine solche »christliche Klugheit« prägt die dreiundsechzig Punkte zur Technik des Strafens.

Ein wesentlicher Teil der Franckeschen *Instruktion* betrifft die Verabfolgung von Prügeln. Sie ist genau geregelt und erfolgt nach den »Stufen der Ermahnung« (»gradus admonitionem«). Das heißt, ein Kind soll erst dreimal ermahnt oder mündlich bestraft werden, ehe es geschlagen wird. Aber auch dann darf der Stecken nicht gleich in Aktion treten. Vorher hat der Präzeptor dafür Sorge zu tragen, daß der Delinquent nicht das Gefühl hat, ihm geschehe Unrecht, denn das könnte seinen Widerstand wecken, was nicht erwünscht ist. Also muß ihm zunächst sein »Verbrechen« vorgehalten werden. Sodann ist er von der Verwerflichkeit seines Tuns und von seiner »Bosheit« zu überzeugen. Um ihn zu dieser ebenso wichtigen wie notwendigen Einsicht zu bringen, empfiehlt Francke die Verwendung verdeutlichender Bibelsprüche, und er zitiert einige; es sind allesamt Sprüche gegen den Ungehorsam, der wieder einmal als die Sünde Nummer eins erscheint. Da heißt es: »Denn wenn dieses geschieht [die Vorhaltung der Bibelzitate], so werden die Kinder dadurch überzeugt, daß sie gesündigt haben, und solches bleibt auch hernach in ihrem Gedächtnis kleben.« Aber nicht nur boshaft und sündig sollen sich die Zöglinge vorkommen – sie sollen ihre Hiebe willig und wenn möglich freudig hinnehmen. Hierfür schlägt Francke folgendes Verfahren vor: Der Lehrer soll sagen, wie ungern er das Kind strafe und wie er Rute oder Stecken viel lieber wegwerfen würde, dann aber Gottes Zorn auf sich selbst laden würde wie einst Eli, der seiner Söhne Bosheit nicht ernstlich genug gestraft hatte. (Eli brach sich das Genick, seine Söhne starben, Israel geriet in Not.) Gott habe nun einmal ausdrücklich befohlen, dem Bösen zu wehren mit harter Strafe und mit ernsten Schlägen, die man fühle (Sprüche 20, 30). Auch wolle er, daß man die verdiente Strafe willig auf sich nehme, wie es im Vers 5 des 141. Psalms heißt: »Der Gerechte schlage mich freundlich und strafe mich, das wird mir so wohl tun wie ein Balsam auf meinem Haupte.« Und ein Spruch Salomos (12, 1) sagt: »Wer sich gern strafen läßt, der wird klug werden; wer aber ungestraft sein will, der bleibt ein Narr.« Nach dieser Vorbereitung darf sich der Delinquent endlich bücken, die Hose herunterziehen (das gehört dazu) und die Schläge über sich ergehen lassen. Francke: »[...] ein jegliches böses Kind ist zwar väterlich, aber also zu bestrafen, daß es die Schläge fühlt. Denn sonst achtet es die Strafe nicht und bessert sich auch nicht.« Dank trefflich ausgewählter Bibelsprüche steht der Lehrer als Gerechter da, der nur Gottes

Befehlen folgt. Das aber ist noch immer nicht alles: Nach vollzogener Prozedur muß sich der Delinquent für die väterliche Züchtigung bedanken, indem er dem Präzeptor die Hand gibt und dabei Besserung gelobt.

Der Zögling soll gedemütigt und zur Erkenntnis seines Elends als Sünder geführt werden, und er soll sich unterwerfen. Das ist bei Francke das Ziel des Strafens.

Etliche Punkte seiner Züchtigungsvorschriften sind besonderen Situationen gewidmet. So sollen Kinder niemals an Sonn- und Feiertagen geschlagen werden. Das bedeutet aber nicht, daß ihnen die Prügel erlassen werden. Vielmehr soll sich der Erzieher die Verfehlung merken und in der Woche »die Bosheit vornehmen und bestrafen«. Francke ist sich sehr wohl darüber klar, daß so die Furcht des Schülers verstärkt wird, heißt es doch in Punkt 52: »Wenn ein Kind um seiner Bosheit willen notwendig zu bestrafen ist, so muß man es nicht ein oder etliche Tage aufschieben, sondern die Sache nur bald vornehmen und abtun. Denn wenn man es aufschiebt, so steht das Kind, das Böses getan hat, immer in der Furcht, weil es nicht weiß, was ihm widerfahren soll [...]« Wie so oft bei Francke geht es hier aber nicht um Mitgefühl, das er Kindern gegenüber empfände, sondern um pädagogische Taktik, denn der Satz schließt: »und bleibt wohl gar aus der Schule.« Um Taktik geht es auch in Punkt 25: »Wenn neue Kinder das erste Mal in die Schule kommen, so soll ein Praeceptor, soviel es immer sein kann, bei anderen Kindern sich des Strafens enthalten, damit sie vom Schulgehen nicht abgeschreckt werden.« Francke handelt hier klüger als seine Kollegen in Eton, welche die Schüler oftmals gleich mit Prügeln empfingen.

Die Punkte 46 und 28 regeln die Grenzen der körperlichen Züchtigung. Das Maß setzt die Bibel, und zwar das 5. Buch Mose 25, 2 f. mit vierzig Schlägen, woraus Francke schließt, daß man einen Menschen nicht derart schlagen darf, daß er scheußlich aussieht. Also legt er den Präzeptoren nahe, ein Kind nicht übel zuzurichten und vor anderer Leute Augen scheußlich zu machen. In Punkt 26 wird darauf hingewiesen, daß man mit dem Stock nicht derart auf Arme und Hände schlagen soll, daß es Schwielen, Schwellungen und Striemen gibt. Diese Beschränkung fordert Francke abermals nicht aus Mitleid mit den Kindern, sondern weil »dieses bei den Eltern, die es nicht wohl tragen können, nur Zorn und Lästerung verursache«.

Im Gegensatz zu all diesem faßt Francke seine Pädagogik folgendermaßen zusammen: »In summe: Der Weg zur Seligkeit durch das Evangelium ist ein Weg des Friedens, der Liebe und eines sanften stillen Geistes.« Und das wesentliche Anliegen seiner Erziehung nennt er »cultura animi oder die Gemütspflege«. Sie hat mit Gemüt sowenig zu tun wie mit Pflege. Nach seiner eigenen Definition bezieht sie sich auf den Willen und den Verstand. Der Verstand soll »heilsame Lehren fassen«, was aber weniger wichtig sei. Vor allem müsse der Wille »gepflegt«, das heißt unter den Gehorsam gebracht werden; das sei »das Beste« und bedeute, »daß der natürliche Eigenwille gebrochen werde«. Darauf sei »am allermeisten« zu achten.

Francke sorgt dafür, daß sich Eigenes möglichst gar nicht erst entwickeln kann, und zwar durch eine nahezu totale Beschränkung der Freiheit wie der Freizeit. Die Kinder sollen so gut wie nichts »nach ihrem eigenen Gefallen und Gutdünken« tun. Was immer sie wollen und vorhaben, stets müssen sie vorher die Erlaubnis ihrer Eltern und ihrer Vorgesetzten einholen. Der Grund dafür ist wohlüberlegt: Wenn »man sie in geringen Dingen von ihrem eigenen Vorwitz abführt, dann kostet's hernach in wichtigen Dingen desto weniger Mühe, ihren Willen zu brechen«. Bliebe die Freizeit. Kinder brauchen Muße, sagt Francke; wenn man sie jedoch »nach ihrem Gefallen spielen und müßig gehen läßt«, dann »pflegt alles wieder über den Haufen zu fallen«, was man ihnen mühsam beigebracht hat. Also darf man nicht gestatten, daß sich der Kinder ohnehin »flatterhafte Sinne in alle Welt zerstreuen«. Zur notwendigen Erholung verordnet Francke ihnen Mathematik, Astronomie, Geographie und für die ganz Kleinen das Malen und das Lernen von Buchstaben, dazu erbauliche Gespräche mit den Erziehern über Gott, das ewige Leben und dessen Herrlichkeit, so daß die Kinder »alle Zeit und Stunden mit nützlichen Dingen hinbringen«. Methode und Ziel dieser Maßnahme werden klar definiert: Als erstes sollen die Kinder »von allem Müßiggang abgewöhnt werden«; dann soll man sie dahin bringen, ihn als »greuliches Laster« anzusehen. Gelinge dies, so würden sie keinen Spaß mehr am Müßiggang finden, nicht mehr danach verlangen, ja es werde »ihnen verdrießlich sein«.

Durch Gewöhnung unter Zwang und unter gleichzeitigem moralischem Druck soll also erreicht werden, daß die Kinder die gewünschten Normen verinnerlichen. Das mag man Pädagogik nennen. Es ist aber zumindest *auch* bewußt und gezielt eingesetzter Psychoterror. Jedenfalls haben nach diesem System Francke und seine vielen Nachfolger ihre Erziehung wirksam zu machen gewußt. Und sie haben es verstanden, dergestalt aus so mancher Lust eine Unlust, aus so manchem Vergnügen ein Laster zu machen. Ferner haben sie erreicht, daß Prügel als etwas Notwendiges galten, ja als etwas Gutes. Dieser Meinung waren bis vor kurzem viele, manche sind es noch heute. So tiefgreifend war die Wirkung von Franckes Erziehungssystem.

In diesem System hatte der Impuls, die allzu frei, selbstherrlich, frech und wild gewordenen Kinder des Mittelalters zu zähmen, seine feste Form gefunden, hatte sich als zweckentsprechende Pädagogik etabliert. Als Reaktion auf die historischen Gegebenheiten mag solche Unterdrückungspädagogik noch verständlich erscheinen. Doch der ursprüngliche Bezug ging schnell verloren und wurde schließlich völlig vergessen, als die Kleinen gezähmt waren und nicht einmal mehr wagen konnten, von den einstigen Freiheiten zu träumen. An der Pädagogik änderte dies nichts. Obwohl ihr Zweck mehr als erreicht war, bestand sie unverändert fort und wurde keine Spur nachgiebiger oder humaner. Sie war zum Selbstzweck geworden. Ihrer Beliebtheit tat das keinen Abbruch, besonders nicht bei der Obrigkeit. So besuchte der preußische König die Franckeschen Anstalten, fand sie ausgezeichnet, unterstützte sie fortan, förderte die pädagogischen Vorstellungen und Pläne des Gründers und ließ Francke mitwirken bei der Errichtung und Gestaltung des großen Waisenhauses in Potsdam (1725). Offiziell fand Franckes Arbeit nur Lob, kaum jemals Kritik. Die Franckeschen Anstalten galten als »Siegesdenkmal des Gottvertrauens und der Menschenliebe«. Sehr viel hat sich an dieser Einstellung nicht geändert. Wie hieß es doch im Nachwort zur Neuauflage von Franckes pädagogischen Schriften im Jahr 1957: Das »Werk Franckes wurde ein Beispiel und ein Aufruf für echtes pädagogisches Wirken«; nach wie vor galt Francke als ein »Vorbild des in der Liebe tätigen Glaubens«. Die christlich-bürgerliche Erziehung war nicht nur ein Erfolg, als sie aus der Taufe gehoben wurde. Sie blieb ein Erfolg. Und sie hatte tiefgreifende Wirkungen. Beispielhaft für eine solche tiefgreifende Wirkung ist das Schicksal Friedrichs II. von Preußen.

Der Monarch, der die Franckeschen Anstalten besucht hatte, war Friedrich Wilhelm I. (1688-1740) gewesen, der sogenannte Soldatenkönig und Vater Friedrichs des Großen. Wie kaum ein anderer zeigt dieser König die enge Verbindung von politischer Herrschaft und Erziehung. Hier wie dort stand der absolute Gehorsam über allem. Friedrich Wilhelm I. gab der Forderung nach diesem Gehorsam auf seine Weise Ausdruck: »Sie [die Untertanen] sollen nach meiner Pfeife tanzen, oder der Teufel hole sie: Ich lasse hängen und braten wie der Zar und traktiere sie wie Rebellen.« Wie in Franckes Erziehungsanstalten, so wurden auch im Staat Friedrich Wilhelms I. vollkommene Disziplin und unbedingte Unterordnung verlangt. Im einen wie im anderen Bereich obwalteten Zucht und Ordnung, Unterwürfigkeit und ein drastisches Obrigkeitsprinzip, waren Individualität und persönliche Freiheit unerwünscht und verpönt. »Jedes Sonderleben war eingeebnet«, schreibt Bruno Scheurig. Was der Lehrer laut Franckes Pädagogik im Kleinen war, das war der Preußenkönig im Großen. Beide herrschten wie Väter über ihre Untertanen, und gleich dem Schulmeister kümmerte sich auch der König um deren privateste Belange, um Kleidung und Wohnung, um ihre Lektüre und ihre Unterhaltung, um Braut- und Berufswahl sowie um die

Häufigkeit ihres Kirchenbesuchs. Sein Staat war eine Mischung aus Arbeitshaus und Kaserne, ganz ähnlich den Franckeschen Anstalten, und wie deren Zöglingen wurde zumindest den Soldaten jeder Eigenwille rigoros ausgetrieben. Francke wie der Preußenkönig prügelten und ließen prügeln. Friedrich Wilhelm I. prügelte Soldaten, Bauern, Richter, Kammerherren und Gesandte, und er ließ verdiente Beamte wegen Kleinigkeiten öffentlich auspeitschen. Vor allem aber prügelte er seinen Sohn. Er ohrfeigte ihn und versetzte ihm Fußtritte, auch in der Öffentlichkeit. Nicht selten tat er dies in solchem Zorn, daß sich Friedrichs Mutter dazwischenwarf; einmal fiel ein General dem König in den Arm, als der gegen den Sohn gar den Degen zog. Und dauernd bedrohte und beschimpfte der König den Prinzen, nannte ihn Feigling, Weichling, Schurke, einen effeminierten Kerl und einen langhaarigen Narren, und alles, was Friedrich Freude machte, verbot er ihm: Lesen, Dichten, Musizieren. Er zerfetzte Friedrichs Notenblätter, schleuderte Bücher, Schriftstücke und Flöte in den Kamin, wenn er deren ansichtig wurde, und dazu setzte es Prügel. Selbst Lateinlernen verbot er; als einzige Lektüre wollte er das Neue Testament gestatten. Wir kennen das von Luther und von Francke.

Die Frage ist: Haßte dieser König seinen Sohn? Mit Sicherheit nicht. Er hielt ihn »lediglich« für ein Unglück, weil Friedrich seiner Meinung nach alle Fähigkeiten fehlten, die einen künftigen König auszuzeichnen hatten. Auf seine Weise liebte er ihn durchaus genauso, wie Luther seinen Sohn liebte. Und er wollte das Beste für ihn, wie so viele strenge und harte Väter das Beste für ihre Söhne wollen. Das Beste für Friedrich aber war, so meinte Vater Friedrich Wilhelm, ihn mit Gewalt zu seinem Ebenbild und damit zu einem geeigneten Nachfolger zu machen. Dazu bediente er sich der neuzeitlichen Erziehungspraktiken: Er übte demütigenden und entwürdigenden Zwang aus. Einmal befahl er ihm, seine, des Vaters, Stiefel zu küssen. Friedrich gehorchte. Der König geriet über diese »Charakterlosigkeit« in Wut und brüllte: »Wenn mein Vater mich so behandelt hätte, wäre ich schon hundertmal geflohen oder hätte mich erschossen.«

Der Prinz floh, und zwar zusammen mit seinem Freund und Vertrauten, dem Leutnant von Katte. Die dilettantischen Deserteure wurden rasch eingefangen. Der Vater war starr vor Entsetzen über diese Tat, und in der ersten Aufwallung verlangte er für seinen eigenen Sohn die Todesstrafe. Er wollte ernstlich in die Tat umsetzen, was Luther lediglich theoretisch postuliert hatte. Damit bahnte sich eine Tragödie an. Ganz Europa nahm daran Anteil. Fürsten intervenierten, selbst der Kaiser schaltete sich ein, die Mutter weinte und flehte. Schließlich begnadigte der König den Sohn. Aber das Urteil zweier Militärgerichte gegen Katte, das auf lebenslängliche Festungshaft lautete, hob er auf und verhängte »aus eigener absolutistischer Machtvollkommenheit und Gottesgnadentum die Todesstrafe« (Fernau). Vor den Augen des achtzehnjährigen Fritz ließ er Katte in der Festung Küstrin hinrichten. Der Prinz fiel in Ohnmacht, aber er zerbrach nicht. Fortan führte er ein Doppelleben: Äußerlich paßte er sich an. Das gab ihm den Freiraum, den er brauchte. Er erhielt Schloß Rheinsberg und lebte dort seinen Neigungen, gab Gesellschaften, diskutierte, musizierte, schrieb Verse. Seine Auffassungen änderte er nicht, und er dachte nicht daran, sich nun etwa nach dem Vorbild des Vaters zu richten. Ausdrücklich verzichtete er auf die Thronfolge – allerdings ohne Erfolg. Ihm lag nicht am Herrschen, und immer wieder zeigte er Spott und Verachtung für gekrönte Häupter. Er blieb ein Schöngeist und Humanist, dazu ein Feinschmecker, der allen höheren Lebensgenüssen zugetan war. Er schrieb den *Antimachiavell* und damit eine Absage an Gewalt- und Machtpolitik. Er wünschte sich einen Philosophen auf dem Thron. Er haßte den Militarismus und den Drill. Kriege hielt er für ein Unglück, und Uniformen nannte er angeekelt »Sterbekittel«. Die Menschen seines Staates sollten glücklich sein. Er wartete darauf, dieses Ziel zu verwirklichen. Er wartete darauf, endgültig frei zu sein, er wartete auf den Tod seines Vaters.

Der König starb 1740, und das Land atmete auf wie nach einem Alpdruck. Die Leute tanzten auf den Straßen, sangen, sanken sich vor Freude in die Arme und dankten Gott. Alle Welt mutmaßte, daß der junge König so fühlen werde wie das Volk, hatte er doch am meisten unter dem Vater gelitten. Jemand aus dem Freundeskreis machte ihm gegenüber eine entsprechende Bemerkung. Doch statt wohlwollend zuzustimmen, fuhr Friedrich ihn barsch und ganz in der Manier seines Vaters an: »Sie haben nicht mehr den Prinzen vor sich; sie stehen vor Ihrem König!« Ringsum betretene Mienen, Betroffenheit, ja Erschrecken. Das Erwartete, ja für selbstverständlich Gehaltene war nicht eingetroffen.

Friedrich II. wurde kein Philosoph auf dem Thron, und er versuchte nicht, sein Volk glücklich zu machen. Alles, was er in seinem *Antimachiavell* geschrieben hatte, war mit seinem Regierungsantritt zu Makulatur geworden. Er folgte auch nicht den Spuren seines Großvaters, wie man es allgemein in Preußen und im übrigen Europa angenommen hatte, weil er diesem Mann so wesensverwandt schien. Friedrich I. war von hoher Bildung und ein Schöngeist gewesen. Entsprechend hatte er regiert, eine kultivierte Hofhaltung geführt, Kunst, Kultur und Wissenschaften gefördert und aus dem eher kargen und provinziellen Berlin das nahezu glänzende »Spree-Athen« gemacht. Und sein Enkel hatte geschrieben: »Nichts verleiht einer Regierung mehr Glanz, als die Blüte der Künste und Wissenschaften unter ihrem Schutze«; dies sei »das sicherste Merkmal, daß ein Land weise und glücklich regiert wird«. Auch diese Äußerungen blieben bloße Theorie. Der neue König verfügte Presse- und Glaubensfreiheit sowie die Abschaffung der Folter und ließ wissen, in Preußen könne jeder nach seiner Fasson selig werden – das war alles, was von seinen bisherigen Ideen und Idealen übriggeblieben war. Ansonsten folgte er voll und ganz der Fasson seines Vaters. Was bisher sein Leben bestimmt hatte, nannte er jetzt Possen, genauso, wie es sein Vater getan hatte, und er verkündete: »Die Possen haben ein Ende.«

Das hatten sie fürwahr. Dem Volk verging die Lust zum Tanzen. Diesseits und jenseits der preußischen Grenzen zog der Regierungsantritt Friedrichs II. Enttäuschung nach sich. Der König ordnete an: »Alles bleibt auf dem Fuße, auf dem mein Vater es eingerichtet hat« (Fuchs); nur die Armee verstärkte er. Er regierte genau nach der »Instruktion«, die ihm sein Vater als politisches Testament hinterlassen hatte, und als eine seiner ersten Amtshandlungen brach er einen Krieg vom Zaun: Er marschierte in Schlesien ein. Im *Antimachiavell* hatte er Kriege als eine »Geißel des Himmels«, als »den größten Schrecken der Menschheit« bezeichnet, und als »verbrecherische Raubgier« hatte ihm gegolten, »etwas zu erobern, worauf man keinen rechtlichen Anspruch besitzt«. Jetzt führte er genau solch einen Krieg. Er tat, was er stets abgelehnt, verhöhnt und verspottet hatte. Alles, was bisher sein Leben ausgemacht hatte, schien er vergessen zu haben. Statt dessen identifizierte er sich mit den Normen und Maximen seines Vaters, mit genau den Normen und Maximen, die ihm als Greuel erschienen waren, die er gehaßt und die zu übernehmen er sich mit allen Mitteln gewehrt hatte. Nun handelte er danach. Ergeben zog er an, was er verächtlich Sterbekittel genannt hatte, und kam bis zu seinem Tod nicht mehr aus ihm heraus. Seine Untertanen, deren Leben er hatte schützen wollen, trieb er in die Schlacht mit dem Zuruf: »Kerls, wollt ihr denn ewig leben!«, und er sorgte dafür, daß sie ihre Offiziere mehr fürchteten als den Feind. Die Methode funktionierte, und fortan galt er als der Vater der Angriffsschlachten.

Kaum jemand in der damaligen Welt hatte Friedrichs so vollständigen Sinneswandel verstanden. Die Historiker verstanden ihn auch nicht. Hellmut Diwald schreibt: »Es scheint unmöglich zu sein, feste Zusammenhänge zwischen seiner Jugend und diesem Schritt [dem Überfall auf Schlesien] nachzuweisen.«

Das Schicksal Friedrichs zeigt, was Erziehung vermag, auch dann vermag, wenn der Zögling auf alle erdenkliche Weise gequält, erniedrigt und mißhandelt wird. Vielleicht gerade dann.

Vom Augenblick seiner Krönung an verleugnete Friedrich sein bisheriges Wesen und führte ein fremdbestimmtes – vom Vater bestimmtes – Leben. Erziehung hatte ihn vergewaltigt. Klaglos akzeptierte er jedoch sein Schicksal. Er tat seine Pflicht als erster Hausknecht des Staates – so das Orginalzitat –, auch wenn er diese Aufgabe verabscheute. Er opferte alles für die Rolle, die sein Vater von ihm verlangt hatte.

Schon diese Haltung widersprach allen Erwartungen. Höchst befremdlich aber erscheint, daß Friedrich seinen Vater weder ablehnte noch kritisierte, auch nicht dessen Erziehungsmethode. Er trug ihm nichts nach, nahm ihm nichts übel und warf ihm nichts vor – nicht die Ohrfeigen und Fußtritte, nicht die Erniedrigungen, nicht einmal die grausame und dazu rechtswidrige Hinrichtung seines Freundes Katte. In seinen pädagogischen Schriften billigte er Vätern vielmehr ausdrücklich zu, »ihre Kinder nach ihrem Willen zu erziehen«, und er nannte es Vergewaltigung, wenn man ihnen diese Freiheit nehme (Meyer). Ebenso ausdrücklich verwarf er eine schwache Erziehung. Sie mache »die jungen Leute weichlich, bequem, faul und feige«, schrieb er in seinem *Brief der Erziehung,* und er war davon überzeugt, daß durch eine »männliche und nötigenfalls strenge Erziehung viele Söhne von dem Abgrund, in den sie sich stürzen, zurückgehalten werden könnten« (Meyer). Friedrich fand also richtig, was ihm durch Erziehung geschehen war, und er pries seines Vaters Gerechtigkeit, dazu dessen Klugheit und Tüchtigkeit. Auch ansonsten sang er das Loblied Friedrich Wilhelms. »Sie haben keine Vorstellung von der vortrefflichen Ordnung, die er in allen Zweigen der Regierung eingeführt hat«, schwärmte er gegenüber seinem Privatsekretär, dem Schweizer Henri de Catt, am 25. April 1758. »Es gibt keinen Fürsten, der so fähig war, in die geringsten Einzelheiten einzudringen [...] um alle Teile des Staatswesens möglichst vollkommen zu machen. Durch seine Sorgfalt, seine unermüdliche Arbeit, seine stets von strengster Gerechtigkeit geleitete Manneszucht [...] bin ich erst instand gesetzt worden, all das zu tun, was ich bisher getan habe.«

Ihm also, dem Vater, dankte er seine Erfolge, und ihn lobte er, nicht etwa seine gebildete und kultivierte Mutter, die stolze Welfin Sophie Dorothea, Tochter des englischen Königs Georg I. Stets hatte sie auf ihres Sohnes Seite gestanden und ihn gegen den Vater in Schutz genommen. Er zeigte sich dafür nicht erkenntlich, sondern verwarf vielmehr strikt eine solche Haltung. »Im Elternhaus beeinträchtigt die blinde Liebe der Eltern die ihren Kindern nötige Zucht, besonders die Mütter [...] kennen nur grenzenlose Nachsicht als einziges Erziehungsprinzip.« (Meyer) Auch an seinem Großvater, Friedrich I., ließ er kein gutes Haar. Autoritäre, unterdrückende und demütigende Erziehung hatte ihn ganz und gar zu einem Produkt seines Vaters gemacht, und zwar so total, daß er ihn dafür auch noch pries und diese Erziehung rechtfertigte.

Für den Menschen und für den Privatmann Friedrich mag man das bedauern. Die Umstände waren aber derart, daß kaum jemand ihn als Privatmann sah. Als solcher war er wenig interessant, denn er war König, und er wurde Preußens berühmtester König, den man schon nach dem Siebenjährigen Krieg den Großen nannte. Er hat in der Tat Großes geleistet, hat Preußen zu Ansehen, Ruhm und Ehre verholfen. Was indes seine Erziehung betrifft, so ergab sich aus Friedrichs Größe eine ebenso tragische wie unvermeidliche Schlußfolgerung: Ohne das barbarische väterliche Regiment hätte der Sohn diese Größe niemals erreicht, wäre er nicht als Friedrich der Große in die Geschichte eingegangen. Das aber bedeutet, daß diese gräßliche Prügelzucht Erfolg hatte, einen Erfolg von historischen Ausmaßen, und dieser Erfolg ließ sie zwangsläufig gut und beispielhaft erscheinen. Tatsächlich setzte Friedrich Wilhelm I. mit Friedrichs Erziehung ein Beispiel von europaweiter Wirkung, und diese Wirkung hat bis heute angehalten – zumindest aber bis gestern. Jedenfalls rühmten zweihundert Jahre später Lehrer und HJ-Führer diese Erziehung, da allein sie aus einem Weichling einen Mann gemacht habe, und das ließ sie propagieren: Gelobt sei, was hart macht. Nach diesem Motto wurden dann auch die Pimpfe von zehn

Jahren an erzogen, und feierlich mußten sie geloben: »Jungvolkjungen sind hart, schweigsam und treu.« Filme über den großen Preußenkönig, von *Fridericus Rex* bis zum *Choral von Leuthen,* halfen bei dieser Erziehung.

Das Erziehungsbeispiel, das Friedrich Wilhelm I. gegeben hatte, hat wahrhaftig Schule gemacht. Dennoch beruhen die Folgerungen, die man daraus gezogen hat, auf zwei eklatanten Irrtümern. Zum einen ist es dem königlichen Vater nicht darum gegangen, seinen Sohn zu einem Mann oder auch nur zu einem brauchbaren Menschen zu erziehen; er wollte ihn vielmehr zu einem brauchbaren König und zu einem erfolgreichen Nachfolger auf dem preußischen Thron erziehen. Das gelang. Zum anderen war der Erziehungserfolg ausschließlich ein politischer; er kam dem Staat Preußen zugute. Dem Menschen Friedrich nutzte er nicht. In menschlicher Hinsicht war diese Erziehung ein absolutes Fiasko. Sie machte Friedrich zu einem Mann mit gebrochener Seele; so formulierte es Sebastian Haffner. Das heißt: Es gab keinen Erziehungserfolg. Friedrich Wilhelm I. lieferte ein ganz und gar unbrauchbares Erziehungsmodell, eines, das dem Menschen zutiefst schadet. Friedrichs trauriges Ende zeigt dies: Einsam starb der greise Monarch im Schloß Sanssouci als ein Mann, der weder sich selbst mochte noch andere. Seinem Volk war er fremd geworden. Kaum jemand weinte ihm eine Träne nach. Man tanzte zwar nicht auf den Straßen wie beim Tod seines Vaters, aber man war erleichtert. Man hatte den großen König satt, ihn und seine Siege. Den Absolutismus hatte man auch satt.

JEAN-JACQUES ROUSSEAU – WENDE IN DER KINDERERZIEHUNG?

Émile oder über Erziehung hält nicht, was es verspricht /
Rousseau als Erfinder der Manipulation in der Erziehung /
Die Kinder müssen zurück ins »naturgewollte Joch«

Friedrich starb 1786, drei Jahre vor der Französischen Revolution, die der Zeit der absolutistischen Herrscher in Europa ein Ende setzte. Das geschah nicht von ungefähr. Die Forderung nach Freiheit, Gleichheit und Brüderlichkeit war von vielen freiheitlichen Denkern vorbereitet worden, die ausgesprochen hatten, was das Volk bewegte. Einer der wirkungsvollsten Wegbereiter der Verwandlung der Gesellschaft war Jean-Jacques Rousseau (1712-1794). Seine Schriften wirkten wie ein Signal des Aufbruchs in dieser Welt rechtloser Untertanen und unterdrückter Zöglinge. Rousseau forderte Freiheit für die Menschen, und das gleich auf zwei Gebieten: auf dem der Politik und des Gesellschaftslebens durch sein Werk *Der Gesellschaftsvertrag (Du contrat social)*, auf dem der Erziehung durch sein erzählerisch angelegtes Buch *Émile oder über Erziehung*. Beide erschienen 1762, und beide wurden sofort verboten. *Émile* wurde in Paris und Genf öffentlich verbrannt, in Genf durch die Hand des Henkers. Noch im Erscheinungsjahr gab es einen Hirtenbrief des Erzbischofs von Paris gegen das Buch und einen Haftbefehl gegen den Verfasser. Das war nicht verwunderlich bei einem Mann, der im Zeitalter des Absolutismus jede Autorität ablehnte, die des Herrschers über den Untertanen so gut wie die des Lehrers über den Schüler; der dazu diese Autoritäten durch den Willen des Volkes – des Pöbels im damaligen Zeitverständnis – und durch den eigenen kritischen Verstand der Menschen ersetzen wollte; der weiterhin die naturgegebene Gleichheit aller Menschen verkündete und die tatsächlich bestehende Ungleichheit, besonders die Ungleichheit vor dem Gesetz, als unnatürlich und ungerecht anprangerte und zur Ursache allen Übels erklärte. »Der Mensch ist frei geboren, und überall liegt er in Ketten«, er »wird als Sklave geboren, als Sklave beerdigt«, schrieb Rousseau, und er forderte die Abschaffung der Feudalherrschaft. Für die Kinder verlangte er eine freiheitliche Erziehung ohne Strafen, Fron und Tränen. »Menschen, seid menschlich!« rief er aus und befand, daß erst die Freiheit den Menschen vom Tier unterscheide. Statt des Untertanen und Hörigen wollte er den politisch mündigen Bürger haben und die Wiederherstellung der, wie er meinte, natürlichen Rechtsgleichheit aller. Er redete einem souveränen Volk das Wort, dessen Herrscher nicht mehr Rechte als ein Angestellter haben sollte und jederzeit abwählbar sein müsse, wenn er sich nicht nach dem Kollektivwillen richtete. Dieser Kollektivwille müsse oberster Maßstab für jeden sein. Rousseau verdammte das Recht des Stärkeren, der damit Sklaverei ausübe. Desgleichen lehnte er Demut und Unterwerfung ab und, konsequenterweise, die christliche Kirche gleich dazu, weil sie diese Tugenden predigte und dadurch, seiner Meinung nach, Gewaltherrschaft begünstigte. Das souveräne Volk, so befand er, müsse sich seine eigene Religion schaffen. Kein Wunder also, daß man Rousseau verfolgte und seine Bücher verbrannte.

Unter »Zurück zur Natur«, das er so nie gesagt hat, verstand er die Rückkehr in einen glücklichen, naturhaften Urzustand, in ein »Urparadies«, das die Natur dem Menschen auf dieser Erde bestimmt habe. Damit meinte er ein Leben in Freiheit, Unschuld und Tugend, ein Leben ohne Zwang und ohne Herrschaft.

Wer war dieser Rousseau? Ein Philosoph, ein Wissenschaftler, ein Pädagoge, ein unverbesserlicher Utopist? Er läßt sich schwer einordnen. Erfolgreich war er auf zahlreichen Gebieten, so als Romancier und Singspielschreiber, als Komponist und Musiktheoretiker, als Verfasser vielbeachteter Abhandlungen und Briefe, als Biograph in eigener Sache. Als Mensch war er weniger erfolgreich. Sein Leben war voll von privaten und öffentlichen Konflikten. Er neigte zu Exzessen und Extremen, war von krankhafter Reizbarkeit und alles andere als ein edler Menschenfreund. Seine Charakterschwächen waren unübersehbar, und nicht wenige Biographen nennen ihn aus durchaus guten Gründen einen Psychopathen. Auch ein Idealist ist Rousseau nie gewesen, so idealistisch seine Thesen auch klingen mögen. Das Motiv für seine Schriften war allenfalls in zweiter Linie soziales oder pädagogisches Engagement. In erster Linie entsprang es seinem Ehrgeiz, Aufsehen zu erregen. Aber das störte niemanden. Und was besagt es auch schon! Bei vielen berühmt gewordenen Menschen hat es mit dem Charakter gehapert, und Idealismus ist wahrhaftig nicht von vornherein ein Gütesiegel.

Rousseau erreichte sein Ziel. Er erregte großes Aufsehen, und das nicht zuletzt darum, weil er den Zug der Zeit erkannt hatte und die Bedürfnisse der Menschen, die endlich mehr sein wollten als gehorsame Untertanen. In eingängigen Worten, radikal in der Sache und mit enthusiastischer Rhetorik trug er deren Wünsche und Hoffnungen vor. Er sprach seinen Zeitgenossen aus der Seele, kam an damit, begeisterte und wurde berühmt. Mehr als das: Er wirkte anregend auf die gesellschaftliche Entwicklung, auf Philosophie, Literatur und nicht zuletzt auf die Pädagogik – bis zum heutigen Tag. So äußerte 1985 Arnulf Baring, Professor für Zeitgeschichte und Publizist, in seiner Besprechung von Rousseaus *Gesellschaftsvertrag* in der *Zeit*: »Jean-Jacques Rousseau – das sind wir alle. Mehr und mehr Menschen fühlen und denken wie er.«

Rousseaus *Émile* wirkte wie ein Fanfarenstoß, und bis heute ist der Knabe Émile der berühmteste Zögling der Literatur geblieben. In mehr als zweihundert Jahren haben Rousseaus Erziehungsmaximen von ihrem Glanz kaum etwas eingebüßt. Das ist nicht erstaunlich in Anbetracht der Thesen, die Rousseau in dem Buch vertritt. Entgegen den festgefügten Meinungen von Obrigkeit und Kirche war für ihn der Mensch nicht von Natur aus verderbt, schon gar nicht das Kind. Er verkündete: »Der Mensch ist gut«, »es gibt keine Urverderbtheit des Herzens«; lediglich unter den Händen von seinesgleichen entarte der Mensch. Dabei läßt Rousseau keinen Zweifel daran, unter wessen Händen der Mensch entartet: in der Politik unter denen der Feudalherrscher, auf dem Gebiet der Erziehung unter denen der

Pädagogen von der Art Franckes oder der Jesuitenlehrer. *Émile* ist ein Schlag gegen die inzwischen etablierte neuzeitliche bürgerliche Erziehung. Ohne Respekt und ohne jede Scheu nennt Rousseau sie barbarisch, und er bedauert die Kinder, die Opfer einer derart »überspannten« Pädagogik geworden sind. Er kann nicht »ohne Entrüstung mit ansehen, wie diese Unglücklichen einem unerträglichen Joch unterworfen werden und wie Galeerensträflinge zu dauernder Fron verurteilt sind«. Rousseau beschreibt diese Erziehung als von einer Art, »die ein Kind mit allen möglichen Fesseln bindet und damit beginnt, es unglücklich zu machen, um ihm für die Zukunft ein angebliches Glück zu bereiten, das es vielleicht nie genießen wird«. Auf diese Weise werde »die Gegenwart ständig für nichts erachtet«, einer ungewissen Zukunft geopfert, und von einer »falschen Weisheit« werde das Kind »unter Tränen, Strafen, Drohungen und Sklaverei [...] um seines Wohles willen gequält«. Und warum das? Weil Kirche, Obrigkeit und die von Kirche und Obrigkeit beeinflußten Pädagogen davon ausgingen, daß das Kind voller natürlicher Laster, schlechter Neigungen und angeborener Bosheit stecke. Daraus ergebe sich zwangsläufig die Art der Erziehung, die »Stolz, Herrschsucht, Eigensinn, Bosheit« der Kinder vom ersten Tag ihres Lebens an ausrotten müsse. Also dressiere man die Kinder »wie ein Schulpferd«, richte sie ab, stutze sie »wie einen Baum seines Gartens«, stelle sie unter Zwang und unterwerfe sie. Rousseau konstatiert, daß eine solche Pädagogik einer »falschen Weisheit« entstamme, die sich von Lakaienvorurteilen herleite. Und er stellt weiterhin fest, was sie seiner Meinung nach bewirkt: Die Kinder werden verbildet, und ihre Natur wird erstickt.

Rousseau ist sich im klaren darüber, welche Folgen eine derartige Kritik haben muß, denn er hört schon »von weitem das Geschrei dieser ›falschen Weisheit‹, die uns andauernd uns selbst entfremdet«. Er hörte richtig, wie wir wissen. Aber Verurteilungen, Verfolgungen, Ächtungen und Angriffe störten ihn wenig. Offen und ohne jede Rücksicht attackierte er, was ihm an den gesellschaftlichen Verhältnissen und an der Kindererziehung nicht paßte. Dabei waren ihm auch Details wichtig, beispielsweise das Wickeln, das er als widersinnigen, naturwidrigen Brauch und als einen grausamen Zwang bezeichnete. Das Wickeln war damals allgemein üblich. Die Babies wurden von meterlangen Wickelbändern und von Windeln derart umschnürt, daß sie sich nicht mehr rühren konnten. Man meinte, »der Körper könne sich durch freie Bewegungen verbilden«. Das war eine ebenso fadenscheinige wie falsche Begründung. Rousseau nannte die wahren Motive, nämlich Bequemlichkeit und Ignoranz. »Ein ungewickeltes Kind müßte man unaufhörlich behüten; ein gewickeltes wirft man in die Ecke und kümmert sich nicht um sein Geschrei«, schreibt er. Er hält das Wickeln für eine Erfindung der Ammen. Indem sie das Kind »wie ein Wäschebündel an einen Haken hängten«, könnten sie gemächlich ihren Geschäften nachgehen, »während das Unglückswurm wie am Kreuz hängt«, »unglücklicher als ein Verbrecher in Ketten«. Und er wirft seinen Zeitgenossen vor, sie quälten ihre Kinder von Geburt an. Unter solcher Behandlung sei deren erster Eindruck von der Welt Schmerz und Leid, und ihr erstes Geschenk seien Fesseln.

Solche Ansichten waren völlig neu. Kein Mensch machte sich zu jener Zeit Gedanken über die Gefühle eines Säuglings. Was war schon ein Baby! Es galt keineswegs bereits als Mitglied der Familie, war noch kein Mensch, nicht einmal ein Wesen, dem man Gefühle wie Freude, Schmerz, Angst oder Zorn zutraute. Selbst ein Kleinkind wurde weitgehend als unnütz betrachtet. »Wer ein Kind sieht, sieht nichts«, hieß es in einem damaligen Sprichwort. Ein Kind zählte wenig oder gar nicht. Diese Gleichgültigkeit gegenüber Kindern war nicht an eine bestimmte Schicht gebunden. Sie war allgemein verbreitet und nichts Besonderes. Zärtlichkeit und liebevolles Umgehen mit kleinen Kindern wäre den Leuten damals zutiefst befremdlich erschienen.

Rousseau entdeckte die Kinder als eigenständige Wesen, entdeckte ihre Gefühle und Bedürfnisse, und er forderte

Zuneigung und Liebe zu ihnen.«Liebt die Kinder, fördert ihre Freuden«, verlangte er. Er wollte, daß man ihnen Vergnügen zugestehe, daß man ihre seelischen, aber auch ihre körperlichen Bedürfnisse erfülle. »Sie müssen springen, laufen, schreien, wenn sie dazu Lust haben.« Er wünschte keine Sklaven, die man dauernd reglementierte und unterdrückte. Einen wesentlichen Teil der Erziehung sah Rousseau darin, daß die Kinder in Freiheit eigene Erfahrungen an und mit den Dingen dieser Welt machten.

Rousseau stellte der damaligen Welt ein wahrhaft revolutionäres Erziehungsideal entgegen. Er wischte damit alles vom Tisch, was Luther, Francke und ihresgleichen vertreten und praktiziert hatten und was weitgehend zur Norm in der Erziehung geworden war. Rousseau proklamierte das freie Kind. »Das Glück der Kinder wie der Erwachsenen (besteht) im Genuß der Freiheit«, konstatierte er und zog daraus die pädagogischen Konsequenzen. Kinder sollten nicht gehorchen, befand er; die Worte »befehlen«, »gehorchen«, »Pflicht und Schuldigkeit« wollte er aus ihrem Wortschatz gestrichen haben. Die Tyrannei der Väter und der Lehrer wie überhaupt die Autorität der Erwachsenen gedachte er abzuschaffen, denn, so schrieb er im *Gespräch über Erziehung,* »sowohl ihrem [der Kinder] Geiste als ihrem Körper ist jeder Zwang unerträglich«. Also sollten die Erwachsenen Kindern keinen Widerstand leisten, ihnen nicht zuwiderhandeln. Sie sollten nicht nörgeln, Moral predigen, maßregeln, schelten, keine Lehren und Regeln geben, keinen Zwang ausüben und nicht strafen. Ein Schüler, welcher der Autorität unterworfen ist, »tut daher nur, was man ihm befiehlt. Er wagt nicht zu essen, wenn er Hunger hat, nicht zu lachen, wenn er fröhlich ist, und nicht zu weinen, wenn er traurig ist, nicht eine Hand statt der anderen zu geben und keinen Schritt zu tun außer auf Befehl. Bald wird er nur noch nach deiner [des Lehrers] Vorschrift zu atmen wagen.«

Rousseau verfrachtet seinen Émile aufs Land, um ihn solchen Einflüssen zu entziehen. Dort kann der Erzieher durch sein Vorbild auf ihn wirken. Alles übrige, so meint Rousseau, regelten die Natur und des Kindes angeborenes

Gefühl für Recht und Unrecht. Dazu werde »die bloße Macht der Dinge [...] es gefügig und folgsam« machen, und durch Anschauung werde es lernen.

Das Ziel seiner Erziehung, die er »Kunst der Menschenbildung« nennt, sieht er in folgendem: Für sich selbst und nicht für andere sollen die Kinder erzogen werden. Man muß in ihnen den Menschen an sich sehen und ihnen Gelegenheit geben, zu diesem natürlichen Menschen zu werden. Das bedeutet, des Kindes Gaben zu erkennen und sie seinen Fähigkeiten entsprechend zur Entfaltung zu bringen. Damit begründet Rousseau, was Generationen später »Erziehung vom Kind aus« genannt wurde. Aber Rousseau ist wesentlich konsequenter in seinem Erziehungsziel. Man kann nur eines, sagt er: entweder den Menschen seiner Natur gemäß erziehen oder ihn zu einem Bürger erziehen. Also fordert er: »Die beiden Wörter Vaterland und Bürger müssen aus den modernen Sprachen ausgemerzt werden«, und das Wort Patriotismus wünscht er ebenfalls zu eliminieren. Er fährt fort: »Ich weiß, warum, aber ich sage es nicht, denn es gehört nicht zu meinem Thema.« Hier zu schweigen war wohl auch besser, denn sonst hätte man vermutlich nicht nur Rousseaus Bücher verbrannt, sondern den Verfasser gleich dazu. Aber er gibt ein Beispiel: Eine Spartanerin hatte fünf Söhne im Heer und erwartete Nachrichten über die Schlacht. Zitternd fragte sie einen ankommenden Heloten, der ihr antwortete: »Deine fünf Söhne sind gefallen.« Darauf sie: »Elender Sklave, habe ich dich das gefragt?« Er: »Wir haben den Sieg errungen!« Die Mutter eilte zum Tempel, um den Göttern zu danken. Rousseaus Faszit: »Das war eine echte Bürgerin.«

Welch ein Hohn auf ein hehres gesellschaftliches Ideal! Doch Rousseaus bittere Kritik hat wenig genutzt. Knapp zweihundert Jahre später zeigten nicht wenige »echte Bürger« des Dritten Reiches den »Heldentod« ihrer Söhne »in stolzer Trauer« an.

Die bestehende öffentliche Erziehung lehnt Rousseau ab, die Schulen mit den dort herrschenden Bräuchen hält er für ein Übel, die französischen Kollegs findet er lächerlich.

Emphatisch verficht er eine häusliche Erziehung, eine Erziehung durch Mutter und Vater, bis eine bessere Form der öffentlichen Erziehung gefunden sei. Dem Vater als Erzieher widmet er sogar ein eigenes Kapitel in *Émile*. Er fordert von den Eltern, den Lebensweg ihrer Kinder vom ersten Tag an und so lange, bis sie erwachsen sind, zu begleiten. Damit wendet er sich entschieden gegen den damals weit verbreiteten Brauch, Kinder zu Ammen zu geben, weil sie vielen nichts als unbequemer Ballast bedeuteten und die Frauen um ihre gute Figur fürchteten. Rousseau verlangt, daß die Mütter ihre Kinder selbst stillen und daß die Väter die Lehrer ihrer Kinder sein sollen. Er preist das »rührende Schauspiel einer heranwachsenden Familie« und den »Zauber häuslichen Lebens«.

An dieser Stelle bekommt das schöne Bild des Erziehungsreformers Rousseau einen ersten Riß, denn seine Ideale und sein eigenes Verhalten klafften weit auseinander. Den Knaben Émile erfand er als rein literarische Figur, obwohl er fünf eigene Kinder hatte. Aber bei ihm gab es kein Familienidyll. Er machte sich nicht in einer erzieherischen Alltagspraxis die Hände schmutzig, sondern entzog sich vielmehr der eigenen Erziehungsverantwortung, indem er alle seine fünf Kinder für immer fortgab, nämlich in ein Findelhaus. An der Durchschlagskraft seiner Ideen änderte dies jedoch nichts. Die Menschen folgten begeistert seinen Forderungen, und im späteren bürgerlichen Zeitalter galt es als höchste sittliche Pflicht, daß Eltern ihre Kinder selbst aufzogen; zeitweise sah man es geradezu als Verbrechen an, wenn Mütter ihre Kinder nicht stillten. Hier bewirkte Rousseau in der Tat einen Wandel, denn hinfort war es vorbei mit dem Ammenunwesen, das so viele Säuglinge das Leben gekostet hatte.

Dieser Erfolg trifft jedoch nicht für die Kindererziehung zu. An der änderte sich trotz der brisanten Rousseauschen Thesen so gut wie gar nichts; die Maximen Luthers, Franckes und der Jesuiten galten weitgehend fort. Entsprechend sahen nach wie vor die pädagogische Praxis und die Schulerziehung aus. Die Freiheit und die natürliche Entfaltung der Kinder, wie Rousseau sie propagiert hatte, blieben wirkungslose Theorie.

Dafür mag es so manche Gründe geben. Etliche liegen fraglos in Rousseaus eigenen Ausführungen. In der Tat steht Rousseaus fortschrittlichen Thesen und Forderungen immer wieder das krasse Gegenteil gegenüber, und zwar nicht in anderen Schriften, sondern in *Émile* selbst. Das Buch steckt voller Widersprüche. Sie wurden wohl deshalb selten aufgedeckt, weil man meistens das herauslas, was einem gefiel – so, wie es offensichtlich Arnulf Baring getan hat. Seine Feststellung: »Jean-Jacques Rousseau – das sind wir alle« läßt sich in bezug auf *Émile* gewiß nicht unterschreiben, macht sich doch Rousseau ebenso für die Freiheit der Kinder stark, wie er perfide Unterdrückungsstrategien entwickelt.

Diese Widersprüchlichkeit gilt auch für das Modell vom Kind, das Rousseau den Lesern vorführt. Der Knabe Émile ist nicht das einzige. Als Gegensatz zu dem frei und selbständig aufwachsenden Helden des Buches, dem »Wilden«, erscheint plötzlich und ohne weiteren Zusammenhang ein Kind von ganz anderer Art. Auf ein bereits im Ansatz vorhandenes Wunschbild zurückgreifend, stellt Rousseau dem Leser ein rührendes Wesen mit süßem Gesicht vor Augen, ein Kind mit Seele und zartem Gemüt. Es ist ein schwaches, hilfloses, elendes und abhängiges Kind, und Rousseau ordnet ihm eine Mutter zu, die es hätschelt und die neu entdeckte Kinderseele »umwallt«, deren Herz beim Anblick ihres Kindes mit Seligkeit erfüllt wird. Das sind völlig neue, jedoch höchst wirksame Vorstellungen. Es hat zwar lange gedauert, bis sie sich durchsetzten, doch im 19. Jahrhundert stand dieses Mutter-Kind-Idyll in voller Blüte. Es geisterte in Wort und Bild durch alle Lesebücher und fand sich in Erbauungsbüchern und Kalendergeschichten ebenso wie in Liedern und Gedichten: das süß-brave bürgerliche Kind und sein lieb Mütterlein. »Der Mutterliebe zarte Sorgen/ bewachen seinen goldenen Morgen«, heißt es bereits in Schillers *Lied von der Glocke* mit Blick auf das geliebte Kind.

Rousseau hat dieses Bild wirkungsvoll geprägt. Nichts verbindet es mit seinem allein unter männlicher Erziehung heranwachsenden Émile, dieser Mischung aus abgehärtetem Naturburschen und vernunftgeleitetem Philosophen. Es hat aber auch nichts gemein mit den freien mittelalterlichen Kindern, und es ist weit entfernt von den bösen und sündigen Ungeheuern, wie sie Luther und Francke sahen. Keinerlei Ähnlichkeit besteht ferner mit den Ansichten über Kinder, wie sie Montaigne und Erasmus vertraten. Sie hielten Kinder für vernünftige Wesen, die vernünftigen Argumenten zugänglich seien. Rousseaus süßes Geschöpf besitzt keine Vernunft.

Wie so häufig bei Rousseau zeigen sich auch hier zwei entgegengesetzte Tendenzen: Mit seinem idealen Zögling Émile begründet er im wesentlichen eine Pädagogik des Fortschritts und bekämpft wütend die herkömmlichen Lehrmeinungen wie auch die bestehende pädagogische Praxis. Mit dem reizenden Hätschelkind zollt er der öffentlichen Meinung Tribut. Der Witz ist nun, daß sich nicht der revolutionäre Émile als wirksames Modell für die Erziehung erwies. Von ihm blieben der Name, der berühmt wurde, und der gute Ruf seines Erfinders. Rousseaus fortschrittliche Erziehungsideen stehen im Mittelpunkt einer Fülle von pädagogischen und psychologischen Aufsätzen und gaben Anlaß zu einer wahrlich überwältigenden Sekundärliteratur. Bestimmend für die Zukunft der Erziehung aber wurde das ebenso entzückende wie schwache kindliche Wesen. Dieses Modell setzte sich durch. Es löste die meisten bisherigen Vorstellungen von Kindern ab und zeitigte eine ganz neue Einstellung zum Kind.

Wenn man sagt, Rousseau habe das Kind entdeckt, dann war es dieses Kind. Davon waren die Leute begeistert. Das niedliche, seelenvolle und gleichzeitig auf Hilfe angewiesene Geschöpf entsprach ihren Bedürfnissen und Wünschen. Rousseau dürfte diese Wünsche und Bedürfnisse genau gekannt haben, und er tat, was er so gern tat: Er trachtete danach, sie zu befriedigen. So bot er der Gesellschaft ein Wunsch-Kind an: ein Kind zum Streicheln und zum Liebhaben, das indessen den Erwachsenen in keiner Weise gefährlich zu werden vermochte. Das war wichtig, denn es hatte sich eine tiefgreifende Angst davor entwikkelt, daß einem die Kinder über den Kopf wachsen könnten. Man hatte bisher mit Ruten und brutaler Disziplinierung der »jungen, eingefleischten Teufel« reagiert. Rousseau bot die elegantere Lösung, dazu eine, die den Eltern auch in den eigenen vier Wänden möglich war. Denn welche Mutter, welcher Vater hätte eine Gewaltpädagogik nach der Art Franckes im Hause praktizieren können, und wer wollte das schon! Rousseau schuf ein Modell für die häusliche Erziehung. Es war freilich alles andere als freiheitlich, denn das rührend-süße Kind ist in seiner Schwäche ganz und gar von den Erwachsenen – von uns – abhängig, schreibt Rousseau. Er macht unmißverständlich klar, daß dieses Kind unseres Schutzes, unserer Hilfe und unseres Mitleids bedarf, daß es unsere ständige Fürsorge braucht und daß man sich seiner Schwäche annehmen muß.

Es ist ganz deutlich: Eine solche Vorstellung mußte den Erwachsenen schmeicheln, machte Rousseau sie doch zu den großen, starken und klugen, absolut überlegenen Wesen, die Herr sein durften über die kleinen, dummen und zutiefst unvernünftigen Kinder. Werdet Herr über das Kind, sorgt dafür, daß es euch achtet, lehrt Rousseau, und er stellt fest, daß Kinder in ihrer Schwachheit auf die Eltern angewiesen sind. So begründete er die neue Sozialordnung in der Familie, die freudig akzeptiert wurde. Kein Wunder – bei der Position, die er den Erwachsenen verschafft.

Rousseau nennt deren unanfechtbare Überlegenheit natürlich. Ebenso natürlich ist für ihn die neue soziale Stellung des Kindes. Es ist zwar jetzt Objekt von Zärtlichkeit und Zuneigung. Aber um welchen Preis! Rousseau hat das Kind zu einem hilflosen und bemitleidenswerten Wesen degradiert und gleichzeitig eine tiefe Kluft zwischen Erwachsenen und Kindern geschaffen. Fortan beugte man sich ebenso liebevoll und mitleidig wie autoritär zu ihnen hinunter. Seit Rousseau hat das Kind dort unten seinen festen Platz.

Über diese Stellung des Kindes wundert sich der Psychologieprofessor Jan Hendrik van den Berg in seinem Buch *Metabletica:* »Es sieht so aus, als stoße Rousseau das Kind von sich. Bleib dort, sagt er, wo ich stehe, kannst du nicht stehen, denn ich bin ein Erwachsener, und du bist ein Kind. Warum? Hat Rousseau sich nicht ernsthaft geirrt? Er muß wohl.«

Rousseau hat sich nicht geirrt. Es sieht nicht so aus, als stoße er die Kinder von sich – er tut es tatsächlich. Er hat es mit seinen eigenen Kindern getan, und er vertritt diese Haltung in *Émile* immer wieder. »Behandelt euren Zögling, wie es seinem Alter entspricht«, schreibt Rousseau an einer Stelle. »Weist ihm von Anfang seinen Platz zu und haltet ihn darin so fest, daß er gar keinen Ausbruch mehr versucht. [...] Er braucht nur zu wissen, daß er schwach ist und du stark, daß er durch seine Lage und die deinige dir notwendigerweise preisgegeben ist; das soll er wissen, erfahren und fühlen. Er soll früh das naturgewollte Joch fühlen.« (*Émile,* Ausgabe von 1893)

Nicht nur theoretisch vertritt Rousseau diesen Standpunkt. Er hat ihn auch praktiziert. Einmal hat er sich tatsächlich eines Kindes angenommen und einen praktischen Erziehungsversuch gemacht, allerdings nur acht Tage lang, und die sind ihm, wie er bekennt, recht schwer gefallen. In seinem autobiographischen Werk *Bekenntnisse,* siebenter Teil, schreibt er darüber: »Madame Dupin hatte mich gebeten, für die Dauer von 8-10 Tagen die Aufsicht über ihren Sohn zu übernehmen, der bei einem Wechsel seiner Erzieher so lange ohne Aufsicht geblieben wäre. Ich verbrachte diese 8 Tage in einer Qual, die allein das Vergnügen, Madame Dupin zu Gefallen zu sein, mir erträglich machte.« In *Émile* macht er aus diesen acht Tagen einige Wochen und berichtet ausführlich über dieses Erziehungsexperiment. Er behandelt es unter dem Gesichtspunkt kindlicher Herrschsucht und kindlichen Eigensinns. Rousseau fragt: »Gibt es etwas Widerwärtigeres und Naturwidrigeres als ein herrschsüchtiges und eigensinniges Kind, das alle herumkommandiert und denen schamlos gebietet, die es nur allein zu lassen brauchten, damit es zugrunde geht?« Dann zeigt er, wie er mit einem solchen Kind fertig geworden ist und ihm sein »naturwidriges« Verhalten abgewöhnt hat.

Gleich in der ersten Nacht will sein Zögling um Mitternacht aufstehen, und zwar in böser Absicht, nämlich »um meine [Rousseaus] Nachgiebigkeit zu erproben«. Gewiß probieren Kinder solches bei Eltern, Lehrern und Erziehern gern aus. Interessant ist hier, mit welchen Mitteln und mit welcher Einstellung Rousseau diesem weitverbreiteten Verhalten begegnet: Er steht auf, macht Licht und ist freundlich, verhält sich also genau so, wie der Junge sich erhofft hatte. Dies tut er jedoch nicht aus tatsächlicher Gutmütigkeit oder Nachgiebigkeit, sondern in bewußter Absicht und mit dem Ziel, später um so sicherer über das Kind zu triumphieren. Der Knabe, zufrieden mit seinem ersten Erfolg, schläft wieder ein. Einige Zeit später unternimmt er einen zweiten Versuch. Rousseau zeigt »nicht das geringste Zeichen von Ungeduld«, erklärt ihm aber in aller Ruhe: »Mein lieber Junge, das ist ja sehr schön, aber tu es nicht wieder.« Selbstverständlich tut es der liebe Junge wieder. Er will erproben, ob Rousseau »es wagte, ihm nicht zu gehorchen«. Der steht dieses Mal nicht auf, um Licht zu machen, er hüllt sich vielmehr in Schweigen, meinend, allein diese Wortkargheit bringe den Knaben in Verlegenheit. Dieser versucht nun selbst, das Feuerzeug zu bedienen, und schlägt sich dabei auf die Finger. Rousseau in seinem Bett lacht sich darob ins Fäustchen und dreht sich dann auf die andere Seite. Der Knabe fängt an zu schreien, zu singen, Krach zu machen, an Tisch und Stühle zu stoßen. »Er war entschlossen«, so heißt es, »meine Hartnäckigkeit zu besiegen.« Das schafft er nicht – Rousseau gibt nicht nach. Doch der Junge bringt ihn aus seiner Ruhe: Rousseau wird böse. Das ist nicht verwunderlich; er reagiert durchaus menschlich. Aber menschliche Reaktionen sind in seinem Erziehungsprogramm kaum vorgesehen; das zeigt sich immer wieder. Also unterdrückt er diesen natürlichen Impuls, der, wie er sofort erkennt, »alles verderben würde«, und besinnt sich auf eine vom Verstand geleitete Taktik: Schweigend steht er auf und erbittet von dem Knaben das Feuerzeug. Der triumphiert, weil er glaubt, Rousseau »endlich besiegt zu haben«. Der aber nimmt »das kleine Herrlein« bei der Hand, führt es in ein verdunkeltes Zimmer, in dem es nichts zum Zerschlagen gibt, und sperrt es dort ohne Licht ein. Danach legt er sich beruhigt wieder hin und kümmert sich nicht um den »Höllenlärm«, den der Junge macht.

Rousseau proklamiert zwar: »Kinder müssen nicht gehorchen.« Doch wehe ihnen, wenn sie nicht gehorchen! Das zeigt sich hier. Sie kommen in Dunkelhaft, und das nennt Rousseau Erziehung durch die Macht der Dinge. Als Erziehungsmittel setzt er die Furcht ein. Das gehört zu seinem System. Er schreibt: »Alles, was man von ihnen [den Kindern] durch vernünftige Gründe zu erlangen glaubt, erlangt man in Wahrheit nur dadurch, daß man ihre Begierde, Furcht oder Eitelkeit anregt.« Hat man aber ein Kind in Furcht versetzt, dann soll man sich ja nicht von ihm umstimmen oder erpressen lassen, weder durch sein Jammern und Schreien noch durch sein Toben. »Kaltblütig« darf man es der Furcht überlassen – so, wie Rousseau es an seinem Zögling praktiziert.

Er gibt dafür ein weiteres Beispiel: Ein Kind zerbricht die Scheibe seines Zimmerfensters. Laut Rousseau soll man sie auf keinen Fall ersetzen, sondern das Kind die Konsequenzen seines Tuns fühlen lassen. Auch hier wiederum: Erziehung durch die Macht der Dinge. Getrost soll man Tag und Nacht den Wind hereinblasen lassen und sich nicht um die Erkältung des Zöglings kümmern, »denn es ist besser, daß er verschnupft als närrisch wird«. Und närrisch, das betont Rousseau viele Male, werden Kinder, deren Willen man nachgibt; sie entwickeln sich zu Tyrannen der Eltern und zu kleinen Despoten. In seiner pädagogischen Konsequenz kennt Rousseau keine Kompromisse. Für ihn gibt es nur zwei Möglichkeiten: Entweder sind die Kinder Herr über die Erwachsenen, oder die Erwachsenen sind Herr über die Kinder. Rousseau schreibt: »Entweder tun wir, was ihm [dem Kind] gefällt, oder wir verlangen, was uns gefällt. Entweder wir unterwerfen uns seinen Launen, oder wir unterwerfen es unseren. Es gibt keine Mitte: Entweder gibt das Kind Befehle, oder es empfängt sie.« Macht und Unterwerfung sind die beiden Alternativen, und es versteht sich, daß die Macht den Erwachsenen gebührt, die Unterwerfung den Kindern. Das ist für Rousseau die natürliche Ordnung.

Sind die Fensterscheiben wieder eingesetzt, und das Kind zerschlägt sie abermals – was dann? Dann wird das Kind in ein dunkles Zimmer ohne Fenster eingeschlossen, und dort läßt man es schreien und toben, bis es verspricht, niemals wieder Fensterscheiben zu zerschlagen. Rousseau zweifelt nicht am Erfolg dieses Verfahrens. »Kein unverdorbenes Kind«, so meint er, »wird dieser Behandlung widerstehen können und vorsätzlich wieder eine Scheibe zerbrechen.« Und dann begründet er seine Art des Strafens: »Ich habe deutlich gesagt, daß man Kindern niemals eine Strafe als solche auferlegen darf, sondern daß sie die Strafe immer als eine natürliche Folge ihrer bösen Handlungen empfinden müssen.« Sie sollen an sich selbst »alle bösen Folgen« erfahren; dafür soll der Erzieher sorgen. Das heißt aber, daß nur in Ausnahmefällen das Kind die natürlichen Folgen seines Fehlverhaltens durch die Macht der Dinge erfährt. Tatsächlich erfährt es diese Folgen durch den strafenden Eingriff des Erziehers. Der nämlich nimmt das »kleine Herrlein« an die Hand und sperrt es ein. Er sorgt dafür, daß ein Fenstereinwerfer in dem Zimmer ohne Fenster leben muß, und er ist es, der auch dieses Kind einschließt. Der Unterschied zwischen der »Strafe als solcher«, die Rousseau verpönt, und seiner »natürlichen Strafe« ist fließend, denn in beiden Fällen ist die Strafe die Folge kindlichen Fehlverhaltens. Allerdings ist die Qualität unterschiedlich. Rousseau verzichtet weitgehend auf Prügel; statt dessen aber übt er eine Art Psychoterror aus, und seine Methode ist von geradezu unerbittlicher Konsequenz. Mitleidslos halst er den Kindern die Folgen ihrer Handlungen auf, auch wenn dabei, wie bei dem Scheibenzertrümmerer, die Gefahr besteht, daß das Kind an einer Lungenentzündung stirbt. Und wenn ein Kind einmal lügt, dann, so verlangt Rousseau, soll man ihm tatsächlich nicht mehr glauben, auch wenn es die Wahrheit sagt, und man soll es beschuldigen, »auch wenn es nichts getan hat und sich noch so sehr verteidigt«. Mit einer solchen Erbarmungslosigkeit zerstört er aber die Grundlage jeglichen Vertrauens zwischen Eltern und Kindern. Hinzu kommt: Von Kindern, denen er jede Vernunft abspricht, verlangt er vernünftiges Verhalten.

Rousseau als Theoretiker steckt voller Widersprüche, und von Kindern versteht er, was nicht verwundert, herzlich wenig. Schlimmer aber ist, daß er ihnen kaum jemals so etwas wie christliche Nächstenliebe entgegenbringt. Aber dazu war er schließlich nicht verpflichtet, denn das Christentum wollte er abschaffen.

Bis auf eines sind alle Beispiele Rousseaus fiktiv. Das eine reale Beispiel zeigt aber, daß es in der Wirklichkeit nicht so einfach zugeht, wie es sich Rousseau vorstellt. Madame Dupin war zutiefst aufgebracht über die Behandlung, die Rousseau ihrem Sohn hatte angedeihen lassen, und machte dem Erzieher harte Vorwürfe. Der Junge bekam das selbstredend mit, und damit war alles verdorben, stellt Rousseau fest. Mehr noch: »Das Kind war so gut wie tot.« Er gibt dem Jungen keine Chance im Leben, und zwar darum, weil die Mutter, wie er meint, ihrem Sohn gehorcht, sich dessen Willen beugt und nicht duldet, »daß ihm zuwidergehandelt werde«. An anderer Stelle nennt Rousseau solche Mütter grausam. »Sie tauchen ihre Kinder in die Verweichlichung«, heißt es da, »und bereiten ihnen künftiges Leid, sie öffnen ihre Poren für Übel aller Art, deren Beute sie als Erwachsene werden.« Das mit dem Tod meint er übrigens durchaus ernst, denn er schreibt: »Die Erfahrung lehrt, daß mehr verzärtelte Kinder sterben als andere.« Die gern als Beleg zitierte Erfahrung ist schon für manchen Unsinn in Anspruch genommen worden. In diesem Fall lehrt eine durchaus belegte Erfahrung, daß lieblos fortgegebene Kinder eine erschreckende Todesrate aufweisen (Badinter).

Rousseaus Zögling nimmt auf seine Weise Rache: Er spielt krank. Ein Arzt wird gerufen. Aber »zum Leidwesen der Mutter« durchschaut der das Spiel und verspricht: »Dem Jungen werde ich die Laune, den Kranken zu spielen, versalzen.« Das geschieht. »Als das Kind einsah, daß es nichts erreichte, wenn es meinen Schlaf störte oder sich krank stellte, entschloß es sich, wieder durchzuschlafen und gesund zu sein.« Dazu bemerkt Rousseau: »Man kann sich gar nicht vorstellen, mit wie vielen ähnlichen Launen das Kind seinen Erzieher tyrannisiert hatte.« Was aber tut Rousseau? Er mag es nennen, wie er will – in der Tat ist er es, der das Kind tyrannisiert, und er tut dies auf perfide Weise, dazu mit einem Aufwand, den sich kaum jemand erlauben könnte und der schließlich an die Grenze zur Lächerlichkeit gerät.

So geht die Geschichte weiter: Der Knabe gibt nicht auf. Da er Rousseau nachts nicht mehr die Ruhe rauben kann, versucht er es tagsüber. Er verlangt immer dann auszugehen, wenn Rousseau besonders beschäftigt ist. Der aber geht darauf ein und gibt sich den Anschein, daß es ihm Spaß mache, dem Kind gefällig zu sein. Tatsächlich ist auch dies wieder nur Verstellung, Tun-als-ob, Taktik mit dem Ziel, Macht über den Zögling zu gewinnen und dessen Unterwerfung zu erreichen. Rousseau nutzt dafür, wie er schreibt, den Vorteil seiner Voraussicht. Das heißt, er spielt die Intelligenz des Erwachsenen gegen den kleinen Jungen aus, und zwar zu dem alleinigen Zweck, ihn durch Manipulation ins Unrecht zu setzen und zu unterdrücken.

Das sieht dann so aus: Am nächsten Tag verschafft Rousseau dem Knaben einen fesselnden, spielerischen Zeitvertreib. In dem Augenblick, da sein Schützling ganz in das Spiel vertieft ist, schlägt Rousseau ihm einen Spaziergang vor. Wie er es gewollt, arrangiert und vorausgesehen hat, lehnt der Knabe das Ansinnen entrüstet ab. Rousseau besteht nun aber auf dem Spaziergang, doch der Junge hört ihm gar nicht mehr zu. Rousseau gibt nach. Er läßt das Kind siegen, aber nur, um es hernach um so erfolgreicher zu demütigen. »Am nächsten Tag kam ich an die Reihe«, heißt es, und Rousseau sorgt dafür, daß der Junge dieses Mal nichts Interessantes zum Spielen hat, sondern sich langweilt, während Rousseau so tut, als sei er sehr beschäftigt. Daraufhin will das Kind sofort mit ihm ausgehen. Rousseau lehnt ab. Der Knabe beharrt auf seinem Wunsch, und nun kann Rousseau erfolgreich vorführen, was er darunter versteht, daß ein Kind die natürlichen Folgen seiner bösen Handlungen erfahren soll. Er erklärt seinem Zögling folgendes: »Nein, du hast gestern deinen Willen durchgesetzt; du hast mich gelehrt, heute meinen Willen durchzusetzen. Ich will nicht ausgehen.« Darauf der Knabe heftig: »Gut, dann gehe ich allein!« Und er droht, bis ans Ende der Welt gehen zu wollen. Rousseau wünscht ihm, abermals »kaltblütig«, eine gute Reise. War der Knabe über seines Erziehers Teilnahmslosigkeit schon vorher beunruhigt, so verdoppelt sich nun seine Verwirrung, »aber er nimmt sich zusammen und befiehlt, zum Ausgehen fertig, seinem Diener, ihm zu folgen«. Wiederum dank seiner Voraussicht hat Rousseau diese Entwicklung kommen sehen und alles sorgfältig bis ins letzte Detail geplant und vorbereitet. So hat er auch den Diener instruiert, das Ansinnen des Knaben abzulehnen. Der ist sprachlos. »Es schien ihm unfaßbar, allein auszugehen, wo er doch bisher die Hauptperson und überzeugt war, daß Himmel und Erde um seine Erhaltung besorgt wären!« Nun läßt Rousseau ihn spüren, was für ein abhängiges Wesen er ist, hilflos und des Schutzes bedürftig. Rousseau: »Inzwischen beschleicht ihn das Gefühl seiner Schwäche. Er begreift, daß er mitten unter Unbekannten allein sein wird, und er denkt an die möglichen Gefahren. Nur sein Trotz erhält ihn aufrecht. Langsam und beklommen geht er die Treppe hinunter, tritt schließlich auf die Straße und tröstet sich bei dem Gedanken, daß man mich für jedes Mißgeschick, das ihm zustoßen könnte, verantwortlich machen wird.«

Dazu heißt es dann: »Das lag aber in meinem Plan. Alles war vorher abgemacht worden.« Wahrhaftig, das war es! Rousseau hatte nicht nur die Zustimmung des Vaters für diesen »öffentlichen Auftritt« eingeholt, sondern muß eine ganze Schar von Statisten aufgeboten haben, um den Jungen einzuschüchtern. Denn kaum betritt der die Straße, »da hört er schon rechts und links peinliche Bemerkungen: Sieh doch, Nachbar, das junge Herrchen! Wohin geht denn der so allein? Der läuft noch in sein Verderben. Ich will ihn bitten, zu uns hereinzukommen. Bei Gott, lassen Sie das bleiben, Nachbarin! Sehen Sie nicht, daß das ein Nichtsnutz ist, den man aus dem Haus gejagt hat, weil er nichts taugt! So einen Schlingel darf man nicht zurückhalten. Laßt ihn laufen, wohin er will. Was kann man da machen? Gott mag ihn schützen. Es sollte mir aber leid tun, wenn ihm ein Unglück zustößt!« Das war der erste arrangierte Schreck. Ein wenig weiter trifft der Knabe auf gleichaltrige Gassenjungen, die ihn hänseln und sich über ihn lustig machen. Je weiter er geht, desto größer werden seine Angst und seine Hilflosigkeit. Schließlich ist das Ziel erreicht: »Allein und schutzlos fühlt er sich von aller Welt verspottet.« Aber das genügt Rousseau nicht. Er hat dem Jungen außerdem einen Diener nachgeschickt, »einen Mann von Geist«, der seine Rolle vorzüglich spielt. Er spricht den Knaben an, als dieser nicht mehr ein und aus weiß, und versteht es, ihm die Unbesonnenheit seines Verhaltens derart deutlich zu machen, »daß er mir nach einer halben Stunde ein folgsames und beschämtes Kind zurückbrachte, das nicht einmal die Augen zu heben wagte«. Na bitte!

Doch damit ist die Geschichte immer noch nicht zu Ende. Im Hause arrangiert Rousseau eine Begegnung mit dem Vater. Dem muß das Kind erzählen, was geschehen ist, und dabei wäre »der arme Junge [. . .] am liebsten in der Erde versunken«. Ganz nach Rousseaus Plan reagiert der Vater, »trockener« als erwartet, so: »Wenn du wieder allein ausgehen willst, so kannst du es tun. Da ich aber in meinem Hause keinen Landstreicher dulden kann, so erinnere dich, daß du dann auch nicht mehr heimzukommen brauchst.« Diese massive Drohung ist der letzte Schlag gegen das Kind. Rousseau hat seinen Schützling dahin gebracht, wohin er Kinder immer wieder zu bringen wünscht. Letztendlich unterscheiden ihn nur seine Methoden von Luther und Francke. Auf diese Methoden ist er stolz; stets erneut betont er die Gewaltlosigkeit seiner Erziehung, und er findet es barbarisch, den

Eigensinn der Kinder zu brechen. Er selbst aber tut nichts anderes. Das hat er demonstriert. Doch er wäscht seine Hände in Unschuld und behauptet ernstlich, er habe den Jungen gezähmt, ohne ihn »durch einen Schock zu verschüchtern oder zu erschrecken«. Nur eine Befürchtung hat er: der Knabe könne das »abgekartete Spiel« durchschauen.

Rousseau hat in der Tat ein abgekartetes Spiel mit dem Jungen getrieben. Er hat ihm raffinierte Fallen gestellt, hat ihm Theater vorgespielt, eine künstliche Szenerie geschaffen. Und dieser Mann spricht von natürlicher Erziehung! Alles ist Taktik bei ihm, und sie dient ausschließlich der Unterwerfung des Kindes, in dem Rousseau nichts anderes als einen Gegner sieht. Dementsprechend ist das Verhältnis zu seinem Zögling ohne jede Zuneigung oder gar Liebe. Er bekundet nicht einmal ein gewisses menschliches Interesse an ihm. Nur von einem Gefühl ist die Rede, und zwar mehrmals, nämlich von seiner »Kaltblütigkeit« dem Knaben gegenüber. Und sosehr er gegen Zwang und Gewalt gegenüber Kindern wettert – er wendet beides ungeniert an, und das vertritt er auch. Glashart formuliert er: »Gewalt brauche man bei Kindern, die Vernunft bei den Erwachsenen; das ist die natürliche Ordnung.« Ich zitiere hier, wie schon einmal, die Ausgabe von 1893, weil der Übersetzer der Ausgabe von 1983, Ludwig Schmidts, so manche harte Stelle entschärft hat. Bei ihm heißt es beispielsweise: »Bei Kindern den Zwang und bei Erwachsenen die Vernunftgründe anzuwenden, das ist die natürliche Ordnung.« Schmidts bemerkt selbst, daß er *Émile* durch seine Übersetzung »handlich« und »mundgerecht« machen wollte. Entscheidend aber dürfte sein: Er ist ein Bewunderer Rousseaus. Zwar bewundert er ihn nicht so enthusiastisch wie Arnulf Baring, denn immerhin nimmt er kritisch zu Rousseaus Thesen über die Mädchenerziehung Stellung; doch sonst zitiert er in seinem Nachwort »Jean-Jacques Rousseau der Philosoph und Pädagoge« nur Positives. Und er behauptet, die Evolution in der Pädagogik sei »ohne diese revolutionäre Grundhaltung, so, wie sie uns Rousseau vorgelebt hat, nicht möglich«.

Nun mag man durchaus viele von Rousseaus Gedanken und Thesen loben. Sie sind in der Tat oft von einer Modernität, die verblüfft. In vielem war Rousseau seiner Zeit weit voraus. Aber sein Leben kann man nun wirklich nicht beispielhaft finden. Was er uns als Erzieher vorgelebt hat, haben wir gerade erfahren, und das war beileibe nicht von einer »revolutionären Grundhaltung« geprägt. Nichtsdestoweniger wird Rousseau immer wieder an seinen positiven und fortschrittlichen Ideen gemessen und allein von denen her beurteilt. Dafür ist auch Katharina Rutschky ein Beispiel. In ihrem sehr verbreiteten Buch *Schwarze Pädagogik* hat sie alles gesammelt, was je Schlimmes über die Erziehung von Kindern gesagt wurde. Ihre Skala reicht von Jean Paul bis Arthur Schopenhauer; kein Philosoph und keine pädagogische Größe sind vor ihr sicher, und selbstverständlich sind Francke und Pestalozzi ausgiebig vertreten. Doch von Rousseau findet sich kein Wort. Dabei hat er für eine schwarze Pädagogik wahrhaftig genug Zitierenswertes gesagt.

Es ist schon merkwürdig bestellt um die Aufnahme und die Wirkungen von Rousseaus pädagogischem Werk: Philosophen und Wissenschaftler der verschiedensten Fachrichtungen feiern es als beispielhaft, zitieren gern daraus, fast ausschließlich Positives, versteht sich, und nach kritischen Stimmen muß man suchen, wenn man einmal von Rousseaus Zeitgenossen absieht. Nicht nur Obrigkeit und Klerus waren gegen ihn, sondern auch etliche zeitgenössische Philosophen und Denker, in erster Linie Voltaire, der kein gutes Haar an ihm ließ. Von den modernen Autoren kritisiert Egon Friedell Rousseau. Er sagt ihm »pharisäische Verlogenheit« nach, nennt ihn »geschwätzig und theatralisch, aufdringlich und falsch sentimental«. Aber auch bei ihm kommt *Émile* vergleichsweise glimpflich davon. Ähnlich sieht es in Nachschlagewerken aus. Fast alle Lexika stellen als wichtigste Maxime von Rousseaus Erziehungsbuch das behutsame Wachsenlassen des Zöglings heraus, und sie betonen den großen Einfluß von *Émile* auf die moderne Pädagogik. Man bescheinigt Rousseau, richtungweisende Gedanken einer kindgemäßen Erziehung entwickelt zu haben, und ähnliches dieser Art. Das ist selbstverständlich alles richtig, aber eben ungeheuer einseitig.

Für die Wirkung von *Émile* war es entscheidend, daß das Buch nicht nur für Pädagogen, Psychologen und sonstige Geistesgrößen bestimmt war. Nicht zuletzt schrieb Rousseau für das Volk, und gerade beim Volk ist er angekommen, nämlich bei den Leuten, die mit der Kindererziehung praktisch zu tun hatten. Ihnen galt sein Buch lange Zeit als Leitfaden für die erzieherische Praxis. Dabei haben sich die betroffenen Eltern und Lehrer weit weniger für die Thesen und die hehren pädagogischen Ideale Rousseaus interessiert, die für den erzieherischen Alltag ohnehin von geringem Nutzen waren. Friedell fand sie »sehr geeignet für faszinierende Prunkreden«, jedoch »für die Praxis so gut wie wertlos«. Nein, die Menschen, die Kinder tatsächlich zu erziehen hatten, haben sich an all das gehalten, was ansonsten so konsequent verschwiegen wurde, denn während der nächsten einhundertfünfzig Jahre wurde kaum etwas von dem praktiziert, was man über *Émile* in vielen klugen Büchern und Kommentaren nachlesen kann. Es wurde lange Zeit nichts aus dem »behutsamen Wachsenlassen«, aus dem »Genuß der Freiheit« und erst recht nichts aus dem von Rousseau proklamierten Ungehorsam und der Pädagogik vom Kind aus. Vielmehr bekamen die Kinder von ihren Eltern und Lehrern das zu spüren, was Rousseau deutlich und unmißverständlich formuliert hatte: seine auf Unterdrückung, Demütigung und totale Abhängigkeit angelegte Pädagogik. Und die Kinder erhielten genau den Platz in Familie und Gesellschaft, den Rousseau ihnen zugewiesen hatte. Derart gezähmte Kinder sind nun einmal sehr bequeme Kinder.

Die Hauptperson des Buches ist der fiktive Knabe Émile, Rousseaus Wunschkind sowie Beispiel und Vorbild von Rousseaus Erziehung. Diese Rolle, so meint Rousseau, setze ein »wohlgebildetes, starkes und gesundes Kind« voraus. »Wer sich mit einem kränklichen und schwächlichen Zögling belastet, macht sich zum Krankenpfleger statt

Erzieher«, bemerkt er. Er hätte nichts dagegen, wenn Émile adlig wäre; wohlhabend ist er sowieso. Was die Art der Beziehung zwischen ihm und seinem Zögling betrifft, so stellt er dafür »eine erste und einzige Bedingung«: »Er muß seine Eltern ehren, aber nur mir gehorchen.« Man glaubt, sich verlesen zu haben, aber so steht es da. Gehorsam, den Rousseau aus dem Erziehungsprozeß auszutilgen wünscht, ist also die Grundlage für seine Beziehung zu Émile. Dessen Eltern spielen ohnehin keine Rolle, denn sie sind tot; Émile ist Waise. Dadurch sorgt Rousseau dafür, daß ihm kein Vater und keine Mutter in sein Erziehungsgeschäft hineinreden kann, wie dies etwa Madame Dupin getan hatte. Er schafft sich optimale Voraussetzungen, und zwar solche, die seine Position absichern und ihm alle Macht über seinen Zögling geben. Émiles Gehorsamspflicht ist nicht die einzige Bedingung. Rousseau knüpft daran eine weitere: »Man darf uns, außer mit unserer Einwilligung, niemals trennen.« Er verlangt, und zwar als vorher abgeschlossenen Vertrag, »daß Zögling und Erzieher so unzertrennlich seien, daß sie ihr beiderseitiges Los als gemeinsames Schicksal empfänden.« Warum? Wenn eine Trennung voraussehbar ist, sieht der Zögling im Erzieher nur den Aufpasser und den Zuchtmeister seiner Kindheit. Weiß er aber, daß er mit ihm »fürs Leben verbunden« ist, so ist ihm an seiner Liebe gelegen, und er weigert sich nicht, ihm zu folgen. Mit diesem Vertrag will Rousseau eine Garantie für die absolute Abhängigkeit seines Zöglings von ihm. Unter diesen ganz und gar unnatürlichen Voraussetzungen, die im Alltag so gut wie niemals vorkommen, darf sein Erziehungsexperiment beginnen.

Er zieht mit Émile aufs Land, »fern vom Bedienungsgesindel, den schlechtesten Menschen nach ihren Herren; fern von der Sittenlosigkeit der Städte«. Rousseau schirmt seinen Zögling von anderen Einflüssen ab, wozu sonst kaum jemand in der Lage ist, um ihn ganz seinem Einfluß unterwerfen zu können, denn »auf dem Dorf ist der Erzieher viel mehr Herr der Dinge [...] Sein Aussehen, seine Reden, sein Vorbild hätten einen Einfluß wie niemals in der Stadt.« Schon diese Bedingungen und die äußeren

Umstände lassen die von Rousseau so viel beschworene Freiheit weitgehend auf der Strecke bleiben. Hinzu kommt, daß er ausschließlich sich und generell den Erwachsenen zubilligt, kraft ihrer Vernunft zu entscheiden, was die tatsächlichen Bedürfnisse des – unvernünftigen – Kindes sind, und nur die zu erfüllen. Rousseau spricht von einer »wohlgeordneten Freiheit«, und darunter versteht er des weiteren, Kinder »dorthin zu leiten, wo man sie haben möchte«. Er verkündet zwar: »Zweifellos darf es [das Kind] tun, was es will«, aber das meint er nicht so. Tatsächlich meint er das genaue Gegenteil davon, denn er fährt fort: »Aber es darf nur das wollen, was ihr wünscht, daß es tue. Es darf keinen Schritt tun, den ihr nicht vorausbedacht hättet; es darf nicht den Mund öffnen, ohne daß ihr wüßtet, was es sagen wird.« Rousseau sagt Freiheit, und er meint Unterwerfung. Wie vor ihm all die anderen neuzeitlichen Pädagogen, die er so heftig angreift, will auch er Kindern den eigenen Willen nehmen, allerdings nicht mit körperlicher Gewalt, sondern mit psychischer. Das drückt er so aus: »Es gibt keine vollkommenere Unterwerfung als die, die den Schein der Freiheit wahrt: so nimmt man den Willen selbst gefangen.« Genau das praktiziert er mit Émile.

In einem Fall plädiert Rousseau auch für Prügel, nämlich dann, wenn ein Kind es wagen sollte, gegen einen Erwachsenen die Hand zu erheben. Rousseau stellt fest, daß »jeder Schlag dieser kleinen Wildlinge seiner Absicht nach ein Totschlag« sei, und daraus folgert er bedenkenlos, »daß derjenige, der als Kind schlagen will, als Erwachsener morden wird«. Er empfiehlt: »Sorgt dafür, daß es die Schläge mit Zinsen und derart wiederbekommt, daß ihm die Lust vergeht, es jemals wieder zu versuchen.« Als Vorbeugung gegen solches Fehlverhalten fordert er: »Man darf nie zulassen, daß ein Kind Erwachsene wie Untergebene, ja nicht einmal wie seinesgleichen behandelt.« Wir kennen das schon: Die Hierarchie muß gewahrt, das Kind auf seinen Platz verwiesen werden, notfalls eben auch mit körperlicher Gewalt.

Einen großen Raum nimmt Émiles Unterricht ein, der,

so verlangt Rousseau, ein natürlicher Unterricht sein soll. Daß heißt, er darf sich nie auf Zwang stützen, sondern stets nur auf Lust und Liebe des Zöglings, und der Erzieher darf diesen nicht gegen dessen Willen unterrichten. Das ist ein hehres Ziel. Aber selbst unter den optimalen Bedingungen, die Rousseau sich für seinen fiktiven Erziehungsversuch geschaffen hat, kann er dieses Ziel nicht erreichen. Dazu ein Beispiel: Geographieunterricht. Rousseau erklärt Émile die geographische Lage eines Waldes und stellt fest, daß er nördlich des Ortes Montmorency liegt. Émile ist nicht interessiert. Er unterbricht die Belehrung, so, wie er dies häufig tat, »mit seiner lästigen Frage«: »Wozu nützt das?« Äußerlich ganz einig mit seinem Schüler, gibt Rousseau sofort nach und meint: »Wenn wir finden, daß diese Arbeit zu nichts nütze ist, werden wir sie nicht mehr fortsetzen, [...] und von Geographie ist an diesem Tag keine Rede mehr.«

Am nächsten Morgen folgt nun eines von Rousseaus ebenso aufwendigen wie künstlichen Arrangements, durch die der Erzieher seinen Zögling bei scheinbarer Freiheit dennoch dazu bringt, zu tun, was er will. Wieder einmal verstellt Rousseau sich. Er tut, als wolle er mit Émile lediglich einen Spaziergang machen; tatsächlich aber führt er ihn im Wald von Montmorency absichtlich in die Irre, und zwar bewußt kurz vor dem Mittagessen. Sie finden nicht den Weg zurück, laufen in die verschiedensten Richtungen, entdecken aber keine Zeichen, um sich zurechtzufinden. Dabei vergeht die Zeit; es wird heiß, sie haben Hunger. Schließlich setzen sie sich erhitzt, ermattet und ausgehungert hin, um auszuruhen. Rousseau spricht im Wir-Ton, und er tut auch, als leide er so sehr wie sein kleiner Zögling. Dem kommen vor Erschöpfung die Tränen. Das ist der Augenblick, in dem Rousseau seinen Geographieunterricht fortsetzt: »Gestern haben wir die Lage des Waldes von Montmorency untersucht [...]« Als Émile merkt, daß ihn die Schlußfolgerung daraus von Hunger und Durst erlösen kann, ist er interessiert. Jetzt folgert er, daß Montmorency südlich vom Wald liegen muß. Die Sonne steht im Süden. Er wendet sich dorthin. Rousseau hat es so eingerichtet, daß nur ein Gebüsch die Sicht auf den Ort verbarg. Émile entdeckt ihn, jubelt – und zieht prompt die von Rousseau gewünschte Schlußfolgerung: »Die Astronomie ist doch zu etwas gut.« Ein voller Erfolg des vielgerühmten natürlichen Lernens, des Lernens durch Anschauung!

Ob dieser Lernprozeß freiwillig erfolgt ist, darüber kann man sich streiten. Sicher aber ist, daß nicht Lust und Liebe Émile motiviert haben, sondern Hunger, Durst und Erschöpfung, ein Zustand, den sein Erzieher ebenso absichtsvoll wie künstlich herbeigeführt hat. Rousseaus These zu diesem Vorgehen ist: »Die Natur hat die Kinder gemacht, daß wir sie lieben und ihnen helfen.« So also sieht seine Hilfe aus. Er liebt Émile sowenig, wie er den kleinen Dupin geliebt hat. Er sieht ihn keineswegs als »eigenständiges Wesen« an, nimmt ihn weder ernst noch für voll. Es gibt zwischen den beiden kein Vertrauen und keine Kameradschaft. Kaum jemals ist Rousseau offen und ehrlich zu seinem Zögling; vielmehr verstellt er sich immer wieder, tut, als ob, und hintergeht Émile mit List und durch Täuschung. Der Junge ist nichts weiter als sein pädagogisches Demonstrationsobjekt, das er nach Belieben manipuliert. Armer Émile! Aber er ist ja glücklicherweise nur eine Romanfigur.

Émile kommt in die Pubertät, und dieser Übergang vom Kind zum Erwachsenen ist für Rousseau »die zweite Geburt, der wahre Augenblick der Natur«, der nun endlich herankomme. Diese Aussage ist verwunderlich, denn alle folgenden Ausführungen besagen das genaue Gegenteil. Rousseau kann diesen »wahren Augenblick der Natur« wirklich nicht herbeigesehnt haben, denn die »Geburt der Leidenschaften«, die sich durch eine »dumpfe Gärung« ankündige, erscheint ihm als höchste Gefahr für seinen Zögling. Besorgt und beunruhigt stellt Rousseau fest, daß in Émile bisher unbekannte Begierden erwachen und unheilvolle Bedürfnisse bei ihm auslösen. Mit diesem Instinkt, so behauptet Rousseau, entwickle sich »der Begriff des Bösen«, und er befürchtet, der »blinde Trieb seiner Sinne«

werde Émile bislang fremden und gefährlichen Versuchungen aussetzen, werde die »Unbekümmertheit der Unschuld« für immer zerstören.

Äußere Gefahren konnte Rousseau bisher erfolgreich von seinem Zögling abwenden, so daß dessen »Herz ebenso rein wie sein Körper« geblieben ist. Diese Reinheit wird nun aber bedroht, und zwar von innen. »Ein neuer Feind erhebt sich«, konstatiert Rousseau, und dieser Feind ist Émile sich selbst. Rousseau steht damit vor der ungemein schwierigen Aufgabe, zu verhindern, daß sein Zögling von diesem Feind überrumpelt wird. Die einzige Möglichkeit, ein solches zu bewirken, sieht er darin, dafür zu sorgen, daß Émile diesen seinen Feind kennenlernt. Das bedeutet nichts anderes, als daß er tun muß, was damals ganz und gar unüblich war: Er muß seinen Zögling aufklären. Diesem Thema widmet Rousseau mehr Seiten als allen sonstigen Erziehungsproblemen. Es ist ihm ein zentrales Anliegen, und dazu eines, das er, wie er meint, allein zu vertreten wagt. Er schreibt: »In den Abhandlungen über die Erziehung bietet man uns ein unnützes und pedantisches Geschwätz über die angeblichen Pflichten der Kinder. Aber über den wichtigsten und schwierigsten Teil der ganzen Erziehung, über den kritischen Übergang von der Kindheit zur Mannheit, steht kein Wort.« Und er glaubt, daß er sich mit seinen diesbezüglichen Auslassungen darum so nutzbringend mache, weil dieser wesentliche Teil »sonst überall fehlt«. Von seinem Unterfangen, über dieses Thema offen zu reden, habe er sich weder durch falsche Zimperlichkeit abstoßen noch durch Sprachschwierigkeiten abschrecken lassen. Damit wäre er in der Tat der erste, der dieses heiße Eisen angepackt hätte. Doch er hat es nicht angepackt. Er dachte nicht daran.

Wie so oft bei Rousseau folgen den fortschrittlich anmutenden Ankündigungen keineswegs entsprechende Taten. Seine modern klingenden Absichtserklärungen sind ohne jede tatsächliche Absicht. Er will alles andere als Kinder wirklich aufklären. Wenn es sich irgend vermeiden läßt, will er nicht reden, nicht informieren, nicht mit der

Wahrheit herausrücken. Und er möchte durchaus nicht, daß Émile oder überhaupt ein Kind den Feind in seinem Inneren tatsächlich kennenlernt. Rousseau scheut Wahrheit und Offenheit bereits bei den einfachsten Fragen. So will er Kindern vor dem sechzehnten Lebensjahr nicht einmal die Frage nach dem Unterschied der Geschlechter beantworten. Irreführende Antworten möchte er allerdings auch nicht geben. Als Ausweg aus diesem Dilemma empfiehlt er: »Es ist besser, dem Kinde Schweigen zu gebieten, als ihm etwas vorzulügen«, und das, so meint er, gelinge um so eher, wenn ein Kind rechtzeitig »auch in gleichgültigen Dingen Unterwerfung gelernt hat«.

Für geradezu gefährlich hält er eine andere Frage, »die die Kinder immer wieder stellen«, nämlich die, woher die Kinder kommen. Von der Art der Antwort auf diese »schwierige Frage«, so befindet er, könnten Sitten und Gesundheit des Kindes abhängen. Sein Rat auch hier: »Die kürzeste Antwort, die eine Mutter erfinden kann, um den Sohn, ohne ihn zu täuschen, loszuwerden, ist, ihm Schweigen zu gebieten.« Wenn das Kind jedoch von klein auf weder daran gewöhnt ist, sich zu unterwerfen, noch daran, nicht neugierig zu sein, so wird sie antworten: »Das ist das Geheimnis verheirateter Leute.« Fügt sie indes hinzu: »Kleine Jungen dürfen nicht so neugierig sein«, dann muß sie wissen, daß der Junge »keinen Augenblick mehr ruht, bis er hinter das Geheimnis der verheirateten Leute kommt.« Dazu bemerkt Rousseau: »Vollkommene Unwissenheit in gewissen Dingen wäre vielleicht das beste für die Kinder.« Ganz in diesem Sinne wünscht er sich für seinen Zögling, daß dieser »im Schlaf der Unwissenheit den Gefahren« entgehen möge. »Wecke ich ihn plötzlich auf, so ist er verloren«, befürchtet Rousseau. Also will er ihn »vom Abgrund« fernhalten und ihm erst später die Gefahr zeigen, aber auch dann nur »von weitem«.

Sein Ziel ist klar: So lange wie irgend möglich möchte er Émile Reinheit, Keuschheit und Unschuld erhalten. Rein sollen seine Gedanken und seine Phantasie von allem Unzüchtigen bleiben, keusch soll er alle Versuchungen seines »inneren Feindes« überstehen, und unschuldig soll er schließlich die Ehe schließen, das heißt, ohne jemals vorher eine Frau berührt zu haben. Dieses zu bewirken, darin sieht Rousseau die erzieherische Kunst, die Kunst, die Kinder »vor den Fallstricken der Sinne«, vor »der Herrschaft der Leidenschaft« zu bewahren. Unter einer »wirklich guten Bildung« versteht er, »alles so lange wie möglich hinauszuzögern«. Er sagt auch, wie lange, nämlich bis zum zwanzigsten Lebensjahr. So lange könne man mit den von ihm vorgeschlagenen Mitteln »die Unkenntnis der Begierden und die Reinheit der Sinne« ausdehnen. An Émiles Erziehung zeigt er, wie es gemacht wird, und er erreicht, daß sein Zögling mit vierundzwanzig ebenso keusch wie unschuldig die Ehe eingeht. Bei einem Romanhelden sind des Autors erzieherischen Erfolgen nun einmal keine Grenzen gesetzt.

Rousseau tritt nicht wirklich für Aufklärung und Offenheit ein, sondern vielmehr für Moral und Sittsamkeit. In aller Regel gefällt das dem Publikum, was Rousseau zweifellos gewußt hat. Dabei stört ihn überhaupt nicht, daß er selbst keineswegs nach den Grundsätzen gelebt hat, für die er sich so emphatisch einsetzt. Und er bewirkt noch ein weiteres für seinen persönlichen Erfolg, und das ist vielleicht entscheidend: Er verlangt von seinen Lesern nichts Unbilliges, nichts, was ihnen schwerfiele oder ihnen zuwider wäre. Er fordert zwar die Aufklärung der Kinder, womit er Aufsehen erregt und wodurch er als fortschrittlich und revolutionär galt und noch gilt; er mutet jedoch niemandem zu, peinliche Kinderfragen tatsächlich zu beantworten, geschweige denn, Gespräche über Dinge zu führen, über die man gemeinhin nicht spricht. So zu verfahren ist für Eltern und für Lehrer äußerst praktisch und bequem; der Erfolg ist gewährleistet. Allgemeine Zustimmung war Rousseau mithin sicher. Wieder einmal kam er auf seine unvergleichliche Weise den Bedürfnissen der Leute entgegen und förderte gleichzeitig seinen Ruhm.

Mit den Sprachschwierigkeiten ist er dabei trefflich fertig geworden. Er hat alles fein umschrieben, und dennoch kommt er deutlich genug zur Sache; jeder weiß, was gemeint ist. So befriedigte er die Neugier der Leser, und gleichzeitig gewann er diese für seine Methoden, mit den Problemen der Heranwachsenden umzugehen. Die Konsequenz daraus läßt sich aus der Geschichte der Pädagogik ablesen: So, wie Rousseau es empfiehlt, wurde die nächsten zweihundert Jahre weitgehend verfahren. Aufklärung fand nicht statt, und den Kindern wurde Schweigen geboten.

Rousseaus »Erfolge« gehen jedoch noch weiter: Auch für die Abschreckungspädagogik hat er die entscheidenden Anstöße gegeben, nämlich für die Schilderung der schlimmen Folgen allen unkeuschen Tuns. Er führt dazu aus: In der Reifezeit »entwickeln sich die Lebensgeister, die dazu bestimmt sind, dem Blut Balsam und den Muskeln Kraft zu geben«. Wehe aber, so droht er, wenn diese Lebensgeister mißbraucht werden! Dann fehlt dem Blut die Substanz; es verarmt, erschöpft sich. Körper und Seele ermatten, und die geistigen Funktionen werden ebenfalls gestört. Außerdem wird das Temperament zugrunde gerichtet, und die Menschen degenerieren. Rousseau meint hier nichts anderes als die Selbstbefriedigung; er scheut jedoch davor zurück, sie auch nur ein einziges Mal beim Namen zu nennen. »Die jungen Leute erschöpfen sich zu früh, bleiben klein, schwach und schlecht gebaut, altern, statt zu wachsen, so wie der Weinstock, den man im Frühjahr Trauben treiben läßt: er welkt und stirbt im Herbst.«

Mit solchen Thesen ist Rousseau der Wegbereiter jener Abschreckungspädagogik geworden, die mit völlig unsinnigen Behauptungen, mit Drohungen und mit Schreckensvisionen die »Unschuld« der Kinder zu bewahren suchte. Sie hat sich zäh gehalten; noch im 20. Jahrhundert ist in Aufklärungsbüchern, von Pädagogen und nicht zuletzt von Ärzten ähnliches wiederholt worden bis hin zu der Drohung, daß jene »Gewohnheit« Rückenmarksschwindsucht verursache. Schon Rousseau selbst hätte es besser wissen müssen. Er hat mitnichten an den von ihm behaupteten Folgen leiden müssen, obwohl er nach eigenem Geständnis *(Bekenntnisse)* diese »heimliche Praktik« sein ganzes Leben lang nicht losgeworden ist.

Das hat ihn allerdings nicht daran gehindert – wenn es ihn nicht gar dazu angeregt hat –, verbissen dagegen zu kämpfen. Dieser Kampf ist ein wesentliches Anliegen seiner Erziehung in der Reifezeit. Mit allen Mitteln, so fordert er, müsse man Kinder »vor einer vorzeitigen Verderbnis« bewahren. Mit einigem Erfolg lasse sich das jedoch nur in einer häuslichen Erziehung verwirklichen, denn die Jungen in den Internaten wie die Mädchen in den Klöstern seien »den Lehren des Lasters« ausgesetzt, und Rousseau meint, dies seien die einzigen Lehren, die dort Früchte trügen. Er sieht diese Kinder verloren, ja er gibt jedes Kind verloren, das diesem »Laster« verfällt. Das gilt auch für Émile. »Kennt er einmal diese Abhilfe«, schreibt Rousseau über seinen Musterzögling, »ist er verloren. Von da an ist sein Leib und seine Seele entnervt. Er trägt bis zum Grab die traurigen Wirkungen dieser Gewohnheit, der schlimmsten, die ein junger Mann haben kann [...] Wird die Erregung eines heißen Temperaments unbesiegbar, so bedaure ich dich, mein lieber Émile, ich werde es, ohne einen Augenblick zu schwanken, nicht dulden, daß der Zweck der Natur umgangen wird.«

Rousseau resümiert: »Die Natur fordert Enthaltsamkeit, und man sündigt gegen sie nur auf Kosten der Gesundheit.« Er nimmt die Natur sichtlich für so manches in Anspruch, das ganz und gar nicht natürlich ist. So behauptet er auch, die Lust selbst sei naturwidrig, nichts als ein »verächtlicher Wahn« und »Teil der Selbstverachtung«. Damit ist Rousseau ein prominenter Begründer offenkundiger Vorurteile und Unrichtigkeiten auf diesem Gebiet. Sie haben Schule gemacht. Wir werden darauf zurückkommen.

In erster Linie gilt Rousseaus Kampf »der Gewohnheit«. Doch Rousseau kennt einen weiteren »Abgrund der Laster«, in den die Sinne den Jüngling hinunterzuziehen trachten: Frauen, vor allem verheiratete Frauen und, selbstredend, die Dirnen. Er vergleicht sie mit den Sirenen, die nichts als das sichere Verderben der Männer bedeuten. Wer zu früh an sie gerate, wen kein Erzieher vor Ausschweifung, Ehebruch und Dirnen bewahre, der, so will

Rousseau beobachtet haben, werde dadurch »unmenschlich und grausam«. Ferner mache ihn sein ungezügeltes Temperament »ungeduldig, rachsüchtig und jähzornig«, und er kenne »weder Mitleid noch Erbarmen«. Rousseau stellt fest: »Durch die Zuchtlosigkeit im frühen Alter entartet der Mensch, und er wird zu dem, was wir heute sehen. Niederträchtig und feige, selbst in ihren Lastern, sind sie außerdem noch Memmen, weil ihr unverbrauchter Körper früh schon verdorben worden ist; kaum bleibt ihnen genügend Leben, um sich zu bewegen. Ihre Spitzfindigkeiten verraten den leeren Geist. Sie kennen keine großen und edlen Gefühle und sind weder einfach noch stark. In allem gemein und von niedriger Bosheit, sind sie weiter nichts als Gecken, Betrüger und falsche Menschen.« Er nennt sie »Lumpenvolk« und wünscht, daß sich einer fände, der »dies ganze Gewürm zertreten« würde.

Mit dieser Verdammung hat Rousseau sich allerdings auch selbst das Urteil gesprochen, denn er war alles andere als keusch. Ausführlich und detailliert berichtet er über diverse einschlägige Schwächen in seinen autobiographischen *Bekenntnissen*. Schon mit elf Jahren trieb er masochistische Spiele, als Jüngling betätigte er sich als Exhibitionist. Er verfiel der Anziehung junger Männer und hatte etliche Affären mit verheirateten Frauen, unter ihnen Madame Dupin. Doch das hielt ihn nicht davon ab, sich für die Moral stark zu machen und eine Pädagogik zu entwickeln, die all das verhindern und unterdrücken sollte, was er selbst getrieben hatte. Mit allen Mitteln gedenkt er Unschuld, Keuschheit und Reinheit der Kinder zu bewahren und zu verhindern, daß »die lodernden Sinne den Verstand verwirren und den Willen lähmen«.

Zunächst soll dies, wie wir schon wissen, durch Schweigen über die entsprechenden Sachverhalte geschehen. Rousseau will den Leu nicht wecken und die Phantasie nicht anregen, sondern sie so leiten, daß »sie keine Ungeheuer erzeugt«. Außerdem sieht er den Sinn der Aufklärung darin, die heranwachsenden Kinder zu isolieren – am besten »in ländlicher Einfachheit« – und so abzulenken. Nach seiner

Ansicht müssen sie von allem abgehalten werden, was sie verführen, was irgend ihre Reinheit und ihre Unschuld gefährden könnte. Sorgfältig müsse man außerdem ihre Lektüre auswählen und ihnen bescheidene Bilder zeigen, die sie rühren und bewegen, die ihr Gemüt pflegen, nicht aber ihre Sinne erregen. Die Unterhaltungen mit ihnen haben dem gleichen Ziel zu dienen, das heißt, sie müssen die erwachende Phantasie und »die Tätigkeit der Sinne eindämmen, statt sie zu entflammen«.

Rousseau schreibt: »Umgang mit Frauen und mit jungen Leuten, das sind die gefährlichen Pfade für sein [Émiles] Alter, die ihn ständig neben dem Abgrund halten.« Diesen Abgrund will er durch Abschreckung deutlich machen. Die jungen Menschen sollen das Laster und jegliche Ausschweifungen hassen und verachten lernen. Abscheu und Ekel sollen sie vor Ehebruch und vor Dirnen empfinden. Schon beim bloßen Wort Dirne soll in ihren Augen »die Entrüstung der Unschuld« zu sehen sein. Furcht und Scham müssen zu ihren ständigen Begleitern werden, damit sie Versuchungen nicht erliegen.

Rousseau billigt notfalls auch drastische Mittel. So lobt er die Gewaltkur eines in seinen Augen sehr klugen und frommen Mannes. Dessen Sohn drohte ihm zu entgleiten, weil »ihn sein erwachendes Temperament den Frauen in die Arme trieb«. Ohne ihm vorher ein Wort zu sagen, führte er ihn in ein Hospital für Geschlechtskranke, »wo eine Menge dieser Unglücklichen unter einer schrecklichen Behandlung für ihre Ausschweifungen büßten«. Der junge Mann war »bei diesem widerlichen Anblick« zutiefst erschüttert und einer Ohnmacht nahe. Da sprach sein Vater zu ihm: »Geh nur, Wüstling, folg dem schändlichen Trieb. Du wirst froh sein, wenn man dich in diesem Saal aufnimmt, wo du ein Opfer der schimpflichsten Leiden bist und deinen Vater zwingst, Gott für deinen Tod zu danken.« Nach diesem Erlebnis, so behauptet Rousseau, trotzte der junge Mann mutig allen Versuchungen und Verführungen, und es wurde aus ihm ein sittenstrenger Offizier. Rousseaus Fazit: »Also wenig reden, ihr Lehrer [...] Gebt euren Unterricht in Beispielen, und ihr könnt des Erfolges sicher sein.«

Rousseaus Methode erwies sich insofern als erfolgreich, als sie dankbar übernommen wurde. Allerdings wendete man später Bilder zur Abschreckung an. Sie zeigten unübersehbar die verschiedenen Stadien der einzelnen Geschlechtskrankheiten, und sie boten einen ähnlich widerlichen Anblick, wie ihn der junge Mann in Rousseaus Beispiel im Hospital erlebt hatte. Ich selbst erinnere mich noch lebhaft solcher Darstellungen aus schulischen »Aufklärungs«-Stunden.

Der Abschreckung stellt Rousseau die gezielte Beeinflussung an die Seite. Den Kindern soll immer wieder klargemacht werden, »wie von der keuschen Gesinnung Gesundheit, Kraft, Mut, Tugend, die Liebe selbst und alle wahren Güter der Menschen abhängen«. Auf diese Weise, so meint er, mache man ihnen die »Keuschheit wünschenswert und teuer«. Die Ehe soll man ihnen nicht nur als »süßeste der Gemeinschaften« darstellen, sondern in erster Linie als ein »heiliges Band« und den »unverletzlichsten und heiligsten aller Verträge«. Früh müssen sie die Pflicht zur Treue lernen, und es muß ihnen vor Augen geführt werden, daß jeder, der die Reinheit der Ehe zu beflecken wagt, ein Verdammter ist, der mit »Haß und Fluch beladen« schließlich ins Verderben stürzt.

Wieder einmal erweist sich Rousseau als großer Heuchler. Im übrigen hat er mit der Tellerwäscherin Thérèse Levasseur, von der seine fünf Kinder stammten, dreiundzwanzig Jahre in wilder Ehe gelebt. Da er sein persönliches Leben in seiner Autobiographie schonungslos offengelegt hat, sind seine Scheinheiligkeit und seine doppelte Moral allgemein bekannt geworden. Sie haben in der folgenden Zeit nicht wenige Nachahmer gefunden.

Für das Kernstück seiner »Aufklärung« wählte Rousseau Mittel, die von späteren Apologeten begeistert aufgenommen, praktiziert und wärmstens empfohlen wurden. Es sind dies: strikte Verhinderung von Nichtstun und Müßiggang sowie Vermeidung jeglicher Verweichlichung und sitzender Lebensweise, statt dessen aber Abhärtung und schwere körperliche Arbeit. Die Begründungen Rousseaus für diese Maßnahmen dürften vielen noch heute vertraut sein: »Wenn die Hände hart schaffen, ruht die Phantasie; wenn der Körper müde ist, bleibt das Herz kalt.« Der Körper muß so müde sein, daß der Zögling sofort »vom Schlaf überwältigt« wird, wenn er sich zu Bett legt. Und er muß »im Augenblick aufstehen, wo er erwacht«.

Damals waren solche Maximen neu. Rousseaus weitere Forderung freilich war nicht neu; wir kennen sie schon: die Forderung nach totaler Kontrolle. »Keinen Schritt« soll man den Zögling ohne Aufsicht tun lassen. »Laßt ihn weder Tag noch Nacht allein, schlaft wenigstens [!] in seinem Zimmer.« Der Kreis zu Francke und den Jesuiten schließt sich.

Am Schluß von *Émile* beschreibt Rousseau, was er für die »letzte Vollendung« des Erziehungswerkes hält. Diese besteht für ihn darin, »die Wirkungen einer glücklichen Erziehung auf das ganze Leben« auszudehnen. »Wenn euer Schüler das ist, was er sein soll, dann sorgt dafür, daß er es immer bleibt.« Es sei nötig, »daß die jungen Leute ihren Erzieher behalten«. So geschieht es mit Émile: Fünfzehn Jahre, teilt Rousseau mit, hat er dafür gearbeitet, daß Émile ihm dankbar ist, ihn liebt und sich nach wie vor ihm unterwirft – freiwillig unterwirft. Sowohl für den Jungen wie für den jungen Mann bleibt Rousseau die oberste Autorität. Er ist weiterhin »Herr seines Willens und Herr seiner Person«, er behält die »Macht über sein Herz«. Stolz über seinen Erziehungserfolg verkündet Rousseau, Émile sei mit zwanzig Jahren so folgsam wie je und tue selbst als Ehemann nichts »ohne Wissen und Willen« seines Erziehers. Der totale Zugriff der Erziehung wird hier zum erstenmal propagiert.

Brachte Rousseau nun die Wende in der Kindererziehung? Zu Lebzeiten und noch viel mehr danach wurde Rousseau von vielen gepriesen und verehrt. Doch die Kinder wurden wie zuvor geprügelt und unterdrückt. Erst im späten 20. Jahrhundert besann man sich auf Rousseaus positive Forderungen und setzte sie teilweise in die Praxis um. Ein sehr verspäteter Erfolg.

Als entschieden wirksamer erwiesen sich Rousseaus subtile Unterdrückungspraktiken. Rousseau darf als Erfinder der Manipulation in der Erziehung gelten. Sie machte weit eher und weit erfolgreicher Schule als alle seine fortschrittlichen und freiheitlichen Thesen zusammen. Ferner verdanken wir ihm ein neues Bild vom Kind als schwachem, hilfsbedürftigem Wesen und damit eine Stärkung der Position der Erwachsenen, machte er sie doch zu unangefochtenen Autoritäten, zu nahezu absoluten Herren über die Kinder. Außerdem war er ein maßgeblicher Wegbereiter einer Pädagogik der Verdrängung und der Abschreckung.

Rousseau – Wende in der Erziehung? Nein, gewiß nicht. Aber Wirkungen hatte sein *Émile* in der Tat. Rousseau hat mit diesem Buch sehr nachhaltig die Pädagogik in den folgenden Jahrhunderten beeinflußt. Die Erwachsenen mögen Grund gehabt haben, ihm für seine praktischen Tips und Beispiele dankbar zu sein. Aber die Kinder?

Johann Heinrich Pestalozzi: Lasset die armen Kindlein zu mir kommen

Lohnarbeit, Unterricht, Zuchtrute und Küsse in den Waisenhäusern Neuhof und Stans / Der erfolgreiche Autor / Knabeninternat Yverdon: Pestalozzi als Modepädagoge

Einer der ersten Bewunderer Rousseaus war Johann Heinrich Pestalozzi. Er beließ es jedoch nicht dabei, für Rousseau lediglich zu schwärmen. Vielmehr wendete er dessen pädagogische Thesen an – jedenfalls einige von ihnen –, schrieb darüber und trug so wesentlich zu ihrer Verbreitung bei.

Der junge Pestalozzi trennte sich nicht einmal während des Kirchgangs von Rousseaus *Émile*. Er klemmte das Buch unter sein Gesangbuch, und nachts verwahrte er es unter dem Kopfkissen. Sich für *Émile* zu begeistern war mutig damals, denn Pestalozzis Schweizer Landsleute hatten dieses Buch gerade öffentlich vom Henker verbrennen lassen. Für Pestalozzi war es »ein beglückender Band«. Außerdem begeisterte er sich in einem Kreis Gleichgesinnter für Freiheit und Gerechtigkeit, eine menschenwürdige Gesellschaftsordnung und die Hebung der Moral. Die Aufklärung ging bei ihren schweizerischen Vertretern, wie auch bei so manchen deutschen, mit einem nicht selten »penetranten Moralismus« (Liedtke) einher.

Pestalozzi indessen übertraf seine Mitstreiter bei weitem an Rigidität, wenn er über den angeblichen Sittenverfall herzog. Von seiner Mutter streng kalvinistisch-pietistisch erzogen, pflegte er äußerst radikale moralische Ansichten. Als junger Mann war er ein puritanischer Schwärmer, lebte vegetarisch, geißelte sich heimlich und erregte sich über jegliche Unmoral. Schon gegen Tanz und Kartenspiel sowie gegen jede männlich-weibliche Tändelei wetterte er, erst recht aber gegen leichtfertige Bilder und anstößige Romane. Sogar den Dichter Christoph Martin Wieland wollte er verboten wissen, und dem spendeten die meisten seiner freiheitlichen Freunde in der Helvetischen Gesellschaft Beifall.

Das müßte hier nicht weiter interessieren, gäbe es da

nicht einen Punkt, der für die Pädagogik wichtig ist und in dem sich Pestalozzi mit Rousseau trifft: Er plädiert für die totale sexuelle Enthaltsamkeit. Bereits als Schüler trat er dafür ein, und in seinem moralischen Engagement ging er so weit, daß er laut seinem Biographen Hans Ganz Klassenkameraden mit »gutgemeintem Polizeiinstinkt« nachspürte; beobachtete er sie dann dabei, wie sie Opfer ihrer Geschlechtsnot geworden waren, zeigte er sie beim Schuldirektor an. Das mag man als Jugendverirrung ansehen; Pestalozzi blieb jedoch bei diesem Standpunkt und hat über das Thema auch entsprechend geschrieben. In seiner ersten Veröffentlichung, *Agis,* preist er die enthaltsame spartanische Lebensart und behauptet, unsere Seele sei schon erstarrt durch »das Gift einer wollüstigen Erziehung«. Zu der Zeit war er neunzehn. Als Siebenundzwanzigjähriger stellte er mit seiner Verdammung der »Unkeuschheit« Rousseaus einschlägiges Verdikt weit in den Schatten. In seiner 1783 erschienenen Schrift *Über Gesetzgebung und Kindermord* nennt er den Jüngling, der seinen Naturtrieb befriedigt und nicht Vater wird, ebenso einen Kindesmörder wie das Mädchen, das in seiner Verzweiflung Hand an sein Neugeborenes legt (Ganz). In Pestalozzi wuchs ein weiterer Moralist protestantischer Prägung als Leitfigur der Kindererziehung heran.

Zunächst aber dachte Pestalozzi nicht daran, sich mit Pädagogik zu befassen. Das tat er erst, als er auf anderen Gebieten gescheitert war. Nach abgebrochenem Theologie- und Jurastudium entschloß er sich zur Landwirtschaft und durchlief zu diesem Zweck eine neunmonatige Lehre. Dann machte er sich voll großer Ideen selbständig. Er kaufte Land bei Birr im Aargau und baute ein Haus, den berühmten Neuhof. Das Ganze war geplant als beispielgebendes Mustergut für die elende, unwissende Landbevölkerung. »Armes Volk, ich will dir aufhelfen«, schrieb Pestalozzi. Aber er konnte nicht einmal sich selbst helfen. Der Hof war bald bis unter das Dach verschuldet. »Weltfremd, lebensuntüchtig, vertrauensselig« und einem »ökonomischen Traumsinn« verhaftet, war er als Gutsherr gescheitert, und die Bauern, denen er Vorbild hatte sein wollen, verspotteten ihn. Die endgültige Pleite verhinderte seine Frau, Anna, die ihn gegen den Willen ihrer wohlhabenden Familie geheiratet hatte.

Die beiden hatten einen Sohn, den der Vater nach seinem Vorbild Rousseau Hans Jakob nannte und den sie Jakobli riefen. Nach seinem Mißerfolg als Landwirt widmete sich Pestalozzi intensiv der Erziehung des kleinen Jungen. An ihm setzte er nun Rousseaus Erziehungsthesen in die Tat um. Das wäre vielleicht gar nicht so schlecht gewesen und hätte sogar ein gutes Beispiel geben können, wenn Pestalozzi sich an die fortschrittlichen und freiheitlichen Rousseauschen Erziehungsideen gehalten hätte. Doch genau die ignorierte er. Er ließ sein Kind nicht behutsam, ohne Zwang und ohne Strafe und mit einem Minimum an Druck und Drohungen aufwachsen. Vielmehr tat er, was so viele andere ebenfalls mit dem pädagogischen Gedankengut Rousseaus getan hatten: Er praktizierte fast ausschließlich Rousseaus Unterdrückungspädagogik. Er beschönigte sie nicht einmal, wie dies Rousseau so elegant getan hatte. Völlig ungeniert und ganz im Stil Luthers und Franckes verlangte er von seinem Sohn unbedingten Gehorsam und methodisches Lernen – ohne Rücksicht darauf, ob der dazu Lust hatte oder nicht. Auch »wider Willen« mußte Jakobli sich mit Dingen beschäftigen, die ihm langweilig und zuwider waren, zum Beispiel mit der Rechtschreibung und mit Latein. Gleich beim erstenmal ließ Pestalozzi ihn diese Notwendigkeit »am strengsten fühlen«, und das sah so aus: »Ich ließ ihm keine Wahl außer dieser Arbeit und der Strafe des Einsperrens. Erst nach dem dritten [!] Arrest war er geduldig, hernach lernte er mit Scherz und Munterkeit.« Tatsächlich ließ Pestalozzi das Kind buchstabieren und trichterte ihm mechanisch lateinische Vokabeln ein, unter denen sich der Kleine nicht das geringste vorstellen konnte.

Es war gewiß zur damaligen Zeit nicht üblich, daß sich Angestellte in die Geschäfte ihrer Herrschaft einmischten. Pestalozzis Gärtner tat es dennoch. Ihm ging es einfach zu weit, was er da mit ansehen mußte. Er kam herzu und brummte: »Ihr übertreibt das Kind.« Doch Pestalozzi entgegnete, solange ein Kind mit Munterkeit und Freude lerne, könne es ihm nicht schaden. Er sagte dem guten Mann selbstverständlich nicht, daß sich diese »Munterkeit« erst nach einem dreimaligen Arrest eingestellt hatte.

Was viele nicht wissen, ist: Der kleine Pestalozzi war bei den väterlichen Erziehungsexperimenten dreieinhalb Jahre alt. Diese Angabe muß man nämlich oft erst in den Anmerkungen suchen, beispielsweise bei Wilhelm Flitner, oder aus den bekannten Daten errechnen.

Nicht nur der Gärtner mißbilligte Pestalozzis pädagogisches Tun, sondern auch die Mutter des Kindes. »Immer vorwurfsvoller blickten ihn [Pestalozzi] die Augen seines Weibes an«, schreibt Hans Ganz. Doch Pestalozzi kümmerte das nicht. Unbeirrt experimentierte er weiter.

Wie es Rousseau empfiehlt, bekämpft auch er den Eigensinn, und zwar auf folgende Weise: Er nimmt von seines Sohnes Nüssen eine, um sie ihm zu öffnen. Das Kind denkt – und das soll es auch denken –, er wolle sie essen. Es schreit, weint und stampft mit den Füßen. »Ich sah ihn unbewegt an«, berichtet Pestalozzi, »ohne Worte nahm ich noch eine und aß mit Kaltsinn [!] beide vor seinen Augen. Er weinte fort, ich nahm den Spiegel, er floh wie gewohnt, sich zu verbergen.« Er »floh wie gewohnt« – das heißt, daß Jakobli diese väterliche Erziehungsmethode häufiger erlebte. Pestalozzi schildert in der Tat weitere Beispiele und folgert aus einer derartigen Behandlung des kindlichen Eigensinns: »Aus Gehorsam und Ordnung Ruhe und Glück entspringen zu sehen, das ist Erziehung zum gesellschaftlichen Leben.« Wie glücklich war wohl Jakobli, wenn er in den Spiegel sehen mußte, weil er weinte oder wütend war? Vermutlich ähnlich glücklich und ruhig wie der kleine Dupin nach der entsprechenden Behandlung durch Rousseau. Unerbittlich führt Pestalozzi dessen Art und Methode, Kinder zu disziplinieren, fort – zum Schaden seines eigenen Sohnes.

Er praktiziert auch das, was Rousseau Erziehung durch die Macht der Dinge genannt hat, und das sieht bei ihm so aus: »Wenn ich zum Beispiel das unangenehme Anrühren aller Sachen verbieten will, so gehe ich diesen Weg: Ich stelle zwei Schüsseln, eine kalt, eine mit siedend heißem Wasser, auf den Tisch. Ich wasche in der kalten die Hand und stelle die siedende so, daß der Kleine gewiß probieren und seine Hände brennen wird.« Genau das geschieht, und man kann sich vorstellen, wie der kleine Kerl schreit. Alles, was Pestalozzi dazu bemerkt, ist: »Man sollte nicht alles anrühren, was man nicht kennt«, und währenddessen stillt er mit Öl die Verbrennung seines Sohnes. Ein paar Tage später wiederholt er den Versuch mit heißen Eiern. Das Kind verbrennt sich abermals. Pestalozzi: »Dann sage ich: ›Ich mag nicht, daß du alle Zeit dich brennst.‹« Auf diese Weise, meint er, verliere er nicht das Zutrauen des Kindes; vielmehr werde es so ohne ausdrückliche Belehrung mit »Sorgfalt und Weisheit« zum Gehorchen gebracht, ja Pflicht und Gehorsam würden ihm zur Freude.

Anna Pestalozzi war schier entsetzt über das, was ihr Mann mit dem schwächlichen und kränklichen Knaben anstellte, und verwahrte sich dagegen. Vergeblich. Pestalozzi war zutiefst von der Richtigkeit seiner Erziehungsgrundsätze überzeugt, und außerdem war er Kritik kaum zugänglich.

Er gibt weitere Beispiele dafür, wie er bei der Erziehung seines Sohnes Rousseaus Ideen in die pädagogische Praxis umsetzt. Sie und die vorigen Beispiele sind uns bekannt geworden durch sein Tagebuch, das er über Jakoblis Erziehung führte. Dieses Tagebuch wurde immer wieder aufgelegt und ist noch heute zusammen mit etlichen seiner ausgewählten Schriften, etwa in der 1983 von Flitner veranstalteten Ausgabe, zu Nutz und Frommen auch der heutigen Pädagogen, Erzieher und Eltern nachzulesen. Flitner zählt es zu Pestalozzis bedeutenden Originalschriften. Da Pestalozzi im übrigen einen kaum angefochtenen Ruf als hervorragender Pädagoge hat, darf man wohl mit Fug und Recht annehmen, daß seine Beispiele wirksam waren, ja möglicherweise noch sind und folglich nachgeahmt wurden. Immerhin entdeckte ich zwei Belege dafür, daß Pestalozzis Trotzbrechen mit Hilfe eines Spiegels Schule gemacht hat. Der eine findet sich bei Christoph von Schmid (1768-1854), katholischer Geistlicher und Verfasser vielgelesener erbaulicher Schriften für die Jugend. Mathilde ist jähzornig. Die Mutter hält ihr einen Spiegel vors Gesicht. Das Kind weint beschämt. Herrn von Schmids Moral: »Das Antlitz ist der Seele Bild;/ Das Laster macht es roh und wild,/ Die Tugend lieblich, hold und mild.« Der andere Beleg stammt aus der Zeit um die Jahrhundertwende. In ihrem kurz vor 1900 erschienenen Buch *Paradies der Kindheit* erzählt die Schriftstellerin Lina Morgenstern folgendes Beispiel: Heinrich, sonst hübsch und gut, ist ein Trotzköpfchen. Wenn er aber trotzt, entstellt »sich sein liebliches Gesicht bis zur Fratze, und die Mutter sagte oft: ›Heinrich, blicke in den Spiegel, wie häßlich du bist!‹«

Doch noch einmal zurück zu Jakobli. Darüber, wie erstaunlich die Erziehung Pestalozzis auf den Jungen gewirkt hat, gibt es ein Dokument. Es handelt sich um einen Brief des viereinhalbjährigen Knaben an seinen Vater zu dessen Namenstag, den Jakobli »halb singend, halb murmelnd« der Mutter diktierte. Dieser Brief scheint Pestalozzis Erziehungsmaßnahmen nachgerade zu bestätigen. Es heißt darin: »[. . .] ich danke dir hundert tausendmal für deine Guttaten, die du mir getan. Ich danke dir, daß du mich so lieb und lustig aufgezogen hast, ich danke dir noch tausendmal für diese Guttaten, die du mir all die Zeit meines Lebens getan hast.«

Diesen emphatischen Dankbarkeitsbeweis hält Pestalozzi für ein »unverwirrtes Naturgefühl« seines Sohnes; er fühlt sich durch den Brief in seiner Erzieherhaltung bestärkt, folgert er doch daraus, »daß Kinder unter ihren Vater gehören, und daß dieser in tausend Fällen weit am vorzüglichsten dasjenige wisse und könne, was seine Kinder am notwendigsten wissen und können müssen«.

Es liegt auf der Hand, daß Pestalozzi sich gewaltig irrte. Das Kind war ihm nicht wirklich dankbar. Wie sollte es auch bei dieser Behandlung! Seine überschwenglichen Dankesbezeugungen waren nichts als ein Hilfeschrei. Ein Kind in diesem Alter kann sich nicht anders helfen. Es kann sich nicht wehren gegen den weit überlegenen Vater, hat ihm gegenüber keine Chance. Also tut es, was ihm vielleicht nutzt und hilft: Es unterwirft sich, ist dem Vater ganz und gar zu Willen, und es versichert ihm, was er nur zu gern von ihm hört. Das Kind tut dies allein deshalb, weil es hofft, sich so dem Vater angenehm zu machen und daraufhin weniger von ihm getadelt, gequält und gestraft zu werden. Viele Kinder in solcher Situation reagieren ähnlich. Es heißt häufig, sie küßten auch noch die Hand dessen, der sie züchtigt. Aber warum tun sie das? Doch nicht deshalb, weil sie Züchtigungen lieben. Vielmehr möchten sie erreichen, daß sie weniger gezüchtigt und mehr geliebt werden.

Seit dem Ende des Mittelalters hat ein Kind, das von Vater und Mutter schlecht behandelt wird, nicht mehr die Möglichkeit, seine Eltern zu verlassen. Kleine Kinder können sich auch nicht mehr wie einst in der großen, offenen Gruppe der mittelalterlichen Gesellschaft einen Ersatzvater oder eine Ersatzmutter suchen. Seit rund fünfhundert Jahren bestimmt die Kleinfamilie das Leben der Kinder, und die neuzeitliche Erziehung hat dafür gesorgt, daß sie aus diesem Hort nicht auszubrechen vermögen. Sie sind vital auf die Bindung an ihre Eltern angewiesen. Nicht von ungefähr pries Rousseau diese Entwicklung, denn sie gab den Eltern ihre Machtposition. Voll und ganz sind die Kinder nun von ihnen abhängig. Widerstand ist nicht möglich; sie würden sonst den Ast absägen, auf dem sie sitzen. Der kleine Hans Jakob konnte sich nicht gegen Vater Pestalozzi wehren.

Das konnte auch ein anderer Sohn nicht, obwohl er bereits sechzehn Jahre alt war. Er hatte dennoch keine Chance gegen seinen Vater: der preußische Prinz Friedrich. Von ihm gibt es einen sehr ähnlichen Brief. Er schrieb ihn nach Demütigungen, Erniedrigungen und entehrenden Prügeln, die er von seinem Despoten von Vater hatte hinnehmen müssen. Dennoch blieb Friedrich Wilhelm des Sohnes »lieber Papa«. Mit dieser Anrede beginnt der Brief, in dem Friedrich seinen Vater bittet, ihm gnädig zu sein, und ihn »unterthänigst um Vergebung« angeht für alles, wodurch er ihn verdrossen haben könnte. Der Brief schließt: »[...] indessen versichere ich Ihm [dem Vater], daß ich doch mein Tage nicht mit Willen fehlen werde und, ungeachtet Seiner Ungnade, mit unterthänigstem und kindlichstem Respekt bin.« Die Antwort des königlichen Vaters ist unfreundlich, ruppig, ohne Anrede. Sie enthält nur Kritik an seinem Sohn und schließt lapidar: »Dieses ist die Antwort. Friedrich Wilhelm.«

Wir wissen, daß Friedrich trotz allem, was ihm von seinem Vater angetan worden ist, nichts auf ihn hat kommen lassen. Vielmehr hat er dessen Erziehungsmethoden später gelobt und gepriesen. Aber das ist es eben: Erziehung wirkt so – in der Regel jedenfalls und nicht etwa nur in Königshäusern. Hier liegt der Grund dafür, daß so viele Kinder, die ähnlich unterdrückt und mißhandelt worden sind, als Erwachsene diese Erziehung loben, behaupten, ihnen habe sie keinesfalls geschadet, und sie dann an ihre eigenen Kinder weitergeben – bis heute. Der wohl älteste Beleg für diesen Mechanismus stammt von Martin Luther; er berichtet von seiner Kindheit: »Die Eltern haben mich gar hart gehalten, daß ich darüber gar schüchtern wurde. Die Mutter schlägt mich einmal um einer Nuß willen, daß das Blut herausfloß. Aber sie meinten's herzlich.« Gewiß hat auch Luther seine harten Erziehungsthesen herzlich gemeint – allen Ernstes.

Kinder identifizieren sich sogar mit harten elterlichen Despoten, und nur zu oft übernehmen sie deren Normen, wie dies Luther und Friedrich der Große getan haben. Erst recht verinnerlichen Kinder weniger brutale Erziehungsmethoden, und so blieb es bei der ungebrochenen Tradition von Gehorsam, Unfreiheit und Unterwerfung: Von Generation zu Generation wurde sie weitergegeben.

Pestalozzis Sohn war weniger robust als Friedrich, außerdem kränklich; er litt an Anfällen und starb bereits mit einunddreißig. Viele, welche die Verhältnisse im Hause Pestalozzi kannten, behaupteten, die Krankheiten und der frühe Tod Hans Jakobs seien Folgen der unverantwortlichen Erziehungsexperimente des Vaters gewesen. Allerdings hat es außer der Ehefrau und dem Gärtner kaum jemand gewagt, dies dem großen Erzieher ins Gesicht zu sagen. Mutter Pestalozzis Versuche, den Gatten von seiner Erziehungshaltung abzubringen, scheiterten genauso wie ähnliche Absichten von Prinz Friedrichs Mutter. Anna Pestalozzi jedoch zog Konsequenzen. Sie distanzierte sich unmißverständlich von ihrem Mann, nachdem er auf ihre Einwendungen gegen seine Erziehungsmethoden mit einer jedes Maß übersteigenden Raserei reagiert hatte. Die Ehegatten entfremdeten sich einander; Anna begegnete Johann Heinrich fortan mit Kälte, hielt jedoch weiter zu ihm.

Ihn focht das alles nicht an. Er war erfüllt »mit stillem Vaterstolz«, glaubte »des Knaben ganzes Herz« zu besitzen und ihm ein »gemütvoll-harmonisches« Geborgensein (Ganz) zu geben – auch allen Ernstes. Die Erziehung seines Sohnes erfüllte ihn weiterhin mit Freude und Genugtuung und tröstete ihn über seine Mißerfolge als Landwirt hinweg (Josef Rattner). Am Ende war er derart von seiner Pädagogik überzeugt, daß er sich vornahm, den Segen einer solchen Erziehung nicht allein seinem Sohn zuteil werden zu lassen.

So entdeckt Pestalozzi als weitere Erziehungsbedürftige die von allen vernachlässigten und verachteten Kinder der Armen, die unter der »erdrückenden Härte des Eigennutzes« der Gemeinden und der Bauern an Leib und Seele Schaden nehmen. Ihnen will er »Auferziehung und Arbeit« geben. Wie Hans Ganz schreibt, sieht Pestalozzi »scharfblickend über sein Söhnlein hinaus in die Dörfer der weiteren Umgebung. Er weiß um das Elend der Kinder, welche, um kleines Entgelt den Bauern verdingt, hungern und über ihre Kräfte ausgenutzt werden.« Pestalozzi hat seine Lebensaufgabe entdeckt: Den Ärmsten der Armen, den Ausgebeuteten, den Verwahrlosten und den Bettelkindern will er sich mit aller seiner »Liebeskraft zur Jugend« widmen. In »befreiender Tatfreude« beschließt er, aus dem schuldenbeladenen Neuhof eine Erziehungsanstalt zu machen. Mit »Vaterliebe« will er diese Kinder aufnehmen, »um sie ihrem erniedrigten Zustand zu entreißen, sie der Menschheit und ihrer höheren Bestimmung wiederzugeben«. Sein pädagogischer Enthusiasmus war erwacht; er sollte sein ganzes Leben lang anhalten.

Im Verwandtenkreis, besonders bei der Familie Anna Pestalozzis, ist man über den Plan zutiefst erschreckt. Den Angehörigen steckt noch der Schock von Pestalozzis erster Pleite, die sie schon genug Geld gekostet hat, in den Gliedern. Man beschwört Pestalozzi, »von seinem unverdauten Entwurf« abzusehen, und empfiehlt ihm, erst einmal »sich selbst und die Seinigen zu erziehen« (Ganz). Außerdem rechnet man ihm vor, daß er mit seinem Vorhaben dem nächsten Bankrott zusteuere. »Doch Pestalozzis hitziger Tatendrang«, so Hans Ganz, »rechnete nur flüchtig mit Zahlen, aber um so entschiedener mit der Not der lebendigen Kinder, die nicht warten konnten.« Er träumt davon, »im elenden, verlassenen Sohne des ärmsten Tagelöhners Größe und Genie zu finden und zu retten«. Finanzielle Probleme sieht er nicht. Die Kinder sollen durch Land- und Industriearbeit selbst ihren Unterhalt verdienen. Er verschuldet sich weiter, baut ein »Fabrikli« an, kauft Webstühle. Die ersten Kinder kommen, und Pestalozzi ist glücklich. Nach seinen eigenen Worten erlebt er die »unbeschreibliche Wonne, Jünglinge und Mädchen, die elend waren, wachsen und blühen, Ruhe, Zufriedenheit auf ihrem Antlitz zu sehen, ihre Hände zum Fleiß zu bilden und ihr Herz zu ihrem Schöpfer zu erheben«. Er sieht sich als Werkzeug Gottes mit dem Auftrag, »die Masse des Elends auf diesem Erdkreis zu vermindern [...], wärmende Strahlen von Freude und Licht in Seelen zu senken, die ewig finster und kalt geblieben sein würden«. Nichts ist ihm »größer und edler, als die Güte, die man gegen Menschen ausübt, welche durch ihre Fehler verwirrt, durch ihre Schande erniedrigt, durch ihre Strafe verwildert sind, die ob ihrer gewaltsam zerstörten Natur und ihres verheerten Daseins mehr als andere Menschen Schonung, Menschlichkeit und Liebe nötig haben«.

Das waren gänzlich neue Ansätze und Ideen. Mehr noch: Was Pestalozzi hier in Angriff nahm, stellte eine Revolutionierung der Pädagogik dar. Und wie er sein derart menschenfreundliches Tun begründete, das klang so gut und so edel, daß es die Menschen rührte, sie heute noch rührt, sie zumindest immer noch anspricht. Sein sozialer Ethos, sein »leidenschaftlicher Ton des Helfens« und seine von diesem Engagement geprägten Schriften, Reden und Briefe waren der Beginn seines Ruhms als Vater der Waisen und der Armen, der sich bis in die Gegenwart unvermindert gehalten hat.

Die Neuhofer Wirklichkeit sah allerdings völlig anders aus. Sie hatte kaum etwas gemein mit dem überschwenglichen sozialpädagogischen Ethos des Gründers. Wie es in Pestalozzis erster Erziehungsanstalt zuging, ist durchaus kein Geheimnis. Vieles davon findet sich in Pestalozzis eigenen Schriften, und gewissenhafte Biographen haben die wahren Zustände auf dem Neuhof nicht verschwiegen. Hans Ganz zum Beispiel, sein Landsmann und einer, der ihm wahrhaftig wohlgesinnt gewesen ist, nennt ihn den Unermüdlichen, preist seine »zeitlos große Gesinnung«, findet seinen Kampf für »die Würde des Menschen und seine Veredelung« wegweisend und hält ihn als sozialpädagogischen Kulturphilosophen für bedeutender als Rousseau, Kant und Fichte. Aber Ganz unterschlägt eben auch kaum Tatsachen.

Pestalozzis Idee, daß die Kinder sich selbst ihren Unterhalt verdienen sollten, führte zwangsläufig dazu, daß sie »taglöhnen«, das heißt, den ganzen Tag auf den Feldern oder in der Fabrik arbeiten mußten. Einen Lohn dafür bekamen sie nicht, nicht einmal ein kleines Entgelt. Die Kost war unzureichend; sie bestand vornehmlich aus Kartoffeln und Rüben. Um die Kleidung war es nicht besser bestellt; die Kinder liefen ohne Schuhe und ohne Kopfbedeckung herum. Das Geld war schließlich mehr als knapp. Aber Pestalozzi führt als Gründe für diese Kärglichkeit pädagogische Argumente ins Feld. Erstens, so gibt er an, handle er nach den Prinzipien abhärtender spartanischer Erziehung, die er nach wie vor für vorbildlich hält. Zweitens will er jede Überheblichkeit seiner Zöglinge vermeiden. Er versteigt sich zu der These: »Der Arme muß zur Armut erzogen werden« und folgert daraus, der Leiter einer solchen Anstalt dürfe »sich nicht scheuen, den Zögling schon früh an die Kellerfeuchte und das Einatmen des Baumwollstaubes zu gewöhnen«, an den »eklen Geruch der Dunglache«, den Durchzug der Luft, und der Zögling müsse die »geschlossene Dampfwärme« ertragen lernen. Dennoch hofft Pestalozzi, ist er gar davon überzeugt, daß die derart behandelten Kinder »sehr bald zu einer frohen Heiterkeit ihres Gemütes und zu einem einmalig frappierenden gesunden Wuchs« gelangen.

Der weltfremde Optimismus und die schönen, zu Herzen gehenden Worte Pestalozzis ändern nichts an der einigermaßen verblüffenden Feststellung, daß der Erzieher auf Gut Neuhof nichts anderes tat als die von ihm angeprangerten Bauern, ja noch schlimmer mit den Kindern verfuhr. Allerdings bot er ihnen etwas, was die ausbeuterischen Schweizer Landwirte ihnen nicht boten: Erziehung und Unterricht. Doch entgegen allem, was damals und bis heute über Pestalozzi gesagt und geschrieben wurde, bleibt festzuhalten, daß er, außer große und zweifelsohne beeindruckende Worte darüber zu sagen und zu schreiben, weder von dem einen noch von dem anderen viel verstand. Das wird sich im folgenden noch zeigen. Was seine erzieherischen Qualitäten betraf, so haben wir sie bereits in seinem Verhalten gegenüber dem eigenen Sohn gesehen. Seine Pädagogik auf dem Neuhof war kaum besser.

Die Praxis dort sah so aus, daß Pestalozzi die Kinder nach der Arbeit und sogar während der Arbeit unterrichtete. Freie Zeit ließ er ihnen so gut wie gar nicht, denn er war ein strikter Gegner jeden Müßiggangs der Zöglinge. So bestimmten Arbeit, Buchstabieren und moralische Belehrungen den Tagesablauf. Bei den zugelaufenen Bettelkindern, Tagedieben und Vagabunden, die Pestalozzi so enthusiastisch um sich versammelt hatte, lösten die Lebensbedingungen auf dem Neuhof kaum irgendwelche Begeisterung, geschweige denn beständige Heiterkeit des Gemüts aus. Sie erhoben auch nicht das Herz zu ihrem Schöpfer, waren alles andere als zufrieden, und kaum einer von ihnen wollte seine Seele vom Herrn des Hauses retten lassen. Pestalozzi war auch nicht, was er so gern gewesen wäre, der von ihnen geliebte Vater. Die meisten seiner Zöglinge sahen kaum mehr in ihm als eine komische Figur. Genauso sah er auch aus. Die vielen Bilder, die es von Pestalozzi gibt, täuschen; sie zeigen ihn immer nur so, wie er allenfalls an hohen Festtagen oder bei Staatsbesuchen ausgesehen hat. Tatsächlich lief er sein Leben lang herum wie eine Vogelscheuche. Einer seiner Yverdoner Schüler, ein gewisser Vulliémin, beschreibt ihn laut Flitner als »häßlichen Mann mit gesträubtem Haar, das Gesicht stark blatternarbig und rotgefleckt, den Bart stechig und wirr, ohne Halsbinde, die Hosen schlecht geknöpft und die Strümpfe herunterfallend, die ihrerseits in groben Schuhen verschwinden; mit abgehackt schlürfendem Gang [...]; mit einer Sprache, die bald zögert, bald sich überstürzt«. Von vielen verlacht als Narr, wurde Pestalozzi auch von zahlreichen seiner Zöglinge verspottet, wenngleich meistens nur hinter seinem Rücken. Ganz offen aber verhöhnten ihn die Dorfkinder. »Die schwarze Pestilenz!« schrien sie hinter ihm her.

Die Neuhofer Zöglinge waren keine braven Bürgerkinder. Sie waren genau das, was Pestalozzi hatte haben wollen: elende, verlassene Söhne und Töchter ärmster Tagelöhner, Kinder und Jugendliche mit verheertem Dasein, verwirrt durch ihre Fehler und verwildert durch ihr Leben. Und so verhielten sie sich nun auch. Zunächst waren sie ganz einfach nicht in der Lage, den von Pestalozzi geforderten Fleiß aufzubringen. Wenn sie überhaupt arbeiteten, arbeiteten sie schlecht, und immer waren sie unruhig und lärmten. An den Webstühlen produzierten sie nichts als Ausschuß. Es war nicht daran zu denken, daß die Anstalt sich durch die Kinderarbeit selbst tragen konnte. Die Verwandten hatten recht gehabt: In finanzieller Hinsicht war das Projekt ein Reinfall.

Und in pädagogischer? Pestalozzi schreibt, daß er ständig gegen der Zöglinge »Leichtsinn, Liederlichkeit, Ungenügsamkeit und Hochmut« ankämpfen mußte. Die Kinder fluchten, stahlen, trotzten, verprügelten gar den Werkmeister. Aber was hatte Pestalozzi erwartet? Engel?

Seine »Vaterliebe« wurde auf eine harte Probe gestellt. Er bestand sie nicht. Güte, Liebe, Menschlichkeit und Verständnis, von ihm stets so warm als A und O der Erziehung gepriesen, blieben auf der Strecke. Es gelang ihm nicht, »ein immerfort liebender Freund« dieser Kinder zu bleiben. Er schrie sie an, und das sehr oft in unbeherrschtem Jähzorn, zu dem er neigte. Und statt »wärmende Strahlen von Freude und Licht« in ihre Seelen zu senken, griff er immer wieder zur Zuchtrute; ungern, gewiß, und hinterher tat es ihm leid. Er härmte sich, »ungeduldig in der Liebe versagt zu haben«, und versuchte dies auszugleichen, indem er die Kinder stets aufs neue seiner Liebe versicherte, sie liebkoste und abküßte.

Sie dankten ihm weder das eine noch das andere. Es kam nicht zu dem »innigen Vertrauensverhältnis zwischen Lehrer und Schüler«, das für Pestalozzi so wichtig war. Vielmehr liefen ihm mehr und mehr Kinder davon. Pestalozzi, der sie auch gegen ihren Willen zu dem zwingen wollte, was er für ihr Glück hielt, schickte die Berner Schergen hinter ihnen her, damit diese sie einfingen; er hatte jedoch zunehmend Mühe, die Kinder zur Rückkehr zu bewegen. Er beklagte, daß es keine gesetzliche Möglichkeit gab, die Entlaufenen »ohne Umschweife und Weitläufigkeiten wieder in die Anstalt einweisen zu können«, und forderte obrigkeitlichen Schutz für seine Institution. Pestalozzi war mit seiner Pädagogik gescheitert; darum rief er nach dem Staat.

Nicht nur die Zöglinge waren aufsässig und unzufrieden. Die Eltern waren es auch. Sie beschwerten sich über die viele Arbeit, die Pestalozzi von ihren Kindern verlangte, über die unzureichende Kleidung und die schlechte Kost. Viele nahmen bei den Sonntagsbesuchen ihre Töchter oder Söhne wieder mit. Pestalozzi bedauerte, daß sich bindende Verträge über den Verbleib der Kinder in seiner Anstalt mit Eltern oder mit Vögten nur selten abschließen ließen. Und was die Beschwerden der Eltern betrifft, so fand Pestalozzi es unglaublich, wie »Undankbarkeit und Bosheit« seine segensreiche Arbeit derart beeinträchtigten. Die Realität ignorierte er schlichtweg.

Mit seiner Frau kam es zu erneuten Kontroversen über Jakoblis Erziehung. Der Knabe lerne von den Zöglingen »manch schlimmes Wort, lernte Laster und Frechsinn kennen«, warf sie ihm vor. Pestalozzi schrie auch seine Frau an. Dennoch hielt Anna Pestalozzi wahrhaft opferbereit zu ihrem Mann. Sie verzichtete auf ihr Erbteil und deckte dadurch einen Großteil der Schulden des Neuhofs ab. Aber das Unternehmen war auch wirtschaftlich nicht mehr zu retten. Gönner und Freunde wandten sich von Pestalozzi ab. Lehrer Huber, der den Neuhof aus eigener Anschauung kannte, berichtet: »Pestalozzi war der Mann nicht, eine solche Anstalt zu leiten. Er schien immer ganz wirr und außer sich zu sein, rannte von einem Ende zum anderen, von Zimmer zu Zimmer, in Scheune und Garten und auf dem Gute herum.« Obervogt Nikolaus Emanuel Tscharner schimpfte über den Unsinn, Kinder an Webstühle zu setzen; er befand über die Zustände in der Anstalt: »Alles auf Sand gebaut« und verweigerte jede weiteren Mittel. Der Schriftsteller Johann Heinrich Schinz beklagte den Zustand der Felder, der Theologe und Philosoph Johann Kaspar Lavater, bekannt durch seine *Physiognomischen Fragmente,* das Verhalten der Zöglinge und Pestalozzis Mißwirtschaft; er stellte lapidar fest, er würde seinem Freund Pestalutz »nicht einmal seinen Hühnerhof zur Besorgung anvertrauen«. Seine Gegner hielten Pestalozzi für völlig unbrauchbar und gänzlich unfähig; doch selbst seine Freunde schalten ihn »einen unverantwortlichen Narren, einen Träumer«. Die Leute im Dorf dachten nicht besser von ihm. Pestalozzi selbst bekundet, was er »auf allen Lippen las«, nämlich ihren »hohnlachenden Zuruf«: »Du Armseliger! Du bist weniger als der schlechteste Tagelöhner imstande, dir selber zu helfen, und bildest dir ein, daß du dem Volke helfen könntest?« (*Wie Gertrud ihre Kinder lehrt,* 1801) Auch seine Frau hatte den Glauben an ihn verloren. Sie hielt es nicht mehr bei ihm aus. Er konnte in ihren Augen »nicht als nachzueiferndes Beispiel gelten« (Ganz), und sie war bekümmert um ihren Sohn. Mit ihm fuhr sie zu einer Freundin nach Hallwil.

Pestalozzi harrt allein aus. Seine Gegner bedenken ihn mit Spott. Aber auch die Freunde nehmen ihn nicht mehr ernst und ziehen sich zurück; sie seufzen, wenn sie seinen Namen hören, und weichen ihm aus, wenn sie ihn sehen. Doch all dies veranlaßt Pestalozzi nicht, seine Haltung zu überdenken; er sieht keinen Zusammenhang zwischen sich, seinem Tun und Lassen, und dem Zusammenbruch der Neuhofer Anstalt. Die Kritik ist für ihn »Gewäsch« *(Wie Gertrud ihre Kinder lehrt)*. Er fühlt sich zutiefst verkannt und jammert über das Unrecht, das er leiden muß. Die unvermeidliche Wirklichkeit, den Auszug der Kinder, nimmt er voll Entsetzen zur Kenntnis. Mit unbewegter Miene, kaum eines Wortes mächtig, sieht er sie fortgehen. Es trifft seinen Lebensnerv.

Hans Ganz schildert das Ende des Neuhofs als Erziehungsanstalt so: »Es dunkelt. Einsam sitzt er [Pestalozzi] zwischen den stillen Webstühlen. Die frohen Kinderstimmen sind wohl für immer verklungen. Die nackten Füße klatschen nicht mehr im Eifer des Auftrages über die Steinböden.« Das ist idyllische Schönfärberei, die weit an der Wirklichkeit vorbeigeht. Dennoch ist diese zu Herzen gehende Schilderung auf einer anderen Ebene durchaus nicht unwahr. Sie ist so wirklich und so wahr, wie es Legenden sind. Beschreibungen wie diese begründeten die Legende Pestalozzi. Sie schufen das Bild vom liebenden Menschenfreund, vom gütigen Vater der Armen, vom sanftmütigen Erzieher und genialen Pädagogen, »der in der Liebe lebt und webt«. Dieses Bild von Pestalozzi ist ebenso richtig und ebenso falsch wie die vielen Gemälde, Stiche, Miniaturen und Lithographien von ihm.

Ausreichend belegte Tatsache aber ist: Das Unternehmen Neuhof war sowohl ein wirtschaftliches wie ein pädagogisches Fiasko – auch für die damaligen Verhältnisse und Auffassungen. Es läßt sich nicht verhehlen, daß Pestalozzi nicht der »Retter der Armen auf Neuhof« gewesen ist, wie es auf dem dortigen Gedenkstein zu lesen steht. Er hat sie nicht ihrem erniedrigenden Zustand entreißen und sie keiner höheren Bestimmung zuführen können.

Von allen verlassen, fast ohne Mittel, bleibt er einsam zurück. Kümmerlich lebt er dahin, »streift einsam durch die Felder, verwirft die Hände und redet laut vor sich hin« (Ganz). Er selbst und seine Haushaltung verwahrlosen mehr und mehr. Aus dieser Situation rettet ihn »ein frisches, achtzehnjähriges Mädchen«, Elisabeth Näf aus Kappel. Sie dürfte eine der ersten gewesen sein, die dem Mythos Pestalozzi verfielen. Ganz meint: »Die Legende des kämpfenden Propheten hatte sie erreicht.« Sie verschreibt sich ihm mit Haut und Haar, putzt, räumt auf und wird, wie Pestalozzi mitteilt, seine »zweite Braut«. Außerdem ist sie das Vorbild für Gertrud, die Hauptfigur in Pestalozzis volkstümlich gewordenem Roman *Lienhard und Gertrud.*

Unter dem Zwang, ohne Kinder, ohne eine Erziehungsaufgabe zu leben, hatte Pestalozzi angefangen zu schreiben. Und nun geschah, was kaum jemand diesem verträumten Sonderling zugetraut hätte: Er hatte Erfolg – zum erstenmal in seinem Leben. Und was für einen! Sein Buch *Lienhard und Gertrud* wurde, was man heute einen Bestseller nennen würde. Es bekam hervorragende Kritiken. Fichte urteilte: »Es war eine Feuersaat, sie zündete in tausend Gemüter«, und noch heute halten manche es für ein Meisterwerk des sozialen Realismus. Den eigentlichen Erfolg aber machte die Breitenwirkung des Romans aus. Und die beruhte darauf, daß Pestalozzi es wie kaum ein anderer zu dieser Zeit verstand, die Menschen zu rühren, und zwar in ganz Europa. Wahrhaftig, das konnte er, und dafür liebten und verehrten ihn die Leute. Königin Luise von Preußen wäre am liebsten sofort in die Schweiz gefahren, »um dem edlen Mann mit Tränen in den Augen [...] zu danken, [...] in der Menschheit Namen«. Selbst ein Fünfzehnjähriger war begeistert: Emanuel, Sohn des Landvogts von Wiedenstein; er »hieb wild auf die Dorfjugend ein, wenn diese Pestalozzi verspotten wollte« (Ganz). Man las das Buch an Fürstenhöfen, in Gelehrtenstuben, in bürgerlichen Salons und diskutierte darüber. Pestalozzi war als Autor berühmt geworden.

Die Freude seiner Familie und seiner Freunde darüber »war unaussprechlich groß«, und sie drängten ihn, weiter zu schreiben. Das wollte er auch zunächst, doch dann bekannte er: »Ich bin nicht zum Schriftsteller gebildet – mir ist wohl, wenn ich ein Kind auf den Armen habe.«

So kam es, daß er keinen neuen Roman schrieb, sondern darauf bestand, seinen Mißerfolg fortzusetzen: Er wollte nichts anderes als Schulmeister sein, wollte Kinder um sich haben und Kinder erziehen. In Erwartung einer solchen Aufgabe verfaßte er nun pädagogische Schriften. Sie erlangten in gewissen Kreisen einen guten Ruf, hatten jedoch im Vergleich zu seinem Roman wenig Erfolg. Egon Friedell urteilt: »Im einzelnen besaß Pestalozzi keine ganz klaren Anschauungen, sondern huldigte im Sinne des Zeitalters einigen abstrakten und nebulösen Ideen, vor allem der Theorie von der ›Naturgemäßheit‹ des Unterrichts, die so vieldeutig und weitmaschig ist, daß man mit ihr in der Praxis alles und nichts anfangen kann.« In der Tat: Die von Pestalozzi und von anderen so viel zitierte »Methode« hat Pestalozzi an keiner Stelle klar definiert. Was sie eigentlich ist oder sein soll, bleibt letztlich im dunkeln. Auch er selbst empfand sich mehr als Praktiker und war froh, als er in Stans endlich eine weitere Erziehungsanstalt gründen durfte. Die Voraussetzungen waren hier weit besser. Vom Direktorium des Armenkomitees wurde Pestalozzi offiziell als Leiter der Anstalt eingesetzt, so daß wirtschaftliche Schwierigkeiten nicht entstanden. Das Konzept war dennoch das gleiche wie auf dem Neuhof – nicht aus finanzieller Notwendigkeit, sondern aus pädagogischer Überzeugung: Unterricht, Erziehung und Lohnarbeit sollten das Leben in Stans bestimmen, was bedeutete, daß die Kinder neben der Schularbeit Baumwolle spinnen, Seide kämmen, Handwerks- und Dienstbotenarbeit verrichten mußten. Außer diesem Konzept besaß Pestalozzi keinen weiteren Plan für die neue Aufgabe, »weder auf dem Papier noch im Kopf«. Er machte sich darüber keine Gedanken. Die armen

Kinder wurden zu ihm gebracht, und er war glücklich. Endlich konnte er wieder Kinder in den Armen halten – darauf kam es ihm an. In welch schlimmem Zustand sie sich befanden, störte ihn nicht. Nach seiner eigenen Schilderung, in seinem berühmten *Brief über meinen Aufenthalt in Stans* von 1799, waren die meisten arg verwahrlost, »mit eingewurzelter Krätze [...] mit Ungeziefer beladen [...] wie ausgezehrte Gerippe, gelb grinsend, [...] voller Angst [...] von kühner Frechheit«. Andere, aus besserem Hause, stellten hohe Ansprüche und waren voll Verachtung für die »Bettel- und Hausarmenkinder«. »Allen aber war träge Untätigkeit, Mangel an Übung der Geistesanlagen und wesentlicher höherer Fertigkeiten gemein.« Schließlich waren es zweiundsechzig – später sogar achtzig – Kinder, und fünfzig von ihnen schliefen auch im Haus. Zweiundsechzig Kinder, und »Waisenvater Pestalozzi« allein mit ihnen! Lediglich eine Haushälterin gab es noch.

Wer ein bißchen von Kindern versteht, wer nur einmal in ein Heim für derartige Kinder hineingeschaut hat, der weiß: Hier war der Mißerfolg programmiert. Dabei hätte Pestalozzi Lehrer, Helfer oder wen auch immer einstellen können. Die Mittel waren vorhanden. Aber er wollte es nicht, ganz bewußt nicht. »Ich wollte allein mein Werk ausführen«, schreibt er. Er allein wollte seinen Zöglingen »alles in allem sein«; nur so, meinte er, könne sein »Zweck erreicht werden«. In einem Brief an Anna Pestalozzi äußerte er die Ansicht, »eine der größten Ideen der Zeit« zu verwirklichen, und dabei könne ihm »kein Mensch helfen«. Dafür brauchte er auch keinen Arbeitsplan, keine Methodik und keine Didaktik. Er war zutiefst davon überzeugt, daß sein pädagogischer Glaube und seine Liebe zu den Kindern alles andere ersetzten. Von dieser Überzeugung vermochte nichts ihn abzubringen, schon gar nicht anderslautende Erfahrungen. »Durch Liebe und Güte ist von meinen Zöglingen alles zu erhalten«, glaubte er, obwohl er täglich erlebte, daß dies nicht stimmte. Doch das machte ihn nicht unsicher, ließ ihn nicht zweifeln. Man kann dies einen unerschütterlichen Glauben nennen oder eine maßlose Selbstüberschätzung.

Auf jeden Fall war Pestalozzi glücklich und zufrieden in Stans. Er sah seine Wünsche erfüllt und schilderte begeistert, wie er dort mit seinen Zöglingen lebte: »Alles was ihnen an Leib und Seele Gutes geschah, ging aus meiner Hand. Jede Hilfe, jede Handbietung in der Not, jede Lehre, die sie erhielten, ging unmittelbar von mir aus. Meine Hand lag in ihrer Hand, mein Auge ruhte auf ihrem Auge. Meine Tränen flossen mit den ihren, und mein Lächeln begleitete das ihrige [...] Sie waren bei mir, und ich war bei ihnen.«

So hatte er es sich gewünscht und vorgestellt, und das genügte ihm. Probleme sah er nicht, und Ängste waren ihm fremd. Für ihn war die Situation in Stans ebenso schlicht und einfach wie ergreifend. Auf einen ebensolchen Nenner brachte er seine Pädagogik: »Hierauf baute ich: Daß mein Herz an meinen Kindern hange, daß ihr Glück mein Glück, ihre Freude meine Freude sei, das sollten meine Kinder vom frühen Morgen bis an den späten Abend in jedem Augenblick auf meiner Stirn sehen und auf meinen Lippen ahnen.« Für diese Einstellung und für solche Worte hat man ihn geliebt, verehrt und gelobt. Man tut dies noch heute. Pestalozzi hat nicht nur als Romanautor die Menschen zutiefst gerührt, sondern auch als Pädagoge, und zwar nicht zuletzt mit so pathetischen Sätzen wie diesen.

Tatsächlich war Stans ein totales Chaos. Was hätte es auch anders sein können! Schon die äußeren Umstände führten zwangsläufig dazu, nicht erst die personelle Situation. Die Anstalt war in einem Kloster untergebracht. In den Räumen herrschte feuchte Kälte, »der Dunstkreis war ungesund«, Mauerstaub füllte alle Gänge, äußert Pestalozzi. Die Kost war schlecht; vorwiegend gab es Hafergrütze. Möbel waren kaum vorhanden. Die Kinder starrten vor Schmutz; Pestalozzi stellte hier wahrlich keine großen Ansprüche, schreibt aber selbst von der »beinahe unbesiegbaren Unreinlichkeit ihrer Kleider und ihrer Personen«. Es herrschten Unordnung und Verwirrung. Viele Kinder wurden krank; Husten, Fieber, Erbrechen grassierten. Doch Pestalozzi konnte nichts entmutigen. Aufopfernd lebte er mit den Kindern und unter ihnen. Er stand ihnen uneingeschränkt zur Seite, kümmerte sich um alles und um jeden, soweit es die große Anzahl der Kinder zuließ. Er schreibt: »Ihre Suppe war die meinige, ihr Trank war der meinige. Ich hatte nichts, ich hatte keine Haushaltung, keine Freunde, keine Dienste um mich, ich hatte nur sie. Waren sie gesund, ich stand in ihrer Mitte, waren sie krank, ich war an ihrer Seite. Ich schlief in ihrer Mitte. Ich war am Abend der Letzte, der ins Bett ging, und am Morgen der Erste, der aufstand.«

Diese aufopfernde Liebe für die Kinder, die er nicht nur predigte, sondern auch lebte, rührte die Menschen noch mehr und schuf Pestalozzi weitere Bewunderer. Für nicht wenige wurde er schon zu Lebzeiten zur pädagogischen Kultfigur. »Sankt Pestalozzi« nennt ihn Bernfeld.

Pestalozzi genoß nun doppelten Ruhm: als Dichter wie als »Waisenvater«. Bei vielen vergoldete dieser Ruhm nahezu alles, was Pestalozzi tat. Wer konnte, wer wollte diesen Mann noch angreifen oder kritisieren, der so menschlich-ergreifend zu schreiben wußte, der für die hehrsten Ideale eintrat und obendrein danach handelte, indem er sich selbstlos in den Dienst der Menschheit stellte! Der dazu noch diesen Dienst den Ärmsten der Armen widmete, für die er buchstäblich Tag und Nacht lebte! Der weltweite Ruhm des »Dichterpädagogen« hatte Pestalozzi so gut wie unangreifbar gemacht.

Es geht nicht darum, diesen Ruhm zu bestreiten. Es geht um Pestalozzis pädagogisches Erbe, das inzwischen ähnlich unanfechtbar geworden ist wie Pestalozzi selbst. Genau hier liegt das Problem, denn dieses Erbe ist ein zweischneidiges Erbe. Letztendlich ist es eine Illusion – eine schöne Illusion, gewiß, aber auch eine gefährliche, denn sie überfordert uns, weil sie Ziele setzt, die nicht erreichbar sind. Das bringt uns in nicht geringe Schwierigkeiten, nämlich dann, wenn wir glauben, was Pestalozzi glaubte und lehrte, und wenn wir versuchen, dies im Erziehungsalltag umzusetzen. Es wird nicht funktionieren, weil es nicht funktionieren kann. Bei Pestalozzi hat es auch nicht funktioniert. Nicht einmal er selbst hat sich in seiner erzieherischen Praxis nach seinen hehren Maximen richten können, und von seinen pädagogischen Erfolgen hat außer ihm und seinen begeisterten Anhängern niemand geschwärmt. Kompetente Fachleute haben wenig von seinen diesbezüglichen Fähigkeiten gehalten. Auch die meisten Eltern hielten nicht viel davon, sowohl zu Zeiten des Neuhofs wie später in Stans.

Obwohl zwischen seiner Arbeit auf dem Neuhof und der in Stans fünfundzwanzig Jahre lagen, hatte Pestalozzi nichts aus seinen Fehlern gelernt und nichts hinzugelernt. Er machte faktisch die gleichen Fehler noch einmal und erlebte daher die gleichen negativen Folgen. Das begann schon mit dem Tagesplan. Es war der einzige Plan, den er überhaupt hatte; den aber verwirklichte er mit Perfektion. Genau wie zuvor überforderte, überlastete und überanstrengte er die Kinder damit. Seine tiefwurzelnde Abneigung gegen jeden Müßiggang der Zöglinge war stärker als jede vernünftige pädagogische Überlegung. Wir kennen die Quellen eines solchen Verhaltens. Aus sittlichen Gründen ließ Pestalozzi den Zöglingen so gut wie keine Freizeit: Von sechs bis acht Uhr waren Lernstunden; bis sechzehn Uhr wurde die Lohnarbeit geleistet und dann bis zwanzig Uhr wieder gelernt.

Auch dieses Lernen war so stupid und mechanisch wie eh und je. Pestalozzi, der für seinen Satz, daß Anschauung das Fundament aller Erkenntnis sei, zu Recht gepriesen wird, ließ seine Schüler im Chor sinnlose Silben und Wörter deklamieren wie einst seinen kleinen Sohn lateinische Vokabeln. Entsprechend geschönt schildert Ganz dies so: »Wenn die metallisch eintönigen Kinderstimmen im Chor ihre Lautreihen und Silben in den Morgen schmetterten, dann schüttelten die Stanser die Köpfe.« Man kann es ihnen wahrlich nicht verdenken.

Abgesehen von diesem »Abc-Krähen« – so seine eigenen Worte – fehlten Pestalozzi grundlegende Voraussetzungen für das Unterrichten, sogar für den Elementarunterricht. Er beherrschte weder Orthographie noch Grammatik, und rechnen konnte er auch nicht richtig. Sein Kollege und Anhänger Hermann Krüsie urteilt: »Bei gewöhnlichen

Prüfungen für Schulamtskandidaten wäre Pestalozzi wohl überall durchgefallen.« Sein Sprechen, in deutsch ebenso wie in französisch, war fehlerhaft. Seine Aussprache und seine Erklärungen waren oft unverständlich. Mit seiner Allgemeinbildung haperte es gleichfalls. Nach eigenem Bekunden hat er jahrzehntelang kein einziges Buch gelesen. Freimütig bekannte er selbst: »Ich konnte wirklich weder recht schreiben noch lesen noch rechnen.« Aber er behauptete: »[...] ich konnte schreiben lehren, ohne selbst recht schreiben zu können.« Mit Verlaub: Das ist ein Unding. Doch auf diesem Gebiet hielt sich Pestalozzi eben für ein Genie. Allerdings trug seine diesbezügliche Genialität nicht einmal bei seinem eigenen Sohn Früchte; dem brachte die Mutter »heimlich« (Ganz) Lesen und Schreiben bei. Vermutlich wollte die gute Anna Pestalozzi ihren Mann nicht blamieren. Pestalozzis eigener Sohn ein Analphabet – das ging wirklich nicht.

Aber nicht Unterrichten, sondern Erziehen war Pestalozzis Hauptanliegen, und in erster Linie ist er als liebender Waisenvater in die Geschichte eingegangen. Von Stans berichtet er, wie sehr ihn die Kinder geliebt hätten. Sie seien ihm um den Hals gefallen, hätten sich »an seinen Busen hingelehnt«, ihn geküßt und ihn Vater geheißen. Aus Liebe zu ihm hätten sie »mit dem größten Interesse vom frühen Morgen bis an den späten Abend fast unablässig« gelernt. Und wenn er sie spätabends gefragt habe: »Kinder, wollt ihr jetzt lieber schlafen oder lernen?«, so hätten sie für gewöhnlich geantwortet: »Lernen.«

Das ist in seinem obengenannten Stanser Brief nachzulesen, und man darf es ihm glauben. Pestalozzi hatte auf Menschen eine starke Wirkung. Er besaß Charisma; das bestätigen viele Zeitgenossen. Und mit diesem Charisma wirkte er auch auf die Kinder. Aber eine solche Ausstrahlung hat Grenzen, besonders dann, wenn man allein darauf baut. Das zeigte sich in Stans sehr bald. Die Lernbegeisterung der Zöglinge war nicht von Dauer – wie sollte sie auch unter den gegebenen Umständen. Sie bestand »inbesonderheit im Anfang [...] erkaltete freilich später«, räumt Pestalozzi ein.

Mit ihrer Liebe zu ihm verhielt es sich ähnlich. Nur »einige«, aber dennoch »nicht wenige«, gesteht Pestalozzi, »blieben in der Anhänglichkeit und dem Eifer, den sie von Anfang an zeigten, standhaft«. Die Mehrheit lief ihm jedoch davon, genauso wie damals auf dem Neuhof. Es seien »immer die Schlechtesten und Unfähigsten« gewesen, behauptet Pestalozzi, aber im Stanser Brief berichtet er, daß mehrere darum nicht bleiben wollten, weil sie den ganzen Tag lernen und arbeiten sollten, und er gibt zu, daß viele entliefen, obwohl sie ihm gegenüber sagten, sie »fühlten sich glücklich bei ihm [...] besser als zu Hause«. Diese Kinder erzählten ihm, wie schlecht sie es dort hätten, »wie unglücklich sie wären, [...] wie sie täglich in Zank und Streit leben müßten, wie sie nie keinen ruhigen, freudigen Augenblick hätten [...] wie sie oft tagelang keine Suppe, kein Brot zu sehen bekämen [...] wie sie das Jahr durch in kein Bett gekommen [...] wie sie von einer Stiefmutter verfolgt, und bald täglich mit Unrecht geschlagen würden«. Zutiefst enttäuscht fährt Pestalozzi fort: »Und doch liefen eben diese Kinder den Morgen darauf mit ihren Müttern wieder fort.« Man kann nicht umhin festzustellen, daß diese Kinder ihre wahrhaft deprimierenden Elternhäuser der Stanser Anstalt und dem Waisenvater Pestalozzi vorzogen.

Der bestand allerdings auch keineswegs allein aus liebender Fürsorge, und geschlagen hat er die Kinder ebenfalls, und zwar nicht zu knapp. Außerdem vertrat er folgende Ansicht – in *Lienhard und Gertrud* –, und die praktizierte er auch: »Wer immer etwas mit den Menschen ausrichten oder sie zu etwas machen will, der muß ihre Bosheit bemeistern, ihre Falschheit verfolgen und ihnen auf ihren krummen Wegen den Angstschweiß austreiben.« Damit widerlegte er seine These, daß durch Liebe und Güte alles von seinen Zöglingen zu erhalten sei. In der Tat ist diese These nicht zu halten. Das mag so manchen, verständlicherweise, enttäuschen. Andere dagegen könnte es beruhigen oder gar trösten, jene nämlich, die als Mütter, Väter oder Lehrer versucht haben, Kinder allein mit Liebe, Güte und Nachsicht zu erziehen, und daran gescheitert sind. Auch Pestalozzi ist daran gescheitert, sowohl als Vater wie als Leiter seiner Anstalten. Desgleichen ist es vor ihm und nach ihm so gut wie niemandem gelungen, eine solche Erziehung erfolgreich in die Alltagspraxis umzusetzen. Wie gesagt: Sie war und ist eine schöne Utopie. Dafür lieferte derselbe Pestalozzi den buchstäblich schlagenden Beweis: Es hagelte Ohrfeigen in Stans. Das behaupten nicht Übelwollende; Pestalozzi selbst sagt es. Ohne körperliche Züchtigungen gehe es nicht, stellt er fest; körperliche Strafen hält er geradezu für wesentlich zur Erreichung seines pädagogischen Ziels. Er nennt sie »Vater- und Mutterstrafen« und behauptet, sie schadeten nicht; weder ließen sie die Kinder das Vertrauen zum Erzieher verlieren noch erregten sie Starrsinn, Widerstand oder Abneigung. Das Gegenteil sei vielmehr der Fall. Laut seinem Bericht freuten sich die Kinder, »wenn ich ihnen einen Augenblick darauf [das heißt: nach den Züchtigungen] die Hand bot, und sie wieder küßte. Wonnevoll [!] zeigten sie mir, daß sie zufrieden und über meine Ohrfeigen froh waren.«

Das mag man glauben oder auch nicht – die Erwachsenen jedenfalls waren über solche Praktiken ganz und gar nicht froh. Freunde wie Fremde kritisierten Pestalozzi ob seines Prügelns, die Eltern beschweren sich darüber, und im Dorf fand man, er gehe zu hart mit den Kindern um. Das alles aber focht Pestalozzi nicht an. Zu seinen Zöglingen redete er so: »Kinder, ihr wisset, wie lieb ihr mir seid; aber saget mir selber, wollt ihr, daß ich euch nicht mehr abstrafe? Kann ich ohne Ohrfeigen machen, daß ihr euch abgewöhnt, was so lange in euch eingewurzelt ist? Sinnet ihr ohne Ohrfeigen daran, wenn ich etwas zu euch sage?« Den Adressaten seines Stanser Briefes zum Zeugen aufrufend, fährt er fort: »Du hast gesehen, Freund, wie sie unter deinen Augen ›behüt mir Gott die Ohrfeigen‹ riefen, und mit welcher Herzlichkeit sie mich baten, ihrer nicht zu schonen, wenn sie fehlten.« Hier erweist sich Pestalozzi als raffinierter pädagogischer Demagoge, als Meister in der Manipulation von Kindern und als geschickter Propagandist in eigener Sache. Außerdem ähnelt sein Verfahren auffällig dem von August Hermann Francke. Weiterhin ist zu bemerken, daß Pestalozzi die Kinder durchaus nicht nur prügelte, wenn sich »Härte und Rohheit« bei ihnen zeigten. Tatsächlich ohrfeigte er sie auch dann, wenn sie nicht taten, was er sagte, wenn sie also nicht gehorchten. Das Fazit ist: Pestalozzi bekam in Stans so gut wie gar nichts in den Griff, weder die Ökonomie noch die Organisation und auch die Kinder nicht. Viele gingen, andere kamen. Pestalozzi selbst schreibt, daß es zuging wie in einem Taubenhaus, »darin bald eine ein-, bald eine ausflog«. An eine pädagogische Kontinuität war unter solchen Umständen nicht zu denken. Allein wegen der ständigen Fluktuation konnte es nicht zu jenem »innigen Vertrauensverhältnis zwischen Lehrer und Schüler« kommen, das Pestalozzi zu Recht für eine erfolgreiche Erziehung für notwendig hielt. Ein Vertrauensverhältnis zu den Eltern gab es in Stans ebensowenig. Die Eltern achteten Pestalozzi gering; die meisten grüßten ihn nicht einmal. Etliche verlangten Geld von ihm, wenn er wollte, daß sie ihre Kinder bei ihm ließen. Die Beschwerden häuften sich. Vermutlich bewahrten österreichische Truppen Pestalozzi vor einem Eklat. Sie beanspruchten die Stanser Anstalt als Lazarett. Regierungskommissar Heinrich Zschokke – der bekannte Schriftsteller – schloß das Waisenhaus. Er entließ Pestalozzi, »weil er und andere mit Pestalozzis Leitung nicht einverstanden waren« (Flitner). In Zürich hielt man Pestalozzi für unfähig. Tatsächlich wurde die Anstalt nur verlegt, und der Innenminister unterstellte sie den Kapuzinern. So war man den »Waisenvater« auf elegante Weise losgeworden.

Kein halbes Jahr hat Pestalozzi in Stans gewirkt, und selbst Ganz nennt die dortigen Verhältnisse ein »Kinderhöllenparadies«. Man darf sich fragen, wer sich dort wohl wie im Paradies vorgekommen sein mag. Dessenungeachtet empfiehlt Wolfgang Klafki Pestalozzis Stanser »Methode« noch im Jahr 1959 als gültiges Modell »sittlich-sozialer Erziehung [...] auch für die entsprechenden pädagogischen Gegenwartsaufgaben«, eine Auffassung, die er in der dritten, überarbeiteten Auflage seines Buches, von 1975, nur unwesentlich einschränkt. 1982 erschien die fünfte Auflage seiner Interpretation des Stanser Briefes – ohne wesentliche Kritik an Pestalozzi.

Pestalozzi selbst sah seine Arbeit weit weniger optimistisch. Er nennt sein Stanser Unternehmen schwach und unglücklich, und der Stanser Brief, geschrieben kurz nach seiner Entlassung, beginnt mit den Worten: »Freund! Ich erwache abermals aus meinem Traum, sehe abermals mein Werk zernichtet und meine schwindende Kraft unnütz verschwendet.« Damit hatte er leider nur zu recht: Sein großer Einsatz blieb ohne Nutzen. Wieder hatte er kein einziges Kind retten können. Davon hat er nur geträumt. Aber er war zweifelsohne ein großer, ja großartiger Träumer.

Viele hat es wenig gestört, daß seine Träume kaum zu realisieren sind. Geblieben aber ist seine Idee, den Armen und den Schwachen zu helfen. Sie hat sich erhalten und ist nach wie vor mit seinem Namen verbunden. In Ansätzen verwirklicht wurde sie allerdings erst im späten 20. Jahrhundert.

Pestalozzi war gewiß nicht der Vater der Volksschule, als der er weithin bis heute gilt. Durchaus ließe sich in ihm jedoch der Vater der Hilfsschulen und der Heime für Schwererziehbare sehen, die ja auch nicht selten seinen Namen tragen.

Erfolg hatte Pestalozzi mit einer ganz anderen Art von Anstalt. Sie befand sich in Yverdon, deutsch Iferten. Hier gab es keine armen, verwahrlosten, sozial benachteiligten Kinder und keine bedauernswerten Waisen. Mit Neuhof und Stans hatte Yverdon weder in der Theorie noch in der Praxis etwas gemein. Es war ein ehemaliges »Töchterinstitut« – für höhere Töchter, versteht sich. Zu Ruhm und Ehre aber kam es unter Pestalozzis Leitung als Knabeninternat mit über hundertfünfzig zahlenden Schülern. Bei Wilhelm Flitner heißt es: »Hier handelte es sich um ein teures Knabeninternat mit zahlreichem Personal und einem anspruchsvollen Lehrplan.« Über den Anspruch war man indes geteilter Meinung, jedenfalls über den geistigen Anspruch, der hier gestellt wurde. In der Tat hatten Philosophie, Theologie, die großen Dichtungen des Altertums, Weltgeschichte als Unterrichtsgegenstände so gut wie keine Bedeutung. Dafür aber gab es Körperertüchtigung, Ringen, Fechten, Schießen, Schwimmen, Exerzieren mit Gewehren und sogar mit einer Kanone. Selbst über ein eigenes Kadettenkorps verfügte die Schule und über einen Offizier als Ausbilder. So ist es kein Wunder, daß General Jullien, Vater zweier Zöglinge, vom »Paradies Yverdon« schwärmte.

Eine große Rolle spielte die sittliche Erziehung. Es herrschte puritanische Einfachheit. Die Schüler trugen einheitliche, schlichte graue Uniformen. Abhärtung war wichtig, und die Kinder sollten müde werden. Obwohl auch hier, wie später bei Fröbel, die Lehrer in den Schlafsälen der Schüler schliefen, gab es nächtliche Lehrerpatrouillen und eine strenge Aufsicht vom Aufstehen bis zum Ins-Bett-Gehen, und jeden Samstag mußten die Schüler ein Sündenbekenntnis ablegen.

Es ist erstaunlich, wie schnell Rousseaus Forderungen nach einer totalen Kontrolle der Zöglinge in die Tat umgesetzt wurden. Außerdem herrschte an der Schule ein ausgesprochen patriarchalisches System. Wie ein Patriarch versuchte Pestalozzi, über Lehrer und Schüler zu herrschen, und wie ein Patriarch ließ er sich verehren und feiern.

Viele seiner Lehrer sahen ihn in der Tat als ihren großen Meister an. Aber zunehmend wurde Kritik laut: an seinem schlechten Unterricht, seinem Versagen als Verwalter und Wirtschafter, seiner Führungsschwäche und seiner Launenhaftigkeit. Der Versuch, Pestalozzi von der Anstaltsleitung zu entlasten, mißlang. Man erreichte jedoch, daß er nicht mehr selbst unterrichtete.

Kritik gab es auch von außen. Die Regierung hätte das Institut am liebsten geschlossen. Sie beklagte das viele Geld, das es verschlang, sie bemängelte die Unordnung und die Unreinlichkeit der Räume wie der Schüler, die verwahrloste Erscheinung und die Unfähigkeit Pestalozzis, korrekt zu sprechen. Überhaupt mißtraute man Pestalozzi ob seines chaotischen Wesens; man glaubte nicht an die

Wirksamkeit seiner Methode für die Menschenbildung und fand, daß sie den Grundsätzen des Christentums widerspreche. Nur mit Rücksicht auf die Stimmung im Ausland blieb die Schule bestehen; doch alle staatlichen Zuschüsse wurden gestrichen.

Auch Besucher äußerten immer wieder Erschrecken über den häßlichen und ungepflegten Mann. Aber so allgemein das Entsetzen über seine äußere Erscheinung war, verstand Pestalozzi es immer wieder, sie vergessen zu machen und die Besucher für sich und seine Anstalt einzunehmen.

Auf Kritik und Ablehnung stieß das Internat zu Yverdon in verschiedenen Kreisen der Schweiz und bei vielen, die es aus eigener Anschauung kennengelernt hatten. Auch Goethe kannte es und war davon nicht sehr angetan, geschweige daß es Vorbild für seine »pädagogische Provinz« gewesen wäre; Anregungen dafür hatte er vielmehr aus der Erziehungsanstalt des Schweizers Philipp Emanuel von Fellenberg bezogen, dessen Methoden Pestalozzi weitgehend abgelehnt hatte. Ernst Moritz Arndt teilte ebenfalls nicht die verbreitete Begeisterung für Pestalozzis Institut, und schon gar nicht taten dies die Pädagogen des Philanthropismus, einer anderen pädagogischen Reformbewegung des 18. Jahrhunderts. Ansonsten hatten Pestalozzi und sein Knabeninternat landauf, landab einen hervorragenden Ruf – je entfernter von der Schweiz, desto besser, von Ausnahmen abgesehen. In vielen Städten galt Pestalozzi als Modepädagoge, und Patriziersöhne aus ganz Europa wurden nach Yverdon geschickt. Enthusiastische Anhänger bezeichneten Pestalozzis Haus als »die Wiege der besseren Menschheit«.

Von so viel Zustimmung getragen, träumte Pestalozzi davon, die Anstalt in Yverdon zum Muster und Vorbild nationaler Erziehungsstätten zu machen. Daraus wurde nichts. Amtliche Stellen teilten nicht die allgemeine Begeisterung. Das Gutachten einer Regierungskommission über die Schule fiel ungünstig aus. Die dortigen Lehrer, schon vorher uneins, zerstritten sich vollends. Viele gingen, und etliche griffen Pestalozzi und sein Werk in Veröffentlichungen heftig an. Zöglinge blieben mehr und mehr aus, die Verschuldung wuchs, Pestalozzi griff zur Flasche. Dennoch raffte er sich noch einmal auf. Er kehrte zurück zu seinen Anfängen und nahm zusätzlich arme Kinder und Waisenkinder in Yverdon auf. Die aber hatten in der Anstalt alle niederen Arbeiten und Dienste zu leisten, gehänselt von den zahlenden Schülern, denen sie sogar die Schuhe putzen mußten. Das war in sozialpädagogischer Hinsicht ein Fiasko, und den finanziellen Ruin des Instituts konnten die Kinder als billige Arbeitskräfte ebenfalls nicht aufhalten. Niedergang gab es auch sonst: Die Lehrer versäumten ihre Pflichten, die Schüler begehrten auf, taten, was ihnen paßte, trieben sich herum. Alles lief aus dem Ruder.

Pestalozzi gab auf, verließ die Anstalt, wollte zurück auf den Neuhof, dort noch einmal klein und bescheiden mit wenigen Kindern anfangen. Er fragte die Armenkinder, wer mit ihm kommen wolle. Niemand wollte. Kein Kind folgte ihm. Damit war Pestalozzis letzter Traum ausgeträumt.

Dessenungeachtet ging nicht unter, was in Yverdon praktiziert worden war. Es beförderte allerdings nicht, was man heute gern den Geist Pestalozzis nennt. Diese letzte von Pestalozzis Anstalten wurde zum Modell vieler exklusiver Eliteschulen, von den britischen Public Schools über private Landerziehungsheime bis hin zu den Nationalpolitischen Erziehungsanstalten im Dritten Reich.

Das Goldene Zeitalter der Pädagogik

Glaube an die Universalkraft der Erziehung / Allgemeine Schulpflicht in Preußen: Konzept im Geiste Franckes / Immanuel Kant: Durch Unterwerfung zur Freiheit / Johann Gottlieb Fichte: Freiheit ist des Zwanges Zweck / Johann Wolfgang von Goethe: Die pädagogische Provinz / Die Rolle der Reformpädagogen / Friedrich Fröbel: Der Mensch muß Sklave sein können, um wahrhaft frei zu sein / Johannes Bernhard Basedow: Oberherrschaft der Eltern und Lehrer als Erziehungsprinzip / Christian Gotthilf Salzmann: Schaurige pädagogische Lehrstücke / Johann Georg Sulzer: Tugend- und Rührpädagogik, dazu die Rute / Joachim Heinrich Campe: Allen gehorchen, allen dienen, alle ehren

Das 18. Jahrhundert wird das Goldene Zeitalter der Pädagogik genannt. Es kann sich dabei jedoch allenfalls um einen Hauch von Gold handeln. Tatsache ist: Was Luther, die Jesuiten, Hans Sachs und die frühen Moralisten begonnen und ins Werk gesetzt hatten, trug in diesem Jahrhundert vielfältig Früchte. Francke und die preußischen Könige führten die Entwicklung nahezu bruchlos fort. Rousseau und Pestalozzi setzten neue Akzente, ohne dadurch indessen die bisherige Entwicklung wesentlich aufzuhalten oder die bestehende Erziehungspraxis entscheidend zu ändern. Alle zusammen aber bewirkten, daß Erziehung zu einem allgemeinen und weitverbreiteten Interessengebiet wurde. Und nicht nur das: Man traute ihr in jener Zeit die Lösung sozialer, ethischer und sogar wirtschaftlicher Probleme zu. Außerdem weitete sich der Erziehungsbegriff aus. Man wollte nicht mehr nur die Kinder erziehen, »sondern auch das ›Volk‹: den Landmann, den Kleinbürger, den Proletarier« (Friedell). Man glaubte an die Universalkraft der Erziehung, von der man sich die Verwirklichung von Menschenliebe, Glückseligkeit und Freiheit erhoffte. Diese Hoffnung hatten insbesondere Rousseau und Pestalozzi geweckt, und sie waren es auch, die maßgeblich zur Auslösung eines bisher weitgehend unbekannten pädagogischen Pathos beigetragen hatten. Außerdem hatten sie die Moral, vor allem die pädagogische, verstärkt. Es setzte geradezu eine Moralisierungskampagne ein.

Ebendieses 18. Jahrhundert brachte aber auch die Einführung der allgemeinen Schulpflicht, und zwar in Preußen durch Friedrich Wilhelm I. Form, Gestalt und Wirksamkeit gab dem königlichen Erlaß aber erst sein Sohn. Man hat Friedrich II. immer wieder angekreidet, daß er als Lehrer in den Schulen invalide Unteroffiziere eingesetzt hat, die dort ein übles Prügelregiment geführt haben. Das ist richtig. Richtig ist aber auch, daß Friedrich mit dem Generallandschulreglement von 1763 den Grundstein der modernen Volksschule gelegt hat. Bei diesem Reglement handelte es sich um ein in Paragraphen unterteiltes Gesetzeswerk, das Form und Organisation einer allgemeinbildenden Schule bestimmte. Es legte Unterrichtszeiten, Unterrichtsinhalte und die Pflichten von Lehrern, Eltern und Schülern fest. Getragen war es vom Willen des Königs, eine Allgemeinbildung für alle Schichten des Volkes, für Jungen und für Mädchen, zu gewährleisten. Friedrich ordnete eine strenge Schulaufsicht an und bestimmte Gerichtsstrafen für Eltern, die ihre Kinder der Schulpflicht entzogen. Es war ein fortschrittliches, modernes Reglement, das für viele spätere beispielhaft wurde und bis in die Neuzeit die Form der allgemeinbildenden Schule, der Volksschule, bestimmte.

Nur was die Erziehung betraf, da hatte sich, sieht man genau hin, kaum etwas geändert. Hier herrschte weiterhin der Geist August Hermann Franckes. Ein Francke-Schüler, Johann Julius Hecker, formulierte die entsprechenden Passagen in der königlich-preußischen Schulordnung. So heißt es in § 22, daß den Kindern »der Eigensinn oder Eigenwille mit Fleiß gebrochen« werden solle, und »Lügen, Schimpfen, Ungehorsam, Zorn und Zank« galten als Verbrechen, die entsprechend zu bestrafen waren, durch Züchtigung, versteht sich.

Der König selbst gab diesen Erlaß heraus, und er hat ihn mit einem persönlichen Vorspann versehen. Wie gesagt: Die eigenen schlimmen Erfahrungen hatten ihn in Erziehungsfragen nicht milder gestimmt. Die Tendenz war und blieb die seines Vaters: Von Kindern verlangte Friedrich Zucht, Gehorsam und Unterordnung. Das war die per Dekret und in etlichen Aufsätzen, Briefen und Aussagen vertretene Ansicht des preußischen Königs, den man den Großen nannte. Sie hatte zweifellos Gewicht.

Friedrich II. war nicht der einzige Große seiner Zeit, der sich auf diesem Gebiet geäußert hat. Weder vorher noch jemals später haben so viele Persönlichkeiten einer Zeit an

Erziehungsfragen derartigen Anteil genommen und dazu Stellung bezogen. Genau das machte dieses Jahrhundert aus, ließ es zum Zeitalter der Pädagogik werden.

Die enge Verbindung aufgeklärten Denkens mit rigider Moral war nicht nur eine Spezialität der kalvinistischen, reformierten Eidgenossen. Sie zeichnete auch den deutschen Philosophen und preußischen Professor Immanuel Kant (1724-1804) aus, der im fernen Ostpreußen den kategorischen Imperativ erfand und die Menschen lehrte, was wahre Sittlichkeit sei. Auch er war protestantisch-pietistisch erzogen worden, hatte in Königsberg das pietistische Friedrichgymnasium besucht, und Hugo Ball unterstellt, daß Luther, insbesondere mit seinem *Großen Katechismus*, bei Kants Sittenlehre Pate gestanden habe.

Kant war gewiß kein Dichter, aber ein klarer, nahezu erschreckend konsequenter Denker. Eine weltweit berühmt gewordene Quintessenz dieses Denkens ist sein kategorischer Imperativ. Er besagt, daß der Mensch sich jederzeit so verhalten soll, daß sein Handeln zum allgemeinen Naturgesetz erhoben werden könnte. Mit dieser Maxime, würde sie von jedermann beherzigt, wären in der Tat wesentliche Probleme der Menschheit gelöst. Richteten sich alle Menschen nach Kants Lehre, so gäbe es keinen Betrug, keine Untreue, keine Verbrechen und keine Gewalt. Die Welt wäre wahrhaft ein Eldorado, ein friedvolles Eldorado.

Das ist sie leider bisher nicht geworden. Dabei hat Kant seine Vorstellung durchaus nicht als Utopie gemeint. Der kategorische Imperativ ist nämlich seiner Meinung nach nichts dem Menschen Fremdes, sondern vielmehr etwas ihm Eingeborenes; ein Tugendtrieb, der in der Vernunft wurzelt. Es ist für Kant eine unleugbare Tatsache, daß einem jeden dieses Sittengesetz innewohnt und daß es wirksam ist als sittliches Pflichtbewußtsein, als sittlicher Wille, als unüberhörbares »Du sollst«, das jedem die richtige Richtung weist.

Unleugbar ist aber ebenfalls, daß die Menschheit diese Richtung nicht eingeschlagen hat. Offensichtlich hat sie der Mehrheit nicht zugesagt. Das ist im Kantschen Sinne gewiß nicht sittlich und moralisch, fraglos aber menschlich. Man stelle sich einmal vor, daß alles, was man tut oder unterläßt, derart sein müßte, daß es zur Richtschnur menschlichen Verhaltens, ja zum Gesetz für alle werden könnte! Wer möchte, wer könnte so leben? Unser Verhaltensspielraum wäre bedrückend eingeengt, ein nicht geringer Teil unserer sehr geschätzten persönlichen Freiheit wäre dahin.

Kant sieht das anders. Er verheißt uns nachgerade die Freiheit, die wir eingeschränkt glauben, wenn wir dem von ihm postulierten sittlichen Imperativ folgen, denn ihm sind Freiheit und Sittlichkeit identisch. Das Geheiß: »Erfülle deine Pflicht!« bedeutet für ihn: »Mache dich frei.« Kant sieht unsere Freiheit darin, daß wir dem Sittengesetz folgen, und zwar nicht aus Neigung oder zu irgendeinem Zweck, etwa um unser selbst willen, sondern aus nichts anderem als aus Pflichtgefühl.

Egon Friedell schreibt: »Hier befinden wir uns auf dem höchsten Grat der kantischen Moralphilosophie, in der rauhen und reinen Eishöhle der absoluten Ethik.« Hugo Ball mag dem moralischen Höhenflug Kants nicht folgen und bringt für den hagestolzen, pedantischen Professor aus Königsberg keinerlei Sympathie auf. Er beschuldigt ihn, mit seinem rigorosen Sittlichkeitsideal dem Untertanengeist eine philosophische Rechtfertigung gegeben zu haben. In der Tat verlangt Kants Pflichtbegriff Unterwerfung, und zur Würde des Menschen gehört bei Kant, sich in freiwilliger Zustimmung Geboten und Befehlen und letztlich auch der Obrigkeit unterzuordnen. Hugo Ball folgert daraus: »Er hat dem preußischen Untertanen, wenn auch mit Skrupel und Vorsicht, das gute Gewissen gegeben, sich knuten und knebeln zu lassen.« Kommt uns das nicht bekannt vor? Hat hier pietistische Erziehung Franckescher Prägung bereits Früchte getragen? Lehrte Francke nicht, daß Kinder dazu gebracht werden müssen, Hiebe willig, wenn nicht gar freudig hinzunehmen? Und Pestalozzi ließ seine Zöglinge rufen: »Behüt mir Gott die Ohrfeigen.« Ball meint, Kant habe eine solche Unterdrückung zur moralischen Metaphysik erhoben, und er fragt sich, ob der kategorische Imperativ nicht eine Maxime zur Zwangserziehung sei. Vielleicht beantwortet sich diese Frage in Kants Aufsatz *Über Pädagogik*.

Von Rousseau beeinflußt, hielt Kant die Menschen nicht nur für gut, sondern auch für von Natur aus sittlich. Doch solche Unterstellungen haben den Kindern stets wenig genutzt. Sah man sie als von Natur aus schlecht und böse an, so galt dies als Legitimation, ihnen das Böse und Schlechte rücksichtslos auszutreiben, wie es Luther gefordert und getan hatte. Hielt man sie dagegen für gut, wie Rousseau und nach ihm viele andere dies taten, so hatte eine letztendlich kaum weniger strenge Pädagogik dafür zu sorgen, daß sie auch gut blieben.

Die Unterstellung von einem natürlichen Gut- und Sittlichsein des Menschen galt bei Kant allerdings nicht für Kinder. Was deren Anlagen betrifft, teilte er weitgehend die Ansichten und Vorstellungen Luthers. Kant hält Kinder für roh und tierisch, und genau wie Luther folgert er daraus, erst Erziehung müsse sie zu Menschen machen. Über die Art und Weise einer solchen Erziehung läßt er keinerlei Zweifel. Er schreibt: »Disziplin oder Zucht ändert die Tierheit in die Menschheit um.« So einfach stellt sich ihm das Problem dar, das er ganz und gar aus dem Blickwinkel der inzwischen schon zur Tradition gewordenen neuzeitlichen bürgerlichen Erziehung betrachtet. Die sah in kaum einer ihrer Varianten vor, daß man Kinder als eigenständige Wesen ernst nahm, anerkannte oder ihnen eine auf Zuneigung und Verständnis basierende Erziehung zukommen ließ, von einer partnerschaftlichen Einstellung zu ihnen ganz zu schweigen. Auch Kant zog derlei oder ähnliche Ansichten nicht in Erwägung. Für ihn sind alle Kinder zunächst ohne Unterschied verwahrlost, und Zucht ist das einzig angemessene Mittel, sie zu zivilisieren. Disziplin hat dafür zu sorgen, die Kinder den Gesetzen der Menschheit zu unterwerfen, sie »den Zwang der Gesetze fühlen zu lassen«, und zwar so früh wie möglich. »Verabsäumung der Disziplin ist ein größeres Übel, als Verabsäumung der Kultur«, konstatiert er, und Disziplinierung sieht er auch als erste Aufgabe der Schule an. Sie soll zunächst nichts weiter tun, als die Kinder daran zu gewöhnen, »still zu sitzen und pünktlich das zu beobachten, was ihnen vorgeschrieben wird«. Warum? Weil man ihnen den verhängnisvollen Hang des Menschen zur Freiheit nehmen müsse. Dies sei kein »edler Hang«, wie Rousseau und andere meinen, stellt Kant unmißverständlich fest, »sondern eine gewisse Rohigkeit«, und diese Rohigkeit solle und müsse Erziehung beseitigen. Das geht selbstverständlich nicht ohne Zwang; »Zwang ist nötig«, befindet er, und das bedeutet für die Pädagogik: Als erstes muß man die Kinder zwingen, zu gehorchen und sich zu unterwerfen. Sie müssen »den unvermeidlichen Widerstand der Gesellschaft fühlen«, man muß ihnen widerstehen. Dazu bringt Kant ein Beispiel, das nicht nur hinkt, sondern schlicht falsch ist. Er behauptet: »Ein Baum aber, der auf dem Feld allein steht, wächst krumm«; da er aber frei stehende Bäume offensichtlich niemals recht betrachtet hat, fährt er fort: »und breitet seine Äste weit aus«, was wiederum richtig ist. Doch genau diese freie Entfaltung will er verhindern. Also geht das Beispiel folgendermaßen weiter: »ein Baum hingegen, der mitten im Walde stehet, wächst, weil die Bäume neben ihm ihm widerstehen, gerade auf.« Ein Baum im Wald – das ist für Kant das passende Bild für sein Erziehungsziel: die Menschen gleichförmig zu machen. Eine solche Gleichförmigkeit hält er für die Bestimmung des Menschen, für den Zweck des menschlichen Daseins. Individualismus ist ihm zuwider. »Bei dem Individuo ist die Erreichung der Bestimmung auch gänzlich unmöglich«, befindet er. Er bedauert, daß die Menschen so ungemein verschieden leben, und folgert: »Eine Gleichförmigkeit unter ihnen kann nur stattfinden, wenn sie nach einerlei Grundsätzen handeln, und diese Grundsätze müßten ihnen so früh wie möglich zur anderen Natur werden.« Das müsse durch Moralisierung erreicht werden, die man nicht den Predigern überlassen dürfe. Durch pädagogische Moralisierung sollen die Kinder eine Gesinnung bekommen, die sie nur gute Zwecke erwählen läßt. Und gute Zwecke sind »diejenigen, die notwendigerweise von jedermann gebilligt werden; und die auch zu gleicher Zeit jedermanns Zwecke sein können«. So schließt sich der Kreis, denn das heißt nichts anderes, als daß auch schon die Kinder nach dem kategorischen Imperativ leben und handeln sollen. Genau dazu will Kant sie erziehen, um sie auf diese Weise zu jener Vollkommenheit zu führen, von der er glaubt, sie sei die Bestimmung der Menschheit.

Er verlangt von Kindern, was nicht einmal die erwachsene Menschheit zu leisten bereit und in der Lage ist. Aber ihn interessiert nicht, was möglich ist. Er will das Böse aus der Welt schaffen, und die wesentliche Ursache des Bösen liegt seiner Meinung nach darin, daß die menschliche Natur nicht unter Regeln gebracht wird. Also will er sie unter Regeln bringen, und zwar unter die Regeln seiner Sittenlehre. Damit, so meint er, mache er die Menschen nicht nur vollkommen frei, sondern auch glücklich, denn wer tugendhaft und sittlich sei, der müsse ganz einfach auch glücklich sein. Das ist Kants Überzeugung.

Kant ist sich darüber im klaren, welchen Preis eine derartige Erziehung fordert. Er schreibt: »Eines der größten Probleme der Erziehung ist, wie man die Unterwerfung unter den gesetzlichen Zwang mit der Fähigkeit, sich seiner Freiheit zu bedienen, vereinigen könne.« Und er fragt sich: »Wie kultiviere ich die Freiheit bei dem Zwange?« Seine Lösung des Problems ist: »Man muß ihm [dem Kind] beweisen, daß man ihm einen Zwang auflegt, der es zum Gebrauche seiner eigenen Freiheit führt.« Beweisen, daß Zwang zur Freiheit führt – das ist wahrlich keine einfache Aufgabe. Kindern dieses zu beweisen scheint ein nahezu hoffnungsloses Unterfangen, zumal Kindern, die man unter ebendiesen Zwang stellt. Aber Kant war ein Theoretiker, dazu weder verheiratet noch jemals Vater. Von Kindern, von wirklichen, lebendigen Kindern, dürfte er kaum mehr verstanden haben als von Bäumen auf freiem Feld. Dessenungeachtet hielt er sich für einen Kopernikus auf dem Gebiet der Pädagogik.

Johann Gottlieb Fichte (1762–1814), Philosoph, Professor und Erzieher, nahm Kants Gedanken auf. Auch für

Fichte bedeutete Freiheit Gehorsam gegenüber der Autorität. Er spricht von einem »freien Gehorsam« der Kinder, und darunter versteht er folgendes: »Dieser freie Gehorsam besteht darin, daß die Kinder ohne Zwangsmittel, und ohne Furcht derselben, freiwillig tun, was die Eltern befehlen, freiwillig unterlassen, was sie verbieten, darum, weil sie es verboten oder befohlen haben.« *(System der Sittenlehre)* Was, so möchte man fragen, hat ein solches Verhalten noch mit Freiheit zu tun? So fordert Fichte denn auch in den *Reden an die deutsche Nation,* die neue Erziehung werde »gerade darin bestehen müssen, daß sie [...] die Freiheit des Willens gänzlich vernichte«. Dann heißt es: »Willst du etwas über ihn [den Willen] vermögen, so mußt du mehr tun, als ihn bloß anreden; du mußt ihn machen, ihn also machen, daß er gar nicht anders wollen könne, als du willst, daß er wolle.« Es ist immer das gleiche. Wen wundert es da noch, daß Fichte sich auf Luther beruft! Er bekennt, Luther sei ein Vorbild für alle nachfolgenden Generationen geworden (das ist er wahrhaftig), sei für uns gestorben (was wohl etwas zuviel der Ehre ist) und habe für die Kinder Gottes die Freiheit gewonnen. Dies könnte man für Zynismus halten. Doch nichts lag Fichte und den meisten anderen Philosophen, Theologen und Pädagogen des 18. und des 19. Jahrhunderts ferner. Man dachte so und man glaubte so. Der Freiheitsbegriff wurde ähnlich mißbraucht wie der Begriff Natur. »Freiheit ist des Zwanges Zweck« – was für eine Philosophie! In bezug auf die großen deutschen Denker jener Zeit spricht Hugo Ball von der Tyrannei eines Volkes von Magistern und von Theologentyrannei. Fichte war unter anderem auch Theologe.

Immerhin gab es Ausnahmen, Geistesgrößen, die anders dachten; allerdings nur wenige. Johann Wolfgang von Goethe (1749–1832) gehört zu ihnen – in Grenzen. Seine Vorstellung von Erziehung schildert er unter dem Titel »Die pädagogische Provinz« in *Wilhelm Meisters Wanderjahren.* Man spürt sofort den Unterschied: Hier war kein Moralist am Werk und schon gar nicht ein philisterhafter Moralist. In sonniger arkadischer Landschaft wachsen Knaben und Jünglinge unter weiser, philosophischer Leitung zu gebildeten und kultivierten Menschen heran. Sie bestellen ihre eigenen Felder, sie lernen, singen, spielen und tanzen, widmen sich in freier Wahl den verschiedenen Gattungen der Kunst, feiern ihre Feste. Im Mittelpunkt dieser pädagogischen Provinz, die alles andere als provinziell ist, steht ein »Heiligtum«, eine Stätte der Sammlung, der religiösen Lehre und der Ehrfurcht: Ehrfurcht vor Gott, dem Höchsten, und Ehrfurcht vor der Erde, die den Menschen Nahrung spendet, ihnen unsägliche Freuden, aber auch unverhältnismäßige Leiden bringt. Dogmatische Enge gibt es hier nicht. Einer der drei Würdigen sagt: »Keine Religion, die sich auf Furcht gründet, wird unter uns geachtet.« Auch die Erziehung gründet in der pädagogischen Provinz nicht auf Furcht, wohl aber auf Regeln, Riten und Gesetzen, und es besteht eine klare Hierarchie. Wie sollte eine realistische Erziehung auch anders funktionieren! Aber die Freiheit bleibt dabei nicht auf der Strecke. Ebenso soll hier der Eigensinn keineswegs gebrochen werden. In ihm sieht Goethe, seiner Zeit weit voraus, künftige Standhaftigkeit und Festigkeit des Charakters. Kinder sollen und müssen ihren eigenen Willen haben, fordert er, und nicht wie Untertanen behandelt werden. Auch dürfen und sollen sie ihre Eigenheit betonen bis hin zur Wahl ihrer Kleidung. Uniformen, wie es sie in tatsächlichen Anstalten dieser Art fast ausnahmslos gegeben hat, sind hier verpönt.

Die pädagogische Provinz ist eine Erziehungsstätte, in der mancher vielleicht ganz gern Zögling gewesen wäre. Dennoch ist auch Goethe nicht unbeeinflußt geblieben von den despotischen, moralisch rigiden Erziehungsidealen seiner Zeit. So zeigt auch er deutlich die Wirksamkeit der Lutherischen Lehren, denn der »Gott da droben«, den die Kinder verehren lernen, ist ein Gott, »der sich in Eltern, Lehrern, Vorgesetzten abbildet und offenbart«. Und in Rousseaus Nachfolge nimmt dieses pädagogische Utopia nur »wohlgeborene, gesunde Kinder« auf und selbstredend keine Mädchen. Ferner gilt: »Wer sich den Gesetzen nicht fügen lernt«, wer sich nicht in die dortigen Pflichten findet, wer sich verstockt zeigt, der wird »mit einem kurzen, aber bündigen Bericht den Eltern wieder zurückgesandt«.

Goethes pädagogische Provinz ist ein angenehm aus dem Rahmen der Erziehungstradition jenes Jahrhunderts fallendes Modell. Ganz anders das Motto, unter das Goethe eines seiner Hauptwerke stellte, nämlich *Dichtung und Wahrheit*. Er beginnt diesen Bericht über sein Leben mit einer Maxime, die ganz und gar der neuzeitlichen Auffassung von Pädagogik entsprach: »Ohne Züchtigung keine Erziehung«.

Das 18. Jahrhundert zeichnete sich durch die Gründung etlicher Erziehungsanstalten und -institute aus, die damals als fortschrittlich und modern galten und häufig heute noch als vorbildlich angesehen werden. Abgesehen von Pestalozzis Waisenhäusern waren die meisten von ihnen Privatschulen, die entsprechendes Schulgeld kosteten und folglich wohlhabenden Bürgerkindern vorbehalten blieben. So gründete auch Friedrich Fröbel ein solches Landerziehungsheim. Ganz im Stil der Zeit basierte seine Pädagogik auf dem Glauben an das Gute im Kind. In ihm, so schrieb er, wirke das Göttliche, das gute Herz und das Geistige. Was aber war die Konsequenz dieses wohlklingenden Bekenntnisses? Fröbels Erziehung bemühte sich darum, mit allen Mitteln zu verhindern, daß der naturgegebene Idealzustand gefährdet werde. Schon den Anfängen müsse man wehren, und zwar »unerbittlich und einschränkungslos«, verlangt Fröbel; auch sei dazu eine »bestimmende, fordernde Erziehungsweise in ihrer ganzen Strenge« notwendig. Man sieht: Zu den schönen Worten wurde die alte Melodie gesungen.

Aber es gab auch eine neue Tendenz in der Erziehung, nämlich Abhärtung und Körperertüchtigung. Schon Rousseau und Pestalozzi hatten damit begonnen; Fröbel jedoch machte einen wahren Kult daraus. Sein Neffe Julius Fröbel spottete: »Turnen als Religion.« In der Tat waren Körperertüchtigung, Abhärtung und spartanische Einfachheit nicht Selbstzweck, nicht Sport im heutigen Sinne. Sie waren Glaubensbekenntnis. Das setzte sich durch und blieb lange Zeit bestehen, bis hin zu Turnvater Jahn und Hitlers Sportmaiden, die unter dem Motto »Glaube und Schönheit« turnten, sangen und wanderten. Zunächst aber und in erster Linie diente dieser neue Trend der »Sittlichkeit«. Körperertüchtigung, schreibt Fröbel, werde »weniger um der physischen als der sittlichen Energien willen gepflegt«, und ganz im Geiste Rousseaus fährt er, noch deutlicher und direkter werdend, fort: »die auch sexuelle Gefährdungen zu überwinden fähig machen«. Nicht zuletzt aus diesem Grund trugen die Zöglinge ihre einheitlichen kurzen Leinenhosen bis in den November.

Freiheitliches Gebaren zeigte sich mehr in Äußerlichkeiten. Erzieher wie Zöglinge trugen langes Haar, und man duzte sich »brüderlich«. Das bedeutete aber nicht, betont Fröbel, »daß es etwa ein Wachsenlassen in wilder Freiheit« gegeben hätte. Es hat nichts dergleichen gegeben. Vielmehr herrschten eiserne Disziplin und konsequente Unterdrückung. Das war Fröbel wichtiger als jede Freiheit, schreibt er doch in seiner *Menschenerziehung:* »Der Mensch [...] muß Sklave sein können, um wahrhaft frei zu sein.«

Für solche Maximen hatten sowohl große Vorbilder als auch Fröbels eigene Erziehung Pate gestanden. Friedrich Fröbel wuchs in einem strenggläubigen protestantischen Elternhaus auf. Sein Vater war Pfarrer, und von ihm erfuhr er eine harte Erziehung. Mit wohlklingenden Worten gab er sie weiter an seine Zöglinge.

Auf dieses Erziehungsmodell stößt man immer wieder. Die als Kind gemachten Erfahrungen gab Pestalozzi an seinen Sohn weiter, Friedrich II. an seine Untertanen, und Kant machte eine Philosophie daraus. So wirksam kann Erziehung sein: in erster Linie für die Erzogenen und in zweiter Linie für alle, die von ihnen erzogen werden. So pflanzt sich Erziehung fort von einer Generation zur anderen und bestimmt großenteils unser aller Schicksal.

Wegweisend für die Erziehung der damaligen Zeit wie für die Zukunft war das sogenannte Philanthropinum in Dessau, zu dessen Lehrkörper auch Fröbel zeitweise gehört hatte. Die der pädagogischen Reformbewegung des Philanthropismus verpflichtete Anstalt wurde getragen von Johannes Bernhard Basedow als dem Leiter sowie seinen Anhängern Joachim Heinrich Campe, Christian Gotthilf Salzmann und Isaak Iselin. Sie strebte eine natur- und vernunftgemäße Erziehung an; die Zöglinge sollten sich natürlich entfalten und weltbürgerliche Aufgeschlossenheit erlangen. In Basedows Institut wurde nicht exerziert und nicht geschossen, schon gar nicht mit einer Kanone; es wurden neue Sprachen gelehrt, doch kam auch die humanistische Bildung nicht zu kurz. Das waren bemerkenswerte Unterschiede sowohl zu Pestalozzis Knabeninternat in Yverdon wie zur damaligen Erziehungstradition. Aber es blieben genügend Ähnlichkeiten, und zwar im eigentlichen Bereich der Erziehung. Das mögen einige Ansichten Basedows belegen.

Auch Basedow war Moralist, und zwar einer von der altmodischen Sorte, einer, der die Menschheit insgesamt für »in hohem Grade« verderbt hielt. Entsprechend war seine Einstellung zu Kindern, war sein Engagement, die verderbten Menschen und die verderbten Sitten zu verbessern, nicht nur die der Kinder. Seine Ansichten gleichen auffallend denen des jungen Pestalozzi. Basedow aber ging weiter. Er wollte seinen radikalen Puritanismus institutionalisieren. So wünschte er sich eine Moraldiktatur für das ganze Volk, eine umfassende »politische und moralische Zensur«. Ein »moralisches Edukationskonzil« sollte als »moralische Polizei« das gesamte Kulturleben kontrollieren, von der Oberaufsicht über alle Schulen, Erziehungsanstalten, Universitäten und Schriftsteller bis zur letzten Bühne auf dem Dorf. Selbstverständlich sollte alles moralisch nicht Einwandfreie verbannt und verboten werden, übrigens auch alles Unpatriotische. Das war gewiß eine Utopie und auch als Utopie gemeint; aber sie war vielsagend und bezeichnend.

Basedow war indes vor allem Praktiker und als solcher ganz und gar nicht utopisch. Er gab vielmehr sehr realistische und ernst gemeinte Erziehungsratschläge. Die vertrat er nicht nur vor Fachleuten, sondern er war bestrebt, sie einem breiten Publikum zugänglich zu machen, beispielsweise in seinem *Methodenbuch für Väter und Mütter der Familien und Völker.* Darin rät er, »Kinder und Untergebene auf die beste und gelindeste Weise früh zum Gehorsam« zu bringen. Und er vertritt die Ansicht: »Bedient ihr euch eurer Oberherrschaft nicht zu oft zu ihrem [der Kinder und der Untergebenen] Mißvergnügen, hütet ihr euch, sie ohne Not einzuschränken, seid ihr selbst munter, freundlich und gefällig, so wird ihre Liebe zu euch unfehlbar von Jahr zu Jahr zunehmen.« Das ist von weit geringerer moralischer Rigidität als alle zu der Zeit üblichen pädagogischen Maximen. Solche Ansichten erscheinen in ihrer Grundsubstanz selbst heute noch akzeptabel. Lediglich einige moderne utopische Moralisten werden jeden Gehorsam in der Erziehung abschaffen wollen, zwischen Eltern und Kindern Gleichberechtigung verlangen und in jeder Disziplinierung von Kindern eine Verletzung von deren Menschenwürde sehen. Wir kommen noch dazu.

Damals konnten viele von Basedows pädagogischen Lehren durchaus als fortschrittlich, als Reformpädagogik gelten. Was die »Oberherrschaft« der Eltern und der Erzieher betrifft, so war diese inzwischen fest etabliert und kein Diskussionspunkt mehr. Ein derart hierarchisches Eltern-Kind-Verhältnis war mittlerweile Bestandteil des gesellschaftlichen Bewußtseins geworden. Luther und Rousseau hatten mit ihren entsprechenden Auffassungen eine schnelle und tiefgreifende Wirkung gehabt. Die von ihnen propagierte Abhängigkeit der Kinder von den Eltern und die Gottähnlichkeit der patriarchalischen Väter wollte Basedow beileibe nicht reformieren. Er tat vielmehr sein Bestes, die Position der Erwachsenen zu verstärken. So rät er in seinem *Methodenbuch,* die Freundlichkeit der Eltern habe sofort zu enden, wenn Kinder anfingen, es an der notwendigen »äußerlichen Ehrerbietung« fehlen zu lassen. Damit diese Ehrerbietung gedeihe, müsse »wenigstens an jedem Tag einmal [...] eine Verbeugung oder irgendeine Zeremonie, welche ihre ganze Abhängigkeit von den Eltern und Aufsehern zeigt, die Kinder lebhaft derselben erinnern«. Das begründet er folgendermaßen: »Was kann natürlicher sein, als daß die Jugend von ihren Eltern und Aufsehern abhängt und an dieses Verhältnis oft erinnert werden muß?« Abgesehen davon, daß auch er mit »natürlich« das immer wieder mißbrauchte Modewort des Jahrhunderts im Munde führt, gewinnt Basedow hiermit wieder den nahtlosen Anschluß an die Disziplinierungs- und Unterdrückungspädagogik seiner vielen Vorgänger, die zu reformieren er sich anheischig gemacht hatte. Und er entwickelt die notwendigen erzieherischen Rituale, um die »Oberherrschaft« der Erwachsenen über die Kinder weiter zu festigen; als »Diener«, den die kleinen Jungen zu machen hatten, und als »Knicks« der Mädchen haben sie sich bis in die Mitte des 20. Jahrhunderts erhalten. Nicht zuletzt damit förderte der Reformer Basedow die Einstellung, Kinder nicht in erster Linie als Menschen anzusehen, sondern als Erziehungsobjekte, als Zöglinge. Nicht von ungefähr entstand das Wort Zögling in jenem »pädagogischen« Jahrhundert, und ebensowenig zufällig wurde es gelegentlich als »Züchtling« gebraucht, etwa im *Deutschen Wörterbuch* der Brüder Grimm. So erscheint es nur folgerichtig, daß Basedow in seinem *Methodenbuch* lehrt, Kinder dürfe, ja müsse man gelegentlich züchtigen. Die wenigsten Eltern, so schreibt er, »werden es durch eine weise Erziehung ihrer Kinder soweit gebracht haben, daß ihr Rat so kräftig ist als ein Befehl«; folglich müßten die meisten »zu härteren Mitteln greifen«. Wenn sie aber durch Züchtigung »wahrhaftigen Gehorsam ihrer Kinder« erreichen wollten, so sollten ihre Mienen und Worte dabei »zwar ernsthaft, doch nicht grimmig und feindselig sein«. Aber nicht etwa aus Menschenfreundlichkeit empfahl er solches, sondern deshalb, damit die Kinder nicht unnütz von der eigentlichen Prozedur abgelenkt würden, bei der sie »nichts als Schmerzen und Verdruß fühlen sollen«. Im Gegensatz zu Francke rät Basedow davon ab, den Kindern zu sagen, daß man sie ungern strafe: »Man sei gefaßt und ernsthaft, man kündige die Strafe an, man strafe und sage weiter nichts, bis die Handlung geendigt und der bestrafte kleine Verbrecher [!] wieder fähig ist, neuen Rat und neue Befehle zu verstehen.«

Nun weiß Basedow selbstredend, daß es bei solchen Strafvollstreckungen gelegentlich Schwierigkeiten gibt. Delinquenten widersetzen sich, oder sie schreien entsetzlich. Sein Rat für solche Fälle: Keinesfalls mit der Züchtigung aufhören. Die Täter »müssen jedesmal durch die Tat überzeugt werden, daß alles dieses ihnen nichts helfe, sondern nur ihr Übel vermehre. Die Besorgnis, daß die Kinder in Epilepsie verfallen oder durch Schreien ungesund werden könnten, ist meistenteils eitel.« Er fordert, die Züchtigung so lange fortzusetzen, bis jede Widerspenstigkeit aufhört. Das »Weinen und Ächzen« nach einer solchen Behandlung solle man nicht verbieten; das wäre unnatürlich. Wollten sich Kinder jedoch mit solchen Tönen rächen, so solle man sie davon ablenken. »Hilft dieses aber nicht, so darf man das Weinen verbieten und die Übertretung strafen, bis nach dem Ende der neuen Züchtigung das Weinen aufhört.«

Mit dieser Ansicht stand Basedow nicht allein, nicht einmal allein in Deutschland. Im Schulreglement einer der ersten Petites écoles in Frankreich, das später anderen als Modell diente, heißt es laut Ariès: »Man muß energischer strafen, wenn das Kind unter den Rutenhieben zu schreien anfängt.« Die Begründung ist die gleiche wie bei Basedow.

Es geht hier nicht um die Strafe. Man kann, man wird und man muß Kinder manchmal strafen; das ist in aller Regel kaum zu vermeiden. Worum es geht, ist die Art und Weise der Bestrafung. Wie an einem Verbrecher wird sie vollzogen, allerdings ohne daß das Kind einen Verteidiger gehabt hätte. Es besitzt überhaupt kein Recht, es wird nicht gefragt, darf sich nicht einmal äußern, und Widerstand wird mit Gewalt gebrochen. Die Kinder werden behandelt wie fremde, wenn nicht gar feindliche Wesen. Und das geschieht selbstverständlich im Namen der Moral. Die moralische Tyrannei von Magistern, Theologen und Philosophen bestimmte zu jener Zeit das pädagogische Klima. Basedow schreibt: »Die Erziehung ist im ganzen Leben das wichtigste. Der Moralist darf zum besten derselben die stärksten Forderungen machen.« Das tat Basedow; seine Zeitgenossen und seine vielen Nachfolger taten es ebenfalls:

Moral als Freibrief für Prügel und für Unterdrückungspädagogik. Das ist schlecht, und es ist schlimm, daß diesen entsetzlichen pädagogischen Moralisten dabei die Menschlichkeit abhanden gekommen ist. Nicht der Mensch zählt für sie, also auch nicht das Kind, sondern die Moral und die Sittlichkeit. Darüber hinaus haben in erster Linie diese Moralpädagogen dafür gesorgt, daß die Stellung der Eltern, ganz besonders der Väter, als gottähnliche Instanz gewahrt, gefestigt und von den Menschen verinnerlicht wurde. Ihr wahrhaft »einschlägiges« Bemühen war derart erfolgreich, daß es bis in die Gegenwart gewirkt hat. In ihrem Buch *Im Dunkeln singen* bestätigt dies Luise Rinser im Jahr 1986. Sie fragt sich: »Wer oder was war denn das: mein Vater? War das mein irdisch-leiblicher Erzeuger und unbarmherziger Erzieher? Oder war es derjenige, den man den himmlischen Vater nennt? War mein Vater die mir anerzogene Gott-Vater-Vorstellung? War mir mein leiblicher Vater die irdische Verkörperung jeder Autorität? War mein Vater vielleicht der Heilige Vater, der Papst? Für mich als katholisches Kind Konzentrat aller Autorität? War mein Vater, der Heilige Vater, nicht die Manifestation äußerer Autorität in mir selbst, mein Über-Ich, das meine menschlich-geistige Entwicklung hinderte, indem es mich an mir wesensfremde Gesetze fesselte?« Ließe sich Luise Rinsers Erfahrung verallgemeinern, dann hätte die im 18. Jahrhundert endgültig etablierte neuzeitliche Erziehung so manchen Menschen in seiner Entwicklung behindert und an wesensfremde Gesetze gefesselt.

Auf jeden Fall hat die Moralpädagogik sich durchgesetzt, und dafür ist ihr fast jedes Mittel recht gewesen. Eines ihrer vielpropagierten Mittel war »Konsequenz«. Nun ist grundsätzlich gegen Konsequenz in der Erziehung wenig zu sagen. Aber auch hier ist es wieder die Art und Weise, wie sie praktiziert wurde. Sie spiegelt in typischer Weise die bürgerliche Erziehungshaltung mit ihrer bezeichnenden Einstellung zu Kindern. Es war wie mit dem Gehorsam, der bei den Moralisten absolut sein mußte. So auch die Konsequenz. Zur Begründung wurde nicht die sonst zu dieser

Zeit so lautstark gepriesene Vernunft strapaziert, wurden keine fundierten und theoretisch abgesicherten Begründungen vorgebracht. Pädagogik, das waren Maximen, Überzeugungen und mehr oder minder religiös eingefärbte Glaubensbekenntnisse. Sie standen nicht zur Diskussion. Sie waren so, hatten so zu sein, »fest und unerschütterlich«, wie Joachim Heinrich Campe fordert. In Form von Thesen und von Beispielen wurden sie den Menschen immer wieder eingeprägt.

Hier ist ein solches Lehrbeispiel von Basedow. Ein Zögling will seinen Aufseher in Schrecken versetzen und sagt zu ihm, er wolle sich die Hand verbrennen. Er hält sie tatsächlich ins Ofenloch, aber so, »daß er sie eben nicht verbrannte«. Mit irgendeiner witzigen Bemerkung oder auch nur mit einem müden Grinsen hätte man auf diese ja nun wirklich nicht schwerwiegende Provokation angemessen und pädagogisch sinnvoll reagieren können. Aber welcher pädagogische Moralist hat schon Humor! Was tut also der von Basedow als vorbildlich gepriesene Aufseher? »Ein Kavalier muß Wort halten«, sagt er, packt die Hand des Buben und hält sie so weit ins Ofenloch, »bis sie wirklich schmerzte«. Das ist pädagogische Konsequenz. Sehr ähnlich hatte sie schon Pestalozzi bei seinem kleinen Sohn praktiziert.

Für die damaligen Pädagogen, ob fortschrittlich oder ob nicht, waren Konsequenz, moralische Unerbittlichkeit und unbedingter Gehorsam Erziehungsgrundsätze von der Selbstverständlichkeit eines Naturgesetzes. Sie verstanden es immer besser, diese Grundsätze in solchem Sinne und in Form von interessanten Geschichten unters Volk zu bringen: eingängig, leicht zu lesen und, zumindest damals, unmittelbar überzeugend wirkend. Für ihre Erziehungslehrstücke setzten sie all ihr pädagogisches Talent ein, wobei sie sich nicht zuletzt nach Pestalozzis Lehrsatz richteten, daß Anschauung das Fundament aller Erkenntnis sei. Sie erzielten eine beachtliche Breitenwirkung und erreichten schließlich, daß ihre Maximen zum gesellschaftlichen Allgemeinbesitz wurden. Als besonders einflußreich auf diesem Gebiet erwies sich Christian Gotthilf Salzmann, ein damals wie heute bekannter und geachteter Pädagoge, der noch jetzt den meisten Studenten der Erziehungswissenschaft ein Begriff ist. Häufig beginnt er seine Geschichten mit der Erklärung, daß er dagegen sei, Kinder zu prügeln. Das läßt ihn als einen ebenso ehrenwerten wie fortschrittlichen Mann erscheinen. Aber das ist er nicht, denn er hält sich nicht an die anfänglich gemachte Aussage, und er hat schon vorher genau gewußt, daß er sich nicht daran halten würde. Ein solches Gebaren ist eine nicht eben unbekannte Taktik, geeignet, den Leser zu täuschen. Man stößt immer wieder darauf. Hinter großartigen Überschriften und überzeugend bekundeten Idealen verbirgt sich allzuoft übelste Unterdrückungspädagogik. Darauf verstand sich schon Rousseau. Es sind seine wunderbaren Absichtserklärungen in *Émile,* denen er sein großes Ansehen als freiheitlicher und fortschrittlicher Erzieher verdankt.

Salzmann hat gleichfalls vieles Großartige über die Erziehung gesagt. Er ist sogar als Anwalt der Kinder aufgetreten und hat sich gegen Kinder unterdrückende Praktiken gewandt. Seine pädagogischen Lehrstücke hingegen sprechen eine andere Sprache, beispielsweise in einem seiner Hauptwerke, *Konrad Kiefer oder Anweisung zu einer vernünftigen Kinder-Erziehung.* Salzmann stellt darin einen Vater und einen Lehrer vor, welche die im Titel genannte vernünftige Kindererziehung praktizieren. Verfolgen wir einmal, wie sie das gemacht haben. Zunächst der Lehrer. Autor Salzmann bewundert sein eigenes literarisches Geschöpf, weil die Kinder diesem Lehrer »ohne Schläge gehorchten«. Wie bringt er das fertig? Die Frage ist für damals durchaus berechtigt. Die Antwort des Pädagogen ist ganz einfach: Der Lehrer sucht seine Schüler durch sein ganzes Verhalten davon zu überzeugen, daß er es gut mit ihnen meint, besonders gut aber mit den Braven, Gefälligen und Fleißigen, die er belohnt und den anderen vorzieht. Wer sich jedoch nicht in den vorgegebenen Rahmen fügt, den bestraft er durch Zurücksetzung und Nichtbeachtung, was, so behauptet er, schon dazu führe, daß die derart »Gestraften heiße Tränen vergießen«. Nun, ich weiß nicht recht. So leicht vergießen Kinder keine heißen Tränen, wenn sie von ihren Schulmeistern einmal nicht beachtet werden. Ganz sicher aber würde es viele Lehrer befriedigen, wenn sie es täten. Es schmeichelt ihrer Eitelkeit. Vielleicht hat hier Wunschdenken Salzmann die Feder geführt. Immerhin räumt sein Lehrer ein, nicht jeder Schüler sei »durch solche gelinden Mittel« zu disziplinieren, und das ist fraglos richtig.

Man sollte jetzt erwarten, daß der Autor eine Anzahl von weniger milden Erziehungsmitteln anführt, um einen nicht so leicht zu beeindruckenden Schüler auf den rechten Weg zu bringen. Schließlich gab es sogar bei Francke die »Stufen der Ermahnungen«, die einer harten Bestrafung vorauszugehen hatten. Hier gibt es nichts dergleichen. Salzmanns Musterlehrer kennt nur eine einzige Alternative: Funktioniert seine Nichtbeachtung nicht, dann, so heißt es, »muß ich ihn [den »Delinquenten«] freilich schlagen«. Er sagt »freilich«; es ist für ihn also etwas ganz Selbstverständliches, so zu verfahren.

Damit ist der Widerspruch zu Salzmanns kinderfreundlichen Absichtserklärungen schon offensichtlich. Aber dies ist erst der Anfang des bemerkenswerten Lehrstücks. Es ist nämlich nicht so, daß der betroffene Schüler nun etwa ein paar übergezogen bekäme und die Sache damit ausgestanden wäre. Es geht folgendermaßen weiter: »Ich schlage ihn nicht in dem Augenblick, da er die Strafe verdient hat, sondern verschiebe es bis zum folgenden oder bis auf den dritten Tag.« Einen solchen den Schüler quälenden Aufschub hat selbst Francke für bedenklich gehalten und nur in Ausnahmefällen praktiziert. Salzmanns Lehrer hat diese Bedenken nicht. Er legt vielmehr dar, welche Vorteile es ihm bringt, die Angelegenheit auf diese Weise zu behandeln. »Erstlich«, so sagt er, »kühlt sich unterdessen mein Blut ab.« Hier folgt er ohne Einschränkung Punkt 3 der Franckeschen *Instruktion* für die Züchtigung von Zöglingen. Es gilt seitdem als professionell, daß Lehrer bei Strafen keine Gefühle zeigen. Das mag gut sein oder auch nicht.

Auf jeden Fall setzen sich die Lehrer dadurch von der in ihren Augen dilettantischen häuslichen Erziehung ab, bei der Väter und Mütter in der Regel keinen Hehl daraus machen, wenn sie zornig auf ihre Kinder sind. Auch hier mag man darüber streiten, ob diese Einstellung gut oder nicht gut sei. Eines ist sicher: Solche Eltern verstellen sich nicht. Sie bieten den Kindern eine klare und verständliche Situation; die Kinder wissen, woran sie sind. Bei Salzmann hingegen werden sie einer wohlüberlegten pädagogischen Behandlung unterzogen, die sie ängstigen, demütigen und unterwerfen soll. Als zweiten Vorteil des Strafaufschubs nennt Salzmanns Lehrer, daß er sich in aller Ruhe überlegen könne, wie die »Exekution« (sein Wort!) mit größtmöglicher Wirksamkeit durchzuführen sei. Drittens schließlich, und das ist der wesentliche Punkt, treffe den »Delinquenten« die lange Wartezeit empfindlicher als die Schläge selbst, fühle er »die Strafe zehnfach, nicht nur auf dem Rücken, sondern auch durch beständiges Denken an dieselbe«.

Salzmanns katholischer Kollege Johann Ignaz von Felbiger (1724–1788) empfiehlt ebenfalls die Nutzung der Strafangst, die durch das Hinausschieben der Strafe erzeugt wird. Er rät außerdem, den Delinquenten bis zum Vollzug der Strafe wie einen Aussätzigen zu isolieren.

So also sah professionelle reformpädagogische Erziehung aus, den damaligen werten Lesern zu Nutz und Frommen erzählt und zur gefälligen Nachahmung empfohlen. Aber Salzmanns Geschichte ist immer noch nicht zu Ende. Mit Befriedigung und vielleicht sogar mit einem Anflug von Stolz schildert nun der Verfasser, wie der Strafakt durchgeführt – nein, wie er regelrecht inszeniert und zelebriert wird. Der Lehrer spielt dabei den souveränen Zeremonienmeister. Diesen Abschnitt, wiedergegeben in Katharina Rutschkys Buch, möchte ich wörtlich zitieren: »Kommt nun der Tag der Strafe, so halte ich gleich nach dem Morgengebet eine wehmütige Anrede an sämtliche Kinder und sage ihnen, daß ich heute einen sehr traurigen Tag hätte, indem ich durch die Unfolgsamkeit eines meiner lieben Schüler in die Notwendigkeit wäre versetzt worden, ihn zu schlagen. Da fließen schon viele Tränen, nicht nur von dem, der gezüchtigt werden soll, sondern auch von seinen Mitschülern. Nach Endigung dieses Vortrags lasse ich die Kinder sich niedersetzen und fange meine Lektion an. Erst wenn die Schule geendigt ist, lasse ich den kleinen Sünder vortreten, kündige ihm sein Urteil an und frage ihn, ob er wisse, womit er es verdient habe. Hat er dies gehörig beantwortet, so zähle ich ihm in Gegenwart sämtlicher Schulkinder seine Schläge zu, wende mich dann an die Zuschauer und sage, wie ich herzlich wünsche, daß dies das letztemal gewesen sein möge, da ich genötigt gewesen wäre, ein Kind zu schlagen.«

Und solche Pädagogik hat man für normal gehalten! Da waren sich alle einig in jenem Jahrhundert. Niemand hat sie niederträchtig und grausam genannt, und keiner hat festgestellt, daß hier Verstellung bis zur Heuchelei getrieben wird. Nichts als falsche Töne kommen bei diesem beispielhaften Lehrer heraus, und er zeigt kein einziges echtes Gefühl. Mit seiner trübseligen Ansprache macht er den Kindern lediglich ein wohlvorbereitetes und wohlberechnetes Theater vor. Er will sie beim Gemüt packen; tatsächlich aber drückt er mit dieser falschen Sentimentalität nur auf ihre Tränendrüsen. Und wer soll ihm seine Behauptung glauben, dies sei ein trauriger Tag für ihn? Nicht darum hat er ihn so sorgfältig vorbereitet, sondern darum, damit es ein erfolgreicher Tag für ihn werde, ein Tag, an dem er über den Zögling triumphiert. Und wenn er sagt, er sehe sich genötigt, »einen seiner lieben Schüler« zu schlagen, so grenzt dies schon an Zynismus. Keinem Lehrer waren damals ungehorsame oder gar aufsässige Schüler lieb.

Die Wahrheit ist, daß er mit einem mißliebigen Schüler abrechnet. Dem zahlt er es heim, daß er sich ihm nicht untergeordnet hat. Darum quält er ihn möglichst effektiv, und zwar bis zur letzten Minute, bis zum geradezu genüßlich hinausgezögerten Höhepunkt, an dem der arme Kerl endlich seine Prügel bekommt – öffentlich, so, wie es unguter pädagogischer Tradition entspricht, und mit falscher Feierlichkeit. Nein, das ist kein trauriger Tag für den

Lehrer, sondern ein Tag der Genugtuung. Wie herzlich sein Wunsch gemeint war, daß dies das letztemal gewesen sein möge, mag dahingestellt bleiben. Fest steht, daß Strafinszenierungen dieser Art Teil der Pädagogik wurden, und das nicht etwa nur bis 1900. Es dürfte noch so manchen geben, der sich ähnlicher Szenen erinnert.

Das ist es unter anderem, was das »pädagogische Jahrhundert« so bedeutungsvoll macht: Es hat die Pädagogik bis in die Jetztzeit hinein beeinflußt. Erstaunlich ist, daß man diesen Einfluß bis heute kaum wahrgenommen und nur höchst selten kritisch bewertet hat. Nach wie vor gelten die Reformpädagogen als Klassiker der Pädagogik, und kaum jemand hat Salzmann Lehrbeispiele wie diese angelastet. Für Josef Rattner ist er »eine der bewundernswerten Gestalten der pädagogischen Aufklärung in Deutschland«. In Lexika und pädagogischen Handbüchern ist ähnliches zu lesen.

Hören wir nun von Salzmann, wie ein Vater, der Vater Kiefer, ein häusliches Erziehungsproblem erfolgreich löst. Katharina Rutschky nennt das Beispiel treffend eine »Urszene der Pädagogik«. Der Erziehungsroman *Konrad Kiefer* orientiert sich stark an *Émile*. So verwundert es nicht, daß Salzmann Rousseaus Bild vom »süßen Kind« übernimmt. Aus Konrad wird ein Konrädchen und aus Christel ein Christelchen. Solche Verkleinerungsformen sind großenteils erst im 18. Jahrhundert entstanden, zum Beispiel auch das »Bübchen«. Sie verniedlichen Kinder nicht nur, sie machen sie auch klein, in der Bedeutung »gering«. Zusammen mit entsprechenden Verhaltensritualen wie dem »Diener« der Jungen und dem »Knicks« der Mädchen machen sie sie auch unterwürfig. Genau das wollte man.

Die Geschichte beginnt wieder mit einem honorigen Einstieg: Konrädchen sollte ganz ohne Schläge erzogen werden. Das hatte Vater Kiefer sich fest vorgenommen. Sein Vorsatz währte nicht lange. Christelchen kam zu Besuch und brachte ihre Puppe mit. Kaum hatte Konrädchen die gesehen, da wollte er sie haben. Der Vater bat Christelchen, sie Konrädchen zu geben, und das tat sie. Nach einer

Weile wollte Christelchen ihre Puppe wiederhaben. Konrädchen weigerte sich jedoch, sie herzugeben. Was nun? Der Vater hätte den Jungen durch ein Bilderbuch ablenken und damit erreichen können, daß er die Puppe zurückgäbe. Aber das wollte er nicht, und er tat es auch nicht. »Dies fiel mir aber nicht ein«, heißt es, was bedeutet, daß er nicht daran dachte. Sein Grund dafür war: Er fand es an der Zeit, das Kind zu lehren, »dem Vater aufs Wort zu gehorchen«. Hier wird die Geschichte moralisch, und schon geht es nicht mehr ums Kind. Ab jetzt geht es ums Prinzip. Nach dem Warum wird nicht gefragt. Konrädchen hatte zu tun, was sein Vater sagte, und damit basta. Er tat es aber nicht. Der Konflikt war geschaffen, sinnloserweise, jedoch ganz bewußt sowie aus für notwendig und gut erachteten pädagogischen Gründen. Fest drückte Konrad die Puppe an sich, drehte dem Vater den Rücken zu, weinte, trotzte. Kein Zureden half.

In schöner Einigkeit sehen fast alle Moralpädagogen in solchem Verhalten den Versuch der Kinder, über die Erwachsenen zu herrschen. Ebenso einig sind sie sich über die notwendige pädagogische Konsequenz: Man muß ihnen den Eigenwillen brechen. Eine derartige pädagogische Eingleisigkeit schließt weitere Überlegungen aus. Es wurden folglich auch bei Konrädchen keine angestellt. So wurde der Junge nicht etwa gefragt, warum er sich weigere, die Puppe wieder herzugeben. Der Vater ordnete lediglich an, daß Konrädchen die Puppe Christelchen sofort wiederzugeben habe. Begründung: »Ich will es haben.« Na bitte. »Und was tat Konrädchen?« fragt Salzmann. Ja, was? »Es warf die Puppe Christelchen vor die Füße.«

Wer wollte ihm heute diese Reaktion verdenken! Vater Kiefer aber tat, als breche eine Welt zusammen. Dafür zitierte er sogar den lieben Gott: »Gott, wie erschrak ich darüber.« Über das, was er selbst provoziert hat, erschrickt er nun dermaßen, daß ihn dieser Schreck mehr trifft, als wenn seine beste Kuh im Stall tot umgefallen wäre. So steht es zu lesen. Es wird der Eindruck vermittelt, als habe Vater Kiefer noch niemals kindliches Trotzverhalten gesehen oder auch nur davon gehört. Seine hochstilisierte Betroffenheit ist pure Heuchelei. Aber sie hat durchaus ihren Sinn und ihre gewiß wohlbedachte pädagogische Funktion, dient sie doch als Begründung und als Rechtfertigung für die Härte der nun folgenden erzieherischen Maßnahmen. Alle seine guten Vorsätze hintanstellend, Kinder nicht zu schlagen, griff nämlich der Vater zur Rute – die er also schon besaß –, zeigte sie seinem Sohn und befahl: »Heb die Puppe auf, oder ich haue dich mit der Rute.« Konrad schrie: »Nein! nein!« Der Vater holte mit der Rute aus, aber da trat die Mutter dazwischen und rief: »Lieber Mann, ich bitte dich, um Gottes willen.« Solche leidige Nachgiebigkeit der Mütter hatte schon Rousseau verdammt, und Friedrich II. hatte deren »grenzenlose Nachsicht« beklagt. Auch Salzmanns Vater Kiefer läßt sich nicht durch den Einspruch der Mutter von seiner konsequenten Erziehungshaltung abbringen. Er »nahm Puppe und Rute und das Kind auf den Arm«, begab sich ins Nebenzimmer und schloß ab, »daß die Mutter nicht nachkommen konnte«. Was tat er nun? Er warf seinerseits die Puppe auf die Erde, tatsächlich. Und dann kommandierte er: »Heb die Puppe auf, oder ich schlage dich mit der Rute.« Aber sein Konrad blieb bei seinem Nein. Lautmalerisch und im ursprünglichen Sinn des Wortes fickfacken, »stäupen, schlagen«, werden die nun folgenden Schläge geschildert. »Da ging es nun fick, fick, fick!« Aber Konrad hob dennoch die Puppe nicht auf. Konsequenterweise bekam er nun »die Rute noch derber«, und das nutzte endlich. Er hob die Puppe auf, gab sie Christelchen und lief »lautschreiend zur Mutter und wollte seinen Kopf in ihren Schoß legen«. Befriedigt stellt Autor Salzmann fest: »Diese aber hatte so viel Verstand, daß sie ihn zurückwies.«

Der beispielhafte Vater hatte durch brutale Prügel gesiegt. Aber das reformpädagogische Selbstverständnis erforderte, daß man sich weder zu Prügeln noch zur Genugtuung einem Zögling gegenüber bekennen durfte, wie dies noch bei Luther und Francke der Fall gewesen war. Derartige Skrupel waren neu. Sie änderten allerdings nichts an der Härte der erzieherischen Maßnahmen. Die wurde nun lediglich verbrämt. Hier wird das unbarmherzige Erziehungsverhalten durch Mitleidigkeit kaschiert. Aber es wird nicht etwa der Sohn bemitleidet. Nein, der arme Vater wird bedauert. Die erzieherische Aktion mit der Rute hatte, so heißt es, sein »Herz gewaltig angegriffen«, so gewaltig, daß er bei Tisch keinen Bissen hinunterbekam. Mehr noch: Was er getan hatte, quälte ihn derart, daß er sofort zum Herrn Pfarrer ging, um sein »Herz vor ihm auszuschütten«.

Hier zeichnet sich eine schon zum Zynismus neigende doppelte Moral in der Erziehung ab; sie ist ein Produkt jenes Jahrhunderts, wird aber nicht darauf beschränkt bleiben. Sentimentalitäten und Skrupel dürfen selbstverständlich nicht so weit gehen, daß sie die patriarchalischen Erziehungsgrundsätze gefährden. Also rückt der Pfarrer die Situation wieder zurecht. Gut sei es gewesen, daß Vater Kiefer »den kleinen Starrkopf tüchtig durchgehauen habe«. Als Autorität der Kirche erteilt er also dem Vater die Absolution für den pädagogischen Gewaltakt. Aber dabei läßt er es nicht bewenden. Er gibt weiteren wertvollen Rat: »Hätte er ihn nur sanft gehauen, so hätte es nicht nur diesmal nichts geholfen, sondern er würde ihn nun immer haben schlagen müssen.« Und dann übt der geistliche Herr gleich noch einmal an den Müttern Kritik: »Daher kommt's, daß die Kinder sich gemeiniglich so wenig aus den Schlägen der Mütter machen, weil diese den Mut nicht haben, derb zuzuschlagen.«

So sieht die pädagogische Logik der von protestantischer Moral geprägten Aufklärung aus! Hierzu muß man wissen, daß auch Salzmann einer Pfarrersfamilie entstammte und selber als Pastor tätig gewesen war, bevor er sich dem Erziehungswesen zuwandte. Aus dem Pfarrer seines Lehrbeispiels spricht also auch er selbst. Und es waren vornehmlich Männer mit diesem Hintergrund und außerdem nur Männer, die das sogenannte pädagogische Jahrhundert geprägt haben. Die Frauen und Mütter hatten so gut wie nichts zu sagen und nichts zu bestimmen. Das zeigt ja auch diese Geschichte sehr eindrücklich.

Abschließend gibt der Pfarrer dem Vater noch folgende christliche pädagogische Lebenshilfe mit auf den Weg: »Da nun bei seinem Konrädchen die Hiebe noch im frischen Andenken sind, so rate ich ihm, daß er diese Zeit benütze. Wenn er nach Hause kommt, so kommandiere er ihn fein oft. Lasse er sich Stiefel, Schuhe, die Tabakspfeife beiholen und wieder wegtragen; lasse er ihn die Steine im Hofe von einem Platz zum anderen legen. Er wird alles tun und sich zum Gehorsam gewöhnen.« Das sind Maßnahmen, wie man sie heute keinem Strafgefangenen mehr zumutet. Doch mit diesem Rat ist die männlich-christliche pädagogische Welt wieder in Ordnung und dem Untertitel von *Konrad Kiefer* offensichtlich Rechnung getragen: *Anweisung zu einer vernünftigen Kinder-Erziehung.*

Alice Miller zitiert in ihrem Buch *Am Anfang war Erziehung* im Kapitel »Die schwarze Pädagogik« ebenfalls dieses Beispiel und schreibt dazu: »Der Trost des Herrn Pfarrers – klingt er denn so altmodisch? Haben wir nicht im Jahre 1979 gehört, daß zwei Drittel der deutschen Bevölkerung für die Prügelstrafe sind? In England ist die Prügelstrafe noch nicht verboten, und in den Internaten gehört sie dort zur Norm. Wen wird später die Antwort auf diese Demütigungen treffen, wenn die Kolonien nicht mehr herhalten? Es kann ja nicht jeder ehemalige Schüler zum Lehrer werden und auf diesem Wege seine Rache einziehen.«

Genau das ist es, was das »pädagogische Jahrhundert« so unglaublich aktuell macht. In seinem *Krebsbüchlein* spricht Salzmann von einer unter furchtbarem Druck »seufzenden Menschenart«. Er meint damit die Kinder und brandmarkt deren Eltern als Unterdrücker. »Die Mißhandlungen, die sie [die Kinder] in den mehrsten Häusern ausstehen müssen, sind bis zum Bejammern groß; und gleichwohl sind die mehrsten unserer Zeitgenossen schon so sehr an dergleichen Anblicke gewohnt, daß sie das unschuldigste Kind können peitschen sehen und sein Jammergeschrei anhören [...] ohne dabei an Ungerechtigkeit zu denken.« Die bösen Eltern unterdrücken also die armen Kinder und schwingen den Knüppel. Aber die Unterdrückung, welche die Pädagogen ausüben, und die Prügel, die sie verteilen, zählen nicht; was sie tun, das gilt als gerecht. Ihnen blutet schließlich auch das Herz, wenn sie die lieben Kleinen quälen und schlagen müssen. Solche Widersprüchlichkeiten sind für die Moralpädagogen nachgerade typisch. Typisch ist auch ihre Geringschätzung der elterlichen Erziehung. Sie fing schon bei Luther an, und sie endet durchaus nicht bei Salzmann. Dabei ist die Einstellung der pädagogischen Experten zum Erziehungsverhalten der Eltern absolut gegensätzlich. Die einen kritisieren deren zu große Härte, die anderen deren zu große Nachsicht. So hat sich Pestalozzi über das finstere Prügelmilieu in den Elternhäusern moralisch entrüstet. Hier tat dies Salzmann. Tatsache aber ist, daß sich Eltern wie Dorfbewohner über Pestalozzis Prügeleien beschwert haben. Bei Salzmann tat dies dessen eigene Frau. Ferner ist aus Frankreich bekannt, daß Eltern und eine breite Öffentlichkeit sich gegen das »brutale Repressionssystem« in den Schulen gewandt haben. Mit Erfolg! Das schulische Disziplinierungssystem wurde 1763 abgeschafft. Dabei hatte man sich geschickt die Vertreibung der Jesuiten zunutze gemacht, die dieses System weitgehend getragen hatten. Diese Liberalisierung hat sich allerdings nicht lange gehalten und ist wenige Jahre später durch einen paramilitärischen Status der Schulen abgelöst worden (Ariès).

Andere Moralpädagogen und -theologen, von Luther über Rousseau bis zu Campe, haben den Eltern vorgeworfen, ihre Kinder zu lax zu erziehen, sie zu verweichlichen und zu verwöhnen, und haben sich darüber moralisch empört. Richtig ist zumindest eines: Von jeher haben Pädagogen gern an der Erziehungsfähigkeit der Eltern gezweifelt und sich auf diesem Gebiet für die einzig kompetenten Fachleute gehalten. Daran hat sich bis heute faktisch nichts geändert. Wie im 18. Jahrhundert geben sie die gleichen widersprüchlichen Ratschläge. Die einen behaupten, die Eltern behandelten ihre Kinder zu autoritär, die anderen versichern das Gegenteil, und damals wie heute sind die einen wie die anderen von der Richtigkeit ihrer Ansichten zutiefst überzeugt.

Wir wissen nicht genau, wie es seinerzeit in den Familien zugegangen ist; wir wissen aber sehr genau, wie die maßgeblichen Moralpädagogen und Moraltheologen sowie etliche Moralphilosophen Kinder erzogen haben wollten und wie sie sie tatsächlich erzogen haben. Und wir wissen, was davon Schule gemacht hat: Es waren nicht ihre achtbaren Absichtserklärungen und ihre kinderfreundlichen Thesen, sondern ihre vielen so ungemein anschaulichen praktischen Beispiele für Prügel- und Unterdrückungspädagogik. Die sind auf fruchtbaren Boden gefallen, haben eine beachtliche Breitenwirkung gehabt und bis in unsere Gegenwart den Erziehungsalltag in Schulen und Familien weitgehend bestimmt.

Die fortschrittlichen Ideen und Ideale der Reformpädagogen, welche diesen nicht abgesprochen werden sollen, wurden und werden nicht nur in der pädagogischen Fachliteratur gelobt; sie haben tatsächlich den Unterricht in den Schulen reformiert. Der aber ist nicht Anliegen dieses Buches. Hier geht es um den Erziehungsprozeß im engeren, eigentlichen Sinn, das heißt um die ganz besondere Beziehung, wie sie sich zwischen Erwachsenen und Kindern abspielt. Letztlich geht es um die Frage, ob Erziehung nutzt, wem sie nutzt und welche Wirkungen sie auf Menschen hat. Und es geht darum, welche Spuren die Vergangenheit in unserer Gegenwart auf dem Gebiet der Erziehung hinterlassen hat.

Bis jetzt waren das vor allem die Spuren verschiedener Persönlichkeiten des 17. und des 18. Jahrhunderts, die sich mit Erziehungsfragen beschäftigt haben und auf diesem Felde zu Ruhm und Ehre gelangt sind, Männer, die zum großen Teil noch immer hohes Ansehen genießen und allgemein anerkannt sind. Sie waren es, die das pädagogische Klima nicht nur ihrer Zeit geprägt haben. Der Himmel mag wissen, warum sich bisher kaum jemand mit ihren unterdrückenden und nicht selten perfiden Erziehungstheorien und Erziehungspraktiken kritisch auseinandergesetzt hat. Zum Beispiel mit denen von Johann Georg Sulzer (1720–1779), Theologe, Pädagoge, Ästhetiker, der, gebürtiger Schweizer, als Professor in Berlin lehrte, Direktor der »École militaire« unter Friedrich II. war und weiten Kreisen durch seine Veröffentlichungen bekannt wurde. Er ist bis heute nicht vergessen. Seine pädagogischen Schriften erschienen noch im Jahr 1922, und in der von Hermann Röhrs herausgegebenen *Bildungsphilosophie* von 1967 ist er mit zwei Beiträgen vertreten; der Titel des einen lautet: *Allgemeine Regeln über die Art und Weise, die Gemüter der Kinder zu bilden.* Bei Sulzer ist Bildung vor allem anderen eine Bildung zur Tugend. Sein Ziel ist es, in den Kindern »allgemeine Liebe zur Tugend und zu ehrbaren Dingen zu erwekken«; zu diesen zählen »Liebe zur Ordnung, Standfestigkeit und Neigung zu Geduld, Lust zur Arbeit [...] Liebe zu wahrer Ehre«. Um dieses Ziel zu erreichen, müsse man »die Tugenden und Neigungen, die man den Kindern einpflanzen will, mit den besten Lobeserhebungen« anpreisen. Das geschieht seiner Meinung nach am zweckmäßigsten durch entsprechende Beispiele, »wahre Historien oder erdichtete Erzählungen«, welche die Kinder »die moralischen Schönheiten fühlen lassen« und »Laster häßlich machen«. Alle Umstände könne man »so wählen, daß die Tat, die man darstellen will, so reizend herauskommt, als man sie vielleicht sonst nicht mehr sehen würde«. Ferner lassen sich Kinder durch »das rührende Wesen der Erzählung« bestmöglich ansprechen, besonders dann, wenn es gelingt, »der Erzählung eine solche Stärke und einen solchen Reiz [zu] geben, daß der Leser auf das kräftigste gerührt wird«. Damit hatte Sulzer eine höchst erfolgreiche Methode gefunden, Kindern jene moralischen Normen und all jene Eigenschaften zu vermitteln, die sie klein, bescheiden und gehorsam machten und die den Erwachsenen nützlich und bequem waren. Gleichzeitig ist dies der Beginn einer Rührpädagogik, die ihren Höhepunkt im 19. Jahrhundert haben wird.

Es verwundert nicht, daß der Moralist Sulzer mit seiner Tugendpädagogik beim Publikum wie bei der Obrigkeit ankam, daß er Karriere machte, daß seine Schriften nach wie vor gelesen werden. Obwohl auch er wie so viele andere Moralisten eine Neigung zu brutaler, unterdrückender Gewalt hatte, hat man sie ihm sowenig angelastet, wie man sie Luther, Francke und Pestalozzi angelastet hat.

Sulzer wollte, daß man schon einjährigen Kindern Eigensinn und Bosheit ausprügle, weil dies »gefährliche Unarten« seien, »welche die ganze Erziehung hindern und nichts Gutes bei den Kindern aufkommen lassen«. Da man ihnen zu der Zeit »nicht mit Gründen beikommen« könne, müsse »der Eigensinn auf eine mechanische Weise vertrieben werden, und hierfür gibt es kein anderes Mittel, als daß man den Kindern den Ernst zeigt«. Dieser Ernst nun ist in erster Linie die Rute; Sulzer schreibt: »Sind aber die Eltern so glücklich, daß sie ihnen [den Kindern] gleich anfangs durch ernstliches Schelten und durch die Rute den Eigensinn vertreiben, so bekommen sie gehorsame, biegsame und gute Kinder.« Röhrs übergeht solche Passagen diskret und ersetzt sie durch drei Punkte: »Den ganz kleinen Kindern kann man weiter keine Gründe geben, als daß man ihnen auf eine ganz mechanische Art [...] dasjenige beibringt, was sie wissen und tun sollen.« Mehr soll der Leser der *Bildungsphilosophie* nicht darüber erfahren, was Sulzer unter »mechanischer Art« verstand.

Das zweite Ziel in Sulzers Erziehungspensum für die ersten drei Lebensjahre ist »ein genauer Gehorsam gegen Eltern und Vorgesetzte und eine kindliche Zufriedenheit mit allem, was sie tun«. Väter, Mütter und die Obrigkeit sind bei ihm so unanfechtbar, wie es einst Gott und die Kirche gewesen waren. Als drittes schließlich soll der kindliche Wille gebrochen werden, mit Gewalt, versteht sich, da ja die Kleinen Gründen noch nicht zugänglich sind. Sulzer hält das nicht weiter für bedenklich oder gar für gefährlich, denn, so folgert er: »Diese ersten Jahre haben unter anderem auch den Vorteil, daß man da Gewalt und Zwang brauchen kann. Die Kinder vergessen mit den Jahren alles, was ihnen in der ersten Kindheit begegnet ist. Kann man da den Kindern den Willen nehmen, so erinnern sie sich hernach niemals mehr, daß sie einen Willen gehabt haben, und die Schärfe, die man wird brauchen müssen, hat auch eben deswegen keine schlimmen Folgen.«

Man muß uns in der frühen Kindheit noch mehr amputiert haben als nur den Willen; sonst hätte doch irgend jemand diese Schreckenspädagogik bereits damals entlarven müssen. Nichts ist geschehen! Auch die soeben zitierte Passage steht in den 1922 von W. Klinke herausgegebenen Schriften Sulzers, und niemand hat darüber ein kritisches Wort verloren. Schon allein diese Tatsache dürfte deutlich genug zeigen, wie erfolgreich die von Sulzer verfochtene Erziehung gewesen ist. Sie hat uns in der Tat zu Sklaven der jeweils obwaltenden öffentlichen Meinung und zu braven Untertanen gemacht. Ehrfürchtig haben wir uns vor dem Kaiser von Gottes Gnaden gebeugt und sind für ihn begeistert in den Krieg gezogen. Wir haben den Arm zum Deutschen Gruß gehoben und unser Leben für Führer, Volk und Vaterland eingesetzt. Heute sind wir gute Demokraten – so, wie die jetzigen Obrigkeiten und die herrschende Meinung es wünschen. Und wenn unsere Lehrer behaupten, Francke, Pestalozzi, Sulzer und Campe seien bedeutende und ehrbare Pädagogen gewesen, wie es auch in jedem Lexikon heißt, dann waren sie eben bedeutende und ehrbare Pädagogen; daran hatte man nicht zu zweifeln, denn bedeutende Männer tun, wollen, denken und schreiben nichts Schlechtes.

Genau diesen Grad von untertäniger Angepaßtheit wollte Sulzer mit seiner Erziehung und seinen rührseligen Geschichten erreichen. Zusammenfassend schreibt er (zitiert nach Katharina Rutschky): »Der Gehorsam besteht darin, daß die Kinder erstens gern tun, was ihnen befohlen wird, zweitens gern unterlassen, was man ihnen verbietet, und drittens mit den Verordnungen, die man ihrethalben macht, zufrieden sind.« Die perfekten kleinen Untertanen! Sie wurden nicht nur in Deutschland herangezogen. In Gustave Flauberts Roman *Lehrjahre des Gefühls* heißt es: »Ach, ich hab genug von dieser Bande, die sich nacheinander vor dem Schafott Robespiers, den Stiefeln des Kaisers [Napoleon] und dem Regenschirm Louis Philipps niederwarfen.«

Zu der von Sulzer behaupteten Harmlosigkeit von Gewalt gegenüber Kleinkindern nimmt Alice Miller in ihrem

Buch *Am Anfang war Erziehung* wie folgt Stellung: »Es ist erstaunlich, wieviel psychologisches Wissen dieser Erzieher bereits vor 200 Jahren besaß. Es stimmt nämlich wirklich, daß Kinder mit den Jahren alles vergessen, was ihnen in der frühen Kindheit begegnet ist. ›Sie erinnern sich hernach niemals mehr, daß sie einen Willen gehabt haben‹ – zweifellos. Aber die Fortsetzung dieses Satzes stimmt leider nicht, nämlich daß die Schärfe, die man wird brauchen müssen, [...] auch eben deswegen keine schlimmen Folgen hat. Das Gegenteil ist der Fall: Juristen, Politiker, Psychiater, Ärzte und Gefängniswärter haben beruflich gerade mit diesen schlimmen Folgen ein Leben lang zu tun, meistens ohne es zu wissen. Die psychoanalytische Arbeit braucht Jahre, um sich an ihre Ursprünge heranzutasten, aber wenn sie gelingt, erreicht sie damit tatsächlich die Befreiung von Symptomen.«

Doch selbst in neuerer Zeit haben nur ganz wenige die Unterdrückungspädagogik erkannt und angeprangert, ohne damit eine dringend notwendige Vergangenheitsbewältigung in Sachen Erziehung einzuleiten. Dazu nochmals Alice Miller: »Warum vermag dieses Wissen so wenig in der Öffentlichkeit zu verändern? Ich habe mich früher mit den zahlreichen individuellen Gründen für diese Schwierigkeiten beschäftigt, meine aber, daß in der Behandlung der Kinder auch eine allgemein gültige psychologische Gesetzmäßigkeit anzutreffen ist, die es aufzudecken gilt: die Machtausübung des Erwachsenen über das Kind, die wie keine andere verborgen und ungestraft bleiben kann. Die Aufdeckung dieses fast ubiquitären Mechanismus ist oberflächlich gesehen gegen das Interesse von uns allen (wer verzichtet schon leicht auf die Abfuhrmöglichkeit aufgestauter Affekte und auf die Rationalisierungen zur Erhaltung des guten Gewissens?), aber sie ist dringend notwendig im Interesse der späteren Generationen.«

Noch im 18. Jahrhundert entstanden die ersten von Sulzer geforderten Tugendhistorien. Schon sie waren außerordentlich wirksam. Später wurden sie dann noch raffinierter. Hier eine Moralgeschichte von Friedrich Eberhard von Rochow (1734-1805) aus *Versuch eines Schulbuches für Kinder der Landleute,* enthalten in *Sämtliche pädagogische Schriften,* die in den Jahren 1907 bis 1910 in Berlin erschienen. Man sieht, solche Geschichten sind lange aktuell geblieben. Diese stammt aus dem Jahr 1772. »Liebe Kinder!« beginnt sie. »Es war einmal ein Junge in einem Dorf, der wollte nichts lernen [...]« Das hieß: Die Eltern mußten ihn wie das liebe Vieh in die Schule treiben. Dort paßte er nicht auf, saß nicht still, störte den Unterricht. Schon dieses Verhalten gilt dem Autor wie ein Kapitalverbrechen. Er läßt die Eltern seufzen: »Du böses Kind, aus dir wird nichts Gutes.« Der Lehrer ermahnte es »mit aller Güte«. Als das nicht half, »strafte er ihn hart mit allerlei Strafen, die sehr wehe taten«. Es war umsonst, und der Lehrer prophezeite: »Junge, dir wird es dein Lebtag nicht wohl gehen.« Er hatte recht; bei den Moralisten hatten Eltern, Lehrer und die Obrigkeit faktisch immer recht. Autor Rochow fragt: »Ihr lieben Kinder, was geschah?« Nun, es geschah folgendes: Auch als junger Mann wollte der Knabe niemandem gehorchen. Er diente vielen Herren; seinen letzten bestahl er, wurde von ihm dabei erwischt, wehrte sich, schlug seinen Herrn tot, wurde ergriffen und verurteilt. Zum Tod - klar. Aber dabei läßt es Herr von Rochow nicht bewenden. »Die Obrigkeit«, so der Verfasser, »ließ ihm, anderen bösen Buben zum Schrecken, alle Glieder bei lebendigem Leib zerschlagen und töten, seinen Körper aber auf das Rad legen, wo ihn die Raben fraßen.« Auf den abschreckenden Schock folgt die Moral: »Liebe Kinder, hätte dieser Mensch nicht in der Jugend seinen Eltern und Lehrern so viel Verdruß gemacht, so hätten sie nicht über ihn geseufzt und ihn verwünscht. Ihr habt gehört, daß bei ihm eintraf, was Eltern und Lehrer vorher sagten; denn es ward nichts Gutes aus ihm; es ging ihm sein Lebtag nicht wohl und es nahm ein schlechtes Ende.« Die Kinder haben nun einen Begriff davon, was ihnen passieren kann, wenn sie in der Schule nicht lernen, nicht aufpassen und nicht gehorchen. Aber damit begnügt sich Rochow noch immer nicht; er hält ihnen erneut ausdrücklich vor: »Wollt ihr also, liebe Kinder, daß es euch in der Welt wohlgehen soll, so seid aufmerksam und willig, etwas Gutes zu lernen! Macht euren Eltern und Lehrern das Leben nicht sauer durch Ungehorsam, damit sie euch mit Freuden zum Guten anhalten können.« Danach verstärkt er die Moral aus der Geschichte nochmals: »Versprecht mir's alle durch ein Ja und durch Handschlag, daß ihr euch in der Schule so betragen wollet als aufmerksame, lernbegierige Kinder [...] Was man aber verspricht, das muß man halten; sonst traut einem kein Mensch mehr. Du aber, gnädiger und hilfreicher Gott, siehe das Versprechen dieser Kinder [...] Sprich Ja und Amen dazu.« Und mit »Amen« endet dann auch die Geschichte.

Einer solchen pädagogischen Taktik gegenüber haben Kinder kaum eine Chance. Mit Methoden wie diesen wurde erreicht, daß Kinder Normen verinnerlichten, also sich zu eigen machten, und später an die eigenen Kinder weitergaben. Wer annimmt, das sei mit einer so primitiven Moritat kaum zu erreichen, der täuscht sich. Politische Propaganda und die Werbung arbeiten mit sehr ähnlichen Mitteln. Ganz bestimmt aber haben die Dorfkinder vor zweihundert Jahren geglaubt und für ernst genommen, was in ihrem Schullesebuch stand, und gewiß sind sie von dieser Geschichte auch »auf das kräftigste gerührt worden«.

Was den Wahrheitsgehalt betrifft: Für sein Delikt wäre der junge Mann selbst im Mittelalter nicht gerädert worden. Das Rad war Staatsverbrechern und Straßenräubern vorbehalten, und Ende des 18. Jahrhunderts wurde diese Strafe so gut wie nirgendwo mehr angewandt. Aber um den Wahrheitsgehalt ihrer Geschichten haben sich Moralpädagogen kaum jemals geschert, sosehr sie auch für die Wahrheit eintraten und Wahrheitsliebe von den Kindern verlangten.

Seit Beginn der Neuzeit führte man einen verbissenen Kampf gegen kindlichen Eigensinn und Ungehorsam. Diesem Thema widmet Rochow eine weitere Geschichte. Darin heißt es: »Wenn ein Kind zwar wünscht, daß man es liebe, und daß es ihm, wenn es älter wird, wohl gehe, aber es will nicht gehorsam sein und will auch nichts Nützliches lernen und Achtung geben, was der Lehrer sagt? Nicht wahr, Kinder? So töricht und dumm ist keiner unter euch. Und man müßte den mit Recht auslachen, der, so närrisch das ist, so unverständig täte. Ein Mensch von der Art wird daher ein Narr geheißen.« Ein Narr galt damals vornehmlich als »eine verrückte, irrsinnige und überhaupt geisteskranke, an einer fixen Idee leidende Person« – so das *Deutsche Wörterbuch* der Brüder Grimm. Was Rochow hier vorführt, ist Manipulationspädagogik reinen Wassers, bereits raffinierter als bei Rousseau und dazu mit einem guten Schuß Suggestion versehen, für die Kinder außerordentlich empfänglich sind.

Nach der akzentsetzenden Einleitung folgt das emotional stark aufgeladene und höchlich rührende Exempel: In dem Ort, aus dem der Autor stammt (menschliche Nähe der Geschichte verstärkt deren Wirksamkeit!), waren einmal viele Kinder krank. Sie schluckten ihre Arznei und wurden wieder gesund. Ein Kind aber weigerte sich, seine Medizin zu schlucken. Die Eltern fragten, ob es denn nicht wieder gesund werden wolle. Es wollte ganz schnell wieder gesund werden, doch die Medizin wollte es nicht nehmen. Alles Zureden half nicht, »das Kind blieb bei seinem Eigensinn«. Da es immer kränker wurde, besann es sich schließlich und nahm die Arznei. Allein, es war zu spät – das Kind mußte sterben an »seinem törichten und närrischen Eigensinn«. Auf solche Weise wurde Moral ebenso eingängig wie überzeugend gemacht.

Die damaligen Pädagogen empfahlen nicht nur ausgedachte Exempel, sondern auch Lehrstücke, wie sie das Leben bot, beispielsweise eine Hinrichtung. Eine solche Geschichte veröffentlichte 1791 der Philologe und Theologe Christian Felix Weiße in der damals sehr beliebten, unterhaltenden wie belehrenden Zeitschrift *Der Kinderfreund,* die er herausgab. Weiße erzählt darin, wie er seine Söhne einmal zu einer öffentlichen Enthauptung mitnahm. Sie wollten nicht und »schrien einmütig: Nein, nein, Papa! Erlauben Sie uns, daß wir uns entfernt halten.« Aber sie mußten. »[...] ich verlange es, so viel es euch auch Überwindung kosten mag«, ordnete der Vater an, und zwar aus mehreren Gründen. Erstens, weil sie später als Männer nicht weichlich sein durften; denn: »Als Geistlicher, als Richter oder Sachverwalter, als Arzt, als Soldat fordert ihn [den Mann] oft sein Beruf dazu auf, selbst Blut zu vergießen.« Zweitens, weil »die Gerechtigkeit solche Strafen auch [...] des Beispiels wegen eingeführt (hat), und Kinder müssen sich am wenigsten davon entfernen«. Drittens wegen des heilsamen Eindrucks. Es heißt: »Laßt also, meine Kinder, solche schreckliche Strafen immer auch auf euer Herz, so sehr ihr es davon entfernt glaubt, einen heilsamen Eindruck machen.« Damit meinte er, daß sie aus der öffentlichen Hinrichtung lernen sollten, ihre »Leidenschaft frühzeitig unter den Gehorsam der Vernunft und der Religion zu bändigen«, sich »vor dem ersten Schritt zum Bösen« zu hüten, und daß sie erkennen sollten, daß Verbrecher »zu ihrem ganzen Unglück den ersten Grund in der Jugend legten, wo sie sich ihren Begierden überließen«, Warnungen und Strafen mißachteten und nicht auf ihr Gewissen hörten. Viertens schließlich sollte die Söhne »der Anblick einer solchen Strafe mit Dankbarkeit und Freude gegen Gott erfüllen«, darum nämlich, weil sie »christliche, gute Eltern, Lehrer und Freunde« hätten, die sie so erzögen, daß sie »frühzeitig das Gute vom Bösen unterscheiden« lernten (Zitate nach Katharina Rutschky).

Oben auf dem »Blutgerüst« – so Weißes Ausdruck – wird das Schwert geschwungen, der Kopf fällt ab, das Blut spritzt. Und das soll, neben allem anderen, Anlaß zu Freude und Dankbarkeit der Kinder sein! Dies ist schlichtweg pervers. Doch damals entsprachen solche Geschichten und solche Pädagogik der Norm, und es hat fast genau zweihundert Jahre gedauert, bis man endlich dagegen aufbegehrte.

Viele sprechen mit Bewunderung von den Männern, die in dem ach so kinderfreundlichen 18. Jahrhundert die unterdrückende Erziehung erfunden, praktiziert und so wirksam propagiert haben, daß sie vielen noch heute in den Knochen steckt. Eine Vergangenheitsbewältigung in Sachen Pädagogik hat es bisher nicht gegeben. So schreibt Josef Rattner in seinem 1981 erschienenen Buch *Große Pädagogen im Lichte der Tiefenpsychologie:* »Wir fußen noch heute auf den pädagogischen Errungenschaften des 18. Jahrhunderts, und wir dürfen dies mit Stolz [!] erwähnen, denn diese Zeit war wie kaum eine andere von einem leidenschaftlichen Erziehungseifer beseelt.«

Rattner dient hier nur als Beispiel. Er schreibt, was so gut wie alle geschrieben haben und weitgehend noch schreiben, was man generell denkt und glaubt – in aller Welt, bis hin in die Vereinigten Staaten. Davon zeugen auch die vielen Pestalozzischulen, -institute, -straßen, -denkmäler. Und die *Westdeutsche Schulzeitung* urteilte über Rattners Buch – ebenfalls im Jahr 1981: »Eine Leistung nach Gehalt und Form, zugleich eine beglückende und aufmunternde Lektüre.«

Josef Rattner ist Arzt und Psychologe, zweifacher Doktor, seit 1968 Leiter des Arbeitskreises für Tiefenpsychologie, Gruppendynamik und Gruppentherapie in Berlin und Autor von über dreißig wissenschaftlichen Büchern. Wäre er nur für kurze Zeit Luthers Sohn, Rousseaus Émile, Pestalozzis Jakobli oder Salzmanns Konrädchen gewesen, so hätte er wohl mit etwas weniger Stolz auf jene Zeit zurückgeblickt und nicht so enthusiastisch vom bewundernswürdigen Salzmann und von den anderen »großen Aufklärungspädagogen Basedow, Campe, Wolke, Resewitz, Rochow, Felbiger und – als glanzvollem Höhepunkt der Bewegung – Pestalozzi« gesprochen. Vier Wochen als Zögling in Stans hätten bei ihm gewiß etliches vom Glanz dieses Höhepunkts verblassen lassen. Und wäre er gar ein Sohn von Joachim Heinrich Campe gewesen, dann wäre ihm etwas so unvorstellbar Scheußliches widerfahren, daß er vermutlich überhaupt kein Wort mehr über die Reformpädagogen verloren hätte.

Joachim Heinrich Campe (1746–1818) war kein unbekannter und kein unbedeutender Mann. Er war erfolgreicher Jugendschriftsteller, Erzieher der Brüder Humboldt, Lehrer am Dessauer Philanthropinum, Schulrat in Braunschweig und einflußreicher Autor einer Vielzahl von Erziehungsschriften. Laut *dtv-Lexikon* vertrat er »ein aufgeklärtes, ethisch vernunftgemäßes Christentum«. Das will ich hier gar nicht bestreiten. Ebenso aber hat er zu einer unterdrückenden, überdisziplinierenden Erziehung und zu einer geradezu haarsträubenden Moralerziehung beigetragen. Wie seine Kollegen Basedow und Salzmann trat er für eiserne Konsequenz ein, war er vehementer Gegner jeglicher Verwöhnung und Verzärtelung der Kinder, besonders durch die Mütter. Er verabscheute kindlichen Ungehorsam, Eigenwillen und Eigensinn und schrieb ebenfalls diverse Lehrbeispiele zur Förderung der Kinderzucht. Von Liebe zu Kindern und von Verständnis für sie ist bei ihm ebensowenig die Rede wie bei den anderen Reformpädagogen. Wenn er schreibt, man solle Kinder Kinder sein lassen, so meint er das ganz wie Rousseau: Man soll ihnen »als unbedeutenden kleinen Geschöpfen« begegnen, sie ihre »Schwachheit, ihre Abhängigkeit von allen, die größer und stärker als sie sind« fühlen lassen und dafür Sorge tragen, daß sie allen gehorchen, allen dienen, alle ehren. Es verwundet sein Herz und preßt ihm Tränen des Mitleids aus, »daß man so viel schreckliche, grausame Nachsicht für ihr ›ich will‹ hat; daß man ihnen, da sie noch nichts sind, nichts haben und nichts vermögen, und bloß von Almosen leben, doch nicht selten fast eben die Achtung erweist, die man nur Personen von bekannten oder vorausgesetzten Verdiensten und Vorzügen schuldig ist«. Das läßt ihn »für diese armen, unschuldigen Geschöpfe« und »für die ganze Gesellschaft so viele Übel fürchten«. Das alte Lied also.

Sittlichkeitserziehung

Barbarische Methoden / Die Beiträge der Ärzte zu diesem Thema / Kastrationsdrohungen / Heiliger Krieg wider den Keim des Bösen (1809) / Die Hände gehören aufs Pult (1896) / Blitzblank und sauber halten (1941) / Seinen Körper nicht besudeln (1955) / Jesuitenpater Sigmund Kripp und Christa Meves (1978/1979)

Mit wesentlich Neuem traten Campe und viele seiner Kollegen als Sittlichkeitserzieher auf. Auf diesem Gebiet haben sie Rousseau wie Pestalozzi weit übertroffen, so weit, daß sich manches heute wie bissiger Sarkasmus anhören könnte. Aber nichts lag Campe und seinesgleichen ferner. Ihnen war es ernst, und sie meinten es ernst. Ironie, Spott und erst recht Humor fehlten ihnen völlig. Mit bitterbösem moralischem Ernst und mit barbarischen Methoden führten sie einen eifernden und unduldsamen Kampf gegen alles Geschlechtliche, insbesondere gegen das, was Rousseau Unkeuschheit genannt hatte. Dieser Kampf, der weder von einer kleinen Minderheit noch von abwegigen Außenseitern geführt wurde, war ein wesentlicher Teil der eingangs erwähnten Moralisierungskampagne. Zweifelsohne kam er einem allgemeinen Bedürfnis nach Sittenstrenge entgegen. An Kinder die rigidesten sittlichen Forderungen zu stellen und ihnen die exzessivsten Einschränkungen aufzuerlegen war fraglos am einfachsten, denn sie konnten sich nicht dagegen wehren. Jedenfalls war die Wirkung der rabiaten Tugendverfechter ungemein groß, und sie war nachhaltig. Sie hielt nahezu zweihundert Jahre unvermindert an.

Diese Sittlichkeitserziehung trieb die ungeheuerlichsten Blüten. Beginnen wir gleich mit einer der schlimmsten Abwegigkeiten, die es auf diesem Gebiet gegeben hat. Man mag kaum glauben, was sich ein ansonsten ganz normaler und honoriger Mann hier geleistet hat. Bei der folgenden Schilderung handelt es sich um einen Beitrag Campes zu der Schrift von Johann Oest mit dem bemerkenswerten Titel *Versuch einer Beantwortung der pädagogischen Frage: Wie man Kinder und junge Leute vor allem Leib und Seele verwüstenden Laster der Unzucht überhaupt und der Selbstschwächung insonderheit verwahren, oder wofern sie schon davon angesteckt waren, wie man sie davon heilen könnte?* Diese Schrift wurde preisgekrönt - jawohl! - und erschien später in dem sechzehnbändigen Werk *Allgemeine Revision des gesamten Schul- und Erziehungswesens von einer Gesellschaft praktischer Erzieher,* das in den Jahren 1785 bis 1792 in Hamburg veröffentlicht wurde (zitiert nach Katharina Rutschky). Der sprachliche Ausdruck vieler Pädagogen ist wirklich erbarmungswürdig schlecht. Aber ich sehe mich gezwungen, etliches wörtlich wiederzugeben, weil ich fürchte, daß man mir sonst nicht glauben könnte, was ein ernsthafter Erzieher zu Papier gebracht hat.

Campe schreibt im Rahmen der Oestschen Preisschrift über das Thema »Die Infibulation«. Er beginnt so: »Vermutlich werden die meisten meiner Leser in Ansehung dieses Wortes in dem nämlichen Fall sein, worin ich selbst noch vor einigen Jahren war, d. h. sie werden entweder gar nicht oder nicht bestimmt wissen, was darunter verstanden werde. Ich muß mich daher erklären.« Das tut er; es geht, kurz gesagt, darum, durch einen Metallring (fibula) »jeden wollüstigen Gebrauch des Zeugungsgliedes unmöglich zu machen«. Campe hatte zunächst »keine günstige Meinung von diesem Mittel«, hat sich aber eines Besseren belehren lassen. Er zitiert einen Dr. Börner in Leipzig, der »die Einführung solcher Ringe als das sicherste Verwahrungsmittel wider die Onanie empfohlen« habe. Überzeugt hatte ihn letztlich der Bericht eines Erziehers »von starker Leibesbeschaffenheit und blühender Gesundheit«. Campe bemerkt dazu in Klammern: »Ich charakterisiere ihn von dieser Seite nicht umsonst.« Das versteht sich, will er doch zeigen, zu welcher von Leben strotzenden Kraft der Verzicht auf jegliche sexuelle Betätigung führt. Campe beschreibt nun, wie es dem jungen Mann gelungen war, völlig enthaltsam zu leben. »Er sah als zehnjähriger Knabe einige seiner Mitschüler das schändliche Laster der Selbstschwächung treiben. Nicht lange nachher fiel ihm Tissots eben damals herausgekommenes Buch in die Hände, und erfüllte ihn mit Entsetzen vor den Folgen dieses Lasters. Er traute sich gleichwohl nicht so viel Seelenstärke zu, der Versuchung jedes Mal zu widerstehen, und aus Verzweiflung darüber war er mehr als einmal im Begriff, sich das Zeugungsglied ganz und gar abzuschneiden.« Das tat er schließlich doch nicht, aber ihm »fiel ein anderes, weniger grausames und gleichwohl ebenso sicheres Mittel« ein. Der Zehnjährige tat nun laut Campe folgendes: »Er nahm einen Nagel, legte die Vorhaut etwas hervorgezogen auf den Tisch, setzte den Nagel darauf und – man bewundere den tugendhaften Heldenmut des Knaben! – nagelte sich, indem er einen derben Schlag mit einem Buche darauf versetzte, fest. Er riß hierauf den Nagel aus, und wurde ohnmächtig. Nachdem er sich wieder erholt hatte, zog er durch die noch blutenden Löcher einen mit Kampferspiritus eingeweichten Faden, wie man es beim Einbohren der Ohrlöcher zu machen pflegt. Durch Hilfe eines heilenden Balsams, den er sich von einem Wundarzt geben ließ, heilten die beiden Wunden nach und nach wieder zu, und es blieben an denjenigen Stellen, wo der Faden durchging, ein paar Löcher. Durch diese steckte er hierauf einen messingenen Draht, den er in der Mitte, wo er über der Eichel hinging, ein wenig gebogen hatte, damit er ihn nicht drückte. Dann krümmte er auch, durch Hilfe einer kleinen Zange, die Enden des Drahts, so daß sie das Stückchen Vorhaut über jeglichem Loche umfaßten und den Draht daran befestigten. Der auf diese Weise entstandene Ring hatte diese Figur:

Jedes umgebogene Ende umklammerte das Stückchen Vorhaut über dem eingebohrten Loch. Die Krümmung a in der Mitte kommt gerade vor den Ausgang der Röhre, drückt da nicht, sondern mehr auf den Seiten der Eichel, wo sie auch mehr ertragen kann.«

Soweit die technische Seite. Genauer hätte sich die Prozedur kaum schildern lassen. Eine perfekte Anweisung zur Selbstverstümmelung, der Täter ein Tugendheld, und sein Beispiel allen Knaben ab zehn zur Nachahmung empfohlen.

Nun aber folgt erst das Wesentliche, nämlich der Nutzen der Infibulation. Campe wieder im Wortlaut: »Der Nutzen eines solchen Ringes ist dreifach. Erstlich macht er die Selbstschändung schlechterdings unmöglich; zweitens verhindert er auch die bloße Erektion durch den Schmerz, der in dem nämlichen Augenblick, da dieselbe sich ereignen will, alle wollüstigen Empfindungen sogleich unterdrückt; und hierdurch wird er drittens ein vollkommen sicheres Verwahrungsmittel auch gegen alle unwillkürlichen Schwächungen im Schlaf.«

Nun läßt Campe seinen Gewährsmann, den besagten Erzieher, zu Wort kommen, und der berichtet folgendes: »Ich habe dieselbe Operation, aber auf eine viel bequemere Weise, in der Folge an vielen jungen Leuten ausgeführt, und dieses Mittel an ihnen ebenso unschädlich befunden, als an mir selbst.« Er schildert nun die verbesserte Prozedur, und zwar wieder mit einer Detailsorgfalt, die schon die erste Schilderung auszeichnete; am Schluß heißt es: »[...] und appliziere den Ring auf obenbeschriebene Weise.« Er beendet seinen Bericht mit dem Fazit: »Ich selbst [...] habe meinen Ring nun schon 15 Jahre getragen, und habe noch bis diesen Tag alle Ursache, Gott zu danken, daß er mich dies Mittel, meine Unschuld, meine Gesundheit und meine Gemütsruhe zu sichern, finden ließ.«

Daran anschließend referiert Campe denkbare Nachteile der Methode sowie Zweifel daran, und er kommt zu dem Schluß, daß es keine gebe. Das veranlaßt ihn zu zwei zusätzlichen Bemerkungen.

Die erste gilt seinem Gewährsmann: »Zuvörderst tut es mir leid, daß ich nicht reich genug bin, um den würdigen Mann, der mich in den Stand gesetzt hat, dieses untrügliche Verwahrungsmittel bekanntmachen zu helfen, sowohl für seinen jugendlichen Tugendheroismus, als auch für die Mitteilung einer so wichtigen Erfahrung nach Verdienst zu lohnen.«

Auf die zweite Bemerkung habe ich mich schon einmal bezogen. Sie lautet so: »Dann sehe ich mich verpflichtet, was meine eigene Meinung zu diesem Mittel betrifft, öffentlich zu gestehen, daß ich, wenn die Vorsehung mir selbst einen Sohn geschenkt hätte und ich entweder mich genötigt sähe, ihn als Knaben oder Jüngling von mir zu lassen oder nur im geringsten zu besorgen Ursache hätte, ihn mit dem Leib und Seele verderbenden Laster der Selbstschändung bekannt werden zu sehen, daß ich keinen Augenblick anstehen würde, seine Unschuld durch dieses Mittel zu schützen.«

Die Vorsehung war gnädig und schenkte ihm nur eine Tochter. Lotte, so hieß sie, hatte Glück, daß ihr Vater nicht wußte, wie die Beduinen bei ihren Sklavinnen, wie die Bedscha in Afrika oder die Coribosindianer in Peru bei ihren Töchtern die Infibulation ausführten (Hays, Borneman). Hätte er es gewußt, wäre das Mädchen seinem Schicksal nicht entgangen, denn Campe schreibt: »Was ich übrigens bedaure, ist, daß dieses allersicherste Mittel nur bei der einen Hälfte unserer Jugend, nämlich bei Knaben, aber nicht bei Kindern des anderen Geschlechts eine Anwendung finden kann.«

Aber Lotte bekam dennoch ihre Lektion, und die schildert Campe in seinem sexualpädagogischen Bestseller *Väterlicher Rat für meine Tochter. Der erwachsenen weiblichen Jugend gewidmet,* der von 1789 bis 1832 zehn Auflagen erlebte. Campe gilt immerhin als einer der einflußreichsten pädagogischen Schriftsteller des 18. Jahrhunderts, und das nicht zuletzt auf dem Gebiet der Sexualerziehung. Barbara Beuys schreibt: »Das abschreckende Bild, das Campe im Kampf gegen die manisch gefürchtete Selbstbefriedigung bei der heranwachsenden Jugend entwarf, setzte sich in den Köpfen fest und sollte dort noch länger als ein Jahrhundert bleiben und [...] noch Schreckliches in den Kinderseelen anrichten.«

Weil das so gewesen ist und sich Spuren dieses Einflusses sogar bis heute erhalten haben, sehe ich mich veranlaßt, diese Szene ebenfalls noch zu schildern. Bei Barbara Beuys heißt es, daß Campe seiner Tochter »einen brutalen Anschauungsunterricht« erteilte, und das ist wohl wahr. Auch in diesem scheußlichen Exempel stellt er Rousseau weit in den Schatten. In *Émile* führte ein Vater seinen erwachsenen Sohn in ein Hospital für Syphilitiker, und der junge Mann fiel dabei fast in Ohnmacht. Campe hat eine solche Gewaltkur seiner vierzehnjährigen Tochter zugemutet. Außerdem hat er ihr noch verbal kräftig zugesetzt. Hier seine widerwärtig-schwelgerische Tirade: »Siehst du jenen abgelebten, bleichen, entnervten und kraftlosen Jüngling, welcher an Schwäche und Hinfälligkeit dem zitternden Greise gleicht? Bemerkst du jenes schwächliche, trauernde, hinwelkende, nervenkranke Mädchen, welches in der Blüthe ihrer Jugend und in den Jahren der Freude, wie eine junge, vom Wurm gestochene Pflanze, das Haupt zur Erde geneigt, und zu einer Zeit, da sie für das Leben erst recht reifen sollte, schon lebenssatt und kummervoll zum frühen Grabe schwankt? Hast du von geschändeten Personen deines Geschlechtes gehört, welche die menschliche Gesellschaft, gleich einem ekelhaften und vergifteten Unrathe auswirft, und sie dem Mangel, dem Hunger, der Blöße, der öffentlichen Schande und dem Verderben preis giebt? Steht es dir endlich noch vor Augen, jenes scheußliche Bild halb verweseter und verstümmelter lebendiger Leichen, die du vor einigen Jahren an meiner Hand in einem Berlinischen Siechenhause für unzüchtige Personen mit Schaudern und Entsetzen sahst? Wisse, daß diese Unglücklichen das tiefe Elend, worunter sie seufzen, keiner anderen Ursache, als der unerlaubten Geschlechtsliebe, d. i. dem, nicht nach den Gesetzen der Natur, sondern unzeitig erwachten und blindlings befolgten Fortpflanzungstriebe verdanken.«

Im folgenden Jahrhundert hat dies jemand eine »widerliche Verirrung der Aufklärungsmanie« genannt. Einzelne Stimmen solcher Art änderten jedoch nichts an dem tiefen Eindruck, den dergleichen Schilderungen gemacht haben.

Die Frage der Glaubwürdigkeit derartiger Geschichten hat sich dabei nicht gestellt. Es wäre noch denkbar, daß ein Vater die ungeheuerliche Roheit aufbringt, seine Tochter wirklich in ein solches Siechenhaus zu führen. Aber daß ein Zehnjähriger tatsächlich tut, was oben geschildert wurde, halte ich für so gut wie ausgeschlossen. Das hat Campe sich ausgedacht, hat er erfunden als blanke moralpädagogische Greuelpropaganda. Es dürfte sich dabei um die bösartige Phantasie eines Sittlichkeitsfanatikers handeln, der vor nichts zurückschreckt. Außerdem kann ich mich des Verdachts nicht erwehren, daß Campe mit seiner Detailfreude an niedrigste sadistische Instinkte appellierte, wenn auch vermutlich nicht bewußt; doch für die Leser machte das kaum einen Unterschied.

Campe war keine Ausnahme. Machwerke ähnlich jenen, wie er sie verfaßte, gab es viele; etliche sind in Katharina Rutschkys *Schwarzer Pädagogik* im Kapitel »Erziehung als Triebabwehr« aufgeführt. Wesentlich ist: Diese Greuelpädagogik wirkte, und die Wirkung war tiefgreifend, nachhaltig und prompt. Was die Pädagogen begonnen hatten, übernahmen die Pastoren, vor allem aber die Ärzte, welche diese Domäne offensichtlich nicht nur anderen überlassen wollten. Sie bestätigten – wider besseres Wissen? – die Thesen von der Schädlichkeit und der Gefährlichkeit der Selbstbefriedigung und verliehen ihnen damit medizinische Autorität. Der Psychiater Morton Schatzman schreibt: »Die Liste der Ärzte, nach deren Meinung Masturbation seelische, geistige oder körperliche Schäden verursache, nimmt sich wie ein Who is Who der Psychiater des 19. Jahrhunderts aus.« Er hat aus den Schriften einiger führender Ärzte des letzten Jahrhunderts einen Katalog von »angeblichen Folgen der ›Selbstbefleckung‹ herausgeschrieben«, der von Apathie, Bosheit und Impotenz über Epilepsie, Gehirnerschöpfung und Schwachsinn bis hin zur immer wieder gern zitierten Rückenmarksschwindsucht reicht. Damit nicht genug, praktizierten und empfahlen die Ärzte auch Behandlungsmethoden. Zu diesen zählte nicht nur die von Campe zitierte Infibulation, sondern, man sollte es kaum glauben, sogar die Kastration. Und es gehörten chirurgische Eingriffe dazu, von denen wir heute annehmen, daß sie nur bei weit entfernten, »primitiven« Völkern praktiziert worden sind, beispielsweise Verätzungen und Verbrennungen im Genitalbereich und die operative Entfernung der Klitoris. Ärzte rieten selbstverständlich auch dazu, Kinder durch das Ausmalen künftiger Krankheiten, durch Androhung grausamer Strafen sowie durch Prügel abzuschrecken. Die beliebteste Strafandrohung bei Jungen bestand darin, ihnen mit Abschneiden des Gliedes zu drohen.

Freud sah kaum eine Beziehung zwischen solchen Drohungen und dem von ihm gefundenen Kastrationskomplex. Er entwickelte ungemein komplizierte, aber wenig beweiskräftige Theorien über die Entstehung von Kastrationsängsten. Sie waren für ihn nicht zuletzt ein phylogenetisches Erbe, also angeboren; das Naheliegende übersah er. So befindet er über die Eltern des »kleinen Hans«, seines fünfjährigen Patienten, daß sie ihn ohne Einschüchterung aufwachsen ließen. Gleichzeitig berichtet er: »Im Alter von 3 1/2 Jahren wird er [Hans] von der Mutter, die Hand am Penis, betroffen. Diese droht: ›Wenn du das machst, laß ich den Dr. A. kommen, der schneidet dir den Wiwimacher ab.‹« Für den Bürger Freud ist solches Erziehungsverhalten offensichtlich keine Einschüchterung. »Er akzeptiert es als Norm«, meint Schatzman. Freud schreibt: »Es ist im hohen Grade unwahrscheinlich, daß die Kastrationsdrohung so oft an die Kinder ergeht, als sie in den Analysen der Neurotiker vorkommen.« Das mag sein. Aber Freud vergißt, wie schnell sich solche Drohungen unter Kindern herumsprechen. Daher drückt sich dieses Thema auch in »verbotenen« kindlichen Versen, Liedern und Reimen aus. Ernest Borneman hat diese Zeugnisse kindlicher »Straßenpoesie« in einem dreibändigen Werk mit dem Titel *Studien zur Befreiung des Kindes* (1980/1981) gesammelt. Hier einige bezeichnende Beispiele. Bereits in der Altersstufe der Sechs- bis Siebenjährigen kursieren folgende Verse:

Klippklapp,
Hans Trapp,
Schnippschnapp
Schwanz ab!

Und:

Gib acht, da kommt im Trab
Die Hexe aus dem Morgenland.
Die schneidt dir deinen Zipfel ab
Und frißt ihn aus der Hand.

Hier wird die die Kastration androhende Mutter zur Hexe. In den nächsten Versen vollziehen Vaterfiguren die Operation:
> *Radetzky, Radetzky, das war ein böser Mann!*
> *Der schneidt de' Leut' den Bibbel ab*
> *und brät sie in der Pfann.*

Und, aus dem Mund Sechs- bis Neunjähriger:
> *Der Papperlapp, der Papperlapp,*
> *Der zupft dem Kind das Schwänzle ab.*

Der folgende Reim zeigt die Beziehung zwischen Manipulationen am Glied und der dafür immer wieder angedrohten schlimmen Folge:
> *Hans hat'n krummen Schwanz.*
> *Er bog ihn wieder grade.*
> *Da brach er ab, wie schade!*

Die Angst saß tief, aber nicht etwa weil sie angeboren war, sondern aus gegebener Veranlassung. Der sogenannte Kastrationskomplex ist weit weniger ein Komplex, das heißt ein Geflecht mehr oder weniger unbewußter Vorstellungen, denn eine reale, begründete Furcht, verursacht durch Erziehung, nämlich durch entsprechende Drohungen Erwachsener.

Der als Begründer der Sexualwissenschaft geltende Iwan Bloch berichtet in seinem 1907 erschienenen Werk *Das Sexualleben unserer Zeit in seinen Beziehungen zur modernen Kultur,* »daß manche Ärzte den Kindern, um sie von der Onanie zu heilen, große Messer und Scheren vorzeigten und eine schmerzhafte Operation oder sogar das Abschneiden der Genitalien androhten. Den Mädchen wurde auch angedroht, man würde ihnen die Hände abschneiden.« Der britische Psychiater E. H. Hare schreibt 1962: »Es steht fest, daß in der zweiten Hälfte des 19. Jahrhunderts die Knaben (wie auch die kleinen Mädchen) gewöhnlich unter der Drohung der Genitalamputation litten und daß, wenn Freuds Patienten sich so oft an diese Drohung erinnern, darin die modische Überzeugung der Eltern, wie wichtig es sei, die Onanie zu verhüten, zum Ausdruck kam.«

Diese »modische Überzeugung« zeigt sich unter anderem anschaulich und eindringlich in der Geschichte vom Daumenlutscher in Dr. Heinrich Hoffmanns nahezu weltbekanntem Bilderbuch-Bestseller *Der Struwwelpeter*. Was ist sie anderes als eine wirkungsvoll ins Bild gesetzte Kastrationsdrohung, verschoben auf das Daumenlutschen, die harmlosere Art der Selbstbefriedigung!

Weh! Jetzt geht es klipp und klapp
mit der Scher die Daumen ab,
mit der großen scharfen Scher!
Hei! da schreit der Konrad sehr.

Ja, er schreit, das Blut fließt, und über ihm lächelt befriedigt ein rundes Mondgesicht. Vorher hatte es mißbilligend und böse auf den daumenlutschenden Jungen herabgesehen: Symbol der »modischen Überzeugung« der Gesellschaft. Diese »Mode« bestand darin, daß sie mit Drohungen und Strafen Kinder zutiefst ängstigte, erschreckte, unter Druck setzte und darüber hinaus schwere Schuldgefühle in ihnen erzeugte. Wer tat, was man mit einer »an Wut grenzenden Entrüstung« verfolgte, der befleckte, schändete, schwächte sich, der sündigte gegen Gott, gegen die Natur und gegen sich selbst. In dieser Haltung waren sich faktisch alle erziehungsrelevanten gesellschaftlichen Kräfte einig. Die Kinder hatten folglich kaum eine andere Chance, als zu glauben, was ihnen alle Welt versicherte, und unter Schuldgefühlen und einem schlechten Gewissen zu leiden.

Es mag so manche Erklärung für diese geradezu pathologische Erziehungsmanie geben. Auf jeden Fall bewirkte sie eines: eine noch vollständigere Disziplinierung der Kinder, eine Disziplinierung bis unter die Bettdecke. Die Mahnung, die Arme stets über der Decke zu lassen, und das Gebot, sofort nach dem Erwachen aufzustehen, dürften noch so manchem Zeitgenossen bekannt sein. Gehalten hat sich auch die Ansicht, Kinder müßten beschäftigt werden. Hierzu Fröbel, 1844: »Man klagt jetzt allgemein, mehr als je, bei Kindern über unstatthaften, die Sinnlichkeit reizenden, das Zartgefühl des Kindes verletzenden und die Gemütsreinheit derselben befleckenden Gebrauch ihrer Glieder; und leider, leider, kann man auch schon bei nur oberflächlicher Beachtung des Kindertuns und des Körper- und Geisteszustandes der Kinder diese Klage nicht als unbegründet, sondern muß sie, traurig genug, nur in zu weitem Umfang begründet finden. Was ist nun zu tun, diesem, so umsichgegriffen habenden und wie eine schleichende Seuche das Edelste im Kinde und selbst im späten Menschen vergiftenden Übel vorzubeugen, ja ist's möglich, es gänzlich zu heben?« Als Gegengift empfiehlt Fröbel Betätigung und Beschäftigung, und zur Ablenkung vom Spiel mit dem Gliedchen verweist er auf das Spiel mit den Fingerchen; ich zitiere nach Katharina Rutschky:

Das Kindchen seine Glieder fühlt
Drum es mit Hand und Finger spielt [...]
Du Däumchen neig dich,
Du Zeiger streck dich, Du Mittler buck dich,
Du Goldener heb dich,
Du Kleiner duck dich,
Ja, ja! füge dich.
Ihr alle möget durch zierliches Beugen
Euch freundlich des Grußes Ehre bezeugen.

Neig dich, buck dich, duck dich, beug dich: So lernte man's in Fröbels Kindergärten, lernte es, ohne es zu merken, ohne daß es einem bewußt wurde. *Du sollst nicht merken* heißt Alice Millers drittes Buch. Die Verfasserin geht darin den pädagogischen Unterdrückungsmechanismen aus tiefenpsychologischer Sicht nach. Du sollst nicht merken – nämlich: was dir in deiner Kindheit angetan wurde. Das Kind kann es nicht merken, denn es ist wehrlos den unterdrückenden Erziehungseinflüssen ausgesetzt. Sie beginnen nicht erst im Kindergarten. Schon wenn der Säugling das erstemal an seinen Genitalien spielt, wird ihn der mißbilligende oder gar entsetzte Blick seiner Mutter auf das Verpönte seines Tuns hinweisen. Und von da an geht es in dieser Richtung weiter. In Oests preisgekrönter Schrift heißt es: »Man präge der Jugend früh die Regeln der Schamhaftigkeit ein. Dies geschieht durch Lehren und Beispiele. Kleine Kinder entblößen sich ohne Scheu und reden von heimlichen Teilen ihres Körpers. Man verbiete ihnen das;

aber nicht mit einem Lächeln, nicht mit schalkhaftem Drohen, wie gewöhnlich geschieht, sondern mit Ernst und, wenn der Fehler wieder begangen wird, mit Unwillen. Man muß wahren Abscheu dagegen blicken lassen.« Ganz zwangsläufig wird dieser Abscheu verinnerlicht. Es kommt, wie Alice Miller schreibt, zu einer lähmenden Bindung an bestimmte Normen, Bezeichnungen und Etiketten mit entsprechend tiefgreifenden Wirkungen für das spätere Leben und auf das Erziehungsverhalten: Man gibt diese Normen, Bezeichnungen und Etiketten an die eigenen Kinder unbewußt und unreflektiert weiter. Das ist die Crux der Erziehung.

In seinem Buch *Erziehung für Erzieher,* erschienen 1809, nennt der Theologe und Pädagoge Johann Michael Sailer (1751–1832) Erziehung einen ewigen und heiligen Krieg »wider den Keim des Bösen«, und der wurde unter anderem so geführt: »Die regelmäßige Verdauung werde überwacht. Kinder müssen täglich morgens an den Abort gewöhnt werden. Anfüllung des Darmes und der Blase bewirken leicht wollüstige Gedanken [...] Das Halten der Hände in den Hosentaschen werde nicht geduldet und durch Weglassen oder Verlagerung der Taschen ausgeschlossen [...] Die Lektüre werde überwacht.« In seinem 1896 herausgekommenen Buch *Die heimlichen Jugendsünden als Ursache der Schwächlichkeit unseres Geschlechts* – welch ein Titel schon! – schreibt O. Preiss 1896: Für die Schule sei es Pflicht, »daß Bänke und Pulte jederzeit eine Übersicht über die Unterkörper der Kinder gestatten [...] Die Hände der Schulkinder sollen stets oben auf dem Pult bleiben.« Preiss ist keine Ausnahme. (Zitate nach Katharina Rutschky.)

Nun ließe sich einwenden, dies alles sei Vergangenheit und gehe uns heute nichts mehr an. Hier sind einige Beispiele aus jüngerer Zeit. Im Armanen-Verlag Leipzig erschien 1941 in siebenter Auflage (70.–100. Tausend) die Aufklärungsschrift *Ein Wort an junge Kameraden* von Walter Hermannsen. Motto: »Wir müssen dahin kommen, daß unser Leben leuchtet.« Des Autors Fazit: Es wird leuchten, wenn die Kameraden nicht auf die »volkszerstörende marxistische Lehre« hören, die sich »wie ein furchtbares, fressendes Geschwür in unserem Volk und in den Kreisen seiner Jugend breitgemacht hat« und die behauptet, man müsse sich geschlechtlich betätigen, »sonst würde man krank«. Hermannsens nationalsozialistische Moral: Solche Thesen seien nur erfunden, »um für die eigene Zügellosigkeit einen Freibrief zu bekommen«; die deutsche Jugend müsse sich »blitzblank und sauber halten«, sich »zu den gottgewollten Kräften bekennen« und »dem Schmutz und der Gemeinheit« den Zugang »zum Körper und zum Herzen verwehren«. Dann, aber auch nur dann, seien die Deutschen »Körperlich die Tüchtigsten,/ Geistig die Rüstigsten,/ seelisch die Reinsten/ und völkisch die Reifsten.«

Mittels Triebunterdrückung wird hier politisch konditioniert und der politische Gegner diffamiert, und dann wird genau wie vor vierhundert, dreihundert, zweihundert Jahren mit Drohungen und falschen Tatsachenbehauptungen erschreckt, eingeschüchtert, werden Schuldgefühle erzeugt. »Alle Erfahrungen der ärztlichen Wissenschaft bestätigen eindeutig [...]: Jede mutwillige Keimstoffvergeudung und jeder vorzeitige Geschlechtsverkehr bedeutet eine Schädigung für Körper, Geist und Charakter. So etwas verstößt gegen den Willen der Natur.« Auch im Dritten Reich bleibt es bei dem Begriff Selbstschwächung, wie ihn Campe eingeführt hat; wer dem Reiz nachgebe, der werde »versagen, [...] ängstlich und feige und weich werden [...] Er kann sich nicht zusammennehmen beim Nachdenken, ist zerstreut, ist schläfrig und in seinem ganzen Wesen matt und müde. Dazu kommt noch, daß er keinem Menschen mehr frei und klar in die Augen blicken kann, weil ihn sein geheimes Tun bedrückt und im Gewissen belastet.« Und dann wird auch hier der kompetente Mediziner zitiert. »In diesem Zusammenhang möchte ich noch eine Äußerung eines mir bekannten Facharztes anführen, die für uns richtunggebend ist und eine deutliche Warnung enthält. Der sagte: ›Ich habe in meiner Praxis Tausende junger Menschen kennengelernt, die sich durch vorzeitige geschlechtliche Betätigung ruiniert hatten; aber es ist mir noch keiner bekannt geworden, kein einziger, der durch geschlechtliche Enthaltsamkeit krank geworden wäre.‹« Der Autor versichert: »Kameraden, *wir wollen nicht mehr lügen!* Wir wollen Klarheit, Wahrheit und Aufrichtigkeit. So treten wir euch gegenüber. Und das verlangen wir auch von euch, wenn ihr uns gegenübertretet.«

So geht es immer wieder auf diesem Gebiet. Den Erzogenen wird Aufrichtigkeit abverlangt, aber die Erzieher schrecken nicht vor faustdicken Lügen zurück. Trotz der Hervorhebung im Text lügt auch Herr Hermannsen. Genau wie seine vielen Vorgänger tut er dies nicht zuletzt im Dienst der Unterdrückung von Kindern und Jugendlichen. Auch Pimpfe und Hitlerjungen lassen sich besser manipulieren, wenn sie verunsichert und ängstlich sind und dazu ein schlechtes Gewissen haben. Der NS-Autor manipuliert die »Kameraden« der Zeit entsprechend. Er schwört sie auf den »genialen Führer« ein, den das Schicksal Deutschland geschenkt habe, »dem wir folgen, und der uns den Weg weist«. Nicht zuletzt den Weg auf die Schlachtfelder. Am Schluß der Broschüre zeigt sich die Quintessenz der Einschüchterungs- und Verängstigungskampagne. Der letzte Satz lautet: »Auf zum Kampf für euer junges Leben, für euer Volk, für das Blut, zu dem wir uns mit Stolz bekennen.«

Prüderie als Macht-, Herrschafts- und Manipulationsmittel gab es indes nicht nur bei den Nazis. 1955 erschien das Buch *Was mein Kind wissen muß* von Dr. phil. A. L. Sutter im Lebensweiser-Verlag. Zunächst wendet sich »der bekannte Lebensberater« – so der Verlagstext – an die Eltern. Was die Onanie betrifft, so stellt er fest, daß sie, gelegentlich betrieben, »weder physische noch psychische Nachteile erzeugt«. Aber dann heißt es, wenn sie »zum Laster oder zur krankhaften Gewohnheit ausartet, können sich schwere Depressionen und manische Zustände entwickeln, die dann schwer zu beseitigen sind«. Folglich sei es »die heilige [!] Pflicht der Eltern, ihre Kinder vor der Selbstbefleckung zu warnen und zu schützen, denn sie verstößt gegen die Moral«. Sutter empfiehlt folglich wahrheitswidrigerweise, den Kindern weiterhin zu sagen, daß Onanie »den Körper und den Geist schwächt, weil dabei die besten Kräfte verlorengehen«. Der Mutter, die Spuren in der Wäsche findet, rät er zu folgender Ansprache: »Mein Kind, ich bin *sehr* enttäuscht von dir! Ich glaubte dich so erzogen zu haben, daß du deinen Körper und vor allem deine Seele rein hältst [...] und nun das [...]! Willst du mir diesen Kummer nicht ersparen? [...] Und vergiß nicht, daß ich, deine Mutter, deine Wäsche waschen muß! Schämst du dich nicht vor mir?«

Das war 1955. So lebendig also ist die Vergangenheit noch! Lediglich die Methode hat sich zeitentsprechend geändert: Statt krasser Drohungen, die sich nicht mehr aufrechterhalten lassen, wird nun moralischer Druck ausgeübt, der gewiß kaum weniger wirkungsvoll ist.

Sutter wendet sich in seinem Buch auch direkt an die Kinder; dabei operiert er mit der gleichen perfiden Taktik. »Denke vor allem an deine Mutter, der du ja nicht mehr offen in die liebenden Augen sehen kannst, wenn du Dinge tust, deren du dich vor dir selbst schämen mußt; wieviel mehr noch vor ihr, die dir unter Schmerzen das Leben schenkte, deren Blut in den Adern deines Körpers pulst, den du besudelst [...]« Daraus folgt: Das Kind ist seiner Mutter und außerdem Gott für die Reinheit von Körper und Seele verantwortlich. Es soll keine unlauteren, schmutzigen oder aufreizenden Gedanken in sich aufkommen lassen, sich dafür auf seine Arbeit konzentrieren, gute Bücher lesen, schöne Musik hören, Sport treiben, »*nur* über Dinge und Probleme« nachdenken, »die es wert sind, daß man sich mit ihnen beschäftigt«, und keinesfalls »geheime Gespräche« mit anderen Kindern führen.

Das ist, wenn auch auf anderer Ebene, dieselbe totale Kontrolle von Geist und Seele, von Gedanken und Phantasie wie vor vierhundert Jahren. Rücksichtslos dringen die erziehenden Erwachsenen mit solch sentimentalem Unfug in die intimsten Bereiche der kindlichen Seele ein, verunsichern damit Kinder zutiefst und nehmen ihnen die Unbefangenheit. Dazu unterwerfen sie sie einer abstrusen Moral, an die sich die Erwachsenen in aller Regel selbst nicht gehalten haben und weiterhin nicht halten, und sie gewöhnen sie rechtzeitig daran, daß die Gedanken absolut nicht frei seien.

Klarheit – so der Titel – verspricht 1967 endlich die Broschüre von Otto Krieger, erschienen im »Verlag der Gesellschaft der Freunde des vaterländischen Schul- und Erziehungswesens e. V.«. Trotz des altertümelnden Titels gehörte dieser Hamburger Lehrerverein damals zu den fortschrittlichen und modernen, ebenso die »Arbeitsgemeinschaft für Sexualpädagogik«, in deren Auftrag und unter deren Mitwirkung das Buch entstand. Auch hier heißt es zunächst, Onanie führe nicht zu schwerer Krankheit, aber – so schränkt auch dieser Autor sofort ein – nur, wenn sie nach der Geschlechtsreife ausgeübt werde, und zwar in Maßen, nämlich »hin und wieder«. Ansonsten bleibe sie schädlich, besonders für die Nerven, und sie führe zur Sucht. Außerdem seien solche Spielereien sinnwidrig, und der Mensch solle sich nicht »von seinem Trieb beherrschen lassen«. Der Verfasser fordert Widerstand, Standhaftigkeit und letztlich Enthaltsamkeit. Die Schrift ist in Dialogform geschrieben. Der Junge fragt: »Wie kann man dem [dem Trieb] widerstehen?« Was der Verfasser darauf 1967 antwortet, das hat man bereits Anno 1700 und davor gelehrt und praktiziert:

»Vermeide Langeweile, untätiges Herumlungern und alles, was die Phantasie geschlechtlich erregt, Gespräche, Lesestoffe und Bilder, die dahin zielen. Statt dessen beschäftige dich in deinen Mußestunden sinnvoll. Auch durch zu enge Kleidung kann der Trieb gesteigert werden. Decke dich beim Schlafengehen nicht zu warm zu. Eine gute Decke, die dich nicht frieren läßt, ist besser als ein dickes Federbett, ein kühler und gut durchlüfteter Schlafraum ist besser als ein überheizter. Lege die Hände nicht unter, sondern über die Decke und vermeide jede unnötige Berührung der Geschlechtsteile.

Auch fremde Finger haben dort nichts zu suchen! Nicht zu zweien in einem Bett! Auch nicht zu zweien im Abort. Nach dem Erwachen sofort aufstehen, auch an Feiertagen und in den Ferien!

Das gilt ebenfalls für die Mädchen. Auch sie sollten sich vor jeder Reizung ihrer Geschlechtsorgane hüten.«

Im Kapitel »Wie willst du dich verhalten?« wird zunächst festgestellt, daß Triebbeherrschung so schwer gar nicht sein könne, und zum Beweis dafür wird wie im vorigen Beispiel ein dem Autor persönlich bekannter Arzt zitiert. Der sagt, »daß der natürliche Trieb den Menschen gar nicht so stark beherrscht, wie so viele glauben«. Das ist perfide, denn damit wird bei all jenen, die nicht widerstehen, und das sind nun einmal die meisten, ein Schuldgefühl erzeugt oder, sofern schon vorhanden, verstärkt. Das bedeutet im Klartext: Gegenüber denen, die sich mit den Moralmaximen der Gesellschaft identifizieren, wonach diejenigen stolz auf ihre Standhaftigkeit sein dürfen, die »reif werden und rein bleiben«, müssen sich alle anderen als Versager, Verlierer und als willensschwach vorkommen. Sie werden sich schämen und ein schlechtes Gewissen haben; entsprechend leidet ihr Selbstbewußtsein. Derart verunsicherte Jugendliche aber werden viel weniger kritisch sein, aufmucken oder sich wehren. Sie werden sich hingegen leichter anpassen und bessere Untertanen sein. Peter Sloterdijk stellt fest: »Scham ist die intimste soziale Fessel, die uns *vor* allen konkreten Gewissensregeln an die allgemeinen Verhaltensstandards bindet.« Nicht von ungefähr lehrt Otto Krieger: »Dein Stolz und deine Schamhaftigkeit können dir eine gute Hilfe sein.« Ihm geht es letztlich um das gleiche wie seinem nationalsozialistischen Vorgänger: Er schwört seine jugendlichen Leser auf ein gesellschaftskonformes Verhalten ein, allerdings in einer inzwischen veränderten Welt. Krieger zielt darauf ab, daß die Kinder brav tun, was die damals noch ungestörte kleinbürgerlich-spießige Gesellschaft der sechziger Jahre für gut, richtig und lobenswert hält. Um dem Drängen des Triebs zu entgehen, solle man, so empfiehlt er, mit Gleichgesinnten wandern, »auf große Fahrt« gehen, Sport treiben, selber musizieren, statt Radio zu hören, alten und kranken Menschen helfen, gute, nicht aber wertlose Filme ansehen, Bücher lesen, »deren Verfasser tief in Seele und Schicksal der Menschen hineinschauen«, auf Schundlektüre jedoch verzichten. Daneben bietet er eine »lange Liste« von Hobbys an, vom Fotografieren, Schnitzen, Schachspielen bis zum Briefmarken- und Bierdeckelsammeln, eines harmloser als das andere. Politisches Engagement, gleich welcher Art, empfiehlt er nicht. Die Mädchen sähe er gern im Chor singen.

Und genau wie Hermannsen kennt auch Otto Krieger die bösen anderen, vor denen man sich hüten muß. Er schreibt: »Es gibt Menschen, die eine besondere Freude an zotigen Geschichten und anstößigen Stellen in Büchern haben. An Bildern oder Plastiken nackter Menschen sehen sie nicht die Schönheit des Körpers, sondern nur die ›Nacktheit‹ [...] Ihre Gedanken drehen sich in übler Form immer wieder um das Geschlechtliche.« Das sind für den Verfasser »Menschen, die sich dadurch, daß sie ständig im Schmutz wühlen, selber als Schmutzfinken kennzeichnen«. Die Rolle des künftigen braven Bürgers schildert er so: »Wenn du erst zu den ›Großen‹ gehörst und Zeuge solcher Schweinigeleien [...] bist, dann bist du vielleicht Manns genug, die Großmäuler durch ein deutliches Wort zur Ruhe zu bringen.«

Die diesbezügliche Erziehungstradition ist seit Jahrhunderten ungebrochen, und wie eh und je überschreitet eine solche Pädagogik Weltanschauungs-, Länder- und Konfessionsgrenzen. Ob Nazi, ob Lebensberater, ob Hamburger Protestant oder ob österreichischer Katholik: Sie alle lehren das gleiche. In einer *Führung durch die Reifejahre,* die ich im Jahr 1982 für 9,20 Schilling in einer südsteirischen Kirche erstand, empfiehlt auch der Augustinerchorherr Pius Fank die jahrhundertelang bewährten Mittel gegen »den lockenden Drang des Triebes«, von Arbeit bis Sport. Er verdammt Müßiggang, Träumen und ein weiches Bett. In der Selbstbefriedigung sieht er die Gefahr Nummer eins der Reifezeit; er hält sie für eine ernste Verfehlung und für eine Sünde. »Gelegentliche Verfehlungen« beurteilt er milde. Wiederhole sich jedoch das »Versagen« oder werde es gar zu »einer starken Gewohnheit«, dann, so befindet er, könnten schlimme Folgen nicht ausbleiben. Wie gehabt sind dies unter anderem Nervenstörungen, Mattigkeit, Arbeitsunlust, »unglückliche oder sogar kinderlose Ehen«. Zu den angeführten seelischen Schäden zählt Pater Pius »drückendes Schuldbewußtsein mit dem Gefühl der Minderwertigkeit«. Hier aber verwechselt er Ursache und Wirkung: Nicht die Selbstbefriedigung zeitigt solche Folgen, sondern erst eine Erziehung, die sie zur Sünde, zu einer Schuld stempelt und sie zu einer Leib und Seele bedrohenden Gefahr macht. Da diese Erziehung sich unter den verschiedensten gesellschaftlichen Bedingungen erhalten hat, liegt es nahe anzunehmen, die damit erzielte Wirkung sei wünschenswert gewesen. In der Tat ist eine schuldbewußte und sich minderwertig fühlende Jugend ganz gewiß leichter zu führen. Gefährlich sind dagegen diejenigen, die sich ihr Gewissen nicht belasten lassen. Mit ihnen nämlich kann es, so Pius Frank, zu einer »Unempfindlichkeit für hohe Ideale«, ferner »zu einer gefährlichen Trotzhaltung gegenüber dem Sittengesetz kommen, die schließlich alle Gewissensbindungen ablehnt, der Kirche und der Religion den Rücken kehrt und in unheimliche Haßhaltung gegen Gott ausarten kann«. Statt Kirche, Religion und Gott kann man auch Führer, Volk und Vaterland einsetzen oder jede andere gesellschaftlich wirksame Autorität mit ihren mehr oder weniger hohen jeweiligen Idealen und Sittengesetzen. Bei Schatzman heißt es: »Ideologien [gemeint sind die Strafandrohungen und die Strafen gegen Onanie] sind Ideen, die sozialen Interessen als Waffen dienen. Sie reflektieren und schützen die bestehenden Machtstrukturen: Zuerst kommt der Vater, und erst weit nach ihm Frau und Kinder. Und keines durfte masturbieren, denn bei der Masturbation findet das Kind für sich und durch sich selbst Vergnügen. Für einen flüchtigen Augenblick fühlt es sich frei vom Bedürfnis nach einer äußeren Autorität.« Nochmals: Prüderie als Herrschaftsmittel.

Ab 1969 geriet diese Erziehungsideologie ins Wanken. Die damals aufkommende Protestbewegung trat in den folgenden Jahren nicht von ungefähr für eine radikale Änderung der Sexualerziehung ein. Sie wollte schließlich die bestehende Gesellschaftsordnung aus den Angeln heben und die entsprechenden Autoritäten von ihren Thronen stürzen. Dazu aber sind kaum Jugendliche geeignet, die unter Ängsten, Schuld- und Minderwertigkeitsgefühlen leiden. Also wurden in einer Kampagne ohnegleichen die bisherigen Tabus für null und nichtig erklärt, ja in ihr Gegenteil verkehrt. Gut war nun, was bisher verpönt und verboten gewesen war – nicht nur in der Theorie. Unter dem Motto »Befreiung der kindlichen Sexualität« wurden in Kommunen und Kinderläden Jungen wie Mädchen zur Selbstbefriedigung und zu wechselseitigen Sexspielen bewußt aufgefordert und angehalten, wie es beispielsweise aus der *Anleitung für eine revolutionäre Erziehung* Nr. 4 und der von der Kommune 2 herausgegebenen Schrift *Versuch der Revolutionierung des bürgerlichen Individuums* hervorgeht. Der biedere Bürger war entsetzt, die studentische Jugend weitgehend begeistert, und mit der Ruhe im Lande war es erst einmal vorbei.

Was ist von allem nachgeblieben? Im Fall des Bischöflichen Ordinariats Linz und des Veritas Verlags Wien – Linz – Passau nichts. Sie lassen die Schrift des Augustinerchorherrn Pius Fank, die 1963 zuerst erschien, weiter drucken und weiter vertreiben, als wäre nichts geschehen. Aber das ist die Ausnahme. Die Mär von der Krankheiten verursachenden Wirkung der Selbstbefriedigung wird kaum noch ernsthaft diskutiert. Dafür aber haben Vertreter interessierter Kreise andere Gefahren entdeckt. So vertrat der 1982 verstorbene Schriftsteller und Biologieprofessor Joachim Illies in einem Artikel in der Zeitung *Die Welt* vom 21. Februar 1981 folgende Ansicht: »Denn sosehr der Trieb natürlicherweise nach Entspannung drängt, so sehr kann die willentliche Nutzbarmachung solcher Entspannung [gemeint ist die Selbstbefriedigung] zu der ganz unnatürlichen Situation führen, in der süchtige Fesselung an Zwangshandlungen und Verlust geistiger Freiheit drohen.« Sein katholischer Kollege, der Jesuitenpater Sigmund Kripp, Leiter eines Jugendhauses in Fellbach bei Stuttgart, ist ganz anderer Meinung: »Onanie, auch mal gemeinsam, gehört zur Entdeckung der Sexualität und schadet erst durch ihre Problematisierung durch Verbot.« Er ist überzeugt davon, daß der liebe Gott nicht anders denkt, denn er meint: »Gott lächelt, wenn sie spielen.« Das ist auch die Überschrift seines Aufsatzes in der *Zeit* vom 12. Mai 1978. Die Psychagogin Christa Meves, die ihn zitiert, empört sich in einem 1979 erschienenen Buch über solche Ansichten, nennt sie neomarxistisch und beschuldigt Pater Kripp, uns und den Jugendlichen einen »vor Fäulnis stinkenden Bären« aufzubinden. Frühsexualität, so meint sie, habe die Selbstmordhäufigkeit rasant erhöht, führe auf die Dauer zu »Sinnverlust, Depression und Überdruß«, gefährde »die seelische Gesundheit der jungen Generation«, ja könne derart radikal wirken, daß ein »Existenzverlust daraus resultiert«, und zwar ein Existenzverlust ganzer Völker.

Es erhebt sich die Frage: Lächelt Gott nun, oder bringt uns die Selbstbefriedigung letztlich doch um? Sollen wir zu unseren Kindern sagen: »Nun onaniert mal schön« oder ihnen lieber vorsorglich auf die Finger hauen? Die Experten lassen verunsicherte Eltern hoffnungslos im Stich. Nach dem Schock des Studentenaufstandes sind sie quer durch weltanschauliche Fronten uneins, beschimpfen sich gegenseitig und pachten doch alle die Moral für sich. Und die radikal Fortschrittlichen tun nichts anderes als die von ihnen verfemten Repressiven: Sie disziplinieren auch, allerdings in die entgegengesetzte Richtung – bei ihnen *muß* man onanieren.

Was also tun? So, wie die Dinge auf diesem Gebiet liegen, kann man die eifernden Experten wie die von ihnen vertretene Moral wirklich nur vergessen. Man sollte endlich das tun, was Kindern und Jugendlichen dient, und sie mit all dem zufrieden lassen, was einschlägig in den vergangenen vierhundert Jahren empfohlen und praktiziert wurde. Das heißt, man sollte ihnen ihre Intimsphäre lassen und diese respektieren. Genau dazu nämlich gehört die Selbstbefriedigung. Sie ist nichts Artfremdes für Kinder. Viele kommen ganz von allein darauf, andere lernen sie von anderen Kindern, und manche interessiert sie überhaupt nicht. Man sollte es ganz ihnen überlassen. Das wird nicht leichtfallen nach einer so langen Tradition und nach der eigenen Erziehung, die uns tief in den Knochen steckt. Aber wir sollten über unseren Schatten springen und großzügig sein.

Alle aber, die auf diesem Gebiet moralisch eifern, sei es, daß sie die Selbstbefriedigung verteufeln, sei es, daß sie sie fordern, sind mit Skepsis zu betrachten. Sie stehen unter dem Verdacht, die Kinder eigenen Zwecken dienstbar machen, sie einer bestimmten Ordnung oder einer bestimmten Ideologie unterwerfen zu wollen.

Das Kind im bürgerlichen Zeitalter

Herzblättchens Freud und Leid, Kinderelend in
Manufakturen und Fabriken: Kinderkult und
Kindermißbrauch / Kinder als kleine Sklaven ihrer Eltern,
Lehrer als allmächtige Kathederpotentaten

Im 19. Jahrhundert verwirklicht sich das Bild vom süßbraven bürgerlichen Kind, wie es Rousseau hundertfünfzig Jahre zuvor entworfen hatte – allerdings mit einigen Abweichungen. Eine bezeichnende Schilderung dieses Wesens, und zwar in doppelter Ausführung, findet sich im Grimmschen Märchen Nr. 161. Es beginnt folgendermaßen: »Eine arme Witwe lebte einsam in einem Hüttchen, und vor dem Hüttchen war ein Garten, darin standen zwei Rosenbäumchen, davon trug das eine weiße, das andere rote Rosen. Und sie hatte zwei Kinder, die glichen den beiden Rosenbäumchen, und das eine hieß Schneeweißchen, das andere Rosenrot.« Diese beiden wahrhaft märchenhaften Musterkinder waren »so fromm und gut, so arbeitsam und unverdrossen, als je zwei Kinder auf der Welt gewesen sind«. Sie schafften schon, wenn ihre Mutter noch schlief. Sie hielten das Haus so reinlich, daß es eine Freude war, und jeden Morgen bekam die Mutter, bevor sie aufwachte, einen Blumenstrauß ans Bett gestellt. Der Kessel war so blank gescheuert, daß er wie Gold glänzte, und selbst abends saßen die Mädchen noch fleißig am Spinnrad.

Dieses Kinderideal hatte fraglos seinen gesellschaftlichen Nutzen. Es handelt sich hier übrigens nicht um ein echtes Märchenbild. Der Märchenanfang ist nicht alt, nicht im Volk gewachsen, sondern pure Erfindung. Wilhelm Grimm hat ihn sich ausgedacht; er spiegelt nichts anderes als Grimms biedermeierliche Einstellung zu Kindern. Das aber ist die Einstellung einer ganzen Epoche, ist deren Wunschvorstellung von kleinen Mädchen. Sie werden versüßlicht, verniedlicht und verklärt – und sie müssen kräftig arbeiten. Ferner lehrt Wilhelm Grimms Märchenmoral, daß die Mädchen ihre Arbeiten gern tun und die Mutter, die sie dazu anhält, lieben und ihr dankbar sind. Grimm stellt die beiden

Mädchen beispielhaft als Idealtöchter hin, als Erziehungsmodelle.

Seine tugendhaften, lieb-frommen Mädchen trafen den Nerv der Zeit. In der damaligen Literatur wimmelte es von ihnen, in der schöngeistigen wie in der trivialen, ferner in Gedichten, Versen und Liedern. Zu Jungfrauen herangewachsen, waren sie die Heldinnen der Bestsellerromane einer Eugenie Marlitt und einer Hedwig Courths-Mahler mit ihren Millionenauflagen. Und lieb, herzig und ergeben lächelten sie dem damaligen Bürger aus Buchillustrationen und von den Bildern entgegen, die er sich an die Wände gehängt hatte. Überdies spielten sie die Hauptrollen in der Jungmädchenliteratur, in den Töchteralben, in Herzblättchens Freud und Leid, Goldlöckchens und Nesthäkchens Zeitvertreib und wie derlei Bücher damals sonst noch hießen. Das war der neue Zug der Zeit, und damit war die Aufklärung vorbei. Man hatte die bis dahin hoch gepriesene Vernunft und die strenge Sachlichkeit satt. Der Bestseller des 19. Jahrhunderts waren die *Kinder- und Hausmärchen* der Brüder Grimm. Im Geleitwort der Erstausgabe rechnete Friedrich Panzer mit der Aufklärung ab. »Der plötzlich mündig gesprochene, befreite Verstand«, so Panzer, »verlor in seinem Siegestaumel jedes Bewußtsein seiner Grenzen, erklärte sich für den alleinigen Herrscher im Reich des Geistes, den alleinigen Verwalter aller Seligkeiten, und mit schärfster Unduldsamkeit verfolgte er alles Vernunftwidrige, den Sinnen Unzugängliche, alles Wunderbare und Übernatürliche.« Dieses neue Wunderbare waren unter anderem die Märchen. Kant hatte sie noch als »reine Unvernunft« bezeichnet, aber Kant war nun passé und damit auch sein Bild vom Kind als einem Wesen von der »Rohheit eines bloß tierischen Geschöpfes«. Den Brüdern Grimm erschienen Kinder völlig anders. In ihrem Vorwort heißt es: »Darum geht innerlich durch diese Dichtungen [die Märchen] jene Reinheit, um deretwillen uns Kinder so wunderbar und selig erscheinen.« Wunderbar und selig: Für das Mittelalter wären das undenkbare Begriffe gewesen. Aber dieses Kinderbild bestimmte das bürgerliche Zeitalter. Die neuen Leitbilder hießen Schneeweißchen und Schneewittchen, Goldmarie, Dornröschen und das Sterntalermädchen. Ein durchgreifender Wandel – und er zeigte sich überall. »Wo Kinder sind, da ist ein Goldenes Zeitalter«, schwärmte Novalis ganz im Stil der Zeit. Welch ein Unsinn! Kinder hat es immer gegeben, nie aber ein Goldenes Zeitalter. Und im Goldenen Zeitalter der griechischen Mythologie ist von Kindern keine Rede. Doch nach Logik und Vernunft fragte man eben nicht mehr. Der Volksmund befand: »Jedes Kinderherz ist ein Stückchen Paradies.« Na ja. An der Prügelpädagogik haben so rührend-schöne Sprüche jedoch nichts geändert. Annette von Droste-Hülshoff dichtete:

O schau, wie um ihr Wängelein
ein träumendes Lächeln bebt –
sieht sie nicht aus wie ein Engelein
das über der Krippe schwebt?

Ein ums Wängelein bebendes Lächeln – das muß man sich einmal vorstellen! Und Kinder wie Engelein! Aber so sahen die Biedermeierträume aus. In Storms bekanntem Gedicht *In Bulemanns Haus* ist das »Mägdlein«, um das es geht, eine anmutreiche »zierliche Kleine« mit rosigem, zartem und unschuldigem Mündlein. Es rauschen seine »seidenen Röcklein«, es »tanzen im Nacken die Löcklein [...] und es schauen ihr in das süße Gesicht/ die Nachtigall und das Sonnenlicht«. In den ersten sechs Strophen kommen elf -chen und -lein vor. Im Anfang des Märchens von Schneeweißchen und Rosenrot sind es siebzehn. In *Der Kinder Wunderhorn* reimt sich in einem sogenannten Liebeslied »Herzigs Kindlein« auf »Zuckermündlein«, und in den ersten zwei Zeilen finden sich bereits vier Diminutive. Fast überall erschienen Kinder klein, süß und niedlich – eben so, wie man sie sich erträumte und wünschte.

Und dann wären da die vielen Eia-popeia-Wiegenlieder:
Heidi popeidi,
Mein Püppchen, schlaf ein!
Sechs weiße Engel,
Die schläfern dich ein [...]

Andere Versanfänge sind: Eia wiwi, eia polei, eia pumpum, haio popaio. Die Texte sind weitgehend läppisch, und oft ist auch die Form herzlich schlecht; manchmal stimmen nicht einmal die Reime, so bei:
Eia, schlaf, Süße!
Ich wieg dich mit den Füßen [...]
Es zeigt sich aber auch, daß bei aller Niedlichkeit die Rute durchaus nicht schlief, auch nicht bei ganz kleinen Kindern, für die diese Verse ja gedacht waren:
Eia popille,
Schweigst du mir nicht stille,
Geb ich dir, du Sünderlein,
Die Rute für dein Hinterlein,
Eia popille.
Und dann wären da die beliebten Schafe:
Schlaf, Kindchen, schlaf,
Vor der Tür steht ein Schaf [...]
Das ist wenig geistreich, aber man glaubte, für kleine Kinder sei so ein dummes Zeug gerade richtig. Oder:
Schlaf, mein Küken – Racker, schlafe!
Guck: im Spiegel stehn zwei Schafe [...]
Hier reichte schon eines nicht mehr. Und wieso im Spiegel? Aber auch bei den Schlaf-Schafen durfte die Disziplinierung nicht zu kurz kommen:
Schlaf, Kindlein, schlaf
Und blök nicht wie ein Schaf,
Sonst kommt des Schäfers Hündelein
Und beißt mein böses Kindelein [...]
Dümmliche Kinderverse gibt es nicht nur als Schlaflieder:
Patsche, patsche, Küchelchen,
Mir und dir ein Krügelchen,
Mir und dir ein Tellerchen,
Sind wir zwei Gesellerchen.
Oder die vielen Ringel-Rangel-Rosen-Lieder, die mit ihren albernen Reimen auch ganz kleine Kinder für dumm verkaufen:
Ringel, Ringel, Reihe!
Sind der Kinder dreie,

Sitzen auf dem Holderbusch,
Schreien alle musch, musch, musch!
Als wenn sie kleine Kätzchen wären. Und wer kann schon auf einem Busch sitzen? Die bekannten »Drei Gäns' im Haberstroh«, die dasaßen und froh waren, sind auch nicht viel besser. Und immer wieder Schafe, gern auch als Lämmchen und Schäfchen: klein, niedlich, harmlos und dumm – genau das richtige Vorbild für die Kinder. Oder Engelein:
O du mein Gott, o du mein Gott,
Singen die Engelein so fein,
Singen aufe, singen abe,
Schlagen Trillerlein drein.
Heißt es nicht: Du sollst den Namen des Herrn »nicht unnützlich führen« (Luther, *Großer Katechismus*, 2. Gebot)? Hier wird er unnützlich geführt, und die aufe und abe singenden Engelein sind albern. Dieser Vers und etliche andere, die ich zitiert habe, stammen aus *Der Kinder Wunderhorn* (1806–1808), einem Anhang von *Des Knaben Wunderhorn*. Die Sammlung ist von Achim von Arnim und Clemens Brentano zusammengestellt worden. Sie war nicht zuletzt die Antwort zweier Romantiker an die Aufklärung. Sie machte Schule. Lieder und Verse wie diese geisterten die nächsten hundert Jahre durch Kinderbücher, Lesebücher, Kalender und Bücher für Mütter.

Verse ganz anderer Art lernen Kinder von ihresgleichen, und sie haben ihren Spaß daran. Diese Verse aber mögen die Erwachsenen nicht. Häufig handelt es sich um Parodien. Man lese nach bei Borneman; seine Sammlung macht unzweideutig klar, wie läppische Babyverse Kinder unterfordern. Selbst heute werden viele nicht glauben, worüber schon kleine Kinder sich Gedanken machen und wie sie ihre Gedanken auszudrücken verstehen. Die »Verse der Straße« stammen von Kindern, sind eine rein kindliche Poetik, und sie bilden ein Kontrastprogramm gegenüber der Verniedlichung der Kinder durch die Erwachsenen. Dazu drei Beispiele. Die Erwachsenen ließen beten:
Ich bin klein,
mein Herzchen mach rein,

soll niemand drin wohnen
als Jesus allein.
Daraus machten Kinder:
Ich bin klein,
mein Herz ist rein,
meine Hose ist schmutzig,
ist das nicht putzig?
Es gibt allerlei weitere Varianten; dies ist die harmloseste. Sie kursierten noch in den sechziger Jahren in der Altersstufe der Drei- bis Fünfjährigen! Es dürfte nicht verwundern, daß auch die Wiegenlieder parodiert wurden. Etwa so:
Schlaf, Kindchen, schlaf,
mein Vater ist ein Schaf,
meine Mutter ist ein Trampeltier,
was kann ich armes Kind dafür?
An diesen Vers erinnere ich mich aus der eigenen Kindheit. Bei Borneman stehen weitere.

Die Eia-popeia-Verse entgingen selbstverständlich auch nicht kindlicher Parodierfreude:
Heija hobeija,
Im Sommer geht der Mai aa [...]
Es macht die Wiege tick-tack,
Schlaf ein, du kleiner Drecksack!
Es mag überinterpretiert sein – doch die zweite Zeile könnte durchaus eine Reaktion auf die vielen Lügen darstellen, die Erwachsene Kindern aufgetischt haben. Die Devise wäre: Sowenig, wie im Sommer der Mai anfängt, bringt der Klapperstorch die Babys. Jedenfalls sind Kinder erheblich kritischer, als man glaubt, und von dem, was sie denken, erfahren wir nur einen Bruchteil. Das hat Borneman mit seiner Sammlung bewiesen. Sie wird manchen schockieren, aber was sie enthält, ist echter und ursprünglicher Kindermund, ob uns das nun gefällt oder ob nicht. Die meisten Verse waren und sind noch weit verbreitet, viele existieren seit Generationen; nicht wenige sind Erbe der Biedermeierzeit. Zum größten Teil sind sie entstanden aus der Ablehnung der Kindertümelei, der doppelten Moral und der Heuchelei auf dem Gebiet der Sexualität.

Die süßlichen, niedlichen, kitschigen Kinderverse und Kinderliedchen, die Erwachsene ihrem minderjährigen Nachwuchs zugemutet haben, sind nicht harmlos. Sie sind auf ganz andere Weise als Rute und Knüppel Instrumente der Unterdrückung, kaum weniger wirksam und mit dem Vorteil, daß sie als solche nicht zu erkennen sind. Sie machen dumm. Hauptsächlich aber halten sie die Kinder klein. Das bewirken vor allem die so auffällig gehäuften Diminutive. Sie erfüllen ihren Zweck sogar bei Erwachsenen. Nicht von ungefähr werden sie besonders von Männern benutzt. Sie nennen ihre Partnerinnen gern »mein Mäuschen« oder »mein Püppchen«, »Kindchen«, »Baby« oder »mein Kleines«. Das Fräulein gehört auch in diese Reihe. Die Verkleinerung des Partners ist seit eh und je ein hervorragendes Mittel, ihn besser zu beherrschen und ihn besser manipulieren zu können. Gegenüber unerfahrenen Kindern angewandt, ist diese Methode noch weit wirkungsvoller. Nennt man Kinder Bübchen und Kätchen, Klein-Elschen und Klein-Ännchen, Peterlein, Hänschen und Antonle, dann fühlen sie sich auch so. Setzt man ihnen dazu noch in Versen, Liedern und Gebeten lauter Lämmlein, Gänslein, Häschen, Kätzchen und Täubchen vor, ferner Kinder, die mit süßem Stimmlein reden, »im holden Sinnen nach Veilchen spähen« – wie es der schweizerische Schriftsteller Johann Gaudenz von Salis-Seewis ausdrückte –, sich artig in ihrem Röcklein drehn, dann glauben Kinder, was man ihnen täglich vordeklamiert, vorbetet und womit man sie in den Schlaf singt. Sie haben keine Erfahrung, wissen wenig vom wirklichen Leben. Ihre Welt wurde die, in der sich »klein« auf »rein« und auf »lieb Mütterlein« reimte.

Sie hörten nicht nur von dieser Welt – sie sahen sie auch, nämlich in den zeitgenössischen Bildern und Zeichnungen, mit denen Märchen-, Geschichten- und Lesebücher illustriert waren. Vor allen anderen prägte Ludwig Richter diese Bilderwelt mit seinen artigen, lieben und frommen Kindern, die er unermüdlich zeichnete. Sie wirkten wie eine visuelle Suggestion: So waren Kinder, und so hatte man folglich als Kind zu sein. Das predigten außerdem Mütter und Väter, Onkel und Tanten, Nachbarn und Lehrer. Was blieb den Kindern unter der Macht solcher Einflüsse anderes übrig! Sie identifizierten sich mit den Vertretern der verniedlichten Tierwelt, hielten sich bald selbst für genauso klein, unbedeutend und niedlich wie diese, wurden schlimmstenfalls so süß-dumm wie die Schäfchen, Täubchen und Häschen, mit deren Hilfe man sie aufzog. Vor allem aber bemühten sie sich, so zu sein und zu werden, wie es ihnen die beispielhaften Kinderlein in den vielen Versen und Geschichten und auf den unzähligen Bildern suggerierten und wie es im übrigen alle Welt von ihnen erwartete. Sie hatten kaum eine Wahl. Kinder stehen unter Anpassungszwang.

Eine solche Erziehung hatte entsprechende Folgen. Sie lähmte die geistige Entwicklung, zumindest aber hemmte sie sie. Was haben beispielsweise Kinder geleistet, die nicht einem derartigen Eia-popeia-Getue ausgesetzt waren? Die Kinder des Mittelalters haben es gezeigt, und es gibt etliche Beispiele dafür, was Kinder vermögen, wenn man sie nicht künstlich klein hält. Es war keine Ausnahme, daß sie mit vierzehn Jahren studierten oder bereits Offiziere waren. Der Maler Hans Baldung Grien (1484–1545) wurde mit sieben Jahren immatrikuliert. In ebendiesem Alter hatte Luthers Gegenspieler Johannes Eck bereits die Bibel gelesen, die Tochter der Kurfürstin Anna von Sachsen mit fünf den Katechismus. Montaigne beherrschte mit sechs Jahren die lateinische Sprache, mit sieben las er Ovid und ergötzte sich an philosophischen Schriften. Sein Zeitgenosse Théodore Agrippa d'Aubigné beherrschte im selben Alter bereits drei Sprachen und übersetzte mit acht Jahren Platon ins Französische. Pascal schrieb als Zwölfjähriger ohne Hilfe eine von den zeitgenössischen Fachleuten ernst genommene Abhandlung über den Schall. Mozart gab mit sechs sein erstes Konzert, und Goethe las und schrieb mit acht Jahren französische, griechische und lateinische Texte und sprach italienisch. Genies? Gewiß. Aber wo waren die kleinen Genies des bürgerlichen Zeitalters? Es gab sie nicht. Unter den genannten Umständen wurde Genialität bei Kindern erstickt und etliches anderes auch.

Das ist aber nicht alles, was man Kindern angetan hat. Das 19. Jahrhundert war die traurige Ära der Kinderarbeit. Als billige Arbeitskräfte hörten Kinder sofort auf, die reizenden Wesen zu sein, als die sie im zeitgenössischen Bewußtsein lebten. Da war Schluß mit »Büblein fein« und »Goldlöckchen klein«. Für die Kinder der Armen hieß es arbeiten: auf den Feldern der Bauern, als Heimarbeiter, schließlich in Manufakturen und Fabriken. Zur Mitte des Jahrhunderts herrschte in Deutschland Hungersnot; danach waren die neuen Arbeitsplätze in der Industrie selten sicher und die Löhne ungemein niedrig. Die Kinder mußten mitverdienen. Um die Jahrhundertwende gab es in Deutschland noch etwa eine Million voll arbeitender Kinder. Schwere Strafen und Schläge sorgten dafür, daß sie effektiv arbeiteten. Erna M. Johansen bemerkt dazu: »Das war die ›gute alte Zeit‹ – für Fabrikbesitzer.«

Die Welt der Kinder war zweigeteilt. Die Kinder der Armen mußten arbeiten, die Kinder der Bürger blieben die kleinen Lieblinge ihrer Eltern. So jedenfalls scheint es. Doch die Bürgerkinder wurden ebenfalls ausgebeutet, allerdings auf eine ganz andere Weise. Sie wurden emotional ausgebeutet. Gegen Kinderarbeit gab es schließlich Gesetze, und die griffen auch irgendwann. Wozu aber Biedermeiereltern und Biedermeieronkel und -tanten Kinder mißbrauchten, das wurde nicht einmal bemerkt, schon gar nicht von den Kindern; die hatten wieder einmal keine Chance. Oberflächlich gesehen, waren sie der Mittelpunkt eines sentimental-romantischen Kinderkults, wie er sonst in der Geschichte des Kindseins ohne Beispiel ist. Sie wurden von der damaligen Welt angehimmelt und dazu mit einer Flut vorwiegend pathetischer Gefühle überschüttet. Noch ein Jahrhundert zuvor und erst recht noch früher hätte man über ein solches Verhalten verständnislos den Kopf geschüttelt. Wie konnte es dazu kommen?

Der kulturhistorische Hintergrund bedingte diesen Gefühlsschwall. Die Erwachsenen lebten an ihren Kindern aus, was das geradezu lächerlich prüde bürgerliche Zeitalter ihnen anders auszuleben nicht gestattete. Die aus heutiger Sicht schon ans Komische grenzende Verfemung der Sexualität und die verschrobene Sinnenfeindlichkeit waren damals absolut nicht komisch. Die puritanische Moral machte jede Annäherung der Geschlechter zu einer Farce und ein einigermaßen normales Zusammenleben von Mann und Frau so gut wie unmöglich. Wer im Biedermeier lieben wollte, der hatte als Kind gelernt: »Wer geiler Liebe frönt, erniedrigt sein Geschicke,/ wer von der Tugend weicht, der weicht von seinem Glücke [...] Bebe vor einem angebotenen oder geraubten Kusse eines Mädchens wie vor einem verpesteten Hause zurück. Die ersten Seufzer der Liebe sind die letzten Seufzer der Weisheit.« So steht's in dem 1792 erschienenen Band *Der höfliche Schüler oder Regeln zu einem höflichen und artigen Betragen für junge Leute* von Johann Peter Voit, Archidiakonus und Professor zu Schweinfurt. Das Buch schließt also: »[...] Verharre auf der Tugend Bahn,/ Wart' deines Thuns und werde dann/ Zum Glück der Welt ein braver Mann.« War er zu diesem braven Mann herangewachsen, so kam er in Zylinderhut und Bratenrock daher, eingezwängt in Kummerkragen und steifen Vatermörder, bedacht auf Würde, Etikette und auf die geforderte bürgerliche Wohlanständigkeit. Die beherrschte auch das bürgerliche Schlafzimmer. Man tat bisher Unbekanntes: Man zog sich an, wenn man ins Bett ging; »er« trug zum langen Nachthemd eine Zipfelmütze. Viele Ehepaare sahen sich niemals nackt, etliche waren stolz darauf. Lust in der als heilig geltenden Ehe war verpönt. Die Lust der Frau war tabu. Weibliche Frigidität galt als gute bürgerliche Norm.

Auch tagsüber war die Frau zugeschnürt bis oben hin, steckte im fischbeinbewehrten Korsett und in bis auf den Boden wallenden Röcken, dazu in einer Unzahl von Unterröcken und Volants und zeitweise in einem Gestell aus Stahlrippen von bis zu acht Meter Umfang: der Krinoline. Sie machte unnahbar. Schon die Knöchel zu zeigen galt als nicht anständig. Beine hatte man nicht. Selbst die Beine von Klavieren oder die gebratener Hähnchen wurden mit Rüschen diskret verdeckt. Andererseits aber lockten die Frauen, geschnürt, daß sie kaum noch Luft bekamen, mit einer Wespentaille. Bei der Bürgerin war das eine Lockung, die ohne Erfüllung blieb. Dafür brach man beim Anblick einer schönen Landschaft in Tränen aus. Melodramatik beherrschte das Gefühlsleben. »Man entsagte und flennte«, spottete Heinrich Heine.

Derartige Frustrationen hielten viele verständlicherweise nicht aus. Es blühte das Kokottentum. Chambres séparées wurden zu horrenden Preisen vermietet, Freudenhäuser wie Geschäftsunternehmen geführt: brutal und ohne Rücksicht auf die Mädchen. Manch ein Biedermann trieb's mit dem Dienstmädchen; das war billiger. Manch eine Biederfrau hielt sich einen Geliebten. Doch das waren Ersatzbefriedigungen, die kaum jemals die erhoffte Erfüllung brachten. Bei einer Dirne oder einem Dienstmädchen konnte das Herz nicht überströmen, was es doch zu dieser Zeit so gern tat. Das Gefühl kam nicht auf seine Kosten, schon gar nicht bei der Mehrheit braver Kleinbürger, die nicht der doppelten Moral frönten, und sei es nur, weil sie sie sich nicht leisten konnten. Sie mußten sich mit dem Ehepartner begnügen. Mit dem war damals kaum etwas anderes möglich, als im Dunkeln und in wallende Nachtgewänder gehüllt die eheliche Pflicht zu erfüllen. Aber wozu hatte man Kinder, Kinder, die einem gehörten, über die man nahezu unbeschränkte Verfügungsgewalt besaß! Kinder mußten als Ersatzliebesobjekte herhalten. Sie durfte man ungestraft betrachten, wie sie der liebe Gott geschaffen hatte, mit ihnen konnte man schmusen, kosen und zärtlich sein, und ihnen konnte man die aufgestauten Gefühle entgegenbringen. Aus deutschem Dichtermund hört sich das dann so an:

Wenn ich, o Kindlein, vor dir stehe,
Wenn ich im Traum dich lächeln sehe,
Wenn du erglühst so wunderbar,
Da ahne ich mit süßem Grauen:
Dürft ich in deine Träume schauen,
So wär mir alles, alles klar.

Das reimte Friedrich Hebbel. Er läßt nur ahnen, was ihm klar werden könnte und was ihn mit süßem Grauen erfüllt. Ahnt man etwas Bestimmtes, dann könnte einem grauen, aber wahrlich nicht süß. Vermutlich ahnt man richtig, denn Johann Gottfried Herder konstatierte: »Zwei Geliebte des Lebens, ein Kind und ein liebender Vater.«

Adelbert von Chamisso »träumt gar eigene Träume«, wenn er »sein goldenes Töchterlein« im Arm hält, und die Gefühle einer Mutter gegenüber ihrem kleinen Sohn, ihrer »Freuden Kind«, schildert er so:

Laß schwelgend mich genießen
Der süßen kurzen Frist,
Wo noch an meinem Herzen
Du ganz der meine bist.

Man muß nicht Tiefenpsychologe sein, um die Motive solcher Schwelgereien zu erraten. Hier befindet sich zumindest in der Phantasie die Libido dieser Väter und dieser Mütter auf inzestuösen Abwegen.

Freud hat dieses Problem durchaus gesehen. Er schreibt: »Das Kind nimmt beide Elternteile und einen Teil besonders zum Objekt seiner erotischen Wünsche. Gewöhnlich folgt es dabei selbst einer Anregung der Eltern, deren Zärtlichkeit die deutlichsten Charaktere einer, wenn auch in ihren Zielen gehemmten, Sexualbetätigung hat. Der Vater bevorzugt in der Regel die Tochter, die Mutter den Sohn; das Kind reagiert hierauf, indem es sich als Sohn an die Stelle des Vaters, als Tochter an die Stelle der Mutter wünscht.« Aber diese Seite des Ödipuskomplexes hat man ganz einfach nicht zur Kenntnis genommen. Die Inzestwünsche blieben allein eine Angelegenheit der Kinder. Die Väter und die Mütter hat man von einem derart suspekten Begehren ausgenommen. Freud hat nicht auf der Mitwirkung der Eltern bestanden. Folglich ist der Ödipuskomplex verstümmelt in die Geschichte eingegangen. In Pschyrembels medizinischem Standardwerk *Klinisches Wörterbuch* heißt es: »Jedes Kind macht eine ödipale Phase durch, in der der isosexuelle Elternteil abgelehnt u. der andere begehrt wird.« Im *dtv-Lexikon* steht unter dem Stichwort »Ödipuskomplex«: »libidinöse Bindung des Sohnes an die Mutter« und unter dem Stichwort »Elektrakomplex«: »inzestuöse Bindung der Tochter an den Vater«. Kein Wort von den Eltern. Es ist wie beim Kastrationskomplex: Unangefochten bleiben die Erzeuger auf dem Podest stehen, auf das sie einstmals gestellt worden sind. Sündhafte Inzestwünsche haben nur die Kinder.

Alice Miller schreibt: »Es gehörte zur guten Erziehung in Freuds Zeiten, nicht nach den Motiven der Eltern zu fragen, und seine Theorie trägt dieser guten Erziehung von damals Rechnung.« Und zu den Motiven sagt sie: »Zahlreiche Eltern zeigen unumwunden ihre sexuelle Bedürftigkeit ihren Kindern gegenüber und holen sich bei ihnen die Ersatzbefriedigungen, die sie brauchen.« Dieser »Mißbrauch der eigenen Kinder für die eigenen Bedürfnisse« führe aber »beim Kind zu Ratlosigkeit, Insuffizienzgefühlen, Desorientierung, Überforderung, Ohnmacht, Überstimulierung« (nämlich durch die Eltern), ferner behindere er »die Entwicklung des Selbst«, beeinträchtige »die Bildung eines autonomen Charakters« und schaffe »eine sehr frühe Koppelung von Liebe und Haß.« Außerdem führte die Hinwendung frustrierter Eltern zu ihren Kindern zu einem Besitzanspruch; Väter mochten ihre Töchter, Mütter ihre Söhne nicht hergeben. Dadurch wurden die Kinder in unnatürlicher Weise an ihre Eltern gebunden. Im Mittelalter hatten sie im Alter von sieben bis zehn Jahren das Haus verlassen. Nun litten sie unter Vater- und Mutterbindungen und fanden oft nur schwer den Weg zum anderen Geschlecht. Kaum jemand hat dafür die Eltern verantwortlich gemacht. Das berühmte Nesthäkchen zeigt den erlittenen Erziehungsschaden; es
erhebt zur Mutter das Augenpaar
Und spricht mit zuckender Lippe dann:
Ich will keine Kinder und will keinen Mann,
Ich möchte gern immer klein
Und immer bei meinem Mütterchen sein.
So liest es sich in dem von Ferdinand Avenarius herausgegebenen Sammelwerk *Das fröhliche Buch* von 1910. Erst das

-chen als Verniedlichung, dann Mamis gehätschelter Liebling, und daraufhin dieses Ergebnis: Nesthäkchen hat Mütterchens Wunsch verinnerlicht – gewiß zu deren großer Freude und Genugtuung. In bezug auf das Vater-Tochter-Verhältnis reimte Hans von Hopfen:
Das muß ein hartes Scheiden sein,
wenn Töchter von uns wandern,
die man gepflegt in Sorg und Pein –
und alles für einen andern.
Die Gesellschaft war auf seiten der Eltern und unterstützte die Verfügbarkeit der Kinder für die Erwachsenen. Kinder galten als Eigentum der Eltern, und schon in ihrem Äußeren zeigte sich diese Funktion. Sie wurden wie Puppen gekleidet, Puppen, mit denen man spielen konnte, die man in eigener Sache lieben und herzen durfte. In dem Band *Die Welt des Biedermeier* von Günter Böhmer, veröffentlicht 1968, heißt es: »In entzückenden Kleidchen, mit darunter hervorlugenden, spitzenbesetzten Hosenbeinen, Blumengirlanden und Trompeten in den Händen, weit mehr den Amoretten des 18. Jahrhunderts verwandt [...] so hüpft im Morgenlicht des Lebens der biedermeierliche Nachwuchs in das nüchterne Szenarium der Vormärzzeit hinein.« In ähnlicher Weise tauchen die Kinder auch in bildlichen Darstellungen auf. Bei Philipp Otto Runge erscheinen sie als schwebende Englein mit rund-süßen Podexen, lebendig gewordene Putten, niedlich nackicht, mit Blümchen und lockigem Goldhaar, auf Wolken oder Pflanzen thronend, so den Bedürfnissen des bürgerlichen Kinderkults entsprechend: ein Augenschmaus.

Was uns Runges Amors und Psychen waren, das waren den Angelsachsen die »Flower fairies«, die Blumenfeen. Dies sind aber, abgesehen von ihren Schmetterlings- und Libellenflügeln, keine Feen, sondern Kinder, und zwar Kinder zwischen drei und zehn Jahren, Mädchen und Jungen, zumeist süß-sexy, hübsche Beinchen zeigend, Blumen in den Händen, auf Blumen apart bis lasziv posierend oder reizvoll-reizend daneben postiert. Einen eigenen Kult mit Kindern trieb man auf den beliebten Oblaten.

Was aber geschah, wenn ein Kind wirklich so erotisch anziehend wirkte, wie der Bürger es sich erträumte, und wenn es dann entsprechende Interessen Erwachsener auf sich zog? Solch einen Fall schildert Gottfried Keller als eingeschobene Erzählung in seinem Roman *Der grüne Heinrich*. Es ist die Geschichte des Meretlein, eines feinen, zarten und klugen Mädchens von sieben Jahren, aus adliger Familie stammend, das dessenungeachtet »die allerärgste Hexe« gewesen ist. Warum? In der Hauptsache darum, weil es so schön war, daß sich Männer in das Kind verliebten. Dies wird nun aber nicht etwa den Männern angelastet. Nein, das Kind bekommt die Schuld: Es habe die Männer verhext. Die Eltern geben die Tochter daraufhin zu einem für seine Strenggläubigkeit bekannten Pfarrherrn in Pflege, damit der ihr die Hexerei austreibe. Der Geistliche ergreift entsprechende Maßnahmen. Einmal wöchentlich wird das Mädchen auf die Bank gelegt und jedesmal mit einer neuen Rute gezüchtigt, »nicht ohne Lamentieren und Seufzen zum Herren, daß Er das traurige Werk zu einem guten Ende führen möge«. Es wird in eine dunkle Kammer eingeschlossen, in der es wimmert und klagt, wird einer Hungerkur unterzogen, in ein Bußhemd aus Sacktuch gesteckt, es muß einen Totenschädel in der Hand halten. Unter dieser Behandlung verliert Meret ihre geistige Gesundheit. Doch der Herr Pfarrer verweigert eine ärztliche Behandlung und behält das Mädchen bei sich. Am Schluß stirbt es und wird als Hexenkind an der Kirchhofsmauer begraben.

Gewiß, dies ist kein Tatsachenbericht. Aber Keller hat sehr feinsinnig die Situation beschrieben – und kritisch. Freilich nicht offen; das konnte sich damals in dieser Sache kaum jemand leisten. Doch wer wollte in Kellers Pfarrherrn wohl wirklich einen guten Christen sehen, der Gott dient, indem er dieses Mädchen erst um den Verstand und dann ums Leben bringt? Ist er nicht vielmehr ein Beispiel dafür, wie sich verdrängte und verklemmte Sexualität in pädagogischen Sadismus verwandelt?

Die Kehrseite des Kinderkults waren Kinder als mißbrauchte Opfer. Gegenüber Bürgerkindern war der Mißbrauch verdeckt und versteckt, weniger körperlich als seelisch schädigend. Im Proletariat jedoch nicht. In den engen Wohnverhältnissen ging es drunter und drüber – buchstäblich. Kaum jemand hatte ein Bett für sich allein; jeder schlief mit jedem, Kinder eingeschlossen. »Die Mutter ging vom eigenen Sohn, die Tochter vom eigenen Vater schwanger«, schreibt Eduard Fuchs in Band 5 seiner *Illustrierten Sittengeschichte*. Auch in den Manufakturen und den Fabriken waren Jungfrauen über zehn Jahre rar, und manche Kinder hatten schon die Syphilis (Johansen). Die Arbeitermädchen mußten auch den Hunger der Bürger nach Jungfrauen decken. Mit ihnen gab es einen regelrechten Handel, besonders im viktorianischen England. Unzucht mit Kindern war weit verbreitet. »In jeder Großstadt gibt es unzählige männliche Lüstlinge, die ihre niederträchtigen Begierden emsig auf die unreife Jugend richten und an dieser befriedigen« – in erster Linie an der proletarischen Jugend, versteht sich –, heißt es bei Fuchs in Band 6. Fuchs zählt zu den Kinderverführern auch etliche Lehrer und Priester und zitiert aus Beichtanleitungen und Beichtspiegeln, die zeigen, wie genau es die Priester von den Kindern im Beichtstuhl wissen wollten: sehr genau.

Wieweit auch Bürgerkinder körperlichem Mißbrauch ausgesetzt waren, vermag niemand genau zu sagen. Was Patienten darüber Sigmund Freud berichteten, hat dieser zunächst für wahr gehalten (Verführungstheorie), später aber zu Phantasien erklärt. Was stimmt, darüber streiten sich die Gelehrten.

Wer nun aber vermutet, der Kinderkult, diese wahre Flut von Gefühlen, die man den Kindern so emphatisch entgegenbrachte, habe einen mildernden Einfluß auf die unterdrückende Erziehung gehabt, der täuscht sich sehr. Väter und Mütter mögen noch so sehr von ihren herzigen Kindern geschwärmt und in Liebe zu ihnen geschwelgt haben – sie blieben ihrer Kinder Obrigkeit. Sie bauten diese Stellung sogar noch aus. Im 19. Jahrhundert verwirklichten sie, was seit Luther in der Erziehung gefordert worden war. In diesem Jahrhundert wurde die unterdrückende Erziehung auch in den Elternhäusern zur Perfektion entwickelt. Die Väter etablierten sich endgültig in ihrer Rolle als häusliche Patriarchen und übten wie Potentaten ihre Bestimmungsgewalt in der Familie aus. Streng, unnahbar und als strafende Instanz wachten sie über die Erziehung der Kinder. Auch das vielbesungene lieb Mütterlein ließ keineswegs mit sich spaßen. Rute, Peitsche, Teppichklopfer und Kochlöffel blieben gängige Instrumente bürgerlicher Erziehung.

Es waren jedoch beileibe nicht die einzigen. Etliche neue Mittel und Methoden machten es möglich, die Kinder zu perfekten Untertanen heranzubilden. Jetzt endlich knieten sie vor den Thronen nieder, auf die Eltern und Autoritäten einstmals gesetzt worden waren. Sie gehorchten, sie ordneten sich unter, und in vielen Fällen taten sie dies auch noch voller Ehrfurcht und mit Dankbarkeit im Herzen gegenüber ihren Unterdrückern. Eine solche Haltung war die Voraussetzung dafür, daß Kinder das wurden, was man damals von ihnen erwartete: Wesen, die den Erwachsenen angenehm waren, die für deren Bedürfnisse zur Verfügung standen, sei es als Hätschel- und Streichelobjekte, sei es als Mitverdiener, die klaglos vierzehn Stunden und mehr arbeiteten, als Wesen, die überhaupt ohne Widerrede taten, was man von ihnen verlangte. Dieses Ziel wurde weitgehend erreicht. Nachsicht, Entgegenkommen, Güte und Verständnis für der Kinder eigene Belange spielten in diesem Erziehungskonzept kaum eine Rolle. Jede Lockerung konsequenten Erziehungsverhaltens hätte den Erfolg der Erziehung gefährdet, glaubte man.

Man glaubte dies mit einem gewissen Recht, denn die pädagogischen Instanzen besaßen kein solides Fundament. Ihre Autorität konnte sich nur in wenigen Fällen auf Fähigkeiten, Fertigkeiten und Kompetenzen oder auf menschliche Qualitäten stützen. Dennoch mußte sie von den Kindern anerkannt werden. Mehr noch: Sie sollte ihnen als über jeden Zweifel erhaben erscheinen. Vielen erschien sie so – eine pädagogische Meisterleistung.

Erreicht wurde sie außer durch Gewalt durch eine ungemein geschickte Beeinflussung der Kinder und durch dramatische Appelle an ihr Gemüt. Das war nicht neu, doch wie es gemacht wurde, war um etliches raffinierter als bisher. Und es war effizienter, nicht zuletzt deshalb, weil inzwischen sowohl die pädagogischen Ideen wie auch die entsprechenden Geschichten und Bilder das letzte Dorf erreicht hatten. Der Effekt war: Weniger denn je hatten die Kinder eine Chance zu merken, daß man sie zu kleinen Sklaven machte; das Wie entging ihnen erst recht. Selbst später, als Erwachsenen, wurde ihnen dies nur in Ausnahmefällen bewußt. Die pädagogische Manipulation ging sogar so weit, daß viele trotz der massiv unterdrückenden Behandlung, die sie erlitten hatten, vom Paradies der Kindheit schwärmten und gleichzeitig das, was man ihnen angetan hatte, an die eigenen Kinder weitergaben – der bekannte Teufelskreis. Alice Miller nennt dieses Verhalten Wiederholungszwang; bei ihren Patienten dauerte es oft Jahre, bis sie in der Analyse die Zusammenhänge erkannten.

Eine so tiefgreifende Wirkung kam zu einem erheblichen Teil dadurch zustande, daß sich die Erwachsenen in der Kindererziehung unerhört einig waren. Mit wem das Kind auch zu tun hatte, es erfuhr von allen das gleiche. An einem Beispiel hat Johann Michael Sailer diese Wirksamkeit klargemacht: »Es soll im Hause ein *Kordon* gezogen werden, der dem Ungehorsam kein Durchkommen gestattet. So war Fenelon [Erzieher der Enkel Ludwigs XIV.] eins mit allen, die auf die Erziehung des Prinzen Einfluß hatten und ihn umgaben. Hatte dieser einen *Fehler* begangen und deshalb einen Verweis aus Fenelons Mund erhalten: so fand der Schuldige in allen Gesichtern, die ihn umgaben, lauter *Bestätigung* von Fenelons Ausspruch, keine Miene verteidigte ihn; er mußte besser werden, wenn er den Ausdruck der Zufriedenheit in irgendeinem Menschenantlitz, das er in seinem Kreise sah, wiederlesen wollte.« Er mußte wirklich. Was blieb ihm anderes übrig!

Für das Kind des 19. Jahrhunderts bestand die Welt in der Tat aus einem solchen geschlossenen System. Der

Paragraph eins darin lautete wie eh und je: Du sollst deine Eltern lieben, ehren und ihnen gehorchen – um jeden Preis. Dieser Forderung begegneten die Kinder ständig in vielen Varianten, und die Bedingungen wurden ihnen genau erklärt. In dem Buch *Der höfliche Schüler* heißt es: »Sollte dir von deinen Eltern zuweilen offenbares Unrecht geschehen; solltest du sogar an deinem Vater einen täglichen mürrischen Zuchtmeister haben, so laß dich dadurch doch nicht abhalten, ihm die schuldige Ehrfurcht, Liebe und Folgsamkeit zu beweisen.« Die Begründung dafür ist ebenso einfach wie unwiderlegbar: »Gott befiehlt: Du sollst deine Eltern ehren.« Luther hätte daran seine wahre Freude gehabt. Gleiches galt für Lehrer und Vorgesetzte: »Begegne deinen Lehrern und Vorgesetzten, sollten sie auch merkliche Fehler an sich haben, oder dir, nach deiner Einbildung [!], Unrecht tun, immer ehrerbietig mit Gebärden und Worten, und führe dich so gegen sie auf, als ob du deine Eltern oder Gott selbst vor dir hättest.«

In B. Blasches *Handbuch der Erziehungswissenschaft* von 1828 hört sich das so an: »Ein Erzieher von wahrer Bildung kann sich mit Recht seiner hohen Bestimmung erfreuen, ein unmittelbares Organ der Gottheit, als der höchsten erziehenden Kraft zu sein.«

Zu einer uneingeschränkten Lehrerautorität bekennt sich auch Tuiskon Ziller 1857. Er will nichts zulassen, was die »Strafgewalt des Erziehers beschränkt«; kein Schüler darf das Recht haben, gegen einen Lehrer Klage zu führen – wo auch immer. »Dadurch wird die Autorität des Lehrers unfehlbar gebrochen [...] Die Autorität des Erziehers muß aber ungeschwächt bleiben, und in der Sphäre des Schülers muß er unbeschränkt herrschen. Ein Recht darf auch dem Schüler einem Lehrer gegenüber nicht eingeräumt werden, weil es eine Einschränkung für die Macht des letzteren in sich schließen würde. Sollte aber ein Schüler trotzdem sich einfallen lassen [!], bei dem Direktor oder Lehrerkollegium Klage zu führen über einen Lehrer, so muß er nicht bloß ohne weiteres, und ohne daß er auch nur vollständig angehört wird, abgewiesen werden, sondern es ist das überdies als eine Auflehnung gegen die Regierungsgewalt anzusehen und zu bestrafen.« Zillers Fazit: »Es hängt alles davon ab, daß der Erzieher dem Zögling völlig unumschränkt erscheint und der Glaube des letzteren an die souveräne Macht der Regierung nicht geschwächt wird.«

Dieser Glaube wurde nicht geschwächt. Ein entsprechendes Schulregiment sorgte dafür. Fortan herrschten die Lehrer als allmächtige Kathederpotentaten über die Schüler.

Der damaligen Gesellschaft war es recht. Autorität und Gehorsam gingen ihr über alles, und beides wurde den Kindern als hoher Wert und Ideal immer wieder eingeimpft. Auf welche Art dies beispielsweise geschehen konnte, zeigt Christian Hinrich Wolke, Lehrer am Philanthropinum in Dessau, in seinem 1805 erschienenen Buch *Anweisung für Mütter und Kinderlehrer* anhand eines moralischen Dialogs. Der Lehrer fragt: »Was muß man tun [...], wenn du die Liebe deiner Eltern und anderer Menschen erwerben willst?« Das Kind antwortet: »Ich muß auf Wink und Wort gehorsam, für alles Gute, für Lehre, Warnung, Hilfe, Dienste, Unterhalt dankbar sein und mich beeifern, täglich besser, klüger, geschickter oder vollkommener zu werden.« Diese Dankbarkeit schloß die Dankbarkeit für Schläge ein. Wir kennen das von Francke.

Dankbarkeit wurde überhaupt für wichtig erachtet. Den Eltern hatte man sein Leben lang dankbar zu sein. Das wurde nicht nur gesagt; man begnügte sich nicht mit Worten. In einer *Pädagogischen Realenzyklopädie* von 1851/1852 ist zu lesen: »Worte sind überhaupt nicht gerade dasjenige, wodurch Sittliches begründet und entwickelt, Unsittliches abgeschafft und entfernt werden kann; sie können nur als Begleiter einer tiefer greifenden Operation von Wirkung sein.« Eine solche Operation bestand zum Beispiel darin, daß die Kinder ihre Dankbarkeit bekunden mußten, etwa zum Jahresbeginn oder zu Geburtstagen. Sie lernten entsprechende Verse auswendig und sagten sie dann feierlich auf. Die meisten standen im Widerspruch zu ihren Alltagserfahrungen. Aber was schadete das! Sie erfüllten dennoch ihren Zweck, festigten Hochschätzung, bedingungslose Anerkennung und Respektierung der Eltern, und sie förderten eine ebenso bedingungslose Liebe zu ihnen. Viele sind kaum noch bekannt, und heute mögen sie uns abgeschmackt erscheinen. Damals aber waren sie üblich, und sie taten ihre Wirkung. Ich zitiere aus einer zeitgenössischen Sammlung, die bereits in achtzehnter Auflage erschienen war, *Des guten Kindes Wünsche*, gedacht »für Schule und Haus«:

Darum, so laßt mich heut begrüßen
Euch gutes, treues Elternpaar,
Euch, deren Leben zu versüßen
Bis jetzt mein einzig Streben war.
Empfangt des Kindes besten Dank,
Der für Euch glüht lebenslang.

Das war ein Gruß zum Neujahrstag. Der Vater wurde zum Geburtstag beispielsweise wie folgt bedacht:

Laß mich liebend Dich umschlingen,
Bis des Lebens Abend winkt,
Laß mich Dir zur Freude leben,
Bis des Daseins Sonne sinkt.

In einem anderen Vers beteuert das Kind, es sei hoch beglückt durch seines Vaters Güte. Das Wort Güte muß, wenn diese Aussage damals wahr gewesen sein soll, einen erheblichen Bedeutungswandel in den letzten hundertfünfzig Jahren durchgemacht haben. Der Mutter wird zum Geburtstag der kindliche Gehorsam zu Füßen gelegt; es heißt:

Ich werde eifrig mich bestreben,
An Fleiß und Tugend zu gedeih'n,
Und im Gehorsam dir ergeben,
Als gutes Kind dich zu erfreu'n.

Es hat den Anschein, als hätten solche Sprüche das Bewußtsein wie die Erinnerung der Kinder mehr geprägt als die rauhe Wirklichkeit. Die Quintessenz der Elternverehrung formulierte Christoph von Schmid:

Ein gutes Kind wird selbst das Leben
Aus Liebe für die Eltern geben.

Dazu wird ein Kind nur ausnahmsweise Gelegenheit haben. Kinder, die diese Einstellung verinnerlichten, hatten sich jedoch bedingungslos ihren Eltern ergeben. Eine solche »Ergebung in den höheren Willen der Eltern« fordert C. G. Scheibert in dem Buch *Ratschläge für Erziehung der Volksjugend*, erschienen 1883; er stellt sie darin gleich in den rechten Zusammenhang: »Sie [diese Ergebung] begründet die rechte Stimmung für das ›Vater unser, der du bist im Himmel‹, ist ein stiller und doch starker Geleitsmann nicht bloß auf dem Weg durchs dunkle Erdenland, sondern auch auf der Bahn zum lichtvollen Himmelreich.« Was nichts anderes heißt, als daß Ergebenheit das Erdenleben erleichtere und anschließend direkt in den Himmel führe. Ergebenheit wurde auch auf die nächste Instanz übertragen, aufs heilig Vaterland:

Ich hab' mich ergeben
mit Herz und mit Hand,
dir, Land voll Lieb' und Leben,
mein deutsches Vaterland.

Das Lied endet mit dem Gelöbnis:

[...] zu leben und zu sterben
fürs heil'ge Vaterland.

Besonders zu sterben war seitens der Obrigkeit gefragt. Diese bekannte Hymne, Text von Hans Ferdinand Maßmann 1820, findet sich noch in dem Band *Deutsche Lieder* des Insel Verlags aus dem Jahr 1980. In einem anderen Lied, von 1814, hieß es bereits, daß es »heil'ge Pflicht« sei, fürs Vaterland zu sterben *(Holde Nacht, dein dunkler Schleier)*.

Immer wieder heilig waren die Autoritäten. Der Vater wurde in die Nähe Gottvaters gerückt, und die Mutter bekam einen Heiligenschein wie Maria. In dem Buch *Mutter*, in zweiter Auflage 1926 erschienen, steht als Geleit: »*Mutter!* Du leuchtendes, ehernes Wort [...] *Mutter!* Du göttlicher Inbegriff der Güte, die das Dasein krönt [...] Dankopfer steigen auf aus diesem Buch. Aus deutschen Herzen quellen Ströme der Liebe. Was unsere Dichter in stiller Weihe [...] zum Ruhme deutscher Mütter niedergeschrieben haben, sei hier zu einem Denkmal deutscher Art vereint.« Der Inhalt des 235 Seiten umfassenden Buches entspricht den Geleitworten.

Wer wollte es wagen, solche Mütter, solche Väter oder gar das heilig Vaterland auch nur mit einem einzigen Wort der Kritik zu entweihen, ja sich gegen sie aufzulehnen! Ein allgemeiner Schrei der Empörung wäre die Antwort gewesen, von pädagogischen oder obrigkeitlichen Repressalien ganz abgesehen. Nein, nein, gegen diese Autoritäten hatte so gut wie niemand eine Chance. Ihr Hoheslied wurde überall gesungen, in den Kinderzimmern, in den Schulstuben und von den Kanzeln der Kirchen, dazu in den unzähligen Moralgeschichten, die immer wieder dokumentierten, wie gut es dem ging, der brav Eltern und Obrigkeit gehorchte, der ergeben sich unterordnete, und wie schlecht es all denen ging, die das nicht taten. Der Druck der Gesellschaft war allgegenwärtig, und genau das sollte er sein. Tuiskon Ziller schreibt: »Kinder müssen nun ebenso wie Erwachsene den gesellschaftlichen Druck fühlen.« Sie fühlten ihn – von Babybeinen an.

Das ach so heimelige und friedliche biedermeierliche Familienidyll ist größtenteils Legende. Es verdankt seine Entstehung vornehmlich den vielen Bildern jener Zeit, besonders den Genrebildern. Daneben wurde es in rührseligen Geschichten beschworen und in Liedern und Gedichten verklärt. Der Eindruck, die Kinder seien damals so über die Maßen glücklich gewesen, kommt ebenfalls sehr wesentlich aus diesen Quellen.

Die Wirklichkeit sah anders aus. Man denke nur an die Kinderarbeit. Und die süß-unschuldigen Bürgerkinder waren laut der *Welt des Biedermeiers* einer Lawine von Pädagogik ausgesetzt. Katharina Rutschky spricht von einem »totalen Zugriff der Erziehung«. Unbarmherzig wurden die Kinder auf die Werte, Tugenden und Tabus der Zeit eingeschworen und entsprechend dressiert. Dabei blieb der Gehorsam das A und O der Erziehung; er wurde nachgerade zu einer pädagogischen Manie. Im zweiten Band von K. A. Schmids *Enzyklopädie des gesamten Erziehungs- und Unterrichtswesens* von 1876–1887 heißt es: »Der Gehorsam des Zöglings ist tatsächlicher Dank für die Wohltaten, welche ihm durch die Hand des Erziehers zuteil wurden [...] Im Gehorsam reiht er sich ein in die göttlichen und menschlichen Ordnungen, welche das Gedeihen seines inneren und äußeren Lebens bedingen [...] wem das Gebot der Eltern nichts galt, dem gelten später auch die Gesetze des Staates nichts.« Ganz klar: Das erste bedingte das zweite. Peter Sloterdijk formulierte 1983: »Gehorsam ist die erste Kindespflicht, die später zur bürgerlichen wird.«

Und selbstverständlich gab es nur einen Gehorsam: den absoluten. Die Pädagogen gestatteten keine Kompromisse, nicht das geringste Entgegenkommen. Die Frage nach dem Warum eines Befehls war nicht gestattet – auch größeren Kindern nicht. Hierzu L. Kellner in *Pädagogik der Volksschule in Aphorismen*, erschienen 1852: »Zu den Ausgeburten einer übel verstandenen Philanthropie gehört auch die Meinung, zur Freudigkeit des Gehorsams bedürfe es der Einsicht in die Gründe des Befehls, und jeder blinde Gehorsam widerstreite der Menschenwürde. Wer sich unterfängt, dergleichen Ansichten in Haus oder Schule zu verpflanzen, der vergißt, daß wir Erwachsenen uns im Glauben an eine höhere Weisheit der göttlichen Weltordnung fügen müssen, und daß die menschliche Vernunft nimmermehr dieses Glaubens entbehren darf. Er vergißt, daß wir allesamt hier nur im Glauben, nicht aber im Schauen leben. Wie wir im hingegebenen Glauben an die höhere Weisheit und unergründliche Liebe Gottes handeln sollen, so soll das Kind im Glauben an die Weisheit der Eltern und Lehrer sein Tun unterordnen und hierin eine Vorschule zum Gehorsam gegen den himmlischen Vater finden. Wer dieses Verhältnis ändert, der setzt freventlich an die Stelle des Glaubens den klügelnden Zweifel [...] an die Stelle der Ehrfurcht gegen eine höhere Intelligenz tritt die selbstgefällige Unterordnung unter die eigene Einsicht.« Das ist ein beispielhaftes pädagogisches Glaubensbekenntnis aus jenen Jahrzehnten.

Ein Problem besonderer Art für die Gehorsamserziehung stellten Schüler dar, die sich gern eigene Gedanken machten, »sich frühzeitig ganz im stillen manches eigene Urteil« bildeten oder sich »in origineller Weise« entwickelten, also jene geistig lebendigen Kinder und die »edleren Naturen«, »die sich in allem versuchen und selbst das Schlechte nicht ausnehmen«. Ihnen widmeten die Pädagogen gesteigerte Aufmerksamkeit – doch nicht etwa, um sie besser zu fördern! Vielmehr mußten solche Schüler besonders unterdrückt werden, denn sie galten als gefährlich, weil sie die Ordnung störten. Daraus folgte die damals einzig denkbare Konsequenz: »[...] alles, wodurch die gesellschaftliche Ordnung gestört wird, muß bei den Kindern unterdrückt werden.« Reichten »sanfte Mittel« nicht aus, mußte eben mit Gewalt »ihre Kraft [...] gebrochen werden«; »durch eine Gewalt, welche die Kinder in ihren Schranken festhält und an die ihnen zukommenden [!] Beschränkungen gewöhnt, müssen ihre wilden Gemüter gebändigt werden«. Den Kindern mußte »Zaum und Gebiß angelegt werden, soweit es nötig ist, um die Gesellschaft vor Nachteilen zu schützen«. Das schrieb wieder Tuiskon Ziller, und zwar in seinem Werk *Die Regierung der Kinder. Für gebildete Eltern, Lehrer und Studierende* von 1857. Man mußte wohl einsehen, daß man diesen Kindern so einfach nicht beikommen konnte.

In der schon zitierten Enzyklopädie von 1876 wird eine erheblich verfeinerte Methode empfohlen. Das Ziel bleibt jedoch das gleiche: »eine der schlimmsten Krankheiten des Schullebens« auszurotten, nämlich den Oppositionsgeist. Als eine besonders fatale Erscheinung gilt dem Verfasser die »oppositionelle *Miene*, die gegen eine Ermahnung oder auch gegen den Lehrvortrag gerichtet ist, und dann meist ein stummes Zeugnis dissentierender Weisheit bedeuten soll«, was auf gut deutsch heißt, daß der Schüler mit einem mokanten Lächeln anzeigt, wie dämlich er den Lehrer oder dessen Ausführungen findet. Das pädagogisch Problematische einer solchen »Miene« liegt darin, daß schwer zu entscheiden ist, ob es sich wirklich um eine »bewußte Unart«, um eine »schlimme Frivolität« und damit um »eines der schlimmsten Symptome« des Oppositionsgeistes handelt oder lediglich um eine »schonungswerte Eigenartigkeit«. Dem Schüler kann man eine böse Absicht kaum beweisen; der weiß das, und nicht zuletzt darin liegt sein Lustgewinn. Ein solches Verhalten zeugt von Intelligenz, und so heißt es denn auch, meistens werde »von wissenschaftlich tüchtigen Schülern« auf diese perfide Weise gelächelt.

Was soll nun der so hinterhältig verhöhnte Lehrer tun? Der Autor empfiehlt eine »vertraute Besprechung«, zu welcher der Lehrer den Schüler in seine Wohnung einlädt. Dabei werde sich schnell herausstellen, ob es sich bei der Miene um »trotzigen Widerspruchsgeist« oder »um Regungen besseren Ursprungs« gehandelt habe. Zeige sich ersteres, so gelte es, dieses »Krankhafte« zu »heilen«. Dabei soll jedoch keineswegs eine abweichende Ansicht des Schülers diskutiert und er des Irrtums überführt werden – daß er irrt, ist selbstverständlich keine Frage. Vielmehr muß ihm »der Standpunkt klargemacht werden«, das heißt, er muß »auf die Unreife seines Urteils im allgemeinen« und im besonderen auf seine »Eitelkeit und Überhebung« hingewiesen werden, und ihm muß »die Pflicht der Ehrfurcht zum Bewußtsein« gebracht werden. Ein solches Verhalten, meint der Autor, sei »für den bösen Sinn demütigender als eine Schulstrafe«.

Für den berühmten Pädagogen Johann Friedrich Herbart waren derart oppositionelle Schüler schlicht »Subjekte«. Er nennt sie »Geister, die verneinen« und rückt sie damit in die Nähe des Teufels. »Das Böse keimt bei ihnen so leicht und so früh, daß man unwillkürlich an die Erbsünde erinnert wird«, befindet er. Außerdem erklärt er sie zu Psychopathen, auch wenn sich »etwas Disharmonisches in ihrem Körperbau« nicht immer nachweisen lasse, und messerscharf folgert er: »[...] daß aber ein solches auch tief verborgen liegen kann, wen wird das wundern?« Es wunderte niemanden, obgleich zu Verwunderung Herr Herbart hier wahrhaftig genügend Anlaß gab. Mit solchen aus der Luft gegriffenen Behauptungen, Folgerungen und Wertungen stempelte er intelligente Abweichler zu ebenso bösen wie krankhaften Außenseitern der Gesellschaft. Er empfahl, sie »unter strenge Regierung zu nehmen, ihnen Respekt, ja Furcht« einzuflößen, sie nicht »unnötig zu reizen, [...] und am wenigsten mit ihnen [zu] scherzen«. Ferner hätten sie nötig »sorgfältige Diät, strenges Maß im Lernen und Genießen, vielleicht Arznei«.

In eine ähnliche Kategorie gehörten Kinder, die den Pädagogen altklug und blasiert erschienen, oft aber ebenfalls nur intelligenter waren als ihre Mitschüler. In Wilhelm Reins *Enzyklopädischem Handbuch der Pädagogik* – an pädagogischen Enzyklopädien herrschte dazumal kein Mangel! – wird empfohlen: »Diese Fehler fordern mit allen Mitteln der heiligen Liebe und der ernsten Zucht, daß der Verirrte in die Schranken seiner Stellung zurücktrete.«

Wie vielen intelligenten, lebendigen, originellen, wissenschaftlich tüchtigen Schülern mag solch heilige pädagogische Liebe, vereint mit ernster Zucht, das Genick oder wenigstens das Rückgrat gebrochen haben! Schon wer an falscher Stelle lächelte, hatte keine Chance. Genies hatten erst recht keine. Bereits in den Fröbelschen Kindergärten wurde durch »rigorose Reglementierung« (Rutschky) erreicht, daß kindliche Originalität sich gar nicht erst entwickeln konnte. Es ist immer wieder erstaunlich, daß selbst bis heute nur ganz wenige dies bemerkt haben.

DOKTOR SCHREBERS SCHWARZE PÄDAGOGIK

Der Geradhalter und andere Erziehungsapparate /
Die Disziplinierung des Säuglings / Dankbarkeit für Schläge /
Der »Fall Schreber«

Der bemerkenswerteste Unterdrückungspädagoge jenes Jahrhunderts war Dr. Daniel Gottlieb Moritz Schreber (1808-1861). Dabei ist er weder Pädagoge gewesen, noch hat er jemals als Pädagoge gearbeitet. Er war Arzt und lange Jahre Leiter des Orthopädischen Instituts der Universität Leipzig. Sein Name ist noch heute durch die nach ihm benannten Schrebergärten bekannt. Die nachhaltigste Wirkung hatte Schreber aber auf dem Gebiet der Erziehung. Er veröffentlichte achtzehn Bücher und Broschüren, größtenteils über pädagogische Themen; sie erlebten in kurzer Zeit viele Auflagen, wurden in sieben Sprachen übersetzt und waren entsprechend weit verbreitet. Die meisten wandten sich an Eltern, Lehrer und Erzieher. Schreber kam an bei ihnen mit seiner Pädagogik. Ganz wie seinerzeit Luther stellte auch er die Autorität der Erwachsenen über alles, und als Lohn für die Anwendung seiner Thesen versprach er den Eltern ein Kind, das »fast durchgehend nur mit einem elterlichen Blick regiert wird«.

Schreber begann mit Gesundheitsvorschriften und endete mit einem umfassenden, auf Moral gründenden Erziehungssystem, das »dem Heile künftiger Geschlechter« dienen sollte. Er erstrebte unter anderem geistige Veredlung des Menschen, Verbesserung von Gesellschaft und Rasse, wahren Seelenadel, Sittenreinheit, Selbstverleugnung. Seine pädagogischen Erfahrungen bezog er allein aus der Erziehung seiner eigenen Kinder.

Schreber führte ein Novum in die Kindererziehung ein: Apparate, diverse mechanische Geräte. Auf den ersten Blick wirken sie wie orthopädische Hilfen für haltungsgeschädigte Kinder. Aber keines von Schrebers Geräten diente der Behebung von Beschwerden oder Schäden. Sie alle waren ausschließlich für gesunde Kinder gedacht. Allerdings sollten sie Schäden vorbeugen. Aber solche Schäden waren medizinisch weder begründet noch nachgewiesen. Sie bestanden lediglich in Schrebers Einbildung, zum Beispiel die Schäden, die angeblich durch die Seitenlage beim Schlafen hervorgerufen würden. Schreber schreibt in seinem Buch *Die schädlichen Körperhaltungen und Gewohnheiten der Kinder*, durch die Seitenlage im Schlaf werde die aufliegende Seite »durch die Körperlast zusammengedrückt, daher an allen dem Drucke nachgiebigen Stellen dieser Seite der Säfteumlauf und als Folge davon die Ernährung gehemmt«, was »Stockung und Anhäufung des Blutes in den Gefäßen daselbst« veranlasse, so daß sie »nebst allen dem Drucke unterworfenen Teilen und Organen endlich einen großen Teil ihrer Lebensspannkraft« verlören (zitiert nach Schatzman). Das war selbst nach dem damaligen Kenntnisstand medizinisch gesehen Unsinn. Doch Schreber begründete damit die Forderung, Kinder im Bett derart zu fesseln, das »jedes Umwälzen nach der Seite verhindert« werde. Dafür entwickelte er ein Brustband mit ringförmigen Schulterlaschen, das am Bett des Kindes befestigt wurde und das Kind in die »einzig nicht gesundheitswidrige Rückenlage« zwang.

Am bekanntesten wurde der Schrebersche Geradhalter, der bewirkte, daß Kinder nur gerade sitzen konnten. Er wurde später häufig mit dem Schulterband verwechselt, das durch Zurückziehen der Schultern mittels Riemen und Stahlfedern zu einem geraden Gang zwang. Auf gerade und straffe Haltung kam es Schreber an. Er hielt seine Epoche für moralisch »schlaff« und »kraftlos«, vor allem wegen der nach seiner Meinung nachlässigen Erziehung der Kinder in Schule und Haus, die zu einer entsprechend nachlässigen Haltung der Kinder führe. Dagegen kämpfte er an, sowohl mit seinen Erziehungsthesen wie mit seinen Apparaten. Er wollte damit die »Schwäche« seiner Zeit überwinden. Dazu gehörte, daß die Kinder den Kopf hoch und gerade hielten. Der sogenannte Kopfhalter bewirkte das. Er bestand aus einem Riemen mit Schnallen, dessen eines Ende hinten am Hemd oder an der Unterwäsche und dessen anderes Ende an den Haaren des Kindes befestigt war. Neigte das Kind den Kopf, so wurde es an den Haaren gezogen; Schreber galt das als »Erinnerungsmittel für die straffe Kopfhaltung«.

Er erprobte seine Apparate zunächst an seinen eigenen Kindern; danach ließ er sie produzieren. Sie müssen recht lange im Umlauf gewesen sein, denn ich erinnere mich daran, daß ein Klassenkamerad ein solches Gerät, und zwar das Schulterband, trug und daß man mir gelegentlich mit dem »Geradhalter« drohte, wenn ich nicht in der gewünschten geraden Haltung ging oder saß.

Schrebers Pädagogik setzte früh ein, nämlich beim Säugling. Schon in der Wiege mußten die Kinder »die Kunst sich zu versagen« erlernen. Das heißt, unter keinen Umständen durften Mütter oder Wärterinnen auf ein unzeitiges oder unerlaubtes Begehren des Kindes reagieren. Dem mußte »eine unbedingte Verweigerung mit ausnahmsloser Konsequenz entgegengesetzt werden«. Damit allein war es indes nicht getan; vielmehr sollte man, so Schreber, »zugleich darauf achten, daß das Kind das Verweigern *ruhig* hinnehme, und nötigenfalls durch ein ernstes Wort, eine Drohung und dergleichen dieses ruhige Hinnehmen zu einer festen Gewohnheit machen«. Apodiktisch forderte er: »Nur keine Ausnahme gemacht!«

»Unzeitiges oder unerlaubtes Begehren« war aber jegliches Schreien und Mucksen, das nicht durch klar erkennbare körperliche Beschwerden verursacht wurde. Einzig erlaubtes Begehren war Schreien aus Hunger, jedoch nur, wenn sich das Kind zu den von den Erwachsenen festgesetzten regelmäßigen Fütterungszeiten meldete. Doch auch dieses legitime Begehren sollte nicht sofort, sondern erst *»nach einer kleinen Pause«* erfüllt werden und »stets *nur* dann, [...] wenn das Kind in freundlich harmloser oder wenigstens ruhiger Verfassung ist, *niemals* aber mitten im Schreien oder unbändigen Gebaren«. Dieses Verhalten sei nötig, weil »vom Kind selbst der leiseste Schein ferngehalten werden [muß], als *könne es durch Schreien oder unbändiges Benehmen seiner Umgebung irgend etwas abzwingen«.* Schon den ersten Anfängen einer solchen Tendenz müsse man wehren, jedem unberechtigten Schreien sofort entgegentreten, und zwar »durch schnelle Ablenkung der Aufmerksamkeit, ernste Worte, drohende Gebärden, Klopfen ans Bett [...] oder wenn dieses alles nichts hilft – durch natürlich entsprechend milde, aber in kleinen Pausen bis zur Beruhigung oder zum Einschlafen des Kindes beharrlich wiederholte körperlich fühlbare Ermahnungen«. Also Prügel zur Disziplinierung wie zur Beruhigung von Säuglingen! Und Schreber fährt fort: »Eine solche Prozedur ist nur ein- oder höchstens zweimal nötig, und – man ist *Herr* des Kindes *für immer*.« Genau das ist sein Erziehungsziel, und welchen Nutzen es den Erwachsenen bringt, das sagt er auch: »Von nun an genügt ein Blick, ein Wort, eine einzige drohende Gebärde, um das Kind zu regieren.« Das Schöne daran ist laut Dr. Schreber, daß man damit auch »dem Kinde selbst die größte Wohltat« erweise, und zwar, weil man ihm viele »Stunden der Unruhe« erspare, die seinem Gedeihen hinderlich seien. Ferner erleichtere man »dem Kind die heilsame und unentbehrliche Gewöhnung an Unterordnung und Regelung seines Willens«.

In weiten Kreisen hielt man Schreber tatsächlich für einen Wohltäter der Kinder, und man glaubte ihm, daß Unterordnung für Kinder ebenso heilsam wie unentbehrlich sei.

Schreber demonstrierte seine Pädagogik des Versagens ungemein praxisnah, zum Beispiel an der Art, Kinder zu ernähren. Seine Doktrin: Essen für Kinder gibt es nur dreimal am Tag; zwischendurch dürfe man sie »nichts, auch nicht das geringste genießen lassen«. Wieder auf keinerlei Tatsachen und Beweise gestützt, behauptet er, jedes Abweichen von dieser Regel habe »krankhafte Blutbildung« zur Folge. »Dieser allgemein verbreitete Fehler der Kinderzucht ist als eine der Hauptwurzeln der Kränklichkeit und Schwächlichkeit unserer Jugend zu erkennen«, meint Schreber, und kategorisch stellt er fest, diese feste Ordnung im Essen sei für des Kindes körperliches Wohlbefinden notwendig; ferner sei es eine moralische Wohltat für das Kind, das auf diese Weise noch im ersten Lebensjahr »Selbstversagung« lerne. Sie müsse allerdings immer wieder geübt werden. Als »eine sehr gute, dieser Altersstufe ganz zeitgemäße Übung« empfiehlt er, dem Kind oft Gelegenheit zu geben, »andere Personen *essen und trinken sehen zu lernen, ohne daß es selbst danach begehrt*«. Und selbstverständlich müssen Kinder essen, was auf den Tisch kommt, und es aufessen. »Man [...] gebe dem Kind nicht eher einen Bissen anderer Nahrung, als bis die verweigerte vollständig genossen ist.« Schatzman kommentiert: »In der Verfolgung seiner hochherzigen Ziele konnte er [Schreber] geradezu sadistisch sein.«

Das hat kaum jemanden gestört, denn Schrebers Regeln wurden weitgehend befolgt. Nach ihnen haben Hunderttausende von Müttern ihre Kinder erzogen, und das nicht nur zur damaligen Zeit. Dafür kann ich mich selbst als Zeuge verbürgen: Nach der Lektüre der Schreberschen Werke ist mir mit einigem Erstaunen klargeworden, warum ich niemals zwischen den Mahlzeiten esse und das für ungesund halte. Ich wundere mich nun auch nicht mehr darüber, daß ich als Kind Steckrüben, die ich verabscheute, notfalls noch am Morgen nach der ersten Zurückweisung zum Frühstück vorgesetzt bekam. Meine Mutter muß Schrebers *Kallipädie oder Erziehung zur Schönheit durch naturgetreue und gleichmäßige Förderung normaler Körperbildung* aus dem Jahr 1858 gekannt und beherzigt haben. Aus diesem Buch stammen die Zitate.

Schreber läßt kaum einen Erziehungsbereich aus. Selbst vor dem kindlichen Spiel macht er nicht halt: Die Eltern wählen die Spiele aus, und zwar immer nur eines zur Zeit. Sie bestimmen, wie lange ein Kind mit einem Spielzeug spielt, achten darauf, daß die abwechselnde Benutzung des rechten und des linken Arms beim Spielen gewährleistet ist, und sie gestatten nur solche Spiele, die Gelegenheit geben, »Reinlichkeit, Pflegsamkeit und Ordnung zu einem festen Gesetz zu machen«. Schreber plädiert aber für die »Selbsttätigkeit des Kindes« – eine Mystifikation, meint Schatzman, der über Schreber im weiteren so urteilt: »Offenbar entgeht keine Bewegung, die ein Kind von seiner Geburt bis zu seinem zwanzigsten Lebensjahr ausführen kann, seiner Reglementierung.«

Auch seelische Regungen der Kinder entgehen dem reglementierenden Schreber nicht. Alles, was von einer wohltemperierten seelischen Normallage abweicht, ist ihm schon verdächtig. Dazu gehört bereits eine »anfangs unschuldig erscheinende Laune«, könnte sie sich doch unbemerkt zu einem lebensfeindlichen Dämon auswachsen. Also wird sie bekämpft, ebenso ein grundloser Kummer, ein mürrischer Sinn und, »noch gefährlicher«, ein stiller, verbissener Ärger. Schreber bezeichnet solche Stimmungen als »Seelenunkraut«, »faulen Fleck« und »schleichendes Seelengift«. Er fordert, daß sie »immer sofort durch Ablenkung oder direktes Niederkämpfen im Kinde erstickt werden müssen«, nötigenfalls auch durch »Entziehung aller Nahrung«. Er konstatiert: »Es ist sehr wichtig und bildet das Fundament der Stimmung fürs Leben, daß das Kind jede grundlose Übellaunigkeit, trübe oder gar schmollende Stimmung als etwas durchaus Verbotenes betrachte.«

Das sind aberwitzige Ansichten und höchst verwerfliche Manipulationen an der kindlichen Seele. Schreber ist sich des letzteren wohl bewußt, und er empfiehlt solche Manipulationen sogar den Eltern. So fordert er, sie müßten ihr Kind psychologisch derart im Griff haben und es so beeinflussen, daß es »von dem Gefühl der Unmöglichkeit durchdrungen wird, irgendetwas wissentlich und auf die Dauer« vor den Eltern zu verheimlichen. »Ohne diese unbedingte Offenherzigkeit fehlt der Erziehung der sichere Boden«, schreibt er. Dazu Schatzman: »Der Große Bruder war schon Wirklichkeit, lange bevor Orwell sein *1984* schrieb.«

Das aber ist noch immer nicht alles. Schreber geht erheblich weiter. Bei einem sehr wesentlichen Punkt der Erziehung, der Bestrafung, rät er, das kindliche Bewußtsein durch Manipulation zu ändern. Anders gesagt: Des Kindes eigenes Erleben soll rückgängig gemacht und aus dem Bewußtsein gelöscht werden. Das Kind soll statt dessen so empfinden, wie es der Erwachsene haben will, und es soll sich an das erinnern, was der Erwachsene wünscht. Konkret geht es darum, alle ablehnenden Gefühle des Kindes gegenüber dem strafenden Erwachsenen zu tilgen. Dieses Problem hatte schon Francke. Schreber löst es, wie eine Unzahl von Kindheitserinnerungen beweisen. Er erreicht, daß ein bestraftes Kind dem Strafenden gewogen bleibt, und verhindert, daß sich Groll, Zorn oder gar Haß gegen diesen in der Seele des Kindes festsetzen. Statt dessen bewirkt Schreber, daß es dem Erwachsenen gegenüber Gefühle entwickelt, die dessen Machtposition dienlich und nützlich sind.

Das geschieht auf folgende Weise: Nach jeder Bestrafung, aber erst dann, wenn es sich wieder gesammelt hat, soll das Kind, am besten von einer dritten Person, »sanft angehalten« werden, dem »Strafvollzieher« zum »Zeichen der Bitte um Verzeihung« die Hand zu reichen.

Zunächst mag ein Kind dies als Zumutung empfinden. Es kann sich der Aufforderung jedoch kaum entziehen, denn das »sanfte Anhalten« ist nichts anderes als massiver moralischer Druck. Außerdem, so verspricht Schreber, wird ein Kind, wenn es diese Übung ein paarmal exerziert hat, »später jedesmal die Verpflichtung fühlen, freiwillig entgegenzukommen«. Das klingt glaubhaft, denn hier wird ein bedingter Reflex anerzogen Das Kind dürfte auch keine Möglichkeit haben, das Handgeben nur pro forma oder gar mit mürrischem Gesichtsausdruck hinter sich zu bringen. Von der Norm abweichende Gefühle sind ihm nicht gestattet, wie wir gehört haben, Verstellung und ein Zurückhalten von Gefühlen ebenfalls nicht. Es muß schon tun und es muß zeigen, was man von ihm erwartet. Seine eigenen Gefühle lassen sich unter diesen Umständen kaum aufrechterhalten, zumal man ja schlau genug war, seine spontane Reaktion auf die Prügel erst einmal abklingen zu lassen. Das Kind wird also seinem Peiniger die Hand geben, und zwar freundlich und mit der Gesinnung, die den Erwachsenen gefällt und die Schreber als heilsam bezeichnet.

Nun könnte man einwenden, ich hätte Schreber Motive unterstellt, die er nicht hatte. Dem ist aber nicht so. Schreber macht keinen Hehl aus seinen Absichten. Folgendermaßen fährt er fort: »Dies [das Handgeben] sichert gegen die Möglichkeit eines zurückbleibenden trotzigen oder bitteren Gefühles, vermittelt das Gefühl der Reue (das nächste Ziel jeder Strafe) und die daraus hervorgehende Besserung und gibt überhaupt dem Kinde den heilsamen Eindruck, daß seinerseits dem Strafvollzieher gegenüber immer noch etwas gutzumachen sei, nicht umgekehrt, wenn auch vielleicht einmal ein Wort oder ein Schlag mehr als nötig gefallen sein sollte. Überhaupt darf ein Bitten um Liebe nie anders als von Seiten des Kindes geschehen [...] Wenn [dies] unterlassen wird, riskiert man stets, daß der Hauptzweck jeder Strafe, das wahre ernstliche Reuegefühl, nicht erzielt wird, sondern statt dessen der Kern eines bitteren Gefühles in der Tiefe des kindlichen Herzens sitzen bleibt. Man würde ja auch, wenn man das Verfahren überhaupt verwerfen und eine Zumutung darin finden wollte, damit dem gestraften Kinde ein gewisses Recht des Zürnens gegen den Strafvollzieher zugestehen, was doch vor einer vernünftigen Pädagogik nicht stichhaltig ist.« Schreber ist sich sicher, was eine vernünftige Pädagogik ist, und die Zeitgenossen folgten weitgehend seiner Meinung.

Statt möglichen Zorns wird das Kind also die gewünschte Reue empfinden und dazu noch Schuldgefühle gegenüber dem Strafenden, die Schreber, wie wir gelesen haben, ebenfalls für heilsam hält. Eine solche bewußt gewollte und mit entsprechenden Methoden herbeigeführte Änderung der Gefühlslage und der Einstellung eines Menschen würde man heute als Gehirnwäsche bezeichnen. Und in aller Regel bleibt tatsächlich nichts in der Tiefe des kindlichen Herzens sitzen: Wer so erzogen worden ist, der lobt auch noch als Erwachsener die Prügel, die er bekommen hat, nach dem Motto, eine anständige Tracht Prügel habe noch nie einem Kind geschadet, und entsprechend verfährt er zumeist auch mit seinen eigenen Kindern. Schrebers Strafpädagogik hatte Langzeitwirkung. Schatzman faßt sie in einigen Sätzen zusammen:

»Die Bestrafung des Kindes ist der Beweis für seine Schuld. Obwohl die Bestrafung exzessiv sein kann, ist sie

nie unverdient. Ihr Ziel ist es, die Anerkennung der Schuld herbeizuführen; er [Schreber] nennt dies Reue.
Es steht dem Kind nicht frei, es ist vielmehr verpflichtet, um Verzeihung zu bitten.
Nur der Strafende kann dem bestraften Kind verzeihen.«
Neben diesem Psychoterror – anders kann man solche Methoden wohl kaum bezeichnen – vertrat Schreber alles, was bisher die schwarze Pädagogik gelehrt und praktiziert hatte. Entsprechend verschärft brachte er es auf den neuesten Stand, auf den Stand des 19. Jahrhunderts. Dabei bezog er sich auch auf Fichte. Doch im Gegensatz zu ihm galt Schreber eine gewaltsame Unterdrückung des Kindes geradezu als Voraussetzung für dessen Selbstbestimmung. Die sah dann so aus, daß das Kind zwar die Möglichkeit, anders zu wollen und zu handeln, erkennen konnte, dies aber wegen »moralischer Unmöglichkeit« nicht tat. Die entsprechende erzieherische Devise lautete: »Du könntest wohl anders, aber ein gutes Kind will nicht anders.« Die von Schreber proklamierte Willensfreiheit löst sich in nichts auf.

Schatzman resümiert: »Das Ziel ist, daß das Kind tut, was seine Eltern wollen, und dabei das zu tun glaubt, was es selber will.« Da bleibt kein Raum für Selbstbestimmung und keiner für irgendwelches kindliches Eigenleben. Priscilla Robertson schreibt in dem von Lloyd de Mause herausgegebenen Band *Hört ihr die Kinder weinen*: »Dr. Schreber war ein überzeugter Anhänger der totalen Kontrolle über Geist und Handlungen eines Kindes« – selbst über seine Bewegungen, muß man hinzufügen. Schatzman vertritt die Meinung, »daß Dr. Schreber die Grundlage für ein System der *Kinderverfolgung*, nicht der Kindererziehung schuf«. Er nennt ihn »eine Schlüsselfigur in der Verschwörung deutscher Eltern gegen ihre Kinder« und hält dafür, daß heute viele diesen Mann »als sadistisch oder psychisch krank bezeichnen« würden.

Schrebers Zeitgenossen waren anderer Meinung. Dr. L. M. Politzer, ein Berufskollege Dr. Schrebers, bestätigt diesem in einem Nachruf ein »Herz voll hingebendster Liebe«.

Im *Jahrbuch für Kinderheilkunde und Physische Erziehung* von 1862 schreibt er: »Das, was die deutsche Nation, was die Menschheit an ihm verloren, haben Blätter aller Richtungen in beredten Worten der Welt verkündet.« Und: »Hätte jedes Land viele Männer wie Dr. Schreber, es sollte der Menschheit um ihre Zukunft nicht bange werden.« In ähnlicher Weise, aber noch enthusiastischer äußert sich ein gewisser Alfons Ritter in seiner Dissertation *Schreber, das Bildungssystem eines Arztes* aus dem Jahr 1936. Wäre Dr. Schreber damals noch am Leben gewesen, hätte er vermutlich gute Chancen gehabt, Reichsjugendführer zu werden. Auch Sigmund Freud würdigte den Kollegen Schreber: »[...] ein Arzt, dessen Bemühungen um die harmonische Ausbildung der Jugend, um das Zusammenwirken von Familien- und Schülererziehung, um die Verwendung der Körperpflege und Körperarbeit zur Hebung der Gesundheit nachhaltige Wirkung auf die Zeitgenossen geübt haben«, und er befindet, Schreber sei »kein unbedeutender Mensch« gewesen.

Das schreibt ein Mann, der sich wahrhaftig um die Behebung von Verklemmungen, Zwängen und Sexualängsten Verdienste erworben hat und der gewiß ein kritischer Denker gewesen ist. Wenn er dennoch nicht gemerkt hat, welch ein Sadist dieser Schreber war, so mag dies zeigen, wie groß die Suggestionskraft der damaligen Zeitströmung und wie einig sich die bürgerliche Welt in der Unterdrückung ihrer Kinder war.

In konsequentester Form erfuhren die eigenen Kinder Schrebers Erziehung. Sie waren zum Glück die einzigen, an denen Dr. Schreber sie praktiziert hat. Er besaß fünf Kinder, drei Töchter und zwei Söhne. Eine Tochter litt an Hysterie, von den beiden anderen weiß man nichts. Der älteste Sohn, Daniel Gustav, beging mit achtunddreißig Jahren Selbstmord; er erschoß sich. Daniel Paul, der zweite Sohn, starb in geistiger Umnachtung im Irrenhaus. Er war einer der berühmtesten Geisteskranken des 19. Jahrhunderts, und zwar aus zwei Gründen. Unter dem Titel *Denkwürdigkeiten eines Nervenkranken* hatte er einen autobiographischen Bericht über seine psychische Erkrankung geschrieben. Diese verwendete Freud für eine Studie über den »Fall Schreber«, das heißt den Fall des Sohnes, betitelt *Psychoanalytische Bemerkungen über einen autobiographisch beschriebenen Fall von Paranoia (Dementia Paranoides)*. Er kommt darin zu dem Schluß, Daniel Paul sei homosexuell auf seinen Vater fixiert gewesen. Das mag so gewesen sein oder auch nicht. Verblüffend ist, daß Freud sich lediglich auf die Aufzeichnungen des Sohnes stützt. In seinem Buch *Die Angst vor dem Vater. Langzeitwirkungen einer Erziehungsmethode* schreibt Morton Schatzman: »Obwohl Schrebers Vater ein Begriff für Freud war, zog er seine Schriften, die damals weit verbreitet waren und heute immer noch zugänglich sind, nicht als Informationsquelle heran. [...] Freud, der ein eifriger Leser war, ignoriert, wie auch seine Nachfolger, die pädagogischen Schriften eines Mannes, während er die Kindheitserlebnisse von dessen Sohn zu rekonstruieren sucht.« Dabei lag die Verbindung zwischen Vater Schrebers Erziehungsmethoden und der Erkrankung des Sohnes auf der Hand, wie Schatzman in dem genannten Buch sehr einsichtig nachgewiesen hat. Alice Miller schreibt darüber: »Er [Schatzman] vergleicht die Stellen aus den *Denkwürdigkeiten* des Sohnes mit den Erziehungsschriften des Vaters Schreber und entdeckt verblüffende Zusammenhänge. Es stellt sich heraus, daß auch die absurdesten Ideen, Phantasien und Verfolgungsängste des kranken Sohnes, ohne daß er es ahnt, die Geschichte seiner frühkindlichen Verfolgung erzählen. Aus den Schriften des Vaters kann man ablesen, wie er seinen Sohn erzogen hat und wie diese Erziehung bei dem einen Sohn zum Selbstmord und bei dem anderen zur Paranoia führte.«

Schreber lehrte seine Kinder, den Vater wie einen Gott zu lieben und zu fürchten, und er übte in seiner Familie eine gottähnliche Macht aus. Für den Sohn wurde Gott als sein Verfolger zur leitenden Wahnidee: Gottvater – sein Vater. In dieser Wahnidee Daniel Pauls sieht Schatzman dessen fehlgeschlagenen Versuch, aus der Betäubung zu erwachen, in die er als Kind versetzt worden war. Er erwachte nur halb. Darum war er nicht fähig und in der Lage, den letzten, für ihn vermutlich heilsamen Schluß zu ziehen, daß der ihn bedrohende Gott sein Vater war, den er zu einem Gott verklärt hatte. Sein Widerstand dagegen war so stark, daß er lieber wahnsinnig blieb, als seinen Vater vom Thron zu stoßen, auf den der sich als allmächtiger »Herr der Kinder für immer« mit Gewalt gesetzt hatte.

Daniel Paul konnte nicht gegen seine Vergangenheit und nicht gegen die Gesellschaft an, welche die anmaßende Position der Väter voll anerkannte und förderte. Ein weiteres Mal erweist sich auch Sigmund Freud als Teil dieser Gesellschaft. Auch er rüttelt nicht an den väterlichen Thronen. Fünfzig Jahre nach dem Tod Vater Schrebers schreibt er: »Ein solcher Vater war gewiß nicht ungeeignet, in der zärtlichen Erinnerung des Sohnes [...] zum Gotte verklärt zu werden.« Wenn selbst Freud so über Dr. Schreber dachte – welche Chancen sollten dann die eigenen Kinder ihm gegenüber gehabt haben! Die beiden Schreber-Söhne hatten keine Chance: Sie wurden lieber verrückt oder gingen in den Tod, als aufzuhören, ihren Vater zu lieben und zu verehren. Im Anschluß an den Fall Schreber kommt Alice Miller zu der Erkenntnis: »Außerdem liebt jedes Kind seinen Vater, auch wenn es von ihm verfolgt wird.« Das ist nur zu wahr. Wir haben dieses Phänomen bei Pestalozzis Sohn erlebt und bei dem Preußenprinzen Friedrich. Die Macht der Väter war unglaublich groß. Erst Mitte des 20. Jahrhunderts kam sie ins Wanken.

Erinnerte Kindheit –
Mehr oder weniger verklärt

Luise Rinser: Der Vater, das Auge Gottes / Wilhelm von Kügelgen und Carl Ludwig Schleich: Sucht zu verehren / Marie von Ebner-Eschenbach: In der Furcht vor Papa / Johann Gottfried Seume: Wer lügt, der stiehlt auch / Moritz Gottlieb Saphir: Die Mutter, an der Frauenrolle zerbrochen / Anton Reiser: Er konnte noch merken / Heinrich Zschokke, Charles Dickens, James Joyce: Schulerinnerungen

Daniel Paul Schreber scheiterte als Zweiundvierzigjähriger an seinem Vaterbild. Der Vater war ihm als Gott zur leitenden Wahnidee geraten; darunter brach er seelisch zusammen. Er kam in eine Anstalt.

Luise Rinser war vierzig Jahre alt, als sie sich mit dem inneren Bild ihres Vaters auseinandersetzte und damit fertig wurde. Was Daniel Paul nicht gewagt hatte, tat sie: Sie erkannte, was Erziehung ihr angetan hatte und wer dafür verantwortlich war. Ohne Vergoldungstendenzen erinnerte sie sich ihrer Kindheit, rechnete mit der väterlichen Erziehung ab und befreite sich aus deren Fesseln. In dem autobiographischen Band *Den Wolf umarmen* schreibt sie: »Vierzig Jahre war mein Vater mein Über-Ich, mein andressiertes Gewissen, der Mann vom moralischen Geheimdienst, der Allwissende, das Auge Gottes. Was immer ich tat, ja, was ich dachte: der Vater wußte es, ahnte es, beurteilte es, verwarf es, richtete und bestrafte. Der Vater, der, während er mir den Hals zuschnürte und mich erwürgte, mit Autorität sagte: ›Das zu tun ist meine Pflicht, es ist zu deinem Besten!‹« Luise Rinser bemerkte auch jenes andere, das zu merken nicht erlaubt war, und wenn es denn zutage kam, dann waren es die Kinder, die den inzestuösen Mißklang in die Eltern-Kind-Beziehung brachten. Die Autorin stellt die verbotene, die tabuisierte Frage: »[...] ein Inzestverhältnis vom Vater zur Tochter? Einseitig. Eifersucht also? Besitzanspruch: meine Tochter, diese junge Frau, gehört einzig mir, jeder andere Mann ist ihrer nicht wert, ist ein Rivale, wird sie unglücklich machen, verführt sie, zieht sie herunter von dem Altar, auf den ich, der Vater, sie gestellt habe, meine Tochter, das Ausnahmekind, das alle Tugenden in sich vereinen soll, ein Mustermensch, mein Werk, mein Stolz, meine geheime Braut, von keinem berührbar, da ich sie nicht berühre, meine Lilie [...]«

Vielleicht hat Luise Rinsers Leben ähnlich auf der Kippe gestanden wie das von Daniel Paul Schreber. Die Schriftstellerin aber schaffte den befreienden Schritt, und zwar durch richtiges Erkennen. Gleichzeitig macht sie klar, wie schwer die Hypothek Erziehung auf einem Menschen lasten kann.

Viele Kindheitserinnerer leugnen das, begeistern dadurch ihre Leser und erzielen entsprechend hohe Auflagen, zum Beispiel Wilhelm von Kügelgen mit seinen *Jugenderinnerungen eines alten Mannes.* Er schildert eine Kindheit ohne alle dunklen Farben: Das Kind ist gut, die Eltern sind gut, und die Familie ist ein Idyll. Das Böse gibt es nur außerhalb dieses verklärten Kreises; es wird abgeschoben auf Napoleon: »Während unsere kleine Familie [. . .] ein Friedensbild häuslichen Glücks darstellte, trank die weite Erde das Blut ihrer Kinder in Strömen.« Kügelgens Buch wurde den Deutschen zur meistgelesenen Autobiographie in den Jahren zwischen der Reichsgründung und dem Ersten Weltkrieg; in jüngster Zeit ist es mehrmals wiederaufgelegt worden.

Der Arzt Carl Ludwig Schleich hat Kügelgen abgelöst und ergänzt mit seinem Buch *Besonnte Vergangenheit,* das über eine Million Mal gekauft wurde. Der Titel ist das Programm des Verfassers, der seine Kindheit als eine Folge von Festen, Freuden und fröhlich stimmenden Ereignissen darstellt. Seine Erinnerungen bezeichnet er als »Bernsteinstücke, die das Meer vom Goldlager der Jugendzeit grüßend heraufreicht«. Solches hörten viele Leser gern, und sie erfreuten sich an Schilderungen derart besonnter Kindheit. Das erhob, und so mancher wird sich getröstet gefühlt haben. Nach der Wahrheit wurde nicht gefragt. Warum auch? Und wer hört schon gern unschöne Wahrheiten?

Beiden Autoren hat das Bedürfnis, zu verschönen und zu verklären, die Hand geführt, außerdem das Bedürfnis zu verehren – die Eltern nämlich. Also sind sie gut, und die meisten anderen Erwachsenen sind es auch. Rainer Hagen spricht von einer »Sucht zu verehren«. Kein Wunder, denn schließlich hatte man seit Luther den Kindern eine solche Haltung unaufhörlich eingebleut.

Die Turinerin Natalia Ginzburg zeigt diese Sucht nicht. Ihr Buch *Mein Familien-Lexikon,* in dem sie sich an ihre Kindheit erinnert, beginnt mit harschen väterlichen Rügen. Ließ ein Kind bei Tisch daheim ein Messer fallen oder stieß es ein Glas um, dann »donnerte die Stimme« des Vaters: »Benehmt euch nicht so rüpelhaft.« Er fuhr die Kinder an: »Schleckt die Teller nicht aus! Macht kein Geschmier! Macht keine Sudeleien!« Dazu bemerkt die inzwischen siebenundvierzigjährige Tochter: »Geschmier und Sudeleien waren für meinen Vater auch die modernen Bilder, die er nicht leiden konnte.« Hier gibt es kein Verschönen und kein Verklären, und den anerzogenen Respekt vor der väterlichen Autorität hat Natalia Ginzburg überwunden.

Von Marie von Ebner-Eschenbach läßt sich dies weit weniger sagen. In ihrem autobiographischen Buch *Meine Kinderjahre,* erschienen 1904/1905, zeichnet sie ein zwiespältiges Bild ihres Vaters. Sie und ihre Schwester seien »in der Furcht vor dem Papa« aufgewachsen, stellt sie fest, und sie beschreibt das Verhältnis zu ihm so: »Wir standen mit unserem Vater auf dem Duzfuße; er war aber ungefähr von der Sorte, auf dem sich das russische Bäuerlein mit dem Väterchen in Petersburg befindet. Von einer Seite ein unbeschränktes Machtgefühl, von der anderen Unterwürfigkeit.« *(Die Welt des Biedermeier)* Sie erweckt zunächst den Anschein, als sei die Furcht vor dem Vater in erster Linie durch die Drohung der Kinderfrau: »Wartet nur, ich sag's dem Papa, und dann werdet ihr ja sehen!« hervorgerufen worden. Es heißt: »Was wir sehen würden, blieb in ein Dunkel gehüllt, das unsere Phantasie mit Schrecknissen bevölkerte.« Das klingt, als wäre es bei diesen Drohungen geblieben und als hätten die beiden Mädchen keine Ahnung von dem gehabt, was ihnen hätte passieren können. Doch sie hatten sehr wohl, denn Marie schreibt: »So liebenswürdig Papa in guten Stunden sein konnte, so furchtbar in seinem unbegreiflich leicht gereizten Zorn. Da wurden seine blauen Augen starr und hatten den harten Glanz des Stahls, seine kraftvolle Stimme erhob sich dräuend – und vor diesen Augen, dieser Stimme hätten wir in den Boden versinken können, wenn wir uns auch nicht der geringsten Schuld bewußt waren.« Das also würde ihnen passieren, und das kannten sie sehr wohl.

Die Furcht vor dem Vater wurde auch nicht allein von dem Kindermädchen geschürt – der Papa selbst verlangte sie nachdrücklich. Einen Ausspruch des tyrannischen Mustervaters Friedrich Wilhelm I. variierend, hatte er von seinen Kindern gefordert: »Nicht geliebt will ich sein, sondern gefürchtet!« Die sich erinnernde Tochter findet diesen Ausspruch unglückselig, aber sie und ihre Schwester »taten ihm den Willen [...] zitterten und bebten vor ihm«. Dafür gibt sie ein Beispiel. Fritzi, ihre Schwester, hatte beim Ballspielen eine Fensterscheibe eingeschlagen; sie erstarrte vor Furcht und Schreck. »›Der Papa! Der Papa!‹ rief sie in Todesangst, kniete auf den Boden nieder, rang die Händchen, faltete sie und schluchzte herzzerreißend.« Fritzi ließ sich nicht trösten. »Sie war schon blau im Gesicht, stoßweise rang sich der Atem aus ihrer Brust, in Bächen rannen die Tränen über ihre Wangen.« Dieses Kind fürchtete seinen Vater in der Tat! Dessen Forderung war auf eindrucksvolle Weise erfüllt worden, und er konnte wahrhaftig stolz sein auf seinen Erziehungserfolg. Von der Kinderfrau geholt, betrat er die Szene. »Lautlose Stille empfing ihn. Fritzi verstummte. Keines von uns regte sich. Der Blick des Vaters glitt über die Gruppe seiner bestürzten, angsterfüllten Kinder und blieb auf der kleinen Knienden haften. Sie war wie versteinert. Ihre prachtvollen, braunen Augen starrten weit geöffnet zum Vater empor; nur die Lippen des schmerzverzogenen Mundes zuckten.«

Welch eine Szene! Vor dem allmächtigen Vater kniet zitternd und zuckenden Mundes sein kleiner Liebling, in ängstlicher Erwartung zu ihm aufschauend, und ringsum steht schweigend der Rest der Familie, einschließlich der Großmutter. Ein höherer Grad von Unterwerfung konnte wohl kaum erreicht werden. Es war nicht mehr nötig, den strafenden Tyrannen zu spielen. Der Vater brüllte auch nicht; vielmehr sagte er »schmeichelnd, ja bittend« und mit sanfter Stimme: »Fritzi, meine Fritzi, weine nicht! Meine

Fritzi soll nicht weinen, meine Fritzi ist ja brav. Ich hab' ja meine Fritzi lieb!« Er hob sie hoch, nahm sie in die Arme und lachte. »Dummheit! Dummheit! Die Fritzi hat ein Fenster zerschlagen; das macht nichts. Der Papa ist gar nicht bös – der Papa ... Schau her, Fritzi, schau, was der Papa tut!« Na, was tut der Papa? Er läßt sich ihren Ball geben und wirft eine zweite Scheibe ein. »Eine Sekunde schweigender Überraschung, und dann lag, an die Schulter des Papas geschmiegt, Fritzis selig lächelndes Gesichtchen. Sie weinte noch, aber Tränen heller Freude und Dankbarkeit. Und Papa tanzte mit seinem Töchterchen in den Armen im Zimmer herum, und wir jauchzten und jubelten ihm zu.« Ein wahrhaft herziges Happy-End.

Nein, Tochter Marie hat nichts gemerkt. Sie jauchzt und jubelt diesem Vater zu und revidiert diese Ansicht nicht – auch nicht, als sie mit über siebzig Jahren dieses Buch schreibt. Sie sieht nicht, daß Erleichterung und Jubel nur darum aufkamen und aufkommen konnten, weil ihr Vater die Kinder und die ganze Familie in Angst und Schrecken hielt. Sie erkennt nicht, daß Fritzis glückliche Dankbarkeit lediglich dadurch bedingt ist, daß der Vater überraschenderweise einmal nicht den Tyrannen spielt. Bis ans Ende ihrer Tage ist ihr nicht klargeworden, daß ihr Vater ein launenhafter Pascha gewesen war, der, wie es ihm gerade einfiel, die Kinder herzte oder anschrie. Schon gar nicht hat sie erkannt, daß es ihm dabei weit weniger um Erziehung ging als um die Befriedigung eigener Bedürfnisse: Er ließ sich von seinen Kindern fürchten oder bejubeln, und er provozierte Situationen, in denen sie weinend vor ihm knieten, weil ihm dies schmeichelte. Und wenn sich seine Tochter selig lächelnd an ihn schmiegte und er sagte: »Ich hab' ja meine Fritzi lieb!«, dann befriedigte diese zärtliche Szene seine eigenen Wünsche und Sehnsüchte. Denn in pädagogischer Hinsicht war sie unsinnig. Womit hätte denn Fritzi in diesem Augenblick die liebevolle väterliche Zuwendung und die Liebeserklärung des Vaters verdient? Etwa dadurch, daß sie eine Scheibe eingeworfen hatte? Das galt bei diesem Vater als schweres Vergehen. Er hatte »die peinliche Sorgfalt für alles Zerbrechliche« gefordert, ja »zum Gesetz gemacht«. Darum war seine Tochter ja derart erschrocken. Und dann herzte der Vater sie! Setzte er seine Kinder in Angst und Schrecken, um sie dann liebevoll trösten zu können? Oder wollte er das Mädchen dafür belohnen, daß es so untertänig und ergeben vor ihm gekniet hatte? Auf jeden Fall schwankte dieser Vater zwischen Tyrannei und Hätschelei, und als Erzieher verhielt er sich völlig unlogisch.

Darauf reagierte seine Tochter Marie mit kindlicher Folgerichtigkeit. Sie zog aus ihres Vaters Verhalten den Schluß, daß fortan das Zerbrechen von Zerbrechlichem väterliche Zärtlichkeiten einbringen werde. Also zerschlug sie eine altmodische und dazu defekte Teekanne, die sie nicht leiden konnte, hoffend, Pepinka, die Kinderfrau, werde den Vater holen, der dann nicht nur zärtlich sein, sondern die nicht minder häßliche Milchkanne auch noch zerschlagen würde. Selbstverständlich täuschte sie sich. Pepinka rief mitnichten den Vater – die »höhere Instanz«. Sie schritt gleich selbst zur Tat und wählte »das standrechtliche Verfahren«, das heißt Prügel, ihre bevorzugte Methode. Darüber heißt es: »Ohne erst zu fragen, wer der Schuldigste [der Kinder] sei, teilte sie – darin ein ganz getreues Bild des Schicksals – ihre Schläge aus. Wir nahmen sie ohne Widerspruch in Empfang und liebten unsere Pflegerin und Richterin.«

Marie von Ebner-Eschenbachs Erinnerungen zeigen so manches. Beispielsweise zeigen sie, daß prügelnde Erzieher durchaus geliebt wurden, desgleichen Väter wie der Vater der Autorin. Sie hat ihm Liebe, Dankbarkeit und Respekt bewahrt, so, wie sie es gelernt und erfahren hatte. Die Väter konnten mehr oder weniger tun, was sie wollten, sie blieben »im Grunde der Seele« gute Väter – für die meisten jedenfalls.

Für Johann Gottfried Seume (1763–1810) etwa. Er schrieb sein Erinnerungsbuch *Mein Leben* erst kurz vor seinem Tod. Seinen Vater schildert er als einen ehrlichen und feinfühligen Mann, der, wie er, »die Krankheit hatte, keine Ungerechtigkeit sehen zu können«. Er »war zwar ein heftiger, moralisch-strenger, aber kein harter Mann. Im Gegenteil, seine Heftigkeit kam meistens aus schneller, tiefer moralischer Empfindung.« Dann erzählt Seume, was dieser ehrliche, moralisch-strenge und feinfühlende Mann eines Tages mit ihm anstellte, als er sechs Jahre alt war. Die Eltern waren fortgefahren und hatten ihn mit einer Magd und einigen Spielgesellen allein im Haus gelassen. Der Vater hatte aber vergessen, gerade eingenommenes Geld wegzuschließen. Als Johann Gottfried dies bemerkte, zog er den richtigen Schluß, daß der Raum, in dem das Geld lag, kein Spielplatz sei, verscheuchte seine Kameraden daraus und schloß ihn ab. Er glaubte, der erste und letzte im Zimmer gewesen zu sein, und hatte niemanden in der Nähe des Tisches gesehen.

Von dem Geld fehlte ein Guldenstück. Der Vater befragte seinen Sohn, der erzählte, wie es gewesen war. Der Vater wollte wissen, wer an den Tisch gekommen sei, und der Sohn antwortete: »Niemand als ich, um die anderen abzuhalten.« Daraus zog der bornierte Moralist von Vater den Schluß: »Du hast ihn also genommen« und ließ sich nicht davon abbringen, obwohl der Junge dies heftig bestritt und ob des Vorwurfs laut weinte. Der ganz gewiß nicht dumme Mann zog keine Alternativen in Betracht, auch nicht die naheliegende, daß der Sechsjährige den schnellen Griff eines Spielkameraden nach dem Gulden übersehen haben mochte. Er suchte auch nicht nach dem Gulden, der ja nicht weit weg sein konnte, sofern Johann Gottfried ihn tatsächlich genommen hatte. Erschüttert von der Erkenntnis, daß sein Sohn ein Dieb und ein Lügner sei, sprach er nur noch leise und zitterte. Aber diese Schwäche überwand er schnell. Seume berichtet: »Er faßte mich konvulsivisch mit den Fäusten und mißhandelte mich bis zur Grausamkeit, daß auf das Geschrei meiner Mutter die Hausleute und Nachbarn herbeistürzten und mich aus seinen Händen retteten.« Dabei sagte »der alte sanfte Gevatter Schulmeister Held: ›Ihr seid ja außer Euch; Ihr tötet ja den Knaben; kommt doch zu Euch selbst!‹« Für den Sohn war dieser Vater dennoch kein harter Mann, und der erwachsene Biograph Seume bedauerte nicht etwa das mißhandelte Kind, sondern seinen Vater: »Das fürchterliche seiner Lage in diesem Momente habe ich aus meinem eigenen Gefühl seitdem mir oft vorgestellt.«

Vater Seume ließ es nicht bei diesem barbarischen Prügelakt bewenden. Er war eben ein konsequenter Moralist – und ein ebenso primitiver, denn seine eifernde Moral stützte sich auf das aberwitzige Vorurteil: »Wer lügt, der stiehlt, und wer stiehlt, gehört auf alle Weise an den Galgen.« Das war »sein Sprichwort«, danach richtete er sich. Folglich war sein Sohn für ihn erledigt. Er brach die Verbindung zu ihm weitgehend ab, sah ihn »nur zuweilen halb zornig halb wehmütig an und verbat sich alles Einreden«. Drei Wochen verhielt er sich so, da klärte sich die Sache auf. Spielgeselle Samuelchen war der Täter gewesen. Er »leugnete nicht und erhielt in bester Ordnung [!] von seinem etwas kälteren Vater die Peitsche in zehnfachem Maße«. Dieser Vater war also für den Sohn Seume kälter als sein eigener. Aber das war typisch: Fast um jeden Preis wurden Väter, und seien sie noch so hart und grausam gewesen, von ihren Kindern freigesprochen und entschuldigt. Friedrich II. war durchaus keine Ausnahme.

Wie reagierte nun Vater Seume? Ihm fiel »ein schwerer Stein vom Herzen«. Als erstes dachte dieser Gerechtigkeitsfanatiker also an sich. In bezug auf seinen Sohn tat er so gut wie nichts. »Er ward zusehens wieder heiter« – weil er sich ja des Sohnes nun nicht mehr zu schämen brauchte – »und versuchte durch mancherlei versteckte Liebkosungen wieder Ersatz zu geben; denn öffentlich durfte sein Ansehen nicht leiden.« Das ging auch wirklich nicht, hätte es doch der väterlich-männlichen Autorität Abbruch getan, und die mußte auch hier unangetastet bleiben. Der Sohn hatte Verständnis dafür. Das ist die Situation – immer wieder.

Was war mit den Müttern? möchte man fragen. Was haben sie gegen soviel männliche Selbstgerechtigkeit, Machtanmaßung und Gewalt getan? Die bisherigen Fälle haben gezeigt, daß sie kaum etwas tun konnten. Dabei blieb es:

Mutter Seume schrie und rief Leute herbei. Sie war nicht in der Lage, ihrem wütenden Mann Einhalt zu gebieten. Ansonsten führte sie ganz nach seinem Willen »das Zuchtmeisteramt im Hause«.

Marie von Ebner-Eschenbach schrieb: »Ein Zornesausbruch unseres im Grunde der Seele so guten Vaters schloß jeden Gedanken an Widerstand aus.« Was für die Kinder galt, das galt in der Regel auch für die Ehefrauen. Für die einen wie für die anderen war Widerstand undenkbar und faktisch nicht möglich. Frauen wurden so gut wie die Kinder vom Hausvater geprügelt, und beide waren hoffnungslos auf ihn angewiesen. Viele Frauen verschrieben sich ihren Männern, teilten deren Ansichten, übten keine Kritik und respektierten deren Vorherrschaft. Das tat auch die Mutter von Daniel Paul Schreber. Ihre Tochter Anna schrieb über sie: »Sie nahm an allen seinen [ihres Mannes] Gedanken, Plänen und Vorhaben Anteil, sie sah mit ihm zusammen die Fahnenabzüge seiner Schriften durch und war in allem seine treue, eng verbundene Gefährtin.« Bei folgenden Ausführungen Dr. Schrebers dürfte sie gleichfalls Korrektur gelesen haben: »Wo also eine planmäßige, auf Grundsätzen beruhende Erziehung gedeihen soll, da muß vor allem der Vater die Zügel der Erziehung in der Hand haben [...] Man (muß) die Hauptverantwortlichkeit für das gesamte Erziehungsresultat stets dem Vater zuerkennen.« Schrebers beide Söhne konnten bei der Mutter gewiß nicht auf Schutz vor ihrem erziehungswütigen Vater hoffen.

Manche Mütter zerbrachen aber auch an ihrer Frauenrolle. Das war das Schicksal der Mutter von Moritz Gottlieb Saphir (1795–1858). Der aus einer jüdischen Familie stammende, in Ungarn geborene Schriftsteller und Journalist vergoldet seine Kindheit nicht. In dem Buch *Lebende Bilder aus meiner Selbstbiographie,* um 1852 erschienen, schreibt er: »Das Flügelkleid des Lebens war für mich eine Zwangsjacke! Ich wurde gefüttert mit Drangsal, großgezogen mit Schlägen, gebadet in ewigen Drohungen, unterrichtet in Entbehrungen, ich bekam Schwimmlektionen in Tränen und Turnunterricht mit dem nie rastenden spanischen Rohr eines Hauslehrers!« Sein Vater »hatte den großen philosophischen Grundsatz: ›Man muß den Kindern nie zeigen, daß man sie lieb hat!‹« Vermutlich hatte er eine ähnliche Einstellung zu seiner Frau. Saphir beschreibt sie in einem langen, traurigen Satz: »Wenn ich in einsamen Stunden auf und ab schreite und herumwandle in den Ruinen meiner frühesten Lebenstage, da begegnet mir nur eine traurige weibliche Gestalt mit niedergedrücktem Gang, mit blaßblauen, in Tränen geübten Augen, mit leidenden, in Duldung ergebenen Zügen, gebückten Hauptes, kränklich und willenlos, mild und in Resignation aufgelöst, und diese Gestalt fuhr mit feuchtkalten, fleischlosen, zarten und weißen Händen über die brennenden, von Tränen überschwemmten Wangen, und sagte nichts als fast tonlos mit sterbender Stimme: ›Sei still, Moritz, es wird schon wieder gut werden!‹«

Sie hatte sich nicht mit dem Grundsatz ihres Mannes identifiziert, doch ihre Standhaftigkeit mit einem frühen Tod bezahlt. Ihr »Herz war gebrochen, in allen Adern grausam höhnisch zerrissen, an seinen zartesten Fäden zerrissen, und als ich eines Morgens erwachte, trugen sie einen schwarzen Kasten hinaus«. Mutter Saphir hatte »ein Herz voll Liebe«, besonders für ihre Kinder. Und diese Liebe zahlte sich für den Sohn aus; ihr heimlicher Trost bewahrte ihn möglicherweise vor einem Schicksal, wie es die Söhne Schrebers erlitten hatten. Saphir fand sogar seinen Humor wieder, wenn auch einen eher bitteren: Er gründete in Wien die satirische Zeitschrift *Der Humorist,* die er bis zu seinem Tod leitete.

Was für ein Vater, was für ein Ehemann muß der alte Saphir gewesen sein! Aber darüber erfährt man wenig. Der Sohn schont ihn, wie so viele Söhne es mit ihren Vätern getan haben. Saphirs Klagen beziehen sich kaum auf ihn. Prügel bekommt er vom Hauslehrer, und er schildert eine Szene, in der ihn ein Gärtner lahm und blutig schlägt. Über seines Vaters Erziehungsmethoden schweigt des Sohnes Höflichkeit.

Die Mutter des Romanhelden Anton Reiser spielte eine

ganz andere Rolle als Frau Saphir. Karl Philipp Moritz (1756–1793) schrieb den gleichnamigen autobiographischen Roman als Dreißigjähriger. Auch Anton wurde geprügelt. Eine solche Szene gehörte zu den ersten Erinnerungen des Verfassers. Er war vier Jahre alt. Eines seiner Kleidungsstücke hatte er »mit einigem Geräusch« auf einen Stuhl geworfen. »Seine Mutter glaubte, er habe es aus Trotz hingeworfen, und züchtigte ihn hart.« Sie teilte und praktizierte die männlichen Erziehungsmaximen, die das sofortige Brechen des Trotzes geboten und verweichlichende Zärtlichkeit sowie verwöhnendes Lob ausschlossen. Also war Antons Mutter nicht zärtlich und lobte ihren Sohn nicht. »In seiner frühesten Jugend«, so Moritz in *Anton Reiser*, »hat er nie die Liebkosungen zärtlicher Eltern geschmeckt, nie nach einer kleinen Mühe ihr belohnendes Lächeln.«

Im Unterschied zu den meisten späteren Biographen nahm Anton alias Karl Philipp diese Behandlung nicht gottgegeben hin. Für ihn waren die Eltern noch nicht zu Halbgöttern geworden, die über jeden Zweifel und über jede Kritik erhaben waren. Anton registrierte noch das Unrecht, das ihm widerfahren war, besonders das erste; hierzu heißt es in dem Roman: »Dies war das erste wirkliche Unrecht, was er tief empfand und was ihm nie aus dem Sinn gekommen ist; seit der Zeit hielt er auch seine Mutter für ungerecht, und bei jeder neuen Züchtigung fiel ihm dieser Umstand ein.« Allerdings fiel ihm Kritik an den Eltern nicht leicht. »Antons Herz zerfloß in Wehmut, wenn er einem von seinen Eltern unrecht geben sollte [...] So schwankte seine Seele beständig zwischen Haß und Liebe, zwischen Furcht und Zutrauen zu seinen Eltern hin und her.«

Den meisten Kindern des 19. Jahrhunderts hat man dieses Schwanken erspart, und Dr. Schreber war stolz darauf, daß eine total unterdrückende Erziehung eine solche »Wohltat« ermöglichte. So tiefgreifend hatte die Erziehung auf Anton noch nicht gewirkt. Ihm hatte man Kritik an den Eltern noch nicht völlig ausgetrieben, wie dies später gelang. Es gelang so gründlich, daß die kritiklose Ehrfurcht vor den Eltern, die man von den Kindern verlangt hatte, durchschlug bis auf die Erinnerungsliteratur: Wer eine unverhüllte Darstellung seiner schmerzvollen Kindheit gab, mußte mit Schwierigkeiten rechnen. Beispielsweise Augustus Hare mit seinem 1952 (!) erschienenen Buch *The Years with Mother* (»Die Jahre mit Mutter«). Er wurde wegen mangelnder Ehrfurcht scharf kritisiert. »Als er später für das Dictionary of National Biography das Leben seines Onkels schilderte, paßte er sich der allgemeinen Sitte an und schrieb einen schmeichelhaften Bericht«, äußert Priscilla Robertson in dem genannten Sammelband von Lloyd de Mause.

Anna Robeson Burr hat im Jahr 1909 eine Anzahl von Autobiographien untersucht und 250 gefunden, in denen es keine Erinnerungen an eine glückliche Kindheit gibt. Aber wer hat jemals davon gehört? Solche Erkenntnisse wurden nicht breitgetreten, solche Forschungsarbeiten nicht in Millionenauflage unter die Leute gebracht. Wer dennoch auf Tatsachen hinwies, die der allgemeinen Meinung von einer goldenen Kindheit entgegenstanden, der bekam zu hören, »gute Eltern hätten keine Spuren in den schriftlichen Aufzeichnungen hinterlassen«. De Mause schreibt: »Unmassen von Dokumenten sind uns entzogen, sind entstellt oder verschwommen dargestellt oder gar nicht zur Kenntnis genommen worden«, und er stellt fest: »Die Geschichte der Kindheit ist ein Alptraum.«

Kolportiert und suggeriert wurde das Gegenteil. Friedrich von Schiller dichtete:
Laß mich ein Kind sein, sei es mit!
Des Lebens Mai blüht einmal und nicht wieder.
Klaus Groth schrieb:
O wüßt ich doch den Weg zurück,
Den lieben Weg zum Kinderland [. . .]
Bei Albert Lortzing singt und klingt es: »O selig, o selig, ein Kind noch zu sein.« Die Kindheit galt »als der ewige Himmel auf Erden«, und es scheint, als habe man solchen Sprüchen, Gedichten und Liedern mehr Glauben geschenkt als den eigenen Erinnerungen. Unter diesen Umständen verwundert es nicht, daß auch viele Biographen ihre Kind-

heitserinnerungen entsprechend einfärbten. Hinzu kommt: Man durfte nichts schreiben, wodurch man sich am »heiligen Andenken« der Eltern versündigte. So jedenfalls sah es Friedrich Hebbel. Was alles mag er eingedenk dieser Devise unterschlagen haben in seinen *Aufzeichnungen aus meinem Leben?* Marie von Ebner-Eschenbach meint, »daß man an der Handlungsweise seines Vaters Kritik nicht üben kann«, und sie ergänzt: »In späteren Jahren verwandelte das ›kann‹ sich in ein ›darf‹.« Bei solchen Zwängen muß die Wahrheit auf der Strecke bleiben, müssen Kindheitserinnerungen wirklichkeitsfremd werden.

Von diesen besonderen Verfälschungen abgesehen, hat der Mensch die Tendenz, das Gute zu behalten und Schlechtes zu vergessen, was ein weiterer Grund dafür ist, Kindheit zu vergolden. Dazu schreibt Jean Paul: »Aber wie glücklich sind die Menschen, daß im Rosenöl ihrer Jugenderinnerungen nur wenige Dornen schwimmen, obgleich Eltern und Erzieher den Kindern weit öfter Fast- und Bußtage als blaue Montage verordnen!« Nicht zuletzt aber sorgte die Erziehung dafür, daß Kinder ihre tatsächliche Situation gar nicht erst erkannten. Wenn sie dies dennoch taten, dann mußte sie ihnen völlig normal erscheinen, denn in anderen Familien ging es genauso zu wie bei ihnen. Das Fazit ist jedenfalls: Die goldene Kindheit ist großenteils eine Legende.

Keine Legende ist es hingegen, daß die Eltern genau jene Macht und jene Autorität bekamen, die Luther als Ziel vorgegeben hatte. Tatsächlich waren sie schließlich zu annähernd gottähnlichen Wesen geworden. Ähnlich verhielt es sich mit den Lehrern. Das mag zunächst eine Schulerinnerung von Heinrich Zschokke zeigen, dem wir schon im Zusammenhang mit Pestalozzi begegnet sind. Sie stammt aus seiner Autobiographie *Eine Selbstschau,* die 1842 erschien. Heinrich ging gern zur Schule, und das »besonders des Lehrers wegen«. Den schildert er so: »Dieser, ein alter ehrwürdiger Kantor, hieß Capsius. In seinem weiten, blaugeblümten Schlafrock, vom Puder der lockenreichen Perücke oberhalb weiß beschneit, hatte er für mich eine Majestät des Äußeren wie kein anderer Sterblicher. Zu den nützlichen Lehrmitteln für 50 bis 60 unruhige Buben meines Alters gehörten auf dem kleinen Tische neben ihm drei Stöcke von ungleicher Länge und Dicke, ferner ein ringförmig zusammengerolltes, glänzendglattes Seil. Letzteres wußte der Meister so geschickt als Schlinge von seinem Sitz in die Weite hinauszuschleudern, daß sich jedesmal der Kopf eines von uns jungen Sündern unvermutet darin gefangen fand. Dann mußte der Delinquent unter Hurra und Jubel der Menge dem magnetischen Zuge in gerader Linie über Tisch und Bänke folgen, um ein richterliches Urteil an sich vollstrecken zu lassen. Demungeachtet war der alte Herr ein echter Schulmann, der sich auf Weise und Art des kindlichen Gemüts vollkommen verstand. Die fröhliche Bubenschar hatte ihn lieb und gehorchte ihm mit Lust.«

Mit Lust gehorchen – der kleine Zschokke hatte die pädagogischen Predigten verinnerlicht und die Hierarchie auch: Oben auf dem Katheder thront Seine Majestät der Lehrer, unter ihm sitzen die Delinquenten und jungen Sünder von Schülern; so, wie sie behandelt werden, gelten sie kaum soviel wie Untertanen. Schüler Zschokke findet das ganz in Ordnung, meint sogar, ein Lehrer, der so verfahre, verstehe sich auf das kindliche Gemüt. Und er bewundert diesen Schlafrockpädagogen, Schlingenwerfer und Prügelstockfetischisten auch noch. Kantor Capsius hatte die Autorität der Väter erreicht. Er konnte sich das Schlimmste leisten – man gehorchte ihm dennoch, liebte ihn und erinnerte sich seiner mit Freuden.

Generell konnten die Lehrer ein solches Image nicht aufrechterhalten. Die meisten schafften es nicht, trotz ihrer Unterdrückungspädagogik und ihrer Willkürherrschaft über die Schüler auch noch von diesen geliebt zu werden. Und im Gegensatz zu den Eltern waren sie nicht tabu für jegliche Kritik. Sie mußten sich Tadel gefallen lassen. Selbstverständlich nicht von ihren Schülern – wehe ihnen! Aber doch von ehemaligen Schülern, die sich nicht mit Freuden ihrer erinnerten, und von ihnen gab es verständlicherweise eine ganze Menge.

Charles Dickens (1812-1870) hat uns seine Erinnerungen an den ersten Schultag in Salem House hinterlassen samt einem bemerkenswerten Porträt des Direktors dieser Anstalt: Mr. Creakle. Er betritt die Schulstube, und abrupt erstarrt der Lärm zur Totenstille. »Wie der Riese im Märchen die Gefangenen betrachtet«, so schaute Creakle auf seine Schüler herunter. Die Begrüßungsansprache ließ er den Lehrer Tungay halten, und der sagte folgendes: »Nun, ihr Jungen, ein neues Semester ist angefangen. Gebt wohl acht auf euer Tun und Lassen in diesem neuen Semester. Kommt munter und frisch zu den Stunden, rate ich euch; ich werde immer munter und frisch beim Prügeln sein. Ich werde nicht wanken. Es nützt euch nichts, wenn ihr euch reibt; ihr werdet die Schmarren nicht wegreiben, die ihr von mir bekommen sollt. Nun an die Arbeit, ein jeder von euch!«

Das war der allgemeine Einstand, und Tungay ging. Danach kam der besondere Einstand durch Mr. Creakle. Er wandte sich dem neuen Schüler Charles zu, zeigte ihm sein spanisches Rohr und fragte: »Wie kommt dir der Zahn vor? Ist's ein scharfer Zahn, he? Ist's ein Reißzahn, he? Hat er eine lange Spitze, he? Beißt er, he? Beißt er wirklich?« Dickens fährt fort: »Bei jeder Frage gab er mir einen Hieb über den Rücken, daß ich mich vor Schmerzen krümmte.« So war der Neue in der dort üblichen Weise eingeführt worden. Aber eine solche Behandlung gab es beileibe nicht nur am ersten Tag. Dickens: »Die halbe Schule weinte und krümmte sich vor Schmerzen, ehe die Arbeit des Tages begann.« Mr. Creakle hatte zum Prügeln ein ganz besonderes Verhältnis. Der Dichter beschreibt es so: »Ich glaube, es hat nie einen Mann gegeben, der in seinem Berufe mehr Genuß fand als Mr. Creakle. Er schlug die Knaben mit einer Wonne, die der Befriedigung eines Heißhungers gleichkam [...] Wenn ich jetzt an diesen Burschen denke, so empört sich mein Innerstes gegen ihn.« Dickens bleibt indes nicht dabei stehen, sich lediglich zu entrüsten, sondern macht sich über die Folgen Gedanken, die eine solche Pädagogik für die Kinder hat. »Wie demütig waren wir elenden kleinen Knirpse vor diesem erbarmungslosen Götzen – wie sind wir vor ihm gekrochen! Welch ein Stapellauf ins Leben ist das, muß ich jetzt, zurückblickend, denken, gegen einen Menschen von derartigen Eigenschaften und solcher Anmaßung so kläglich unterwürfig zu sein!«

Aber genau das war eben das Ziel dieser Erziehung: Sie sollte demütig machen, und Demut betrachtete man damals als besondere Tugend, ebenso Unterwürfigkeit. Ging sie so weit, daß Schüler vor ihren Lehrern zitterten und krochen, so galt dies allemal als besser, als wenn sie aufsässig gewesen wären. Daß eine solche Erziehung den Kindern das Rückgrat brach und den Charakter verdarb, interessierte wenig. Dickens macht deutlich, zu welchem Verhalten solche Lehrer die Schüler bringen. »Mr. Creakle reißt einen Witz, ehe er zuschlägt, und wir lachen darüber – wir elenden, feigen kleinen Hunde lachen darüber mit Gesichtern so weiß wie Kalk, während uns das Herz in die Hose fällt.« Dickens hat die Deformierung gemerkt und ist sich der Folgen bewußt. Zschokke nicht. Der billigte noch den Jubel und das Hurraschreien, wenn ein Mitschüler vom Lehrer dem Spott preisgegeben und mißhandelt wurde.

Unter ganz anderen Umständen und Glaubensverhältnissen und mit ganz anders geprägten Lehrern ließ James Joyce (1882–1941) seinen Helden Stephen Daedalus in dem Roman *Ein Portrait des Künstlers als junger Mann* seine Schulerfahrungen machen. Es dürften im wesentlichen Joyce' eigene gewesen sein, hatte doch der ursprünglich für das Priesteramt bestimmte Schriftsteller zwei Dubliner Jesuitenschulen besucht.

Pater Arnall war Stephens Lehrer. Er ließ lateinische Substantive deklinieren. Der Primus Fleming versagte. Pater Arnall brüllte ihn an: »Du bist einer der Faulsten, die ich kenne« und ließ ihn sich mitten in der Klasse hinknien. Kurz darauf ging die Tür leise auf und wieder zu. »Ein rasches Geflüster lief durch die Klasse: der Studienpräfekt. Es gab einen Augenblick Totenstille und dann den lauten Knall eines Bakels [Stock] auf die letzte Bank. Stephens Herz hüpfte vor Angst.

›Braucht hier ein Junge Prügel, Pater Arnall?‹ schrie der Studienpräfekt. ›Gibt's faule und müßige Bärenhäuter in dieser Klasse, die Prügel brauchen?‹« (Wir wissen es schon: Die Jesuiten durften nicht prügeln – sie ließen prügeln.)
»Er kam in die Mitte der Klasse und sah Fleming auf den Knien. ›Hoho!‹ schrie er. ›Wer ist der Junge? Warum ist er auf den Knien? Wie heißt du, Junge?‹
›Fleming, Sir.‹
›Hoho, Fleming! Ein Müßiggänger also. Ich seh dir das an den Augen an. Warum ist er auf den Knien, Pater Arnall?‹
›Er hat eine schlechte Lateinarbeit geschrieben‹ sagte Pater Arnall, ›und er konnte keine Grammatikfrage beantworten.‹
›Natürlich nicht!‹ schrie der Studienpräfekt. ›Natürlich nicht! Ein geborener Müßiggänger! Ich seh ihm das an den Augenwinkeln an.‹ Er ließ seinen Bakel auf das Pult krachen und schrie: ›Hoch, Fleming! Hoch, mein Junge!‹ Fleming stand langsam auf.
›Streck vor!‹ schrie der Studienpräfekt.
Fleming streckte seine Hand vor. Der Bakel ging mit einem lauten Klatschgeräusch darauf nieder, eins, zwei, drei, vier, fünf, sechs.
›Andere Hand!‹
Der Bakel ging wieder mit sechsfachem lauten raschen Klatschen nieder.
›Knie nieder!‹ schrie der Studienpräfekt.
Fleming kniete nieder und preßte mit schmerzverzerrtem Gesicht seine Hände unter die Achselhöhlen, aber Stephen wußte, wie hart seine Hände waren, weil Fleming immer Harz in sie einrieb. Aber vielleicht hatte er große Schmerzen, denn der Ton der Schläge war schrecklich. Stephens Herz pochte und flatterte.
›An die Arbeit, alles!‹ brüllte der Studienpräfekt.«
Welten liegen zwischen dieser hochkarätigen Jesuitenschule und Mr. Creakle, dem ehemaligen Hopfenhändler, samt seinem hinterwäldlerischen Salem House – aber fast könnte Joyce bei Dickens abgeschrieben haben, so ähneln

sich die Situationen bis hin zur Totenstille. Aber wie schon hundert Jahre zuvor ist Unterdrückungspädagogik dieser Art international, konfessionsübergreifend und unabhängig vom geistigen oder sonstigen Niveau der Lehrer.

Im Unterschied zu den Vätern, die vorwiegend aus kühler, patriarchalischer Distanz herrschten, zeichnete viele Lehrer boshafte Ironie und grausame Ungerechtigkeit aus. Sie bestraften nicht nur die kleinsten Vergehen schwer, sondern straften oft lediglich um des Strafens willen. Bei manchen spielte fraglos ein gewisser Sadismus mit, beispielsweise bei dem prügelsüchtigen Mr. Creakle. Doch der wesentliche Grund solcher Exzesse war zweifelsohne der, ihre Schreckensherrschaft zu festigen.

Einen solchen Gewaltterror mußte auch der kleine Stephen Daedalus über sich ergehen lassen. Ohne seine Schuld und ohne seine Fahrlässigkeit war seine Brille zerbrochen. Der Arzt hatte ihm das Lesen ohne Brille verboten, und Pater Arnall hatte ihn vom Lesen und Schreiben freigestellt. Aber nun stürzte sich der Studienpräfekt auf ihn. »Du, Junge, wer bist du?« fragte er.

»Stephens Herz machte einen plötzlichen Satz.

›Daedalus, Sir.‹

›Warum schreibst du nicht wie die anderen?‹

›Ich ... meine ...‹ Vor Angst konnte er nicht sprechen.

›Warum schreibt er nicht, Pater Arnall?‹

›Er hat seine Brille zerbrochen‹, sagte Pater Arnall, ›und ich habe ihn von der Arbeit befreit.‹

›Zerbrochen? Was höre ich da? Wie war doch dein Name?‹ sagte der Studienpräfekt.

›Daedalus, Sir.‹

›Heraus, Daedalus. Fauler kleiner Drückeberger. Ich lese dir Drückeberger am Gesicht ab. Wo hast du deine Brille zerbrochen?‹

Stephen stolperte in die Mitte der Klasse, blind vor Angst und Hast.

›Wo hast du deine Brille zerbrochen?‹ wiederholte der Studienpräfekt.

›Am Schlackenweg, Sir.‹

›Hoho! Am Schlackenweg!‹ rief der Studienpräfekt. ›Ich kenne diesen Trick ... Meine Brille zerbrochen! Ein alter Schuljungentrick! Vor, die Hand, augenblicklich!‹« Und Stephen wurde behandelt wie vor ihm Fleming, obwohl er unschuldig war. Pater Arnall wußte das genau, sah aber der Exekution ungerührt zu.

Es waren nicht nur einzelne Lehrer gewalttätig – das System war gewalttätig, und die Kinder waren die wehrlosen Opfer. »Es war ungerecht; es war grausam und ungerecht«, stellte Stephen fest, ganz still für sich, versteht sich. Aber es war üblich, und darum war es normal. Nur Helden vermochten sich in solchen Situationen zu wehren. Der kleine Stephen war ein solcher Held. Er dachte eigenständig nach, erkannte die Situation – und dann tat er etwas dagegen. Einen ganzen Berg von Ängsten und Hemmnissen überwindend, traute er sich ins Allerheiligste und klopfte an die Tür des Schulrektors. Keine Antwort. »Er klopfte noch einmal lauter, und sein Herz machte einen Satz, als er eine gedämpfte Stimme sagen hörte: ›Herein!‹« Der Rektor saß und schrieb. »Ein Totenschädel stand auf dem Pult, und ein sonderbar feierlicher Geruch wie nach altem Sesselleder war in dem Zimmer. Sein [Stephens] Herz schlug schnell, wegen dem feierlichen Ort, an dem er war, und der Stille des Zimmers; und er schaute auf den Schädel und in das freundliche Gesicht des Rektors.«

Wie ein Schamane residierte der Oberste in der Hierarchie des Systems Schule. Er umgab sich mit Würde, Feierlichkeit und Stille, und der Totenschädel auf seinem Pult gab ihm einen Hauch von Schauerlich-Mystischem. Er zeigte sich jovial, und das konnte er sich leisten angesichts der Lehrer, über die er verfügte; da brauchte nicht auch er noch zu brüllen oder zu prügeln. »Nun, kleiner Mann«, sagte er, und Stephen erzählte ihm seine Leidensgeschichte. Den Rektor befiel darob keinerlei Unsicherheit. Lächelnd erklärte er die Sache für einen Irrtum; der Studienpräfekt habe eben nicht die Hintergründe gekannt. Doch der tapfere kleine Stephen ließ ihn damit nicht durch, sondern erklärte, der Präfekt habe sie sehr wohl gekannt und ihn dennoch geschlagen. »Hast du ihm auch gesagt, daß du nach Hause geschrieben hättest wegen einer neuen?« fragte der Rektor. Und mit dieser einen geschickten Frage machte er die Beschuldigung eines Schülers gegen einen Lehrer zunichte. »Nein, Sir«, mußte Stephen zugeben, und der Rektor konnte daraufhin »Na dann...« sagen, womit er die Angelegenheit für entschieden erachtete; es sollte bei dem Irrtum bleiben – und damit bei Stephens Schuld. Der Junge gab sich jedoch nicht zufrieden, konnte sich nicht zufriedengeben. Er glaubte zwar, vor lauter Angst und Beben kein Wort herauszubekommen; es gelang ihm aber doch, und er sagte dem Rektor, was der Präfekt ihm angedroht hatte, nämlich, er werde wiederkommen und ihn abermals schlagen. Die Angst vor diesen erneuten Schlägen gab ihm den Mut, und der Mut zahlte sich aus. »Nun gut«, sagte der Rektor, »es ist ein Irrtum.« Und er versprach, mit dem Präfekten zu sprechen. »Ist es gut so?« Stephen kamen die Tränen, und erleichtert murmelte er: »Oja, Sir, danke.« Der Rektor gab ihm die Hand.

So wurde Stephens Unternehmen doch noch zu einem Erfolg. Gewiß nur zu einem sehr kleinen Erfolg, aber ein größerer war nicht zu erwarten. Es sollte noch lange dauern, bis ein Schüler einem Lehrer gegenüber Recht bekam.

DIE HEIMLICHE OPPOSITION

Rotkäppchen und der Gruselhans, Struwwelpeter,
Max und Moritz: die heimlichen Helden der Kinder /
Kindliche Straßenpoetik

Eine offene Opposition gegen die neuzeitlichen Erziehungsnormen konnte es nicht geben, schon gar nicht gegen die bürgerlichen Erziehungsnormen des 19. Jahrhunderts. Da war Schreber davor und mit ihm die maßgeblichen gesellschaftlichen Kräfte, die geschlossen hinter ihm standen. Widerstand war, wenn überhaupt, nur insgeheim möglich, und auch da war er spärlich. Nicht selten äußerte er sich in Bereichen, wo ihn kaum jemand vermutete. Beispielsweise in manchen Märchen. Die Opposition, die sich darin findet, war derart, daß sie nicht einmal den damaligen Pädagogen auffiel. Die stellten mit Vorliebe Märchen in den Dienst ihrer Moral- und Gesinnungserziehung, benutzten sie als Disziplinierungs- und Dressiergeschichten. Das war mit einigen durchaus möglich, beispielsweise mit der Geschichte vom eigensinnigen Kind, mit anderen weniger. In erster Linie dienten Märchen dem Zweck, die Kinder zu Anpassung und Wohlverhalten zu erziehen. Dazu wurden sie in methodischen Anweisungen für Lehrer auf »einige bürgerlich-moralische Kernsätze reduziert« (Bastian), die als Ziel des Unterrichts herausgestellt wurden.

Der Pädagoge K. H. Hiemesch stellte 1925 die folgenden drei Maximen heraus, die die Lehrer anhand von Märchen verifizieren sollten (zitiert nach Bastian):

»Oh, wie freu ich mich der Gabe, daß ich gute Eltern habe.«

»Ein gutes Kind gehorcht geschwind.«

»Wer Böses tut, der wird bestraft.«

Viele halten solche Sentenzen noch heute für die gängige Märchenmoral. Das aber stimmt nur sehr bedingt. Gute Eltern sind beispielsweise in Grimms Märchen hoffnungslos in der Minderzahl. Man denke nur an die Eltern von Hänsel und Gretel, Aschenputtel, Schneewittchen. Gewiß, häufig handelt es sich um Stiefeltern. In vielen Fällen aber hat Wilhelm Grimm sie erst dazu gemacht, weil man auf Eltern eben nichts kommen lassen durfte. Doch Stiefeltern sind eben auch Eltern, und als Kontrastfiguren gegenüber dem Elternkult der damaligen Zeit erfüllten sie ihren heimlichen aufklärerischen Zweck.

Die zitierten Märchenhelden und so manche weitere können sich durchaus nicht guter Eltern erfreuen. Die These eins des Herrn Hiemesch steht auf tönernen Füßen. Viele Märchen handeln von bösen Eltern, die ihre Kinder hassen, die eifersüchtig auf sie sind oder sie gar mit Mord und Totschlag verfolgen. In diesen Geschichten geht es dann nicht zu wie in der damaligen Wirklichkeit. Die Kinder in den Märchen müssen solche bösen Mütter und Väter nicht dennoch lieben, ehren und sich ihnen bedingungslos fügen. Dergleichen Eltern geht es vielmehr schlecht; viele werden auf mehr oder minder grausame Weise ums Leben gebracht. Der eklatanteste Fall ist der von Schneewittchens Mutter, die in der Originalfassung durchaus keine Stiefmutter ist. Sie muß sich in glühenden Pantoffeln zu Tode tanzen. Die Kinder genießen befriedigt diesen Schluß, hat doch für sie die böse Königin ihr schlimmes Schicksal reichlich verdient. Heute mag man eine solche Szene grausam finden. Aber tatsächlich grausam war die Mutter, grausam zu ihrem Kind. Darum empfinden Kinder das böse Ende der Mutter als gerecht. Wer wollte es ihnen verdenken!

Auch die Tugend Nummer eins der bürgerlichen Erziehung, der Gehorsam, wird in etlichen Märchen arg untergraben. Beispielsweise in *Rotkäppchen*. Zunächst allerdings entspricht diese Geschichte ganz und gar den bürgerlichen Erziehungsidealen. Das führt die Mutter der Heldin am Anfang überzeugend vor: »Mach dich auf, bevor es heiß wird [...] geh hübsch sittsam [...] lauf nicht vom Weg ab [...] vergiß nicht, guten Morgen zu sagen, und guck nicht erst in alle Ecken herum.« Auch die Reaktion der Märchenheldin darauf kann als beispielhaft gelten. »Ich will schon alles gut machen«, sagt sie, und sie gibt sogar ganz freiwillig der Mutter die Hand darauf – vorbildlich brav und ergeben. Das Märchen bestätigt eindrücklich die These zwei des Pädagogen Hiemesch, daß ein gutes Kind geschwind gehorcht. Die oppositionelle Pointe liegt nun darin, daß Rotkäppchen, kaum ist es der Mutter aus den Augen, alle mütterlichen Anweisungen in den Wind schlägt und jede einzeln übertritt, und zwar ohne auch nur einen Anflug von schlechtem Gewissen. Außerdem läßt es sich auf einen äußerst riskanten Disput mit dem bösen Wolf ein.

Das ist eine höchst bedenkliche Entwicklung, und darum folgt dem offenkundigen Ungehorsam die Strafe auf dem Fuße. These drei tritt in Kraft: Rotkäppchen wird gefressen. Die Lehrer durften mit Genugtuung den pädagogischen Zeigefinger erheben und genüßlich moralisierend schlußfolgern: »Seht ihr, Kinder, so geht es, wenn man der lieben Mutter nicht gehorcht.« Doch damit ist das Märchen eben nicht zu Ende. Rotkäppchen wird befreit, und nicht einmal ein Haar ist ihm gekrümmt worden. Fröhlich steigt es aus dem Bauch des Wolfs, sagt »Guten Morgen« (bei Bechstein) und trinkt vergnügt mit der Großmutter und dem Jäger Kaffee. Die Moral von der Geschicht' sind mitnichten die Thesen des Herrn Hiemesch. Vielmehr zeigt das Märchen, daß es so gefährlich gar nicht ist, wenn man der Mutter Anweisungen ignoriert und abenteuerlustig eigene Wege geht. Rotkäppchen ist nur sehr bedingt ein Disziplinierungsmodell. Und schließlich ist dieses reizende Märchenkind nicht darum so berühmt und weltweit bekannt geworden, weil es brav und folgsam gewesen ist, sondern wegen des Gegenteils.

Ein weiterer Opponent gegen die bürgerliche Erziehung ist Hans aus dem Gruselmärchen (Grimm und Bechstein). Ungeniert erlaubt er sich eigenwillige Verhaltensweisen: Er will das Gruseln lernen, und er ist ein Träumer. Allein schon dadurch weicht er von den eisernen Normen ab, deren Übertretung man um keinen Preis gestattete. Der ungebührlichen Freiheit, die Hans sich herausnimmt, folgen daher umgehend entsprechende Repressalien: Man macht ihn schlecht, und man isoliert ihn. Er wird als dumm und beschränkt abgestempelt, gilt als jemand, der ein Brett vor dem Kopf hat, und die Leute prophezeien: »Mit dem wird der Vater noch seine Last haben.« Der Vater ist ganz und gar der Meinung der Leute. »An dir ist Hopfen und Malz verloren«, erklärt er Hans und befindet, er sei selbst zum Gruselnlernen zu dumm. Hans' Bruder Mathes stellt fest: »Aus dem wird sein Lebtag nichts.«

Wer von den gängigen Normen abwich, über den fiel alle Welt her. Hans ist dem in solchen Fällen üblichen gesellschaftlichen Druck ausgesetzt. Sein Bruder Mathes beugt sich diesem Druck, und zwar mit größter Selbstverständlichkeit und ohne weiter darüber nachzudenken. Er sagt: »Was ein Häkchen werden will, muß sich beizeiten krümmen.« Und er krümmt sich; bei ihm ist die Untertanenerziehung erfolgreich. Aber nicht Mathes ist der Held der Geschichte. Nach der ersten Seite verschwindet er in der Versenkung und wird nicht mehr erwähnt.

Hans ist der Held, und er krümmt sich nicht. Man will es ihn schon lehren. Der Schulmeister erbietet sich, Hans entsprechend abzuhobeln und zurechtzustutzen. Das mißlingt. Da will er ihm wenigstens das Gruseln beibringen. Um Mitternacht schickt er ihn auf den Kirchturm, damit er die Glocken läute. In ein weißes Bettuch gehüllt schleicht er ihm nach, und als Hans nach dem Glockenseil greift, läßt der Schulmeister ein dumpfes Stöhnen hören. Hans beeindruckt das nicht. Unerschrocken fragt er: »Wer da?« Da keine Antwort erfolgt, fragt er abermals, doch der Lehrer-Küster hüllt sich in Schweigen. Trocken fragt Hans: »Was willst du?« und dann: »Hast du kein Maul, Schneemann?« Schließlich droht er, ihn die Treppen hinunterzuwerfen, wenn er nicht antworte. Der Lehrer schweigt weiter und rührt sich nicht. Hans ruft das Gespenst noch einmal an, dann nimmt er einen Anlauf und stößt es die steile Stiege hinunter. Danach läutet er die Glocken, wie es ihm aufgetragen worden ist.

Ein Schulmeister, also ein wesentlicher Repräsentant gesellschaftlicher Autorität, wird von der Höhe hinuntergestürzt, auf die er sich gestellt hat. Er tut einen tiefen Fall und bleibt jammernd mit gebrochenem Bein am Fuß der Kirchturmstiege liegen. Das befriedigt. Es befriedigt um so mehr, als der Held ganz legitim handelt und der Lehrer-Küster selbst schuld an seinem Unglück ist.

Die dörfliche Gemeinschaft sieht das selbstverständlich völlig anders. Sie fragt nicht nach Recht und Unrecht, und für sie ist Hans alles andere als ein Held. Sie steht geschlossen hinter jeglicher Autorität, und niemand darf sich ungestraft an ihr vergreifen. Wer es tut, der wird verfemt und aus der Gemeinschaft ausgeschlossen. Also ist Hans für die Leute ein Nichtsnutz und ein Galgenstrick. Seine Tat gilt als böse und gottlos, und man unterstellt ihm gar, mit dem Teufel im Bunde zu sein. Der eigene Vater denkt nicht anders. Er hört seinen Sohn nicht einmal an. Dessen Erklärungen und Unschuldsbeteuerungen interessieren ihn nicht. »Schimpf, Schande und Schaden hat man von dir«, klagt er. Sein Sohn ist für ihn erledigt. Aus den Augen soll er ihm gehen und sich henken lassen, wo er will. Aber er soll niemandem sagen, woher er ist und wer sein Vater ist, denn seiner müsse man sich schämen.

Selbst der Vater läßt Hans im Stich, aber beispielhaft widersteht der Märchenheld dem allseitigen Druck, der auf ihn ausgeübt wird. Dabei bäumt er sich weder wütend auf, noch bricht er zusammen. Ganz gelassen sagt er: »Ja, Vater, wie Ihr's haben wollt; wenn Ihr nicht mehr verlangt, das kann ich leicht in acht behalten«, und ungerührt verläßt er Elternhaus und Heimatdorf.

Sein weiteres Schicksal straft die Prophezeiungen der Leute und des Vaters Lügen. Niemand henkt Hans. Er macht Karriere, kommt zu Reichtum und wird König.

In diesem Märchen wird durch den Helden Hans bürgerliche Erziehungsmoral erschüttert. Seine Geschichte lehrt, daß man sich nicht krümmen und nicht unterkriegen lassen soll und daß derjenige seinen Weg macht, der sich selbstbewußt aus Abhängigkeiten befreit.

Ganz unvermutet erweist sich auch ein anderer Kinderbuch-Bestseller als heimlicher Widersacher bürgerlicher Erziehung, und zwar Dr. Heinrich Hoffmanns *Struwwelpeter* von 1847. Allerdings erst auf den zweiten Blick. Auf den ersten Blick erscheinen die beispielhaften Bildergeschichten des Buches vorzüglich geeignet, Kinder zu disziplinieren. Verstärkt wird dieser Eindruck durch einen Vers auf der ersten Seite:

> *Wenn die Kinder artig sind*
> *kommt zu ihnen das Christkind;*
> *wenn sie ihre Suppe essen*
> *und das Brot auch nicht vergessen,*
> *wenn sie, ohne Lärm zu machen,*
> *still sind bei den Siebensachen,*
> *beim Spaziergehn auf den Gassen*
> *von Mama sich führen lassen,*
> *bringt es ihnen Guts genug*
> *und ein schönes Bilderbuch.*

Der *Struwwelpeter* ist allenfalls vordergründig ein Moraltraktat. Das mag auch der ursprüngliche Titel zeigen; er lautete: »Lustige Geschichten und drollige Bilder«.

Man darf sich fragen, was der Geheime Sanitätsrat Dr. Hoffmann mit seinem Buch tatsächlich beabsichtigte. Wollte er wirklich einen Beitrag zur Abschreckungspädagogik seiner Zeit leisten, oder hat er augenzwinkernd ebendiese Pädagogik auf den Arm genommen? Sein Urenkel Rainer Hessenberg meinte 1984 in einem Nachwort zu Hoffmanns Buch *Im Himmel und auf Erden,* er habe liebevoll den Zeigefinger gehoben und wohlmeinende Warnungen geben wollen. Nimmt man die *Struwwelpeter*-Geschichten derart ernst, dann kann man die drastischen und teilweise grausamen Szenen eigentlich weder liebevoll noch wohlmeinend finden.

Anders verhielte es sich, wenn das Buch nicht als Moralisierungslektüre gedacht gewesen wäre. Dafür sprechen der Titel und die Tatsache, daß Dr. Hoffmann den *Struwwelpeter* für seine Kinderpatienten geschrieben und gezeichnet hat, um ihnen damit die Zeit im Wartezimmer zu verkürzen. Ferner spricht dafür, daß sein Buch ein Welterfolg wurde, und das wäre es niemals geworden, wenn es lediglich Moral und Disziplinierung zu bieten gehabt hätte.

Besonders der Struwwelpeter wurde zu einem Liebling der Kinder. Er rückte daher aufs Titelblatt und gab dem Buch den seither berühmten Namen. Falls Hoffmann die Geschichten tatsächlich um der Moral willen geschrieben haben sollte, dann geriet diese Absicht völlig daneben. Wenn es im Text heißt: »Pfui ruft da ein jeder:/ Garstger Struwwelpeter«, so erwies sich diese Annahme als falsch. Die Kinder riefen nicht pfui, sondern liebten den Struwwelpeter. Das ist auch kein Wunder.

Man muß ihn sich einmal anschauen: Breitbeinig, unerschütterlich und in Siegerpose steht er da auf seinem Podest. Wild wuchert sein Haar, ellenlang sind die Fingernägel. Er hat nicht einmal zugelassen, daß man ihm das Haar kämmte. Dieser Struwwelpeter ist ein Symbol erfolgreichen Widerstands gegen Erziehung, und das machte ihn so faszinierend für Kinder, ließ ihn zu einer höchst attraktiven Identifikationsfigur für sie werden. Vielleicht ist er indirekt sogar zu einem Vorbild jener geworden, die über hundert Jahre später ihr Haar auch wild und lang wachsen ließen, wenig von Körperhygiene hielten und tatsächlich gegen jegliche Erziehung protestierten.

Auf Struwwelpeter folgt der böse Friederich. Er tut weit Schlimmeres als lediglich das, was braven Bürgerkindern strikt verboten war:

Er fing die Fliegen in dem Haus
und riß ihnen die Flügel aus.
Er schlug die Stühl und Vögel tot,
die Katzen litten große Not.
Und höre nur, wie bös er war:
Er peitschte seine Gretchen gar!

Friederich, das ist das absolute Gegenstück zum braven, lieben, frommen Wunschkind der Bürger. Stuhlschwingend steht er groß da, eine tote Taube zu seinen Füßen, den Mund offen, vermutlich schreiend. Er ist faszinierend böse, und darin lag wohl sein Erfolg. Und was die letzte Zeile betrifft, so tat er genau das, was man bis weit hinein ins 19. Jahrhundert mit Kindern getan hatte; das könnte ihm einen zusätzlichen Reiz gegeben haben.

Die Geschichte vom Daumenlutscher habe ich schon zitiert. Sie informiert zunächst über grausames Elternverhalten. Diese Grausamkeit wird aber Kinder dennoch kaum in Schrecken versetzen. Das liegt an Hoffmanns verfremdender Darstellungsweise. Die Figuren sind nicht realistisch wie die Zeichnungen Ludwig Richters oder wie die Abbildungen der englischen Feenkinder. Gert Ueding schreibt darüber in seinem Buch *Wilhelm Busch. Das 19. Jahrhundert en miniature:* »Die Darstellungsform, die sich in Bild und Vers der karikaturistischen Mittel der Übertreibung und komischen Verzerrung bedient, schafft jene Distanz, aus der heraus ästhetisches Vergnügen möglich ist. Hoffmann bebildert nicht nur kindliche Unarten, indem er sie in einen geschlossenen Handlungsverlauf bringt, sondern er führt sie auch in komischen Verrenkungen und Verzerrungen vor. Damit aber wird nicht nur eine Entlastung von der unmittelbaren Wirkung des Geschehens, sondern ebenso, wenn auch unfreiwillig, von den Strafdrohungen des Erziehungssystems erreicht, dessen Ausdruck es ist.«

Das heißt: Erstens fürchten sich die Kinder nicht, wenn Daumenlutschers Blut spritzt, zweitens bleibt die moralisierende Wirkung auf der Strecke, und drittens ist die Geschichte unterhaltsam. Die Kinder vermochten sich folglich getrost in dem Daumenlutscher wiederzuerkennen. Dazu wird viele die Situation gleich auf dem ersten Bild angeregt haben, war sie doch den meisten nur allzu vertraut: eine mahnende Mutter und ein Kind, das ihr brav zuhören muß. Die mütterliche Tirade ist entsprechend:

»Konrad«, sprach die Frau Mama,
»ich geh aus und du bleibst da.
Sei hübsch ordentlich und fromm,
bis nach Haus ich wieder komm.
Und vor allem, Konrad, hör!
lutsche nicht am Daumen mehr;
denn der Schneider mit der Scher
kommt sonst ganz geschwind daher,
und die Daumen schneidet er
ab, als ob Papier es wär.«

Aber, und das ist wieder die Hoffmannsche Kunstfertigkeit, so ganz echt ist die Szene eben doch nicht. Sie ist so gekonnt überzogen, daß sie zwar durchaus noch dem realen Erziehungsalltag entspricht, man sie aber dennoch schwerlich ernst nehmen kann. Die Kinder haben sie auch nicht ernst genommen, weder diese Mutter mit grünem Schirm, Schutenhut und Krinoline noch deren Ansprache. Das altertümelnde »Konrad, sprach die Frau Mama« wurde sogar zur sprichwörtlichen Redensart. Diese Szene stellt hinter einer allzu dick aufgetragenen Moral glänzend karikiertes Erziehungsverhalten dar, und die Darstellungsform schafft Distanz, sowohl zur Mutter und zu ihren Drohungen wie vielleicht auch zu dem alltäglichen Erziehungsdruck, dem die Kinder in Wirklichkeit ausgesetzt sind.

Sie schafft ebenfalls Distanz zu dem Schneider mit seiner riesigen Schere. Wie ein Tanzmeister kommt er in den Raum geschossen, in Ballettschuhen und engen roten Bundhosen, mit hohem gelbem Zylinder, den er gerade verliert, und mit wehenden grünen Rockschößen. Der Schneider ist weit mehr drollig als fürchterlich und wird folglich den wenigsten Kindern Furcht einjagen. Daher wird auch das Daumenabschneiden zu einer Farce, welche die tatsächlichen Drohungen dieser Art parodiert und so lächerlich macht.

Die Geschichte vom Suppenkaspar könnte eine Veranschaulichung von Dr. Schrebers Eßerziehung sein – oder deren Persiflage:

»Ich esse keine Suppe! nein!
Ich esse meine Suppe nicht!
Nein, meine Suppe eß ich nicht!«

Tatsache ist: Diese Verse haben Kinder nicht verschreckt, und sie haben sie auch kaum dahingehend beeinflußt, in Zukunft brav ihre Suppe zu essen, wie zuwider sie ihnen auch sein mochte. Der Suppenkaspar hat Kinder nicht moralisiert, sondern amüsiert. Und nicht nur das. Wie viele Kinder hätten sich wohl nur zu gern so wie er gegen den häuslichen Eßzwang gewehrt? Er tut es stellvertretend für sie, spielt für sie die Rolle des trotzigen und energischen

Protestlers. So ist er auch gezeichnet: Beide Arme hoch erhoben, trampelt er mit den Füßen, daß sein Suppenteller auf dem Tisch nur so wackelt. Er ißt und ißt seine Suppe nicht! Und setzt man sie ihm auch immer wieder vor, er schreit: »Nein, meine Suppe eß ich nicht!« Er wird dünn und dünner, und

> *Am vierten Tage endlich gar*
> *der Kaspar wie ein Fädchen war.*
> *Er wog vielleicht ein halbes Lot –*
> *und war am fünften Tage tot.*

Das ist in den Versen wie in den Bildern wieder so wunderbar unwirklich, daß kaum jemand die schrecklich bösen Folgen von Suppenkaspars Verweigerung ernst nehmen kann. Außerdem wird selbst das kleinste und dümmste Kind nicht glauben, daß man in vier Tagen verhungert und daß ein Mensch zu einem Strichmännchen abmagert, wenn er seine Suppe nicht ißt.

Schön ist das Schlußbild: ein schiefes Kreuz, ein Rosenbusch mit zwei großen roten Rosen und auf dem Grab wie eine Urne die Suppenschüssel. Ein leiser Hohn auf die Rührpädagogik des 19. Jahrhunderts?

Schrebers Schriften und Hoffmanns *Struwwelpeter* erschienen etwa zur selben Zeit. Schreber wollte die Kinder mit seinen Apparaten stocksteif und unbeweglich machen, Hoffmanns Zappel-Philipp tut dagegen seiner Bewegungslust keinerlei Zwang an:

> *Er gaukelt*
> *und schaukelt,*
> *er trappelt*
> *und zappelt*
> *auf dem Stuhle hin und her.*
> *»Philipp, das mißfällt mir sehr!«*

Das sagt der Papa mit ernstem Ton,

> *und die Mutter blickte stumm*
> *auf dem ganzen Tisch herum.*

Dann sieht sie indigniert auf ihren Sohn, und zwar mit dem linken Auge durch das rechte Glas ihrer Stielbrille. Vater schaut auch nicht freundlich drein; in der rechten

Hand hält er das Messer mit der Klinge nach oben. Philipp schert das alles nicht. Er schaukelt weiter auf dem Stuhl, bis er endlich damit nach hinten kippt. Dabei hält er sich an der Tischdecke fest, und folglich
>   *fallen Teller, Flasch und Brot,*
>   *Vater ist in großer Not.*

Abermals blickt Mutter stumm auf dem ganzen Tisch herum, nun mit beiden Augen durch beide Gläser ihrer Lorgnette. Philipp liegt unter der Tischdecke, und Dr. Hoffmann bringt die Situation folgendermaßen auf den Vers:
>   *Nun ist der Philipp ganz versteckt,*
>   *und der Tisch ist abgedeckt.*

Das ist wohl wahr. Inzwischen hat auch der Vater seine Contenance verloren und streckt beide Hände wild nach oben. Mutter starrt fassungslos auf den leeren Tisch. Schlußvers:
>   *Beide sind gar zornig sehr,*
>   *haben nichts zu essen mehr.*

»Lustige Geschichten und drollige Bilder« hieß, wie gesagt, der Originaltitel, und ich glaube, Dr. Hoffmann wußte, was Kindern Spaß macht und was ihre Bedürfnisse befriedigt.

Kaum weniger berühmt und beliebt als Struwwelpeter und Zappel-Philipp waren zwei andere Antihelden der Kinderliteratur: Wilhelm Buschs Max und Moritz. Um diese beiden Tabubrecher bürgerlicher Erziehungsmoral recht würdigen zu können, muß man Buschs Opus im Vergleich zu anderen zeitgenössischen Kinderbüchern sehen. Verbreitete Titel waren: *Der kleine Regimentstrompeter* von Marie Mathustus, *Segen des Wohltuns* und *Wen Gott lieb hat, den züchtigt er* von Franz Hoffmann, *Beispiele des Guten* von G. Plieninger, *Lieder und Erzählungen* von Robert Reinick. Das letztgenannte Buch beginnt mit dem Gedicht *Deutscher Rat,* das sich auch in etlichen Schulbüchern fand – bis hin in die fünfziger Jahre des 20. Jahrhunderts. Der Anfang dürfte noch so manchem vertraut klingen:
>   *Vor allem eins, mein Kind: Sei treu und wahr,*
>   *Laß nie die Lüge deinen Mund entweihn!*

*Von alters her im deutschen Volke war
Der höchste Ruhm, getreu und wahr zu sein.*

Mit folgenden zwei Versen endet Reinicks erbauliches Poem:

*Kind! Deutsche kämpften tapfer allezeit –
Du deutsches Kind, sei tapfer, treu und wahr!*

Diese Titel waren in der Reihe »Universalbibliothek für die Jugend« erschienen, die in der damaligen Presse lebhaften Beifall fand. Die *Schweizer Lehrerzeitung* schrieb: »Eine solche Popularisierung des Guten verdient unsere Anerkennung.« In der *Norddeutschen Allgemeinen Zeitung* hieß es: »All die wunderhübschen Erzählungen, Märchen, Fabeln und Gedichte, welche uns selber in der Jugendzeit so prächtig unterhalten, so hoch ergötzt haben, und die in ungeschwächtem Grade auch unsere Kinder interessieren werden, sind hier in äußerst billiger Ausgabe dem Publikum zur Verfügung gestellt.« Die *Preußische Schulzeitung* lobte, daß »alles Anstößige, oder was über das Verständnis der Jugend hinausgeht« entfernt oder überarbeitet wurde. So war der Zeitgeist.

In *Auerbach's Kinderkalender* Nummer 41 aus dem Jahr 1923 ist folgender Spruch von Josefine Moos zu lesen:

*Gib eine feste Ordnung deinem Tag,
Tu deine Pflicht mit jedem Stundenschlag,
Nur stramme Zucht und zielbewußtes Streben
Kann deinem Dasein Reiz und Inhalt geben. –
Nur wer sich bindet, fühlt sich frei im Leben.*

Das ist Kant und Fichte für Kinder.

In Band 35 der damals beliebten Reihe »Deutscher Kinderfreund« endet Else Models Gedicht vom »Magnicht-Bübchen«, das immer »mag nicht« gesagt hatte, mit folgendem Besserungsgelöbnis:

*»Das will ich besser machen,
Es wird jetzt Zeit, daß ich es lern!«
Flugs fing er zu gehorchen an.
Und braucht man jetzt den kleinen Mann,
Dann tönt sein Stimmlein schon von fern:
»Ja gern!«*

Sehr erfolgreich als Kinderbuchautorin war auch die Schullehrerin Elise Averdieck. Nach ihr ist noch heute ein Hamburger Gymnasium benannt. Im Vorwort zur zwölften Auflage von *Karl und Marie* schreibt sie, »daß die Kinder das Buch immer haben können, wenn sie artig sind«. Auf Seite 111 dieses Buches betet die Mutter mit Karl am Morgen seines sechsten Geburtstags und schließt: »›[...] aber vor allem wollen wir Gott bitten, daß er dich recht fromm und folgsam und fleißig mache.‹ ›Ja‹, sagt Karl.«

Max und Moritz sind weder fromm noch folgsam, noch fleißig. Dafür aber hat ihr Ruhm den des Magnicht-Bübchens, des braven Karl und den Ruhm aller anderen kleinen Heldinnen und Helden der erbaulich-moralischen Kindergeschichten der damaligen Zeit überdauert. Wilhelm Busch setzte seine beiden ungeratenen Knaben jener Welt als Kontrapunkt entgegen. Er tat dies geschickt, indem er seine Geschichte der äußeren Form nach dem zeitgenössischen pädagogischen Tenor anpaßte und sich an die für alle Kinderliteratur als notwendig erachtete moralische Prämisse hielt: »Wer Böses tut, der wird bestraft.« Gleich am Anfang von *Max und Moritz* heißt es: »Aber wehe, wehe! Wenn ich auf das Ende sehe!!« Der Form war also Genüge getan. Doch diese Form wird gesprengt. Max und Moritz sprengen sie, weil sie nicht papierene Figuren ohne Saft und Kraft sind, sondern zwei höchst lebendige Jungen, die ein – wenn auch außerordentlich bedenkliches – Eigenleben führen. Dabei aber gewinnen sie menschliches Profil, erwecken sie Anteilnahme, und sie werden dem Leser vertraut. Das gibt ihnen eine Anziehungskraft, welche die »Moral von der Geschichte« beinah vergessen läßt; sie wird zu einer leeren Hülse, schreibt Ueding. Mancherorts wurde das bemerkt. So verbot die Landesregierung der Steiermark 1929 (!) den Verkauf des Buches an Jugendliche unter achtzehn Jahren, und manche Eltern verboten ihren Kindern die Lektüre von *Max und Moritz*. Buschs großer Qualität als Künstler dürfte es zu verdanken sein, daß solche Beispiele wenig Schule machten.

Die Witwe Bolte ist der beiden Knaben erstes Opfer,

und sie spielen ihr wahrlich übel mit. Ihr Hahn und ihre drei Hühner waren all ihr Hoffen, all ihr Sehnen, und nun hängen sie tot da. Der Witwe Tränen fließen, denn
> *Meines Lebens schönster Traum*
> *Hängt an diesem Apfelbaum.«*

Kinder wurden so erzogen, daß sie vor allen Erwachsenen Respekt zu haben hatten. Die Erwachsenen wurden dabei in einer Weise hochstilisiert, die mit der Wirklichkeit wenig übereinstimmte. Busch korrigiert dieses Bild. Seine beiden bösen Helden entlarven Biedermann und Biederfrau. So gönnt der Gesellschaftskritiker Busch, dem jede Heuchelei zuwider war, Frau Bolte nichts Gutes, nicht einmal den Genuß ihrer so schön gebratenen Hühner. Max und Moritz angeln sie sich durch den Schornstein aus der Witwe Pfanne und stopfen sich damit voll. Ihre Wut läßt die »brave« Witwe an ihrem Spitz aus:
> *Mit dem Löffel groß und schwer*
> *Geht es über Spitzen her.*
> *Laut ertönt sein Wehgeschrei,*
> *Denn er fühlt sich schuldenfrei.*

Bei Frau Bolte ist nur die Fassade brav. Sie hat gewußt, daß der Spitz nicht der Täter war. Wie hätte der kleine Hund wohl vier ganze Hühner fressen können, und das noch, ohne irgendwelche Spuren und Reste zu hinterlassen! Frau Bolte reagiert sich an ihm lediglich ab. Steht der Spitz hier möglicherweise für so manches unschuldig verprügelte Kind?

Es versteht sich, daß Max und Moritz sich einen Lehrer vornehmen, den Lehrer Lämpel. Er ist kein arger Prügelpädagoge – jedenfalls ist davon nicht die Rede; Lämpel ist »brav und bieder«.
> *»Ach!« – spricht er – »die größte Freud'*
> *Ist doch die Zufriedenheit!«*
> *Und voll Dankbarkeit sodann*
> *Zündet er sein Pfeifchen an.*

Dazu hat er sich den bequemen grünen Schlafrock angezogen. Die beiden bösen Buben schrecken ihn aus seinem biederen Bürgeridyll auf. Sie haben ihm Pulver in die Pfeife geschüttet.

Der fünfte Streich gilt dem guten Onkel. Er wurde

damals viel zitiert und gepriesen und war dennoch nicht besser zu Kindern als die anderen Erwachsenen. Am Anfang des Kapitels resümiert Busch, welches Verhalten die Gesellschaft von den Kindern gegenüber einem guten Onkel erwartete. Mit diesen Versen umreißt er gleichzeitig die generelle Einstellung seiner Zeit zu Kindern und rekapituliert die bürgerliche Erziehung überhaupt:

Wer im Dorfe oder Stadt
Einen Onkel wohnen hat,
Der sei höflich und bescheiden,
Denn das mag der Onkel leiden. –
Morgens sagt man: »Guten Morgen!
Haben Sie was zu besorgen?«
Bringt ihm, was er haben muß:
Zeitung, Pfeife, Fidibus. –
Oder sollt es wo im Rücken
Drücken, beißen oder zwicken,
Gleich ist man mit Freudigkeit
Dienstbeflissen und bereit. –
Oder sei's nach einer Prise,
Daß der Onkel heftig niese,
Ruft man: »Prosit!« allsogleich,
»Danke, wohl bekomm es Euch!« –
Oder kommt er spät nach Haus,
Zieht man ihm die Stiefel aus,
Holt Pantoffeln, Schlafrock, Mütze,
Daß er nicht im Kalten sitze. –
Kurz, man ist darauf bedacht,
Was dem Onkel Freude macht. –

Kinder hatten ein solches Verhalten freudig zu bejahen. Max und Moritz tun das selbstredend nicht. Buschs trockener Kommentar:

Max und Moritz ihrerseits
Fanden darin keinen Reiz. –

Sie schütten eine Tüte Maikäfer in des Onkels Bett. Im Kampf mit diesen »Ungetieren« wird der gute Onkel in roten Pantoffeln und mit einer blauen Zipfelmütze auf dem Kopf als reichlich gewalttätig entlarvt:

*Onkel Fritz in dieser Not,
haut und trampelt alles tot.*

Max und Moritz ermöglichen mit ihren Streichen, daß sich die Menschen zeigen, wie sie wirklich sind. Sie entlarven ihre so ehrbar und biedersinnig daherkommenden Gegner als Heuchler und fördern die normalerweise unterdrückten, zum Tabu erklärten Trieb- und Willensregungen der Erwachsenen zutage.

Eine solche Trieb- und Willensregung zeigt der Bäcker im sechsten Streich. Er erwischt Max und Moritz beim Brezelstehlen. Dabei fallen sie in den Teigtrog. Er schnappt sie sich, und mit wahrer Begeisterung verfertigt er zwei Brote aus ihnen. Mit ebensolcher Begeisterung, ohne jede Hemmung und ohne alle Bedenken schiebt er sie in den Ofen.

*In dem Ofen glüht es noch –
Ruff! – damit ins Ofenloch!
Jeder denkt, die sind perdü!
Aber nein – noch leben sie.*

Grausam geht der Bäcker gegen die Kinder vor, und er kalkuliert gewissenlos ein, daß sie dabei umkommen. Diese Haltung von biederen Bürgern läßt Busch durch seine beiden Helden immer wieder aufdecken. Er zeigt, mit welchen Aggressionen die Leute auf Kinder reagieren, die widerspenstig sind und gegen den Stachel löcken. Je weniger sich Max und Moritz unterkriegen lassen, desto härter wird die Reaktion der Erwachsenen, die ihnen schließlich den Tod an den Hals wünschen. Sie wollen Max und Moritz vernichtet sehen. Woher diese Grausamkeit? Wilhelm Busch sagt es nicht; wohl aber liefert die Geschichte unserer Erziehung dafür eine Erklärung: Die Bürger hassen die beiden Buben, weil die tun, was sie nur zu gern selbst getan hätten. Weil sie das aber nicht konnten und nicht können, lassen sie ihren Ärger, ihre Eifersucht und ihre Wut an ihnen aus. Im letzten Akt seiner Erziehungstragikomödie setzt Wilhelm Busch diese Haltung trefflich in Wort und Bild.

Max und Moritz haben dem Bauern Mecke Löcher in die

Kornsäcke geschnitten. Das ist gewiß nicht nett und einer Bestrafung durchaus wert, aber ein todeswürdiges Verbrechen ist es allemal nicht. Der Bauer Mecke sieht das anders. Er entdeckt die Übeltäter, schleicht sich auf Strumpfsocken leise an sie heran, sein Gesicht ein einziges breites, selbstzufriedenes Grinsen, und steckt sie zähnebleckend in einen Sack.

Rabs! – in einen großen Sack
Schaufelt er das Lumpenpack.

Kinder wie Max und Moritz gelten als Lumpenpack. Mecke übergibt den Sack dem Müller. Die vier Beine der beiden schauen oben heraus.

»Meister Müller, he, heran!
Mahl er das, so schnell er kann!«

Gegen Kinder haben die Erwachsenen stets zusammengehalten, und das tun sie auch hier. Mit freudiger Bereitwilligkeit übernimmt der dicke Müller den Sack.

»Her damit!« und in den Trichter
Schüttelt er die Bösewichter. –

Daneben steht Mecke, und sein ganzer Körper drückt Schadenfreude aus.

Rickeracke! Rickeracke!
Geht die Mühle mit Geknacke.

Der Müller schaut kontrollierend oben in den Trichter, zeigt hinein und lächelt zufrieden. Ebenso zufrieden und ganz Fröhlichkeit verläßt Mecke die Mühle. Dankbar lüftet er gegen den Müller seine Mütze.

Der beiden Knaben unrühmliches Ende wird schnell bekannt. Die Reaktion:

Als man dies im Dorf erfuhr,
War von Trauer keine Spur.

Was für Luther und seinen Sohn gegolten hatte, das gilt hier für die bürgerliche Gesellschaft und ihre Kinder: Man hat lieber tote Söhne als ungezogene. Zum Schluß versammeln sich noch einmal alle, die unter den Streichen von Max und Moritz zu leiden gehabt haben, um ihre Schlußkommentare abzugeben; die sind von bemerkenswerter Scheinheiligkeit und Heuchelei.

Witwe Bolte mild und weich, [!]
Sprach: »Sieh da, ich dacht es gleich.«
Vermutlich hat Frau Bolte das durchaus nicht gedacht; ganz bestimmt aber wird sie gewünscht haben, daß die beiden so schmählich enden.
»Ja, ja, ja!« rief Meister Böck,
»Bosheit ist kein Lebenszweck!«
Sicherlich ist Bosheit kein Lebenszweck für den allseits beliebten Schneidermeister. Sind aber andere boshaft, dann hat der »gute Mann« nichts dagegen, daß mit solchen gesellschaftsfeindlichen Provokateuren kurzer Prozeß gemacht wird.
Drauf, so sprach der Lehrer Lämpel:
»Dies ist wieder ein Exempel!«
Lämpel wird das gewiß zur Abschreckung anderer gern zitieren; ansonsten bleibt er ungerührt. Ein Herz für Kinder hat auch dieser Biedermann nicht.
»Freilich!« meint der Zuckerbäcker,
»Warum ist der Mensch so lecker!«
Ein solcher Mensch hat also selber Schuld, wenn derart rabiat mit ihm verfahren wird. Naschhaftigkeit als Todsünde hat in der Erziehung Tradition.
Selbst der gute Onkel Fritze
Sprach: »Das kommt von dumme Witze.«
Ja, ja, der Gute! Ihm ist es recht, daß die beiden Neffen für einen dummen Witz durch die Mühle gedreht werden. Wer bei Tieren fürs Tottrampeln ist, hat meistens auch mit Kindern kein Erbarmen.

Der »brave« Bauer Mecke, dem das Überführen der Jungen so viel Spaß gemacht und den das Rickeracke der Mühle so gefreut hat, schleicht sich feige aus der Verantwortung. Von ihm heißt es:
Doch der brave Bauersmann
Dachte: »Wat geiht meck dat an?!«
Die vier Schlußverse zeigen die Dorfgemeinschaft in schöner Eintracht:
Kurz im ganzen Ort herum
Ging ein freudiges Gebrumm:

*»Gott sei Dank! Nun ist's vorbei
Mit der Übeltäterei!!«*
Max und Moritz mußten sterben – das war Wilhelm Busch dem Zeitgeist schuldig. Opposition, die in die Hände von Kindern gelangen sollte, hatte tunlichst im verborgenen zu wirken. Aber die beiden sind dennoch ihrer Aufgabe gerecht geworden. Keck haben sie verbotene Wünsche erfüllt und auf diese Weise vielen Kindern Freude gemacht, die unter dem Erziehungsdruck der Gesellschaft wenig zu lachen hatten. Vielleicht konnten sie nach dem Spaß an den sieben Streichen und nach der Bloßstellung der Erwachsenen ein wenig leichter mit Leuten wie der Witwe Bolte oder dem Bauern Mecke leben.

Im Klartext und ganz offen sah Busch seine Zeit und die pädagogische Einstellung der zeitgenössischen Bürger so:
Mein Sohn, hast du allhier auf Erden
Dir vorgenommen, was zu werden,
Sei nicht zu keck; [...]
Mit Demut salbe deinen Rücken,
Voll Ehrfurcht hast du dich zu bücken,
Muß heucheln, schmeicheln, mußt dich fügen,
Denn selbstverständlich nur durch Lügen
Kommst du vom Fleck. [...]
Diese Verse sind allerdings kaum bekannt geworden. Sie stammen aus Buschs Gedicht *Strebsam*.

Welten liegen zwischen Max und Moritz einerseits sowie dem Magnicht-Bübchen und seinesgleichen in zahlreichen entsprechenden Publikationen für Kinder andererseits. Noch größer ist der Unterschied zwischen Versen, die Erwachsene für Kinder machten, und denen, die Kinder selbst erfanden. Ich habe schon einmal aus dieser Straßenpoetik zitiert. Peter Rühmkorf hat ihr ein ganzes Buch gewidmet. Für ihn sind solche Verse Umgangspoesie; er bewundert ihren anarchischen Humor, und er hält sie für ein Volksvermögen. Demgemäß gab er seinem Buch den Titel *Über das Volksvermögen. Exkurse in den literarischen Untergrund*.

Man mag dazu stehen, wie man will, aber in diesem Un-

tergrund haben Kinder dreist und respektlos die Opposition der Straße formuliert. Mit ihrem frechen Witz haben sie sich ein Ventil geschaffen gegen den Erziehungsdruck, dem sie ausgesetzt waren. So reagierten sie auf das vielzitierte vierte Gebot beispielsweise folgendermaßen:
> *Du sollst deinen Vater und deine Mutter ehren,*
> *Und wenn sie dich schlagen, dann sollst du dich wehren.*

Selbstverständlich war diese Opposition geheim, und sie mußte geheim bleiben. Den »Straßenpoeten« wäre es schlecht ergangen, wenn sie ihre Verse offen rezitiert hätten, etwa statt des »schönen«
> *Lieber guter Weihnachtsmann,*
> *Schau mich nicht so böse an,*
> *Stecke deine Rute ein,*
> *Ich will auch immer artig sein.*

die Variante:
> *Lieber guter Weihnachtsmann,*
> *Schau mich nicht so böse an.*
> *Gib die Geschenke her,*
> *Dann scher!*

Das ist Opposition nicht nur gegen kindertümelnde Verse, sondern auch gegen den Sei-artig-Kult. Und es ist Opposition gegen den Weihnachtsmann, der mit seiner Rute immer wieder als Drohfigur gegenüber Kindern benutzt worden ist. Nun zahlen die Kinder es ihm heim:
> *O Tannenbaum, o Tannenbaum,*
> *Der Weihnachtsmann will Äpfel klaun [...]*

Eines der beliebtesten Ziele kindlicher Umgangsverse sind Autoritäten: weltliche, geistliche, politische, wissenschaftliche – ganz gleich. Die Kinder strecken ihnen respektlos die Zunge heraus, verfolgen sie mit ihrer Häme, machen sie lächerlich. Nichts und niemand ist vor ihnen sicher, vor keinem Tabu machen sie halt:
> *Heil dir im Siegerkranz,*
> *Pellkartoffeln und Heringsschwanz,*
> *Heil, Kaiser, dir [...]*
> *Knackwurst in Papier.*

Und auf

> *O Tannenbaum, o Tannenbaum*

reimen sie:

> *Der Kaiser hat in' Sack gehaun.*

Sie haben keinerlei Achtung vor Majestäten – nicht einmal vor hochgelobten und vielgepriesenen:

> *Friedrich der Große*
> *Macht was in die Hose.*

Auch vor Nazigrößen machte der kecke Kindervers nicht halt:

> *Hermann Göring,*
> *Dicker fetter Hering.*

Und der Naziterror verschlug den Kindern keineswegs die Sprache, wie das folgende Beispiel zeigt:

> *Zehn kleine Meckerlein,*
> *Die tranken einmal Wein,*
> *Der eine machte Goebbels nach,*
> *Da waren's nur noch neun.*

Hohe kirchliche Häupter nötigten ihnen ebenfalls keine Achtung ab, nicht einmal Gottvater und der Herr Jesus. In der Kindererziehung wurden sie als Drohfiguren mißbraucht – ich erinnere an Hans Sachs' Meisterlied *Von der Kinderzucht* und an das von Erwachsenen so häufig als Erziehungshilfe zitierte liebe Jesulein. Die Reaktion der Kinder darauf blieb nicht aus:

> *Eins, zwei, drei, vier fünf, sechs, sieben,*
> *Gott hat nach Paris geschrieben [...]*

Oder:

> *Jesu, geh voran*
> *Auf der Reeperbahn [...]*

Schlimm springen die Kinderverse mit den Pfarrern um; diese werden vorwiegend mit sexuellen Praktiken in Verbindung gebracht. Man zahlt ihnen ihre Ausfragerei heim, reagiert auf Moralheuchelei und auf die als Sünde verfolgte Selbstbefriedigung:

> *Der Pfarrer von Sankt Huth,*
> *Der hat 'ne seltne Meise:*
> *Wenn er sich fingern tut,*
> *Singt er das Kyrie leise.*

Bis auf die verunglimpften Pfarrer waren die zitierten Autoritäten weit weg vom Kind. Sie übten keinen unmittelbaren Einfluß auf Kinder aus; da war gut spotten. Anders verhielt es sich mit den Lehrern. Schul- und Lehrerverse stellen daher eine eigene Kategorie dar. Rühmkorf bringt sie unter der Überschrift »Ich hab mich ergeben«. Der Vers, auf den sich diese Überschrift bezieht, lautet folgendermaßen:
Ich hab mich ergeben
In der Schule auf der Bank,
Der Lehrer steht daneben
Mit dem Rohrstock in der Hand.
Hier fehlt die Unverfrorenheit, mit der Kinder über alle sonstigen Größen hergezogen sind. Ebenso bei dem folgenden:
O Tannenbaum, o Tannenbaum,
Der Lehrer hat mich blau gehaun [...]
Das Kind ist hier nicht der überlegene Spötter, sondern das, was es auch in der Wirklichkeit war: Opfer. Der verbliebene Widerstand artikuliert sich eher läppisch:
Von den blauen Bergen kommen wir,
Unser Lehrer ist genau so doof wie wir [...]
In keiner anderen Beziehung zu Respektspersonen wäre es dem Kind überdies eingefallen, sich selbst als doof hinzustellen. Die Schulpädagogik hat es geschafft, den Kindern das Rückgrat zu brechen. Nicht einmal in ihren kessen Versen kamen sie gegen die Lehrer an. Ihre Unterlegenheit war so arg, daß sie sogar Oma um Hilfe holen müssen. In dem entsprechenden Lied wird ein Kind vom Lehrer verprügelt. Sein Widerstand ist gebrochen; es droht lediglich: »Morgen komm ich nimmermehr.« Dann geht der Vers so weiter:
»Übermorgen bin ich da,
Aber mit der Großmama.
Großmama ist nicht so dumm,
Haut dem Lehrer die Nase krumm.«
Auch hier stellt sich der Schüler als dumm dar, was heißt: Er kann nichts machen, er ist hilflos. Die Erziehungsmethoden der Schule haben ihn geschafft. Der folgende Vers zeigt, wie tiefgreifend die Wirkung dieser Erziehungsmethoden gewesen ist:

Wenn die Uhre achte schlägt,
Kommt der Lehrer angefegt
Mit dem Stöckchen unterm Röckchen,
Haut den Kindern blaue Fleckchen.
Blaue Fleckchen sind gesund,
Lehrer ist ein Schweinehund.
Der »Schweinehund« ist hier nichts weiter als ein ohnmächtiger Aufschrei. Tatsächlich hat sich der Schüler schon mit der Prügelpädagogik identifiziert, wenn er die blauen Flecke, die der Stock hinterläßt, »gesund« findet. Rühmkorf meint, die Schulverse spiegelten ein »kollektives Insuffizienzerlebnis«, die »eigene Ohnmacht und die eigene Unzulänglichkeit«; Gedanken an Rebellion kämen nicht mehr auf. In der Tat begnügt man sich mit vergleichsweise schwachen und banalen Reaktionen. Allenfalls singt man am letzten Schultag vor den Ferien:
Heute ist der letzte Tag,
Heute wird Radau gemacht,
Fenster, Türen aufgerissen
Und der Lehrer rausgeschmissen.
Nach dem matten Scheingefecht mit den Lehrern müßte nun eigentlich die entscheidende Auseinandersetzung kindlicher Gassenpoetik mit der für Kinder bedeutsamsten Autoritätsfigur stattfinden: dem Vater. Es ist weder Professor Borneman noch Peter Rühmkorf aufgefallen, daß diese Figur so gut wie überhaupt nicht vorkommt. Der Vater bleibt auch hier tabu. Den ansonsten so übermütig drauflosreimenden Kindern hat es die Sprache verschlagen. Der Väter patriarchalische Macht wirkte sich aus bis auf die kindliche Subkultur der Straße.

Einer der wenigen Verse, die auch den Vater als gestrenge Obrigkeit berücksichtigen, ist Ernest Borneman 1965 von einem achtjährigen Jungen aus Wolfsburg zugekommen. Dieser Vers faßt auf der Ebene versteckter kindlicher Opposition zusammen, was Erziehung seit Beginn der Neuzeit von Kindern verlangt hat, und er zeigt, wie aktuell diese Forderungen bis vor kurzem noch gewesen sind.

Regel Nummer sieben:
Du sollst deine Eltern lieben.
Regel Nummer acht:
Liebste deine Eltern nicht,
Kriegste gleich ne Tracht.
Regel Nummer neun:
Liebste nicht dein Mütterlein,
Haut se dir bald kurz und klein.
Regel Nummer zehn:
Es ist ein Vergehn,
Deinen Vater nicht zu lieben,
Oder an ihm Totschlag zu verüben.

Epilog

Mehr als vierhundert Jahre waren Kinder faktisch wehrlos einer unterdrückenden Erziehung ausgesetzt. Immer wieder einmal gab es Versuche, die absolute Macht der patriarchalischen Väter und Pädagogen zu brechen. Ein durchschlagender Erfolg blieb allen solchen Versuchen versagt. Oft waren es Kriege, die verhinderten, daß man sich für Erziehungsfragen interessierte. Häufig griff aber auch die Staatsgewalt ein und erstickte ein Aufbegehren gegen die Unterdrückungspädagogik per Gesetz oder Verbot, durch Beschlüsse oder durch Zensur. In den Gründerjahren hatte man andere Sorgen, als sich ausgerechnet um Kindererziehung zu bekümmern. Männer wie Diesel und Röntgen, Krupp, Hertz und Planck bestimmten die gesellschaftliche Szene. Außerdem war man noch aus anderen Gründen wenig geneigt, die Erziehung zu reformieren: Die sich entwickelnde Industrie wußte Mitarbeiter zu schätzen, die gelernt hatten, zu gehorchen und sich unterzuordnen.

Zuletzt muckten die Wandervögel gegen bürgerliche Normen auf. Aber nicht lange. Sie verbluteten auf den Schlachtfeldern des Ersten Weltkriegs. Danach regierten Hunger und Elend, und dann kam Hitler. Er reformierte Erziehung auf seine Weise, und Gehorsam wurde wieder ganz groß geschrieben. Das war nichts Neues.

Nach dem Zweiten Weltkrieg baute man das Land wieder auf. Die längst fällige Neuordnung moralischer wie auch pädagogischer Normen und Werte blieb dabei abermals auf der Strecke. Man machte einfach da weiter, wo man irgendwann zwischen den Kriegen aufgehört hatte. Dann brach der Wohlstand aus, und Autos wurden wichtiger als Kinder.

Man hatte das Problem zu lange unter dem Deckel gehalten. Nun gab es die unvermeidliche Explosion. Eine

Generation, die weniger unter patriarchalischem Druck gestanden hatte, weil sie großenteils ohne Väter aufgewachsen war, sprengte alle Fesseln und ging protestierend auf die Straße. Ihr wildes Aufbegehren richtete sich gegen jegliche Unterdrückung, gegen Anpassung, gegen Gehorsam und gegen jede Autorität. Damit die Bürger auch merkten, wie ernst das Revoltieren gemeint war, gingen einige der schönen Autos in Flammen auf und etliche Schaufensterscheiben zu Bruch.

Der berühmteste Barde dieser außerparlamentarischen Empörung, Franz Josef Degenhardt, sang damals ein Lied, das viele Bürger zunächst gar nicht verstanden; sein Titel: *Vatis Argumente.*

also wenn Vati loslegt
dann bringt er so seine
argumente
zum beispiel fall Dutschke
sagt vati
möcht ich gern mal mit sprechen
wirklich und wißt ihr
was ICH *ihm dann sagen würde*
lieber Rudi Dutschke
würde vati sagen
das ist ja alles ganz schön und gut
aber kaputtschlagen
kann jeder
doch wie is denn mit
ÄRMEL AUFKREMPELN ZUPACKEN AUFBAUEN *[. . .]*
ja vati hat wirklich geschuftet
von nichts kommt nichts
das ist sein wahlspruch
und immer sauber bleiben
das lohnt sich
lieber Rudi Dutschke
würde vati sagen
und heute
die jungen leute
jammern und wehgeschrei

paßt dies nicht
paßt das nicht
orgasmusschwierigkeiten
wenn ich so was schon höre
lieber Rudi Dutschke
würde vati sagen
nun hören sie man gut zu
was sie hier sehen
ringsherum
das haben WIR WIR *ihre väter*
die sie würstchen nennen
WIR *haben das hingestellt*
macht das doch erstmal nach
sie ihr alle
streckt doch eure beine unter unseren tisch
und darum verstehen sie
darum
lassen wir uns von euch nicht sagen
wie wir zu leben haben
wer kann das heute noch
ÄRMEL AUFKREMPELN ZUPACKEN AUFBAUEN *[...]*
also wenn vati loslegt
dann fragt man sich immer
warum ist er bloß so wütend
hat er gemerkt
daß ihn keiner mehr
ernst nimmt

Die letzten drei Zeilen sind die bittere, die höhnische Pointe des Songs – bitter für die Väter. Sie läuteten das Ende ihrer vierhundertjährigen Dominanz ein. Sehr schnell mußten die Väter erfahren, daß man sie nicht mehr ernst nahm. Sie hatten ausgespielt. Ihre unangefochtene Oberherrschaft brach in den bewegten siebziger Jahren weitgehend zusammen. Mit den Vätern geriet das Männliche überhaupt in Mißkredit, besonders da, wo es als alleinbestimmend etabliert war. Die neuen Helden waren die bislang Benachteiligten und Unterdrückten – und damit auch die Kinder.

Viele Lehrer hatten rechtzeitig die Zeichen der Zeit

erkannt und ihre Katheder abgebaut. Der Stock verschwand allerdings nur sehr langsam aus der Schulerziehung. Doch mit der Gottähnlichkeit der Lehrer war es genauso vorbei wie mit der Gottähnlichkeit der Väter.

Es formierte sich eine pädagogische Avantgarde, die endlich nachholen wollte, was so lange versäumt worden war: die Befreiung des Kindes. Mit großem Engagement und zugkräftigen Schlagworten trat man für eine entsprechende Erziehung ein, für eine fortschrittliche, für die antiautoritäre Erziehung. Die Idee zündete. Sie riß damals viele mit, auch Ältere sowie Universitätslehrer, die sehr bald in ihren Hörsälen diese Erziehung propagierten.

Die antiautoritäre Erziehung, so, wie sie damals formuliert wurde, brach radikal mit allen pädagogischen Traditionen, und das war wohl kein Wunder nach der Vorgeschichte, der kollektiven wie der persönlichen. Vielen galten fortan Autoritäten so gut wie nichts mehr; der Begriff »autoritär« wurde ihnen zum Schimpfwort, Gehorsam zur Untugend, Regeln und Normen wurden für überflüssig erachtet. Solidarität ersetzte mancherorts das Herrschaftsverhältnis zwischen Lehrern und Schülern, den als übel angesehenen Lernzwang lösten Diskussionen und freie Selbsttätigkeit der Schüler ab. So manche Lehrer begannen, sich mit ihren Schülern zu duzen. Sie waren bestrebt, sich nach deren Wünschen zu richten, deren Bedürfnisse zu befriedigen und ihnen zu ihren Rechten zu verhelfen. Auf jegliche Unterdrückung wollten sie verzichten. Disziplin hielten sie für unnötig.

Es galt zu dieser Zeit als erwiesen, daß Aggressivität in erster Linie durch eine repressive Erziehung bedingt sei. Allein diese These, die auf den von allen ersehnten Frieden hoffen ließ, schien den Versuch wert, Kinder antiautoritär zu erziehen.

Der Versuch scheiterte. Alles andere als friedliche Kinder waren das Ergebnis dieser Art von Erziehung. Eine solche »Erziehung zum Ungehorsam«, so auch der Titel eines Buches aus dem Jahr 1970, mußte scheitern, mußte zum Chaos führen.

Man war ins schiere Gegenteil verfallen, und dabei kommt selten etwas Gutes heraus. Wesentlicher aber war, daß die neue Pädagogik nicht auf wohldurchdachten Vorstellungen und Ideen beruhte, sondern eine primär gefühlsmäßige Reaktion auf die jahrhundertelange Untertanenerziehung darstellte. Folgt man Alice Miller, so war das Erziehungsverhalten der zornigen jungen Leute nicht zuletzt durch ganz persönliche Wünsche geprägt: Sie erzogen so, wie sie selbst gern erzogen worden wären. Laut Alice Miller *(Am Anfang war Erziehung)* drillten sie die Kinder, ein bestimmtes Verhalten anzunehmen, das sie »sich selbst einmal gewünscht haben und das sie deshalb als allgemein wünschenswert betrachten«.

Das aber war Disziplinierung zur Disziplinlosigkeit. Damit schloß sich ganz unerwartet der Kreis zur pädagogischen Vergangenheit, die man doch eigentlich überwinden wollte. Statt dessen begegneten sich die Extreme. Ohne daß es den Beteiligten recht bewußt wurde, praktizierten sie ein Erziehungsverhalten, das sie strikt ablehnten: Sie übten Zwang und Druck aus – nur mit umgekehrten Vorzeichen. Das unartige Kind war nun das gute Kind, das brave war verhaltensgestört, und die Kinder mußten tun, was sie nach Meinung dieser Erzieher tun wollten.

Wie bei der traditionellen Pädagogik blieben auch hier eigentliche Bedürfnisse der Kinder auf der Strecke. Und noch in anderer Weise näherten sich die »fortschrittlichen« Pädagogen ihren autoritären Antipoden an, die sie doch mit allen Mitteln bekämpften: Sie waren genauso unduldsam und kaum weniger selbstherrlich, und die einen wie die anderen waren Moralisten, überzeugt, die einzig richtige Moral gepachtet zu haben.

Was nun? Zurück in die »gute alte Zeit«, in der Gehorsam noch eine Tugend war? Oder einfach gar nicht mehr erziehen: Antipädagogik? Derart extreme Alternativen sind wenig nützlich. Es gibt in der Erziehung keine Patentlösungen und schon gar nicht Gewaltlösungen, wie sie anno '69 angestrebt worden waren.

Dennoch hatten die pädagogischen Bilderstürmer ihr

Gutes: Sie gaben einen entscheidenden Anstoß. Sie haben die verkrusteten Strukturen aufgebrochen und auch manchen neuen Weg gewiesen, der durchaus begehbar ist.

Die antiautoritäre »Welle« ist inzwischen abgeebbt. Sie hat sich nicht durchgesetzt, weil sie nicht erfolgreich war. Aber ihre Spuren hat sie hinterlassen. Man ist nicht zur Tagesordnung übergegangen, als wäre nichts geschehen. Schon gar nicht ist man zu Dr. Schrebers Maximen zurückgekehrt. Es hat Änderungen im Erziehungsverhalten gegeben. Diese Entwicklung vollzog sich freilich wenig spektakulär. Sie wurde nicht von lauten Demonstrationen und von Provokationen begleitet, und sie wurde nicht von pädagogischen Experten ausgelöst. Viele der heutigen Eltern und nicht wenige Großeltern haben versucht, bei der Erziehung der Kinder einen vernünftigen und praktikablen Mittelweg zwischen den Extremen zu finden. Darüber ist kaum geschrieben worden, und darüber gibt es keine Theorien. Aber man kann beobachten, was hier zum Teil Gutes geschehen ist. In vielen Familien hat sich ein neues Selbstverständnis zwischen Erwachsenen und Kindern angebahnt.

Aber das alles sind nur Ansätze. Es wird noch ein mühsamer und langwieriger Weg sein, bis unsere Gesellschaft zu einer menschlichen, sich von selbst verstehenden Erziehungshaltung finden wird, die in unsere Zeit paßt und gleichzeitig berücksichtigt, daß wir unsere Kinder für eine Zukunft erziehen müssen, von der niemand sagen kann, was sie uns bringen wird.

Vor der Lösung dieses schwierigen Problems steht aber das fatale Erbe unserer Vergangenheit. Wir sind durchaus noch nicht fertig mit den Herren Campe, Basedow und Schreber. Es ist bezeichnend, daß diese Pädagogen immer noch auf ihren Podesten stehen. Solange das aber der Fall ist, werden auch ihre Maximen unvergessen sein und ihre Wirkung haben. So lange werden wir uns, zumindest in irgendeinem Winkel unserer Seele, wie Untertanen fühlen und nicht wissen, warum das so ist. Und wir werden die Tendenz haben – sei sie auch noch so gering –, unsere

Kinder zu Untertanen zu erziehen. Dr. Schreber ist fraglos nicht mehr aktuell, aber endgültig abgetan ist auch er nicht. Es wird ein Höchstmaß an kritischer Selbsterforschung notwendig sein, die Einflüsse aus unserer Erziehungsgeschichte in ihrer Wirkung auf uns zu erkennen und in einem gewiß nicht einfachen Prozeß zu neutralisieren. Dazu hoffe ich mit diesem Buch einige Anregungen gegeben zu haben.

Nach einer solchen Entlastung von den pädagogischen Hypotheken der Vergangenheit wird es leichter fallen, zu einer Erziehung zu finden, die den gesellschaftlichen Anforderungen sowie den Bedürfnissen der Kinder und jenen der Eltern gerecht wird. Diese Arbeit zu leisten wird unsere künftige Aufgabe sein müssen. Im Spannungsfeld zwischen der Realität mit ihren unvermeidlichen Zwängen und der erstrebten Selbstverwirklichung muß der richtige Ort gefunden werden. Im wesentlichen wird es um die Frage gehen, wieviel Anpassung nötig und wieviel individuelle Freiheit möglich ist. Das ist wahrhaftig keine leichte Aufgabe.

Bitte an den Leser
Viele fragten mich, ob ich in meinem neuen Buch auch sagen würde, wie man Kinder denn tatsächlich erziehen müsse. Nein, mußte ich antworten, das könne ich nicht. Nach dem Vorausgegangenen dürfte das verständlich sein. Ein solcher Versuch läge außerhalb meiner Kompetenz. Aus diesem Grund bleibt nun aber eine sehr wesentliche Frage offen, und das ist unbefriedigend. Darum wende ich mich an Sie, verehrte Leserinnen und Leser. Sie sind es schließlich, die Erziehung täglich praktizieren, sei es als Eltern, sei es beruflich. Sie können sich dabei weder auf eine festgefügte Meinung noch auf klare Normen stützen. Vielmehr müssen Sie eigene Wege suchen, oftmals immer wieder aufs neue. Dabei haben Sie unschätzbare Erfahrungen gemacht und so manche Lösungen auf dem heute wahrlich schwer zu überschauenden Feld der Erziehung

gefunden. Aber alles, was hier Wichtiges und Gutes geschehen ist und noch geschieht, bleibt unzugänglich, bleibt privat. Darum meine Bitte an Sie: Schreiben Sie mir von Ihren Erfahrungen. Schreiben Sie mir, welche Art von Erziehung sich bei Ihnen bewährt hat. Schildern Sie, wie Sie mit Ihren Kindern oder Enkeln umgehen, was Sie von ihnen verlangen und was Sie ihnen zubilligen. Schreiben Sie von Ihren Erfolgen, aber bitte auch von Ihren Mißerfolgen und Fehlschlägen. Erzählen Sie bezeichnende Vorfälle oder Erlebnisse. Jeder Standpunkt und jede Erfahrung ist willkommen.

Ich stelle mir vor, mit Ihrer Hilfe die notwendige Fortsetzung dieses Buches zu schreiben, nämlich nach der Beschäftigung mit der Vergangenheit nun auch Perspektiven für die Erziehung in der Gegenwart zu zeigen.

Absolute Diskretion sichere ich Ihnen selbstverständlich zu. Meine Anschrift:

Carl-Heinz Mallet
über den Verlag Max Hueber
Max-Hueber-Straße 4
8045 Ismaning bei München

Anhang

Literatur- und Quellenverzeichnis

Das nachfolgende Verzeichnis enthält die vom Verfasser herangezogene Literatur, alphabetisch geordnet nach Autoren und Herausgebern beziehungsweise, bei Sammelwerken ohne Urhebervermerk, nach Titeln. Aus den genannten Quellen ist in der Regel ohne nähere Angaben und Seitenverweise zitiert worden.

Album für Deutschlands Töchter. Lieder und Romanzen. Leipzig o.J.
Ariès, Philippe *Geschichte der Kindheit.* München/Wien 1975
Arnim, Achim von/Brentano, Clemens (Hg.) *Der Kinder Wunderhorn. Anhang zu Des Knaben Wunderhorn. Alte deutsche Kindergedichte [...].* München o.J.
Avenarius, Ferdinand (Hg.) *Das fröhliche Buch. Aus deutscher Dichter und Maler Kunst [...].* München 1910
Averdieck, Elise *Kinderleben.* 1. Teil: *Karl und Marie.* Leipzig 1851. 2. Teil: *Roland und Elisabeth.* Leipzig o.J.
Badinter, Elisabeth *Die Mutterliebe. Geschichte eines Gefühls vom 17. Jahrhundert bis heute.* München 1981
Ball, Hugo *Zur Kritik der deutschen Intelligenz.* Frankfurt am Main 1980
Bastian, Ulrike *Die »Kinder- und Hausmärchen« der Brüder Grimm in der literaturpädagogischen Diskussion des 19. und 20. Jahrhunderts.* Frankfurt am Main 1981
Berg, Jan Hendrik van den *Metabletica. Über die Wandlung des Menschen.* Göttingen 1960
Bernfeld, Siegfried *Antiautoritäre Erziehung und Psychoanalyse* (Ausgewählte Schriften Bd. 2). Frankfurt am Main 1969
Beuys, Barbara *Familienleben in Deutschland. Neue Bilder aus der deutschen Vergangenheit.* Reinbek bei Hamburg 1980
Boesch, Hans *Kinderleben in der deutschen Vergangenheit.* Leipzig 1900
Böhmer, Günter *Die Welt des Biedermeier.* München 1968
Borneman, Ernest *Studien zur Befreiung des Kindes.* 3 Bde. Band 1: *Unsere Kinder im Spiegel ihrer Lieder, Reime, Verse und Rätsel.* Frankfurt am Main/Berlin/Wien 1980. Band 2: *Die Umwelt des Kindes im Spiegel seiner »verbotenen« Lieder, Reime, Verse und Rätsel.* Frankfurt am Main/Berlin/Wien 1980. Band 3: *Die Welt der Erwachsenen in den »verbotenen« Reimen deutschsprachiger Stadtkinder.* Frankfurt am Main/Berlin/Wien 1981

Bott, Gerhard (Hg.) *Erziehung zum Ungehorsam. Kinderläden berichten aus der Praxis der antiautoritären Erziehung.* Frankfurt am Main 1970

Busch, Wilhelm *Max und Moritz. Eine Bubengeschichte in 7 Streichen.* O.O., o.J.

- *Humoristischer Hausschatz.* München 1956

Butzbach, Johannes *Des Johannes Butzbach Wanderbüchlein. Chronika eines fahrenden Schülers.* Leipzig o.J.

Carl, Ferdinand *Sonnenschein für Kinderlein.* Stuttgart o.J.

Degenhardt, Franz Josef *Spiel nicht mit den Schmuddelkindern. Balladen Chansons Grotesken Lieder.* Hamburg 1967

Des guten Kindes Wünsche. Eine Sammlung von Neujahrs-, Weihnachts- und Geburtstagswünschen. Herausgegeben für Schule und Haus. Berlin o.J.

Dickens, Charles (Boz) *Lebensgeschichte und Erfahrungen David Copperfields des Jüngeren.* Bd. 1. Halle o.J.

Dieffenbach, G. Chr. *Für unsere Kleinen* Bd. 12. Gotha o.J.

Diwald, Hellmut *Geschichte der Deutschen.* Frankfurt am Main/Berlin/Wien 1978

Donath, Friedrich (Hg.) *Schulgeschichten aus hundert Jahren.* Rudolstadt 1981

Eichstätt, Emanuel von *Deutsche Kindheit in Wort und Bild. Zur Unterhaltung und Belehrung von Mädchen und Knaben von 6-10 Jahren.* Nürnberg o.J.

Enzensberger, Hans Magnus (Hg.) *Allerleirauh. Viele schöne Kinderreime.* Frankfurt am Main 1961

Fernau, Joachim *Sprechen wir über Preußen. Die Geschichte der armen Leute.* München/Berlin 1981

Fogowitz, Andrä Heinrich (Max Wirth) *»Unser Fritz«. Ein deutscher Held und Sieger. Die Lebensgeschichte Friedrichs II.* Berlin o.J.

Francke, August Hermann *Pädagogische Schriften.* Paderborn 1957

Freytag, Gustav *Bilder aus der deutschen Vergangenheit* Bd. 1. Hamburg 1978

Friedell, Egon *Kulturgeschichte der Neuzeit.* München 1927

Frischauer, Paul *Knaurs Sittengeschichte der Welt* Bd. 3. München/Zürich 1968

Fröbel, Friedrich *Menschenerziehung.* O.O. 1826

Fuchs, Eduard *Illustrierte Sittengeschichte.* 6 Bde. Frankfurt am Main 1985

Fürstauer, J. *Neue illustrierte Sittengeschichte des bürgerlichen Zeitalters.* Stuttgart 1967

Ganz, Hans *Pestalozzi. Leben und Werk.* Zürich 1956

Göpel, Marie Lise *Frauenalltag durch die Jahrhunderte.* Ismaning bei München 1986

Greverus, Renata *Kinderfragen und Kindersorgen.* Berlin 1921

Grimm, Brüder *Kinder- und Hausmärchen.* 2 Bde. Zürich 1946
Gumpert, Thekla von (Hg.) *Töchter Album. Unterhaltungen im häuslichen Kreise zur Bildung des Verstandes und Gemütes der heranwachsenden weiblichen Jugend* Bd. 29. Glogau o.J.
- *Nach der Schule. Vaterwort und Mutterauge. Ein Familienbuch* Bd. 1. Glogau o.J.
Haffner, Sebastian *Preußen ohne Legende.* Hamburg o.J.
Hagen, Rainer *Kinder, wie sie im Buche stehen.* München 1967
Hays, Hofmann R. *Mythos Frau. Das gefährliche Geschlecht.* Düsseldorf 1969
Hecht, Ingeborg *Familie anno dazumal. Wie unsere Vorfahren miteinander umgegangen sind.* Freiburg im Breisgau 1980
Hermannsen, Walter *Ein Wort an junge Kameraden.* Leipzig 1941
Hirsch, Helmut (Hg.) *Über Tisch und Bänke. Erzählte Kindheit.* Darmstadt/Neuwied 1982
Hoffmann, Dr. Heinrich *Der Struwwelpeter oder lustige Geschichten und drollige Bilder für Kinder von 3 bis 6 Jahren.* Frankfurt am Main o.J.
- *Im Himmel und auf Erden. Herzliches und Scherzliches aus der Kinderwelt.* Frankfurt am Main 1856
Hold, Ernst *Erstes Buch für Kinder oder ABC- und Lesebuch.* Leipzig 1844
Holst, Dr. Adolf *Auerbach's Deutscher Kinderkalender auf das Jahr 1923. Eine Festgabe für Knaben und Mädchen jeden Alters.* Leipzig
Johansen, Erna M. *Betrogene Kinder. Eine Sozialgeschichte der Kindheit.* Frankfurt am Main 1978
Justus, Dr. E. (Hg.) *Aus der Rosenzeit. Lieder von Liebeslust und Liebesfreud.* Reutlingen o.J.
Kersten, Kurt *Fridericus und sein Volk. Dokumente aus dem alten Preußen.* Berlin 1925
Kling-Klang-Gloria. Deutsche Volks- und Kinderlieder. Wien/Leipzig o.J.
Kommune 2 (Hg.) *Versuch der Revolutionierung des bürgerlichen Individuums.* Berlin 1969
Kovary, Georg (Hg.) *Kinder sind eine Brücke zum Himmel.* Wien 1982
Kramberg, K. H. *Kindersachen. Lesebuch aus deutscher Sprache.* München 1981
Krieger, Otto *Klarheit. Gespräche mit Jungen und Mädchen über die Geschlechtlichkeit.* Hamburg 1967
Kügelgen, Wilhelm von *Jugenderinnerungen eines alten Mannes.* O.O. 1870
Kuntze, M. A. *Friedrich Fröbel. Sein Weg und sein Werk.* Heidelberg 1952
Lesebuch für die Volksschulen Badens. Teil 1: Zweites und drittes Schuljahr. Lahr in Baden 1925

Liedtke, Max *Johann Heinrich Pestalozzi in Selbstzeugnissen und Bilddokumenten.* Reinbek bei Hamburg 1968

Lorenz, Angelika *Das deutsche Familienbild in der Malerei des 19. Jahrhunderts.* Darmstadt 1985

Luther, Martin *Auswahl seiner Schriften.* Berlin o.J.
- *Der große Katechismus. Die Schmalkaldischen Artikel.* Gütersloh 1983
- *Von weltlicher Obrigkeit.* Gütersloh 1983
- *Eine Auswahl.* Königstein im Taunus 1959

Mallet, Carl-Heinz *Kennen Sie Kinder? Wie Kinder denken, handeln und fühlen, aufgezeigt an vier Grimmschen Märchen.* Hamburg 1981
- *Kopf ab! Gewalt im Märchen.* Hamburg 1985
- »Märchen: Disziplinierung oder Emanzipation?« In *Märchen in Erziehung und Unterricht.* Rheine 1986

Mause, Lloyd de (Hg.) *Hört ihr die Kinder weinen. Eine psychogenetische Geschichte der Kindheit.* Frankfurt am Main 1977

Meggendorfer, Lothar *Aus dem Leben. Lustiges Ziehbilderbuch.* München o.J.

Meves, Christa *Bedrohte Jugend – gefährdete Zukunft. Anmerkungen eines engagierten Christen zum Zeitgeschehen.* Kassel 1979

Meyer, Dr. Jürgen Bona (Hg.) *Friedrich's des Großen Pädagogische Schriften und Äußerungen. Mit einer Abhandlung über Friedrich's des Großen Schulregiment nebst einer Sammlung der hauptsächlichsten Schul-Reglements, Reskripte und Erlasse.* Langensalza 1885

Miller, Alice *Am Anfang war Erziehung.* Frankfurt am Main 1980
- *Du sollst nicht merken.* Frankfurt am Main 1981

Morgenstern, Lina *Das Paradies der Kindheit. Eine ausführliche Anleitung für Mütter und Erzieherinnen zur Kindespflege und Erziehung in den ersten sechs Jahren und zur praktischen Anwendung von Friedrich Fröbel's Spiel-Beschäftigungen in Haus und Kindergarten.* Wien/Leipzig o.J.

Mutter. Eine Sammlung von Gedichten zum Preise der Mutterliebe. Mannheim 1926

Neuffer-Stavenhagen, Hildegard *Kinderseelen.* Berlin 1919

Ninck, Johannes (Hg.) *Deutscher Kinderfreund* Nr. 5, 35. Jahrgang. Leipzig 1913

Orthbrandt, Eberhard *Deutsche Geschichte.* Baden-Baden 1960

Pestalozzi, Johann Heinrich *Ausgewählte Schriften.* Herausgegeben von Wilhelm Flitner. Frankfurt am Main/Berlin/Wien 1983
- *Pestalozzi über seine Anstalt in Stans.* Mit einer Interpretation von Wolfgang Klafki. Weinheim/Basel 1982
- *Wie Gertrud ihre Kinder lehrt. Ein Versuch den Müttern Anleitung zu geben, ihre Kinder selbst zu unterrichten, in Briefen von Johann Heinrich Pestalozzi.* Bad Heilbrunn 1983

Platter, Thomas *Ein Lebensbild aus der Reformationszeit.* Köln o.J.

Plessen, Marie-Louise/Zahn, Peter von *Zwei Jahrtausende Kindheit.* Köln 1979
Rattner, Josef *Große Pädagogen im Lichte der Tiefenpsychologie.* Wien 1981
Reich, Hanns *Kinder aus aller Welt.* Luzern 1958
Reicke, Emil *Magister und Scholaren. Illustrierte Geschichte des Unterrichtswesens.* Leipzig 1901
Reiners, Ludwig (Hg.) *Der ewige Brunnen. Ein Volksbuch deutscher Dichtung.* München 1955
Reinick, Robert *Lieder und Erzählungen.* Stuttgart/Berlin/Leipzig o.J.
Reinoß, Herbert *Das neue Zille-Buch.* Hannover 1969
Richter, Gert *Die gute alte Zeit im Bild.* Gütersloh/Berlin/München 1974
Richter, Ludwig *Auswahl.* Wiesbaden 1980
– *Ludwig Richter's Familienhausbuch.* Taunusstein 1976
Riemerschmidt, Ulrich (Hg.) *Der kleine Lustgarten oder Erzählungen und Dichtungen zur Erweckung des Gemüts und Bildung des Verstandes für die liebe Jugend beiderlei Geschlechts von 5 bis 10 Jahren.* Köln 1962
Rinser, Luise *Den Wolf umarmen.* Frankfurt am Main 1984
– *Im Dunkeln singen.* Frankfurt am Main 1985
Robertson, Priscilla »Das Heim als Nest: Mittelschichten-Kindheit in Europa im neunzehnten Jahrhundert«. In Mause, a.a.O.
Röhl, Klaus-Rainer *Die verteufelte Lust. Die Geschichte der Prüderie und die Unterdrückung der Frau.* Hamburg 1983
Röhrs, Hermann *Bildungsphilosophie.* 2 Bde. Frankfurt am Main 1967
Rousseau, Jean-Jacques *Emil oder über die Erziehung.* Paderborn/München/Wien/Zürich 1983
– *Émile oder über die Erziehung.* Langensalza 1893
– *Bekenntnisse.* Frankfurt am Main 1985
– *Gespräch zwischen Julie, St. Preux und Wolmar über Erziehung.* In Röhrs, a.a.O., Bd. 1
Rühmkorf, Peter *Über das Volksvermögen. Exkurse in den literarischen Untergrund.* Reinbek bei Hamburg 1969
Runge, Philipp Otto *Bild und Symbol.* Mit einer Einführung von Wolfgang Stubbe. München 1977
Rutschky, Katharina *Schwarze Pädagogik. Quellen zur Naturgeschichte der bürgerlichen Erziehung.* Frankfurt am Main/Berlin/Wien 1977
Schatzman, Morton *Die Angst vor dem Vater. Langzeitwirkungen einer Erziehungsmethode. Eine Analyse am Fall Schreber.* Reinbek bei Hamburg 1978
Scheurig, Bodo »Friedrich der Große«. In Hellmut Diwald (Hg.)

Im Zeichen des Adlers. Portraits berühmter Preußen. Bergisch Gladbach 1981

Schleich, Carl Ludwig *Besonnte Vergangenheit. Lebenserinnerungen 1859-1919.* Berlin 1920

Schlipköter, A. G. W. (Hg.) *Das Buch der Mutter. Wegweiser zur Erziehung, Bildung und Unterhaltung unserer Kleinen.* Hamburg 1913

Schmid, Christoph von *Gesammelte Schriften.* Konstanz o.J.

Schneider, Hermann *Pestalozzi. Grundlehren über Mensch und Erziehung.* Stuttgart 1949

Schreber, Daniel Gottlieb Moritz *Kallipädie oder Erziehung zur Schönheit durch naturgetreue und gleichmäßige Förderung normaler Körperbildung.* Leipzig 1858

Simrock, Karl (Hg.) *Kinderlieder. Reime, Sprüche und Abzählverse.* Wels o.J.

Sloterdijk, Peter *Kritik der zynischen Vernunft* Bd. 1. Frankfurt am Main 1983

Sutter, Dr. A. L. *Was auch mein Kind wissen muß. Ratschläge für Eltern mit offenen Aufklärungsgesprächen mit Kindern und Jugendlichen.* Büdingen-Gettenbach 1955

Ueding, Gert »Robinson oder die Veredelung des Menschen. Wie Kinder durch Bücher zu nützlichen und glücklichen Mitgliedern der Gesellschaft erzogen werden sollten«. In *Frankfurter Allgemeine Zeitung* vom 19. Juli 1986

- *Wilhelm Busch. Das 19. Jahrhundert en miniature.* Frankfurt am Main 1977

Voit, Johann Peter *Der höfliche Schüler oder Regeln zu einem höflichen und artigen Betragen für junge Leute.* Nürnberg/Jena 1792

Willmann-Institut (Hg.) *Pädagogik der Strafe.* Freiburg im Breisgau 1967

Wrede, Richard *Die Körperstrafen bei allen Völkern von den ältesten Zeiten bis Ende des neunzehnten Jahrhunderts.* Frankfurt am Main o.J.

Zentralrat der sozialistischen Kinderläden (Hg.) *Anleitung für eine revolutionäre Erziehung* Nr. 4. Berlin 1969

Zille, Heinrich *Hurengespräche.* Mit einem Vorwort von Winfried Ranke. München 1981

Personenregister

Alexander VI. (Rodrigo de Borgia), Papst 21
Anna, Kurfürstin von Sachsen 232
Ariès, Philippe 23f., 32, 56, 57, 58, 59, 63, 64, 65, 175, 187
Arndt, Ernst Moritz 157
Arnim, Achim von 229
Aubigné, Théodore Agrippa d' 232
Avenarius, Ferdinand 237
Averdieck, Elise 30

Badinter, Elisabeth 106
Baldung Grien, Hans 232
Ball, Hugo 163, 164, 168
Baring, Arnulf 93, 99, 110
Basedow, Johannes Bernhard 11, 171-175, 177, 197, 198, 322
Bastian, Ulrike 291
Bechstein, Ludwig 293
Berg, Jan Hendrik van den 102
Bernfeld, Siegfried 149
Berthold von Regensburg 30f.
Beuys, Barbara 51, 205
Blasche, B. 243
Bloch, Iwan 209
Boesch, Hans 67
Böhmer, Günter 238
Bora, Katharina von (Ehefrau Martin Luthers) 39, 51
Borneman, Ernest 205, 208f., 229f., 313
Börner (Arzt) 202
Brant, Sebastian 29, 44, 55, 56
Brentano, Clemens 229
Burr, Anna Robeson 280
Busch, Wilhelm 301, 303-309
Butzbach, Johannes 23

Calvin, Johannes 55, 56, 64
Campe, Joachim Heinrich 172, 177, 187, 191, 197f., 201-207, 213, 322

Campe, Lotte 205f.
Canisius, Petrus 55
Capsius (Kantor) 281f., 284
Catt, Henri de 85
Chamisso, Adelbert von 236
Cicero, Marcus Tullius 28
Cleaver, Robert 57
Comenius, Johann Amos 55
Cordier (Lehrer in Genf) 64
Courths-Mahler, Hedwig 226
Creakle (Schuldirektor) 283f., 285, 286

Degenhardt, Franz Josef 318f.
Descartes, René 29
Dickens, Charles 283f., 285
Diesel, Rudolf 317
Diwald, Hellmut 84
Dod, John 57
Droste-Hülshoff, Annette Freiin von 227
Dupin de Chenonceaux (Sohn Madame Dupins) 102, 106, 116
Dupin de Chenonceaux, Madame (Freundin Rousseaus) 102, 106, 113, 122
Dürer, Albrecht 25

Ebner-Eschenbach, Marie Freifrau von 271-274, 277, 281
Eck, Johannes 232
Eli (Priester) 76
Erasmus von Rotterdam 25f., 28, 31, 34, 41, 44, 55, 59, 70, 100

Fank, Pius 218f., 220
Felbiger, Johann Ignaz von 180, 197
Fellenberg, Philipp Emanuel von 157

Fénelon 242
Fernau, Joachim 82
Fichte, Johann Gottlieb 139, 145, 167f., 263, 302
Fischart, Johann 56
Flaubert, Gustave 191
Flitner, Wilhelm 132, 133, 141, 154, 155
Francke, August Hermann 11, 69–81, 94, 96, 98, 100, 101, 109, 111, 131, 154, 161, 162, 164, 174, 179, 184, 190, 191
Freud, Sigmund 208, 209, 236, 237, 240, 264, 265, 266
Freytag, Gustav 23, 24
Friedell, Egon 111, 112, 146, 161, 164
Friedrich I., König von Preußen 83, 86
Friedrich II., der Große, König von Preußen 80, 81–87, 91, 135f., 137, 161f., 171, 184, 189, 266, 276
Friedrich Wilhelm I., König von Preußen 79–87, 135f., 161, 162, 272
Fröbel, Friedrich 156, 170f., 210f., 251
Fröbel, Julius 170
Fuchs, Eduard 84, 240

Ganz, Hans 130, 132, 137, 138, 139, 144, 145, 150, 151, 154
Georg I. (Georg Ludwig), König von Großbritannien und Hannover 86
Ginzburg, Natalia 271
Goethe, Johann Wolfgang von 157, 168f., 232
Grimm, Jacob 45, 174, 195, 225f., 291, 293
Grimm, Wilhelm 45, 174, 195, 225f., 291, 292, 293
Groth, Klaus 280

Hagen, Rainer 270
Hare, Augustus 280
Hare, E. H. 209
Hays, Hofmann R. 205
Hebbel, Friedrich 235f., 281

Hecker, Johann Julius 162
Heine, Heinrich 235
Heinrich IV., König von Frankreich 67f.
Herbart, Johann Friedrich 250f.
Herder, Johann Gottfried 236
Hermannsen, Walter 212ff., 218
Hertz, Heinrich 317
Hessenberg, Rainer 296
Hiemesch, K. H. 291, 292, 293
Hitler, Adolf 170, 214, 317
Hoffmann, Franz 301
Hoffmann, Heinrich 210, 296–301
Hopfen, Hans von 238
Huber (Lehrer) 143
Humboldt, Alexander Freiherr von 197
Humboldt, Wilhelm Freiherr von 197

Ignatius von Loyola 60
Illies, Joachim 220
Iselin, Isaak 172

Jahn, Friedrich Ludwig 170
Jean Paul 111, 281
Jesus Christus 47, 311
Johansen, Erna M. 68, 233, 240
Joyce, James 284–288
Jullien (General) 156

Katte, Hans Hermann von 82, 85
Kant, Immanuel 56, 139, 163–167, 171, 226, 302
Keller, Gottfried 239
Kellner, L. 248
Klafki, Wolfgang 154f.
Klinke, W. 191
Kopernikus, Nikolaus 167
Krieger, Otto 216ff.
Kripp, Sigmund 220f.
Krupp, Alfred 317
Krüsie, Hermann 150f.
Kügelgen, Wilhelm von 270

Lavater, Johann Kaspar 143
Levasseur, Thérèse 124
Liedtke, Max 129
Lorenzen, Hermann 69
Lortzing, Albert 280

Louis Philippe, König der
 Franzosen 191
Ludwig XIII., König von Frankreich 67f.
Ludwig XIV., König von Frankreich 23, 68, 242
Luise, Königin von Preußen 145
Luther, Elisabeth 51
Luther, Johannes 51, 81, 197, 307
Luther, Martin 23, 33f., 37–60, 65, 66, 67, 69f., 71, 81, 96, 98, 100, 109, 131, 136, 161, 163, 165, 168, 169, 173, 184, 187, 190, 197, 229, 232, 240, 243, 255, 270, 281, 307

Maria (Mutter Jesu) 246
Marlitt, Eugenie 226
Maßmann, Hans Ferdinand 246
Mathustus, Marie 301
Mause, Lloyd de 263, 280
Melanchthon, Philipp 51
Meves, Christa 221
Meyer, Jürgen Bona 85, 86
Miller, Alice 14, 186, 191f., 211, 212, 237, 242, 265, 266, 321
Model, Else 302
Montaigne, Michel de 18f., 27f., 31, 34, 44, 70, 100, 232
Moos, Josefine 302
Morgenstern, Lina 134
Moritz, Karl Philipp 279
Mozart, Wolfgang Amadeus 232

Näf, Elisabeth 145
Napoleon I., Kaiser der Franzosen 191, 270
Novalis 227

Oest, Johannes 201f., 211f.
Orwell, George 260
Ovid (Publius Ovidius Naso) 232

Pascal, Blaise 232
Paulus von Tarsus 26, 33f., 42, 47
Pestalozzi, Anna, geb. Schultheß 131, 132, 133, 137, 138, 143f., 147, 151

Pestalozzi, Hans Jakob 131ff., 134f., 136f., 140, 143, 144, 151, 171, 177, 197, 266
Pestalozzi, Johann Heinrich 11, 111, 129–158, 161, 164, 170, 171, 172, 177, 187, 190, 191, 197, 201, 266, 281
Planck, Max 317
Platon 232
Platter, Thomas 23
Plessen, Marie-Louise 55, 56
Plieninger, G. 301
Politzer, L. M. 263f.
Preiss, O. 212

Rattner, Josef 182, 197
Reicke, Emil 32, 58, 59, 65f.
Rein, Wilhelm 251
Reinick, Robert 301f.
Resewitz, Friedrich G. 197
Richter, Ludwig 231, 298
Rinser, Luise 176, 269f.
Ritter, Alfons 264
Robertson, Priscilla 263, 280
Robespierre, Maximilien de 191
Rochow, Friedrich Eberhard von 192–195, 197
Röhrs, Hermann 189, 190
Röntgen, Wilhelm Conrad 317
Rousseau, Jean-Jacques 23, 91–126, 129, 130, 131, 132, 133, 135, 139, 156, 161, 165, 166, 169, 170, 171, 173, 178, 182, 184, 187, 195, 197, 198, 201, 205, 225
Rühel, Johann 48, 50
Rühmkorf, Peter 309–313
Runge, Philipp Otto 238
Rutschky, Katharina 57, 111, 180f., 182, 191, 196, 202, 207, 211, 212, 247, 251

Sachs, Hans 29, 44f., 55, 67, 161, 311
Sailer, Johann Michael 212, 242
Salis-Seewis, Johann Gaudenz Freiherr von 231
Salzmann, Christian Gotthilf 11, 172, 178–187, 197, 198
Saphir, Moritz Gottlieb 277f.

Schatzman, Morton 207, 208, 219, 256, 259, 262f., 265
Scheibert, C. G. 246
Scheurig, Bruno 80
Schiller, Friedrich von 99, 280
Schinz, Johann Heinrich 143
Schleich, Carl Ludwig 270
Schmid, Christoph von 134, 245
Schmids, K. A. 247f., 249f.
Schmidts, Ludwig 110
Schopenhauer, Arthur 111
Schreber, Anna 264, 277
Schreber, Daniel Gottlieb Moritz 255-266, 269, 277, 279, 291, 299, 322, 323
Schreber, Daniel Gustav 264, 266, 277
Schreber, Daniel Paul 264ff., 270, 277
Seume, Johann Gottfried 274-277
Sloterdijk, Peter 217, 248
Sophie Dorothea, Königin von Preußen 81, 86, 137

Storm, Theodor 227
Sulzer, Johann Georg 188-191
Sutter, A. L. 214f.

Tscharner, Nikolaus Emanuel 143
Tungay (Lehrer) 283

Ueding, Gert 298, 303

Vergil (Publius Vergilius Maro) 26
Voit, Johann Peter 234
Voltaire 111
Vulliémin (Schüler Pestalozzis) 141

Weiße, Christian Felix 195f.
Wieland, Christoph Martin 129
Wolke, Christian Hinrich 197, 244
Wrede, Richard 59, 65

Zahn, Peter von 55, 56
Ziller, Tuiskon 243f., 247, 249
Zschokke, Heinrich 154, 281f., 284